1re Term professionnelles

Secrétariat - Comptabilité

INFORMATIQUE

Sous la direction de
Philippe LIEURY
Inspecteur de l'Éducation nationale

Sylvie CHAMILLARD
Sylviane FASCIOTTI
Frédérique SABLONNIÈRE
Isabelle SÉNÉCAL
Sabine VANDENBUSSCHE

Professeurs de lycée professionnel

Nathan
TECHNIQUE

Sommaire

Édition : Charles de Ladoucette
Coordination artistique : Thierry Méléard
Conception maquette intérieure : Killiwatch
Conception maquette couverture : Thierry Méléard
Mise en page : JPM
Fabrication : Maria Pauliat

ISBN : 978-2-09-161291-1

Présenter un document

OBJECTIFS

- Créer une lettrine
- Ajouter un texte en filigrane
- Modifier l'alignement vertical d'un document
- Reproduire une mise en forme

Situation professionnelle

Vous effectuez un stage au secrétariat de l'association AIDOM qui propose des services à domicile.
Cette association vient d'obtenir la certification NF Service « Services aux personnes à domicile » (norme NF X 50-056).
Jérôme Vasselin, président, souhaite valoriser l'attribution de cette marque et vous demande de mettre en forme les documents qui seront insérés dans la brochure de présentation de l'association.

AIDOM

25 rue des Carrières
48000 MENDE
Tél. : 04 66 32 16 16

Services à domicile : ménage, repassage, repas à domicile, garde d'enfants, bricolage, jardinage...

MISSION 1 Présenter la marque NF Service

1. Ouvrez le fichier **Marque_NF_Service** (DOCUMENT 1).
2. Apportez les corrections demandées par le président (DOCUMENT 1).
3. Enregistrez les modifications. Prévisualisez le document puis imprimez-le.

DOCUMENT 1 Définition de la marque NF Service

Certification NF Service

lettrine

La marque NF Service est délivrée par AFNOR. Elle atteste que le service fourni par la structure d'aide à domicile est conforme à des caractéristiques et des engagements définis dans la norme « Services aux personnes à domicile » (NF X 50-056). Cette norme a été élaboré sous l'égide d'AFNOR, par les professionnels du secteur des services à domicile, les utilisateurs de ces services, les pouvoirs publics et des experts.

Rechercher synonyme pour éviter la répétition

Si la demande est recevable, AFNOR s'assure de la qualité des services délivrés et de tous les moyens requis pour fournir un service conforme aux exigeances de la marque.
~~La liste des structures d'aide à domicile ayant obtenu la marque NF Service est disponible sur le site internet www.marque-nf.com~~.
L'obtention de la marque NF Service relève d'une démarche volontaire : c'est la structure d'aide à domicile qui en fait la demande.

Attention aux fautes et à la présentation !
Remplacer AFNOR par AFNOR CERTIFICATION
Ajouter "NF Service" en filigrane

Fiche 1 Créer une lettrine

Fiche 2 Ajouter un texte en filigrane

Fiche 3 Modifier l'alignement vertical d'un document

MISSION 2 Présenter les garanties de la marque

1. Saisissez et présentez le texte relatif aux garanties de la marque **(DOCUMENT 2)** en respectant les consignes transmises.

2. Enregistrez le document, prévisualisez-le, imprimez-le puis fermez-le.

DOCUMENT 2 Garanties de la marque

Fiche 4
Reproduire une mise en forme

A présenter après la définition de la marque :

LES ENGAGEMENTS QUI FONT LA DIFFÉRENCE

⚠ sous-titres uniformes

3 colonnes

Une éthique

Le respect de votre lieu de vie et de votre intimité, le respect de votre culture et de vos choix de vie, la confidentialité des informations échangées — liste avec puces

Une aide et un suivi personnalisé

Un accueil courtois et respectueux, une écoute attentive de votre demande, un service adapté et élaboré avec vous, une prise en compte de votre avis sur la qualité du service rendu — "

Des professionnels compétents

Des intervenants de confiance, sélectionnés et formés, un interlocuteur privilégié qui répond à vos questions, une équipe qui vous assure la continuité du service — "

D'après le site www.servicesalapersonne.gouv.fr ← aligné à droite

SYNTHÈSE Présenter la démarche qualité

1. Ouvrez le fichier **Démarche_qualité** **(DOCUMENT 3)**.

2. Apportez les corrections demandées par le président **(DOCUMENT 3)**.

3. Enregistrez les modifications. Prévisualisez le document, imprimez-le puis fermez-le.

DOCUMENT 3 Démarche qualité

Notre démarche qualité — + NF Service en filigrane

lettrine

Élaborée avec l'ensemble des professionnels et acteurs du secteur des services à la personne, la norme NF X 50-056 «Services aux personnes à domicile» définit un socle commun d'engagements de service sur les prestations visant à faciliter, maintenir ou améliorer la vie à domicile. Issue des attentes des clients, elle clarifie les prestations de service à la personne et définit un niveau de qualité de service acceptable par tous.

Les documents qui vous sont fournis

Un document présentant la structure et ses services
Un devis/contrat
Un document attestant la réalisation de la prestation (remis sur demande)
Un questionnaire de satisfaction

— Liste numérotée

Exemples d'actions concrètes

Avertir en cas de retard, d'absence ou d'imprévu
Tenir compte de l'état physique et/ou moral de la personne au moment de l'intervention et agir en conséquence
Faire signer les feuilles d'heures à chaque intervention
Faire le point à chaque fin d'intervention et prévoir avec la personne aidée le contenu de la prochaine
Tenir informé son responsable de l'évolution de la situation de la personne accompagnée

— Liste à puces

A présenter et aérer (interlignage) + centrer verticalement

FICHE 1 Créer une lettrine

Cliquer dans le paragraphe qui commencera par une lettrine.

Sous l'onglet Insertion, dans le groupe Texte, cliquer sur Lettrine.

Choisir Dans le texte ou Dans la marge.

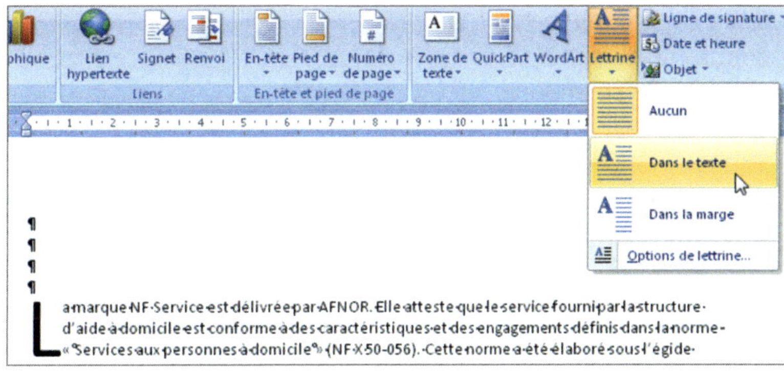

FICHE 2 Ajouter un texte en filigrane

Sous l'onglet Mise en page, dans le groupe Arrière-plan de page, cliquer sur Filigrane.

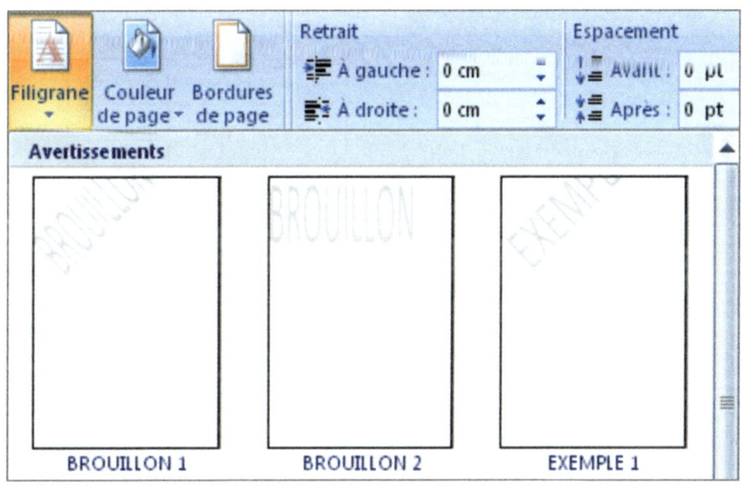

Cliquer sur un filigrane prédéfini (Brouillon ou Urgent par exemple) dans la galerie de filigranes.

Ou

Cliquer sur Filigrane personnalisé.

Dans la boîte de dialogue Filigrane imprimé, cocher Texte en filigrane puis dans la zone Texte sélectionner ou saisir le texte.

Choisir éventuellement une mise en forme.

Puis cliquer sur OK.

Les filigranes n'apparaissent qu'en mode Page, en mode Lecture plein écran ou à l'impression.

FICHE 3 Modifier l'alignement vertical d'un document

Sous l'onglet **Mise en page**, cliquer sur le lanceur de boîte de dialogue **Mise en page**.

Sur l'onglet **Disposition**, dans la zone **Alignement vertical**, cliquer sur l'alignement choisi.

Puis cliquer sur **OK**.

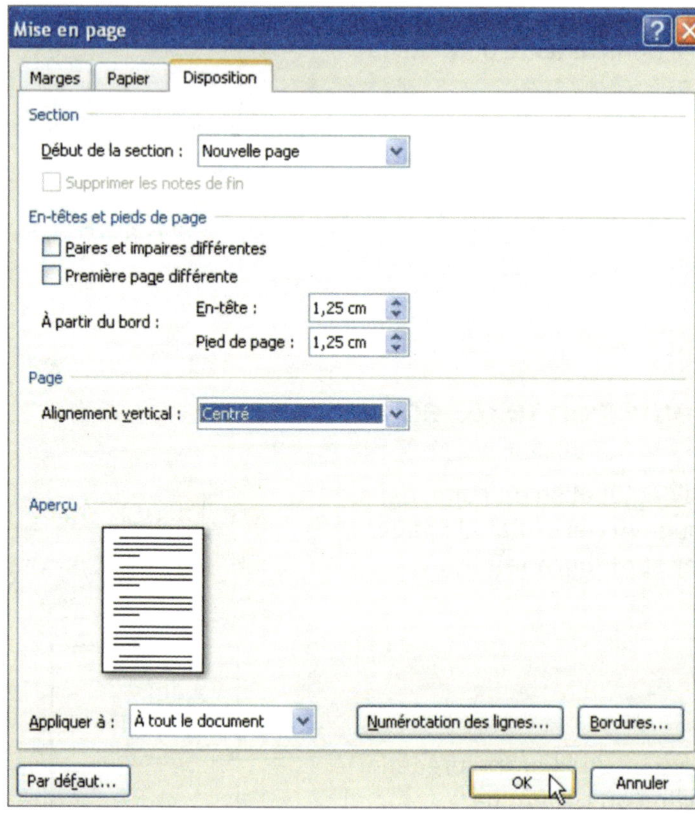

FICHE 4 Reproduire une mise en forme

Sélectionner le texte dont la mise en forme doit être copiée.

Sous l'onglet **Accueil**, dans le groupe **Presse-papiers**, cliquer sur **Reproduire la mise en forme**.

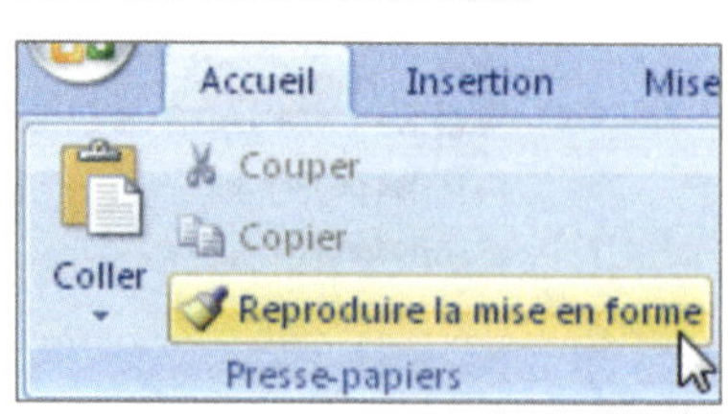

Puis sélectionner le texte à mettre en forme.

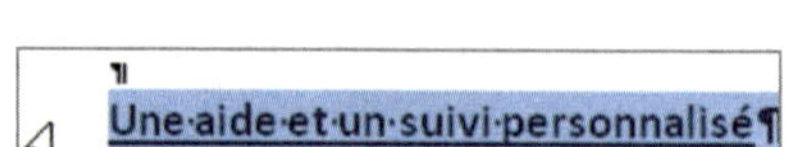

Pour la mise en forme de plusieurs sélections dans le document, double-cliquer sur le bouton **Reproduire la mise en forme**. Pour arrêter l'application de la mise en forme, appuyer sur **ÉCHAP**.

Insérer des points de suite et des notes de bas de page

OBJECTIFS

- Définir une tabulation avec des points de suite
- Utiliser les notes de bas de page

Situation professionnelle

Vous effectuez un stage au sein de la boutique CRÉA'TIC qui propose des créations personnelles mais aussi tout le matériel pour créer bijoux, articles de décoration, etc.

Divers ateliers pour adultes et enfants sont également organisés.

La responsable, Sophie, vous demande de présenter différents documents.

Créa'tic

37 rue du Commerce
63190 LEZOUX
Tél. : 06 07 84 25 75

- Loisirs créatifs
- Artisanat
- Ateliers pour adultes et enfants

MISSION 1 Présenter une affiche

1. Saisissez et présentez l'affiche selon les consignes de votre responsable (DOCUMENT 1).
2. Enregistrez le document sous le nom ***Parures_bonbons_multicolores***.
3. Prévisualisez le document, imprimez-le puis fermez-le.

DOCUMENT 1 **Affiche**

Merci de préparer cette affiche

Créez vous-même votre parure
- Collier, bracelet, boucles d'oreilles -
« Bonbons multicolores »

Format A5 paysage.
Présentation attrayante.

Pour créer cette jolie parure, vous aurez besoin de :

1 fil en caoutchouc noir 2mm x 1m Réf F21 2,80 €
24 perles rondes en bois multicolores 17mm Réf P36 12,00 €
48 perles rondes en bois multicolores 6 mm Réf P35 7,20 €
2 fermoirs à ressort 7 mm argentés Réf A21 3,00 €
2 crochets d'oreilles 18 mm argentés Réf A34 2,00 €
Montant total .... 27,00 €

Fiche 1
Afficher la règle

Fiche 2
Définir une tabulation avec des points de suite

MISSION 2 Présenter les ateliers organisés

1. Saisissez et présentez le document selon le brouillon de votre responsable **(DOCUMENT 2)**.
2. Enregistrez le document sous le nom ***Ateliers***.
3. Prévisualisez le document, imprimez-le puis fermez-le.

DOCUMENT 2 Ateliers organisés

Nos ateliers

Tapisserie d'ameublement

Pour restaurer vous-même vos sièges de façon traditionnelle en crin.

Durée ... 4 heures le cours(1) ... 12,00 €

Bijoux

Pour concevoir vous-même vos bijoux

Durée ... 3 heures le cours(2) ... 8,00 €

Couture décoration

Pour concevoir vous-même vos articles de décoration

Durée ... 3 heures le cours(2) ... 8,00 €

Enfants

Pour concevoir poupées, bijoux ...

Durée ... 3 heures le cours ... 10,00 €

(1) outils prêtés, matière d'oeuvre facturée en sus

(2) hors fournitures

Présentation attrayante : WordArt, clipart pour chaque activité, bordure de page...

Fiche 3
Utiliser les notes de bas de page

SYNTHÈSE Présenter un tract publicitaire

1. Saisissez et présentez le tract publicitaire à partir de la note de votre responsable **(DOCUMENT 3)**.
2. Enregistrez le document sous le nom ***Tract_atelier_abat-jour***.
3. Prévisualisez le document, imprimez-le puis fermez-le.

DOCUMENT 3 Tract publicitaire

Atelier abat-jour

Niveau débutant 40,00 € matériel fourni

le samedi 26 septembre ou le dimanche 27 septembre

de 9 h 00 à 12 h 00

⊕ coupon-réponse = Nom Prénom + Adresse + CP Ville + téléphone

souhaite participer à l'atelier Abat-jour

le 26/09 de 9 h 00 à 12 h 00 / 27/09 de 9 h 00 à 12 h 00

(cochez la case de votre choix)

Date + Signature

→ A présenter au mieux (lignes, peignes, cases...)

Format A5 - réduire les marges

PS : Je vous rappelle que pour dessiner un peigne, vous devez utiliser les touches [Alt Gr] + [6 |] pour le trait vertical, puis utiliser 2 fois la touche [8 _] pour le trait horizontal.

FICHE 1

Afficher la règle (rappel)

Sous l'onglet **Affichage**, dans le groupe **Afficher/Masquer**, cocher la case **Règle**.

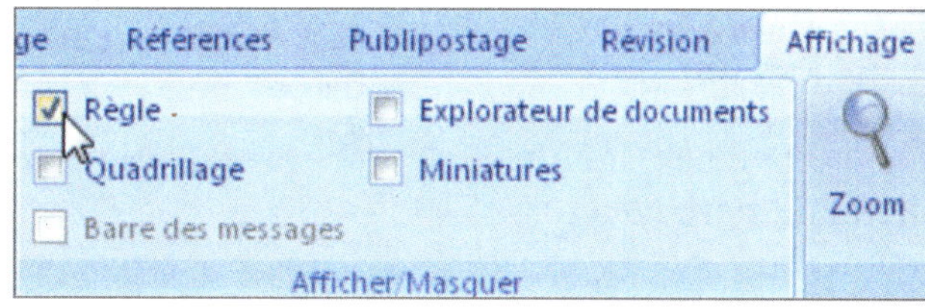

Ou cliquer sur l'icône en haut de la barre de défilement verticale.

FICHE 2

Définir une tabulation avec des points de suite

Cliquer dans le paragraphe ou sélectionner les paragraphes qui comporteront les points de suite.

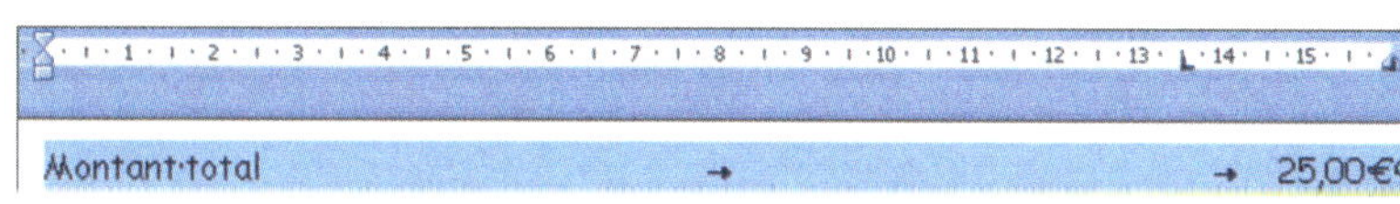

Double-cliquer sur le taquet déjà placé sur la règle pour afficher la boîte de dialogue **Tabulations**.

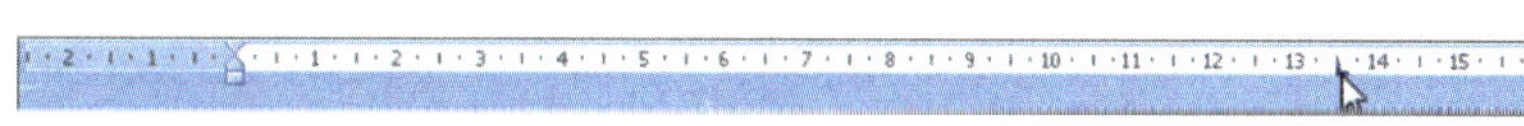

Dans la zone **Position**, sélectionner la tabulation avant laquelle seront insérés les points de suite.

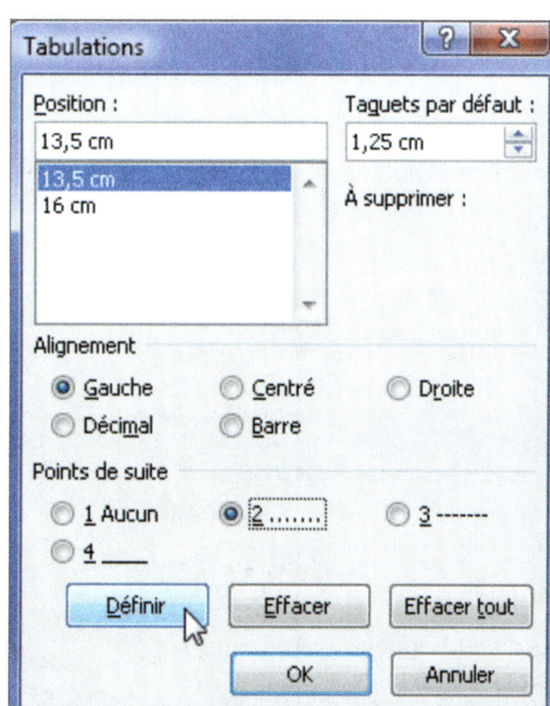

Cocher le type de points de suite choisi.

Puis cliquer sur **Définir**.

Définir les autres tabulations puis cliquer sur **OK**.

FICHE 3

Utiliser les notes de bas de page

Insérer une note de bas de page

Cliquer à l'endroit où sera inséré l'appel de note (numéro ou lettre dans le document).

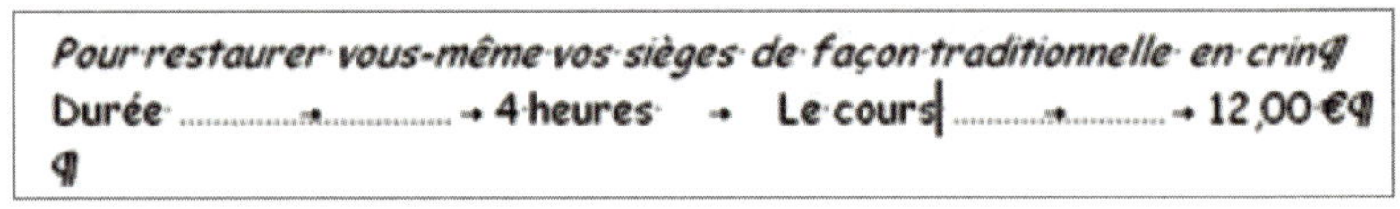

Sous l'onglet Références, dans le groupe Notes de bas de page, cliquer sur Insérer une note de bas de page.

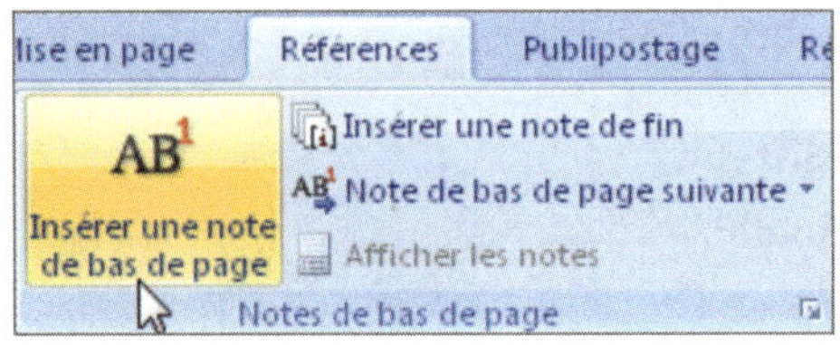

L'appel de note est inséré et le curseur est placé en bas de page.

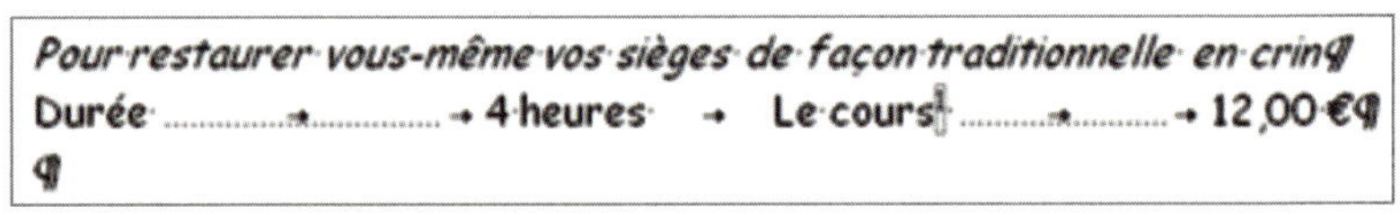

Saisir le texte de la note.
Pour revenir dans le document, cliquer dans celui-ci.

Modifier le format des notes de bas de page

Sélectionner l'appel de note.

Cliquer sur le lanceur de la boîte de dialogue Notes de bas de page.

Dans la zone Format, sélectionner un nouveau format et/ou une nouvelle numérotation.

Cliquer sur Insérer.

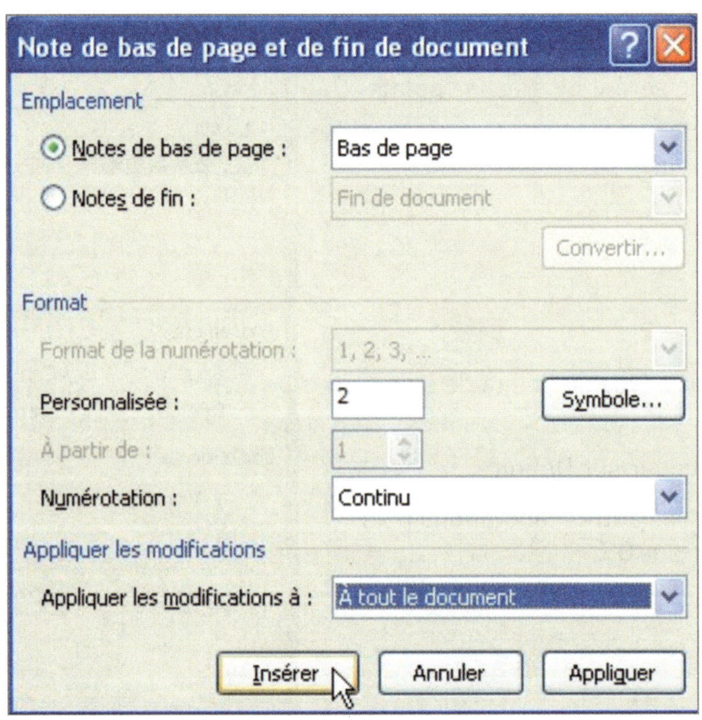

Supprimer une note

Sélectionner et supprimer l'appel de note (touche Suppr). Le texte de la note sera également supprimé.

Illustrer et gérer un document long

OBJECTIFS

- Insérer un objet Excel (tableau ou graphique)
- Insérer un saut de section
- Créer un en-tête ou un pied de page différent pour chaque section du document

Situation professionnelle

Vous effectuez un stage au sein du club de tennis de table de Briec (CTTB).

Christophe Duchesne, vice-président, prépare la brochure qui sera distribuée à la rentrée prochaine.

Il vous charge de la présentation de ce document.

CTTB

Salle Omnisport
19 rue Boissière
29510 BRIEC
Tél. : 02 98 57 10 75

Club de tennis de table
Pratique compétitive et de loisirs

MISSION 1 Améliorer la brochure du club

1. Ouvrez le fichier **Présentation_du_club**.
2. Créez la page de garde, l'en-tête et le pied de page demandés (DOCUMENT 1).
3. Enregistrez les modifications.

DOCUMENT 1 Note du vice-président

Brochure - Prochaine saison

Prévoir :

- *1 page de garde avec le logo du club (voir fichier + logo) + adresse et numéro de tél. + Septembre 20...*
- *1 en-tête avec le nom du club*
- *1 pied de page avec le n° de page*

MISSION 2 Illustrer une brochure

1. Complétez la brochure avec les informations données par le vice-président (DOCUMENTS 2, 3 ET 4).
2. Enregistrez les modifications.
3. Prévisualisez le document puis imprimez-le.
4. Fermez le document.

DOCUMENT 2 Présentation du club

lettrine

Le Club de Tennis de Table de Briec dispose aujourd'hui d'une salle spécifique de 12 tables situées dans un complexe sportif. Il compte 157 adhérents.

Le nombre d'adhérents est en constante augmentation depuis 10 ans :

2001	89
2002	95
2003	97
2004	124
2005	128
2006	133
2007	134
2008	142
2009	145
2010	157

à présenter dans un graphique (Insertion, Illustrations, graphique).

Brochure à présenter

Pour la compétition ou le simple loisir, ce club rassemble des sportifs de différents niveaux.

La salle est ouverte tous les jours, nos entraîneurs qualifiés et animateurs sont à la disposition des groupes.

Pour les jeunes, du lundi au vendredi, de 18 à 20 heures
Pour les adultes, le lundi et le jeudi, de 20 à 22 heures
Pour tous, le samedi, de 10 à 12 heures
Compétitions les samedis après-midi et dimanches matin

Zone de texte de votre choix

Animateurs : Guillaume, Norman, Steven
Entraîneurs : Alexis, Gaëtan

graphique Smart Art flèche vers le haut

Bonne humeur
Disponibilité
Compétence

graphique Smart Art - Entonnoir

CTTB

Les membres de notre comité

Président : Jonathan LEBRUN
Vice-président : Christophe DUCHESNE
Secrétaire : Leslie RODAN
Trésorière : Audrey LECLERC

Organigramme

DOCUMENT 3 Présentation des adhérents

J'ai déjà préparé sur Excel trois graphiques:
- répartition des adhérents selon l'âge;
- répartition des adhérents selon le sexe;
- répartition des adhérents selon le type de licence.

Les insérer après le paragraphe:
«Pour la compétition ou le simple loisir, [...] différents niveaux».

Nom du classeur: adhérents.

Fiche 1
Insérer un objet Excel (tableau ou graphique)

DOCUMENT 4 Définition des catégories de joueurs

- Après l'organigramme, ajouter:
LES CATÉGORIES DE JOUEURS.
Dans toutes les compétitions organisées par la fédération, des catégories d'âge sont fixées:

Insérer le tableau déjà préparé sur Excel (désolé, je ne sais pas créer un tableau sous Word).
Nom du classeur: catégories de joueur.

- Document présenté en paysage.
- Pour cette nouvelle section et nouvelle page, prévoir un pied de page différent: en plus du numéro de page, indiquer «Information Fédération Française de Tennis de Table».

Fiche 2
Insérer un saut de section

Fiche 3
Créer un en-tête ou un pied de page différent pour chaque section du document

SYNTHÈSE Présenter les classements de la FFTT

1. Saisissez et présentez le document concernant les classements de la FFTT à partir de la note du vice-président **(DOCUMENT 5)**.

2. Enregistrez le document sous le nom ***Classements_FFTT***.

3. Prévisualisez le document, imprimez-le puis fermez-le.

DOCUMENT 5 Classements FFTT

Classements FFTT,
Comment sont-ils calculés ?

(Feuillet supplémentaire à préparer)

Un joueur qui prend une licence pour la 1ère fois est d'abord non classé (NC) avec 650 points (300 pour les filles / femmes)
Ensuite le nombre de points et le classement évoluent en fonction des victoires et des défaites.

Insérer Tableau → Feuille calcul classement du classeur CLASSEMENTS FFTT

Les parties gagnées permettent d'accumuler des points. A l'inverse, les parties perdues en font perdre.

Sur une 2e page, en paysage :
le gain ou la perte de points après une partie dépend du nombre de points de classement des deux joueurs.

→ Insérer tableau → Feuille CALCULPOINTS du classeur CLASSEMENTS FFTT.

Prévoir des notes de bas de page pour expliquer les expressions :
Victoire "normale" = Vous battez un joueur qui a moins de points que vous.
Défaite "Normale" = Vous perdez contre un joueur qui a plus de points que vous.
Victoire "anormale" = Vous battez un joueur qui a plus de points que vous, c'est une performance
Défaite "anormale" = Vous perdez contre un joueur qui a moins de points que vous, c'est une contre-performance

(1ère Page) En-tête = Nom du club + Saison / années
Pied de page = Classements FFTT

(2ème Page) Aucun en-tête et pied de page (impression au verso)
+ filigrane FFTT.

FICHE 1

Insérer un objet Excel (tableau ou graphique)

Sélectionner dans Excel la feuille de calcul ou la plage de cellules ou le graphique à copier.

Cliquer avec le bouton droit de la souris sur la sélection puis cliquer sur **Copier**.

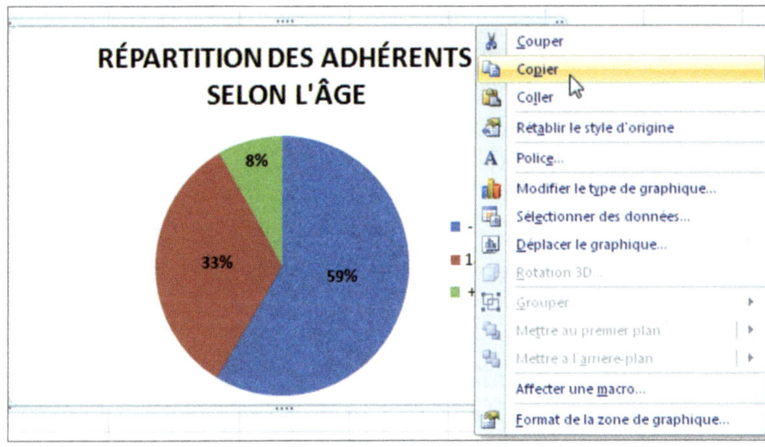

Dans le document Word, positionner le curseur à l'endroit où sera inséré l'objet Excel.

Sous l'onglet **Accueil**, dans le groupe **Presse-papiers**, cliquer sur la flèche en dessous de **Coller** puis sur **Collage spécial**...

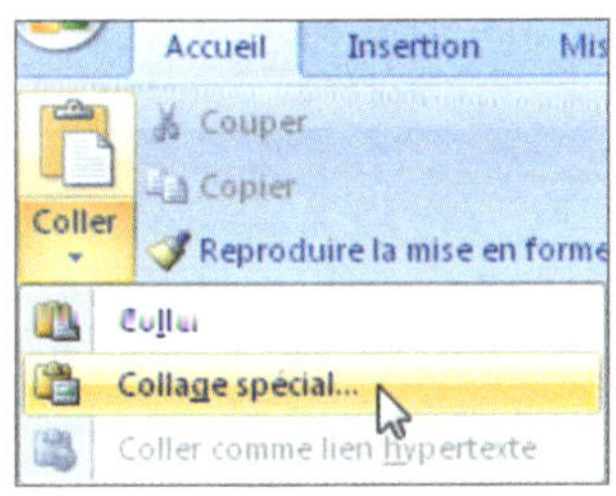

Dans la boîte de dialogue **Collage spécial** et dans la liste **En tant que**, sélectionner **Feuille** ou **Graphique Microsoft Office Excel Objet**.

Cocher **Coller** (pour insérer un objet) ou **Coller avec liaison** (pour insérer un lien vers l'objet et mettre à jour automatiquement en cas de modification du fichier source).

Puis cliquer sur **OK**.

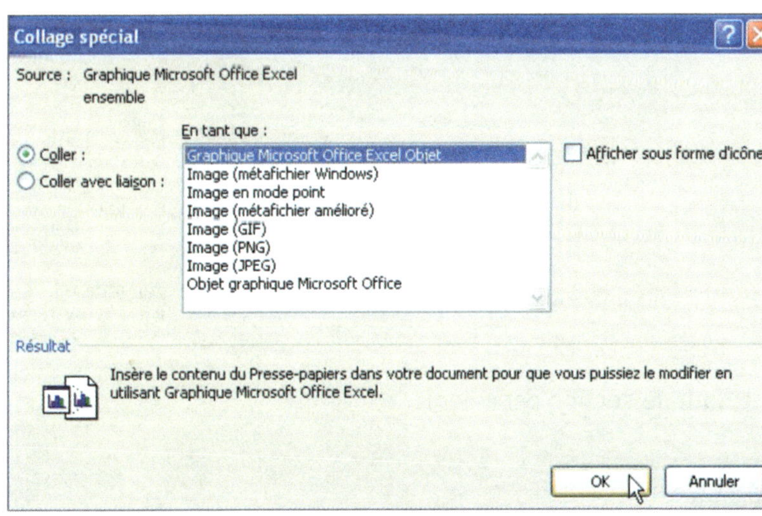

Si l'option **Coller avec liaison** a été choisie, Word invitera, lors de l'ouverture du fichier, à mettre à jour le document avec les données des fichiers liés. Cliquer sur **Oui** ou **Non**.

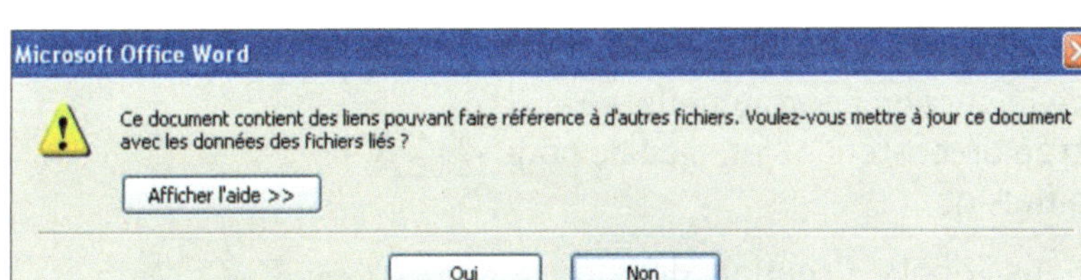

FICHE 2 Insérer un saut de section

Les sauts de section sont utilisés pour permettre les modifications de mise en page ou de mise en forme dans une partie d'un document (marges, taille ou orientation de la page, en-têtes et pieds de page, colonnes, numérotation des pages…).

Cliquer à l'endroit où sera inséré le saut de section, c'est-à-dire à l'emplacement où sera modifiée la mise en page ou la mise en forme. Il est également possible de sélectionner une partie du document.

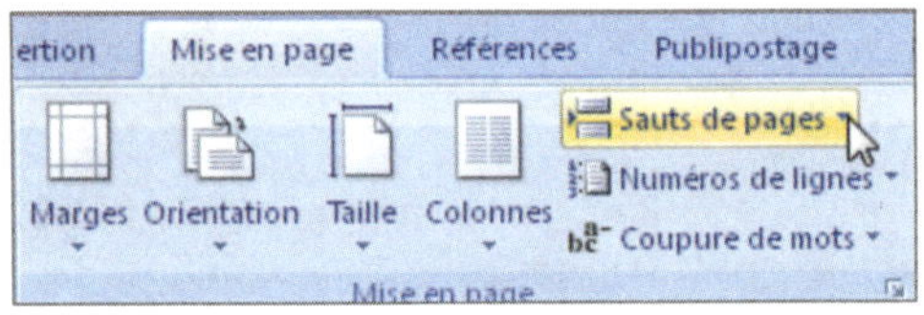

Sous l'onglet Mise en page, dans le groupe Mise en page, cliquer sur Sauts de pages.

Dans le groupe Sauts de section, cliquer sur le type de saut de section souhaité.

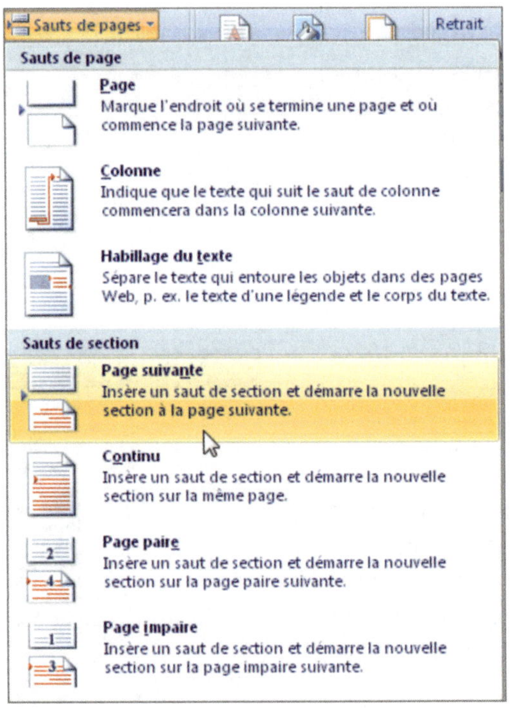

Le saut de section est inséré.

FICHE 3 Créer un en-tête ou un pied de page différent pour chaque section du document

Double-cliquer sur le pied de page de la section pour laquelle sera créé un en-tête ou un pied de page différent.

Sous l'onglet Création, dans le groupe Navigation, cliquer sur Lier au précédent pour rompre la liaison avec l'en-tête et le pied de page de la section précédente.

Puis modifier l'en-tête ou le pied de page.

Entraînement

OBJECTIFS

- Mettre en forme un document
- Modifier la mise en page d'un document
- Gérer les sections d'un document
- Insérer un objet EXCEL

Situation professionnelle

Vous effectuez un stage au sein du centre de loisirs La Marelle à Nancy.

Cette structure accueille des enfants de 5 à 16 ans les mercredis et pendant les vacances scolaires. Différentes activités artistiques, sportives et culturelles y sont proposées.

Vous êtes chargé(e) de mettre en forme le document de présentation du centre pour la prochaine rentrée.

CENTRE DE LOISIRS
LA MARELLE

22 RUE ISABEY
54000 NANCY
TÉL. : 03 83 36 18 00

MISSION 1 Présenter le centre de loisirs

1. Présentez le document en respectant les consignes du directeur (DOCUMENTS 1 ET 2).
2. Enregistrez le document sous le nom ***Présentation_La_Marelle***.
3. Prévisualisez le document et imprimez-le.
4. Fermez le document.

DOCUMENT 1 Consignes pour la maquette

Merci de préparer le document de présentation du centre pour la prochaine rentrée. En voici la maquette :

1ère page

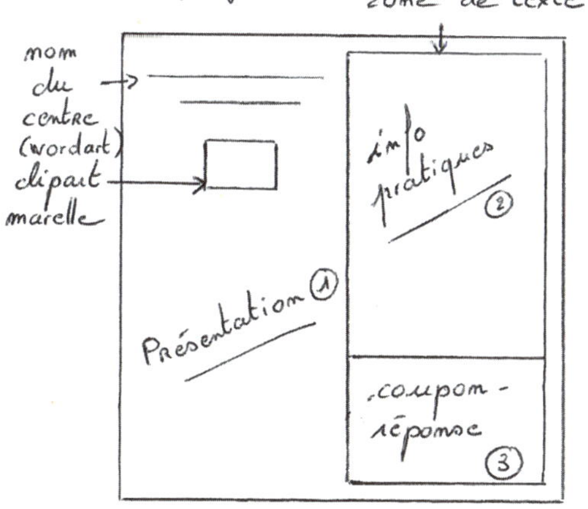

2ème page

Tarifs → insérer Tableau Excel Tarifs

⚠ orientation : Paysage

+ pied de page sur cette page :
Tarifs + nom du centre

Préciser l'année (en filigrane) sur les 2 pages

DOCUMENT 2 Consignes pour la 1re page

lettrine — note de bas de page : structure agréée "Jeunesse et Sports"

① Le centre de loisirs est 1 structure éducative complémentaire de la famille & de l'école.
Il propose aux enfants, tt au long de l'année, détente & découvertes à travers des activités artistiques, sportives & culturelles.

1 environnement exceptionnel
1 hectare de verdure aménagé pour garantir épanouissement & découvertes en tte sécurité : jardin, bac à sable, parcours accro-branche, terrain de jeu, cabanes, etc.

1 bâtiment fonctionnel — * note de bas de page haute qualité environnementale
1 bâtiment* entièrement rénové en 2008, 1 cuisine, 3 grandes salles, 1 atelier, du matériel varié & adapté à ts les âges.

1 équipe dynamique & qualifiée
1 équipe d'animateurs et d'animatrices permanents,
1 encadrement souple (au - 1 adulte pour 8 enfants).

② Horaires d'accueil → arrivée de 7h45 à 9h30
départ de 17h00 à 18h15
Informations → s'adresser au directeur du centre de loisirs Steven CHARVET. Tél : 06 57 89 44 57
Inscriptions → s'adresser à la communauté de communes
(à disposer au mieux)

③ Le centre de loisirs LA MARELLE ouvre ses portes le Sam. 4/9 de 10 à 13h & de 14 à 18h
M Mme Melle ____________
Participera à la journée portes ouvertes le samedi 4/09 matin ou samedi 4/09 après-midi → choix
et sera accompagné(e) de __ enfant(s)
Le ______
Signature :
(coupon-réponse à présenter)

Présenter des tableaux

OBJECTIFS

- Effectuer des calculs (somme)
- Trier des données
- Convertir un texte en tableau

Situation professionnelle

Vous effectuez un stage au secrétariat du collège Saint-Exupéry.

Des campagnes d'information sont programmées chaque année scolaire sur différents thèmes : drogue, violence, etc. Les élèves participent aux ateliers organisés. Des documents sont par ailleurs distribués aux parents.

Après enquête, il paraît indispensable de traiter les dangers d'Internet pour les jeunes. Vous êtes chargé(e) de la présentation des documents utilisés.

COLLÈGE SAINT-EXUPÉRY

59 avenue Charles-de-Gaulle
78150 LE CHESNAY
Tél. : 01 39 54 27 12
Établissement d'enseignement secondaire de premier cycle
de la 6e à la 3e

MISSION 1 Présenter les résultats d'une enquête

1. Présentez les résultats de l'enquête selon les consignes transmises (DOCUMENT 1).
2. Enregistrez le document sous le nom ***Résultats_enquête_élèves***.
3. Prévisualisez le document, imprimez-le puis fermez-le.

DOCUMENT 1 Résultats de l'enquête menée auprès des élèves

Collège ST Exupéry - le Chesnay
Les dangers d'internet
Résultats de l'enquête menée auprès des élèves

Sur 347 élèves interrogés, 129 avouent avoir déjà vu ou lu sur internet quelque chose de choquant.
Quelle était leur activité à ce moment ?

Recherche d'informations 170
Visite sur Daily Motion, You tube... 84
Chat 62
Jeux en réseau 31
Total

TABLEAU

Fiche 1
Effectuer des calculs (somme)

MISSION 2 Présenter les dangers d'Internet

1. Ouvrez le fichier **Dangers_internet**.
2. Apportez les modifications demandées **(DOCUMENT 2)**.
3. Enregistrez les modifications. Prévisualisez le document, imprimez-le puis fermez-le.

DOCUMENT 2 Dangers Internet

LES DANGERS D'INTERNET

Dialoguer entre copains, se retrouver entre fans de Harry Potter, faire une recherche… Oui, Internet c'est génial !

Il faut toutefois être vigilant et avoir conscience des risques encourus par nos enfants !

Ajouter 1 colonne — Puces

Risques ← A fusionner	Conseils
Réception répétée de messages de menaces, de moqueries, d'insultes par Internet Cyber-harcèlement	L'informer à titre préventif de ce risque, l'inciter à en parler le cas échéant Être attentif à déceler les signes d'un harcèlement : peur d'aller en classe, repli sur soi, angoisse face à l'écran, etc.
Diffusion d'images ou propos à caractère violent, pornographique ou pédopornographique Contenus choquants	Installer le contrôle parental Établir un climat de confiance pour qu'il vous parle librement Signaler tout incident sur le site www.pointdecontact.net
Échanges virtuels donnant lieu à des rencontres douteuses Rencontres	Informer l'enfant de ce risque et lui demander de ne jamais se rendre seul à un rendez-vous pris sur Internet. Prévoir ce rendez-vous dans un lieu public
Communications électroniques massives, non sollicitées par les destinataires, à des fins publicitaires ou malhonnêtes.	Utiliser un logiciel anti-spam A supprimer
Troubles psychologiques caractérisés par un besoin obsessionnel de jouer à un jeu vidéo par exemple Dépendance	Limiter les heures de jeu Lui proposer d'autres activités En cas de signes de dépendance, l'emmener consulter
Prise de contrôle de l'identité virtuelle d'une personne (mot de passe, identifiant) pour utiliser son compte à des fins frauduleuses usurpation d'identité	L'inviter à ne pas transmettre d'informations sur lui ou sa famille à une personne qu'il ne connaît pas.

Présentation impeccable ! Merci.
Classer les risques dans l'ordre alphabétique.

Fiche 2
Trier des données

MISSION 3 Présenter un lexique

1. Ouvrez le fichier **Définitions**.
2. Apportez les modifications demandées (DOCUMENT 3).
3. Enregistrez les modifications. Prévisualisez le document, imprimez-le puis fermez-le.

DOCUMENT 3 Définitions

QUELQUES DÉFINITIONS...

LEXIQUE

Bug ou bogue Erreur de programmation qui provoque un dysfonctionnement du logiciel
Adware ou publiciel Logiciel espion qui enregistre les habitudes sur internet et les centres d'intérêt de l'utilisateur afin de mieux cibler le type de publicité à afficher
Cheval de Troie ou Trojan Programme pirate installé sur un ordinateur à des fins malveillantes (détérioration ou récupération de données)
Hacker ou pirate Personne qui cherche à contourner les protections d'un logiciel et à s'introduire frauduleusement dans un système ou un réseau informatique
Hoax ou canular Information fausse transmise par message électronique (fausse chaîne de solidarité, fausse alerte aux virus)
Spyware ou espiogiciel Logiciel qui récupère des données confidentielles à l'insu de l'utilisateur
Ver ou worm Programme indésirable qui se reproduit en autonomie en utilisant un réseau
Virus Logiciel malveillant susceptible d'entraîner diverses perturbations dans le fonctionnement de l'ordinateur
Spam ou pourriel Courriel envoyé à un très grand nombre de personnes sans leur accord préalable

A convertir en tableau et à présenter.
Prévoir 2 colonnes : Termes / Définitions

Fiche 3
Convertir un texte en tableau

SYNTHÈSE Présenter les résultats d'une enquête

1. Ouvrez le fichier **Résultats_enquête_parents**.
2. Réalisez le travail demandé (DOCUMENT 4).
3. Enregistrez les modifications. Prévisualisez le document, imprimez-le puis fermez-le.

DOCUMENT 4 Résultats de l'enquête menée auprès des parents

COLLÈGE SAINT-EXUPÉRY – LE CHESNAY

LES DANGERS D'INTERNET

RÉSULTATS DE L'ENQUÊTE MENÉE AUPRÈS DES PARENTS

Votre enfant a-t-il déjà été confronté sur internet à des contenus choquants :

RÉPONSE	En %
OUI	34
NON	66

Tableau

Les textes ou les images étaient-ils :

	Oui 1 fois	Oui Plusieurs fois	Total Oui	Non Jamais	Ne sais pas
A caractère sexuel	14	15	A calculer	69	2
Violents	10	14		75	1
Traumatisants	9	7		83	1

⚠ Tabulations

A classer selon le total des Oui

(le pourcentage le plus élevé en premier)

FICHE 1 Effectuer des calculs (somme)

Placer le curseur dans la cellule du tableau qui va recevoir le résultat.

Sous l'onglet **Disposition**, dans le groupe **Données**, cliquer sur le bouton **Formule**.

Dans la boîte de dialogue **Formule**, une formule est proposée.

Exemples :
=SUM(ABOVE) pour la somme des cellules placées au dessus ;
=SUM(LEFT) pour la somme des cellules placées à gauche.

Accepter la formule proposée ou la modifier ou la supprimer et en sélectionner une autre dans la liste **Insérer la fonction**.

Sélectionner également un format de nombre. Puis cliquer sur **OK**.

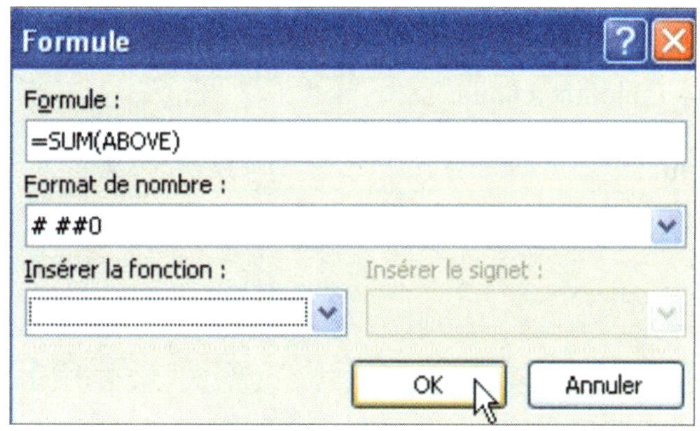

FICHE 2 Trier des données

Sélectionner les données qui doivent être triées.

Sous l'onglet **Disposition**, dans le groupe **Données**, cliquer sur le bouton **Trier**.

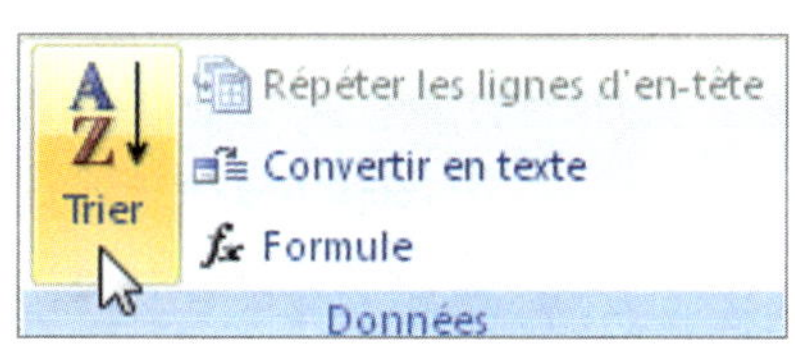

Dans la boîte de dialogue **Trier**, indiquer la ou les colonnes contenant les données à trier.

Cocher **Croissant** ou **Décroissant** selon le tri souhaité.

Cliquer sur **OK**.

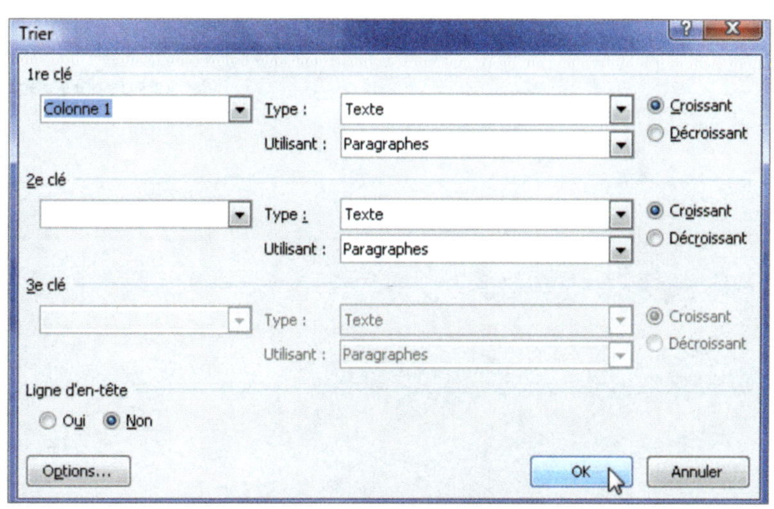

FICHE 3

Convertir un texte en tableau

Sélectionner le texte qui sera converti en tableau.

Le texte est présenté avec des marques de paragraphe pour différencier les lignes et des caractères de séparation (tabulations, points-virgules...) pour diviser le texte en colonnes.

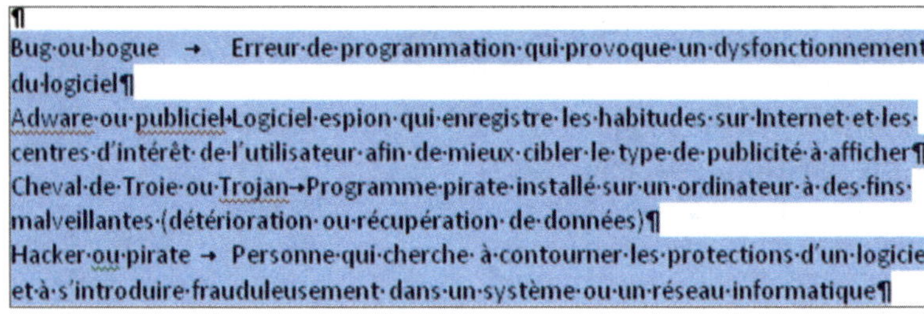

Sous l'onglet **Insertion**, dans le groupe **Tableaux**, cliquer sur **Tableau** puis sur **Convertir le texte en tableau...**

Dans la boîte de dialogue **Convertir le texte en tableau** et dans la zone **Nombre de colonnes**, vérifier le nombre de colonnes.

Dans la zone **Séparer le texte au niveau des**, sélectionner le caractère de séparation qui figure dans le texte.

Cliquer sur **OK**.

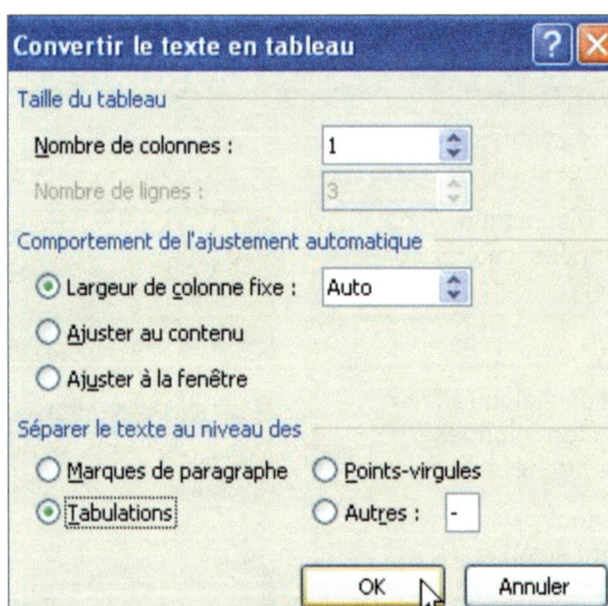

Utiliser les thèmes et les styles

OBJECTIFS

- Utiliser un style
- Appliquer un thème de document
- Créer un style
- Réutiliser des styles dans un autre document

Situation professionnelle

Vous effectuez un stage au sein de la clinique vétérinaire Sénal à Auxerre.

Votre tutrice, Laura, assistante vétérinaire, souhaite profiter de votre présence pour mettre en forme des fiches d'information à destination des clients.

Ce travail étant répétitif, Laura vous incite à utiliser des styles. Combinaisons de mises en forme, les styles permettent en effet d'appliquer un jeu de formats en une seule fois.

CLINIQUE SÉNAL VÉTÉRINAIRE

1 quai de la République
89000 AUXERRE

Tél. : 03 86 41 75 10

Soin aux animaux
de compagnie ou d'élevage

MISSION 1 Présenter une affiche

1. Ouvrez le fichier **Divagation**.
2. Mettez en forme le document selon les consignes transmises (DOCUMENT 1).
3. Enregistrez les modifications. Prévisualisez le document, imprimez-le puis fermez-le.

DOCUMENT 1 Contenu de l'affiche

Document divagation.doc à présenter comme les autres et à afficher dans la salle d'attente :

La divagation ← Style Titre

Art. L.211-23 du Code rural ← Style Référence intense

Style citation intense ↓

Est considéré en état de divagation tout chien qui, en dehors d'une action de chasse ou (L. n°2005-157 du 23 févr. 2005, art. 125) « de la garde ou de la protection du troupeau », n'est plus sous la surveillance effective de son maître, se trouve hors de portée de voix de celui-ci ou de tout instrument sonore permettant son rappel, ou qui est éloigné de son propriétaire ou de la personne qui en est responsable d'une distance dépassant cent mètres. Tout chien abandonné, livré à son seul instinct, est en état de divagation (L. n° 2005-157 du 23 févr. 2005, art. 156) « sauf s'il participait à une action de chasse et qu'il est démontré que son propriétaire ne s'est pas abstenu de tout entreprendre pour le retrouver et le récupérer, y compris après la fin de l'action de chasse ».

Est considéré comme en état de divagation tout chat non identifié trouvé à plus de 200 mètres des habitations ou tout chat trouvé à plus de mille mètres du domicile de son maître et qui n'est pas sous la surveillance immédiate de celui-ci, ainsi que tout chat dont le propriétaire n'est pas connu et qui est saisi sur la voie publique ou sur la propriété d'autrui.

Le thème que nous utilisons pour ce document se nomme Origine
Format A5 - en paysage - Revoir les marges si nécessaire

Fiche 1 Utiliser un style

Fiche 2 Appliquer un thème de document

MISSION 2 Présenter des fiches d'information concernant les chats et les chiens

1. Ouvrez le fichier **Partir_en_vacances_avec_son_animal**.
2. Créez les styles d'après la note de votre tutrice (DOCUMENT 2) et mettez en forme le document.
3. Enregistrez les modifications. Prévisualisez le document, imprimez-le.
4. Enregistrez le document en tant que modèle puis fermez-le.
5. Ouvrez le fichier **Couchage_du_chien**.
6. Mettez en forme le document en réutilisant les styles créés.
7. Enregistrez les modifications. Prévisualisez le document, imprimez-le puis fermez-le.

DOCUMENT 2 Note de Laura

Document Partir en vacances avec son animal.doc à mettre en forme
Thème et couleurs de votre choix - styles à créer :
Titre fiche info client : Police Comic Sans MS - Taille 18 - à centrer et graisser - Espacement après le titre : 30 pt + encadrement
Texte fiche info client : Police Comic Sans MS - Taille 11 - à justifier - Espacement après : 18 pt
Sous-titre fiche info client : Police Comic Sans MS - Taille 12 - à souligner et graisser - Espacement avant de 18 pt après de 12 pt
Source fiche info client : Police Comic Sans MS - Taille 12 - à aligner à droite - en italique - Espacement avant : 18 pt
Réutiliser ces styles pour Couchage du chien.doc

Fiche 3
Créer un style

Fiche 4
Réutiliser des styles dans un autre document

SYNTHÈSE Présenter des fiches d'information concernant les chevaux

1. Ouvrez le fichier **Vaccinations_pour_les_chevaux**.
2. Créez les styles d'après la note de votre tutrice (DOCUMENT 3) et mettez en forme le document.
3. Enregistrez les modifications. Prévisualisez le document, imprimez-le.
4. Enregistrez le document en tant que modèle puis fermez-le.
5. Ouvrez le fichier **Vermifugation_pour_les_chevaux**.
6. Mettez en forme le document en réutilisant les styles créés.
7. Enregistrez les modifications. Prévisualisez le document, imprimez-le puis fermez-le.

DOCUMENT 3 Consignes de Laura

Nouvelles fiches pour les clients propriétaires de chevaux à mettre en forme :
Vaccinations pour les chevaux.doc & Vermifugation pour les chevaux.doc
Thème et styles de votre choix mais différents des fiches chats/chiens

FICHE 1 Utiliser un style

Sélectionner le texte auquel sera appliqué le style.

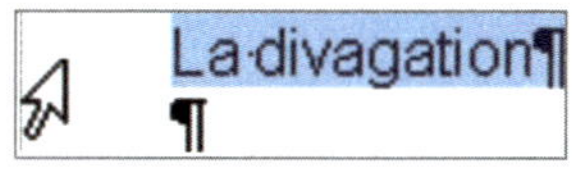

Sous l'onglet Accueil, dans le groupe Style, sélectionner un style.

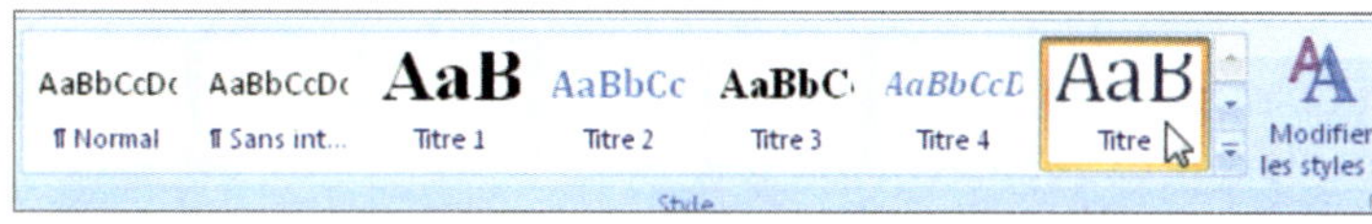

Le texte est mis en forme.

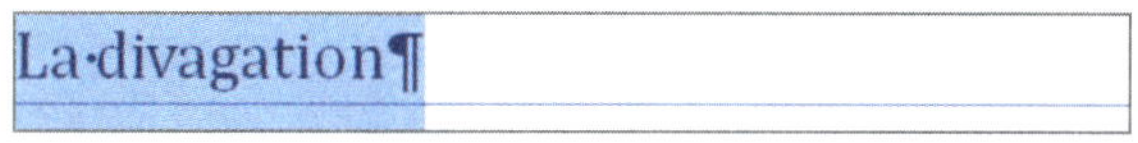

FICHE 2 Appliquer un thème de document

Un thème de document est un ensemble de choix de mises en forme (couleurs, polices, effets).

Sous l'onglet Mise en page, dans le groupe Thèmes, cliquer sur le bouton Thèmes.

Une série de thèmes prédéfinis est proposée.

Cliquer sur le thème choisi.

Le thème appliqué affecte immédiatement les styles utilisés dans le document.

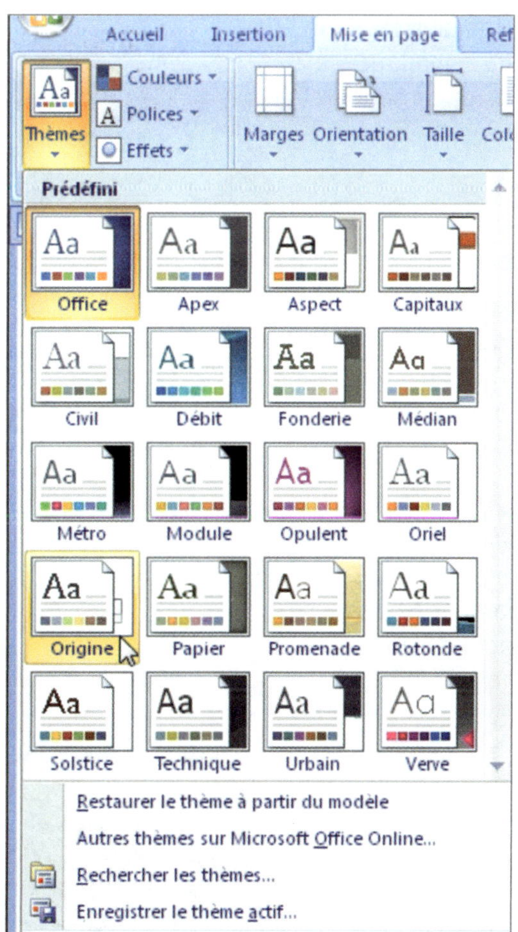

FICHE 3

Créer un style

Définir un style

Mettre en forme le texte (caractère, paragraphe, bordures) puis le sélectionner.

Cliquer avec le bouton droit de la souris sur la sélection. Pointer sur **Styles** puis cliquer sur **Enregistrer la sélection en tant que nouveau style rapide...**

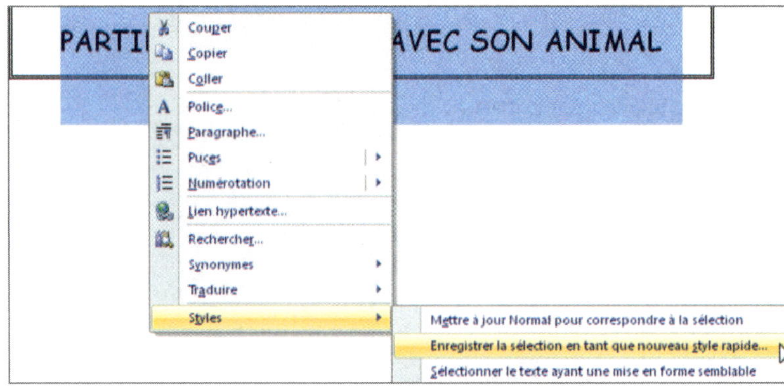

Attribuer un nom au style puis cliquer sur **OK**.

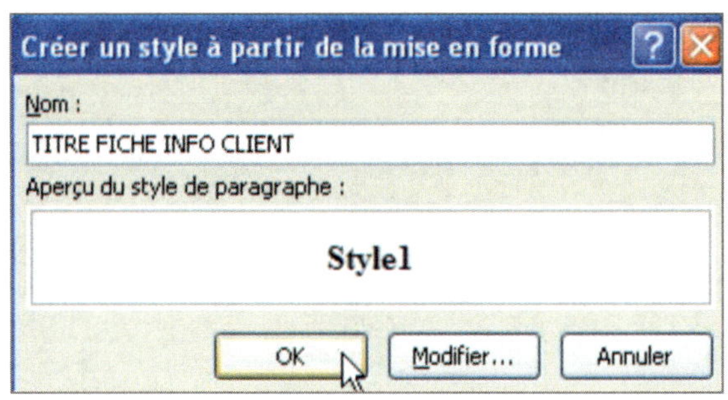

Le style apparaît dans la liste des styles et peut être appliqué à d'autres parties du document.

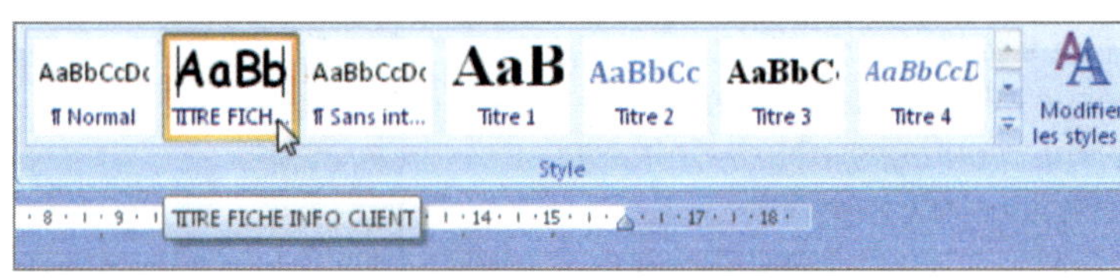

Modifier un style

Sous l'onglet **Accueil**, dans le groupe **Style**, cliquer sur le lanceur de la boîte de dialogue **Styles**.

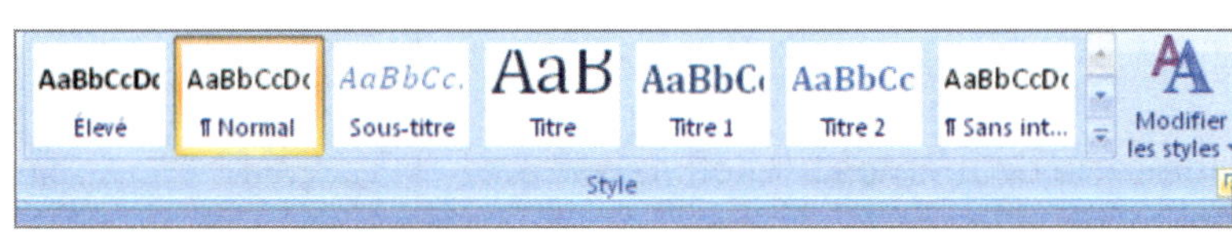

Dans la boîte de dialogue **Styles**, pointer le style à modifier puis cliquer sur la flèche à droite.

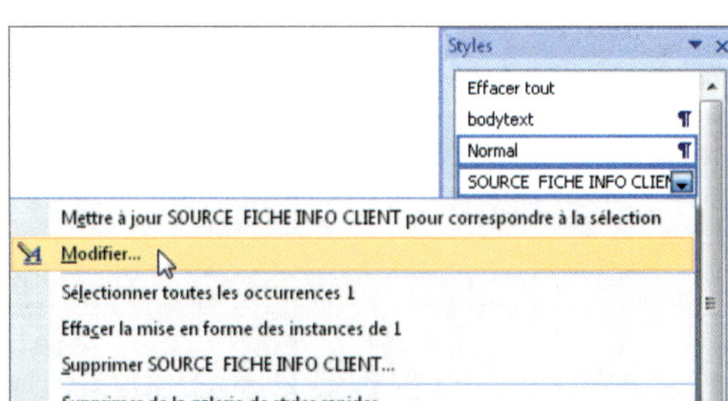

Cliquer sur **Modifier**.

FICHE 3

Créer un style (suite)

Dans la boîte de dialogue **Modifier le style**, cliquer sur le bouton **Format**.

Sélectionner la boîte de dialogue à ouvrir et procéder aux modifications.

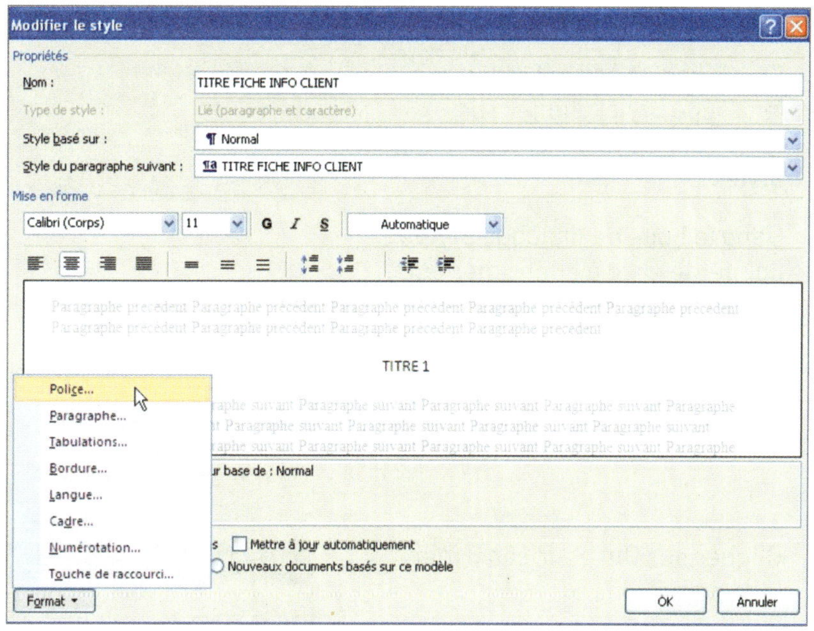

Cliquer sur **OK** pour confirmer les modifications apportées au style.

Renommer un style

Sous l'onglet **Accueil**, dans le groupe **Style**, cliquer sur le lanceur de la boîte de dialogue **Styles**.

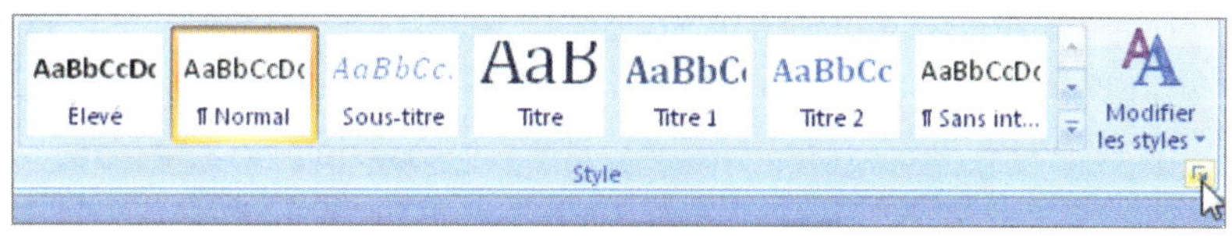

Dans la boîte de dialogue **Styles**, pointer le style à renommer puis cliquer sur la flèche à droite.

Cliquer sur **Modifier**.

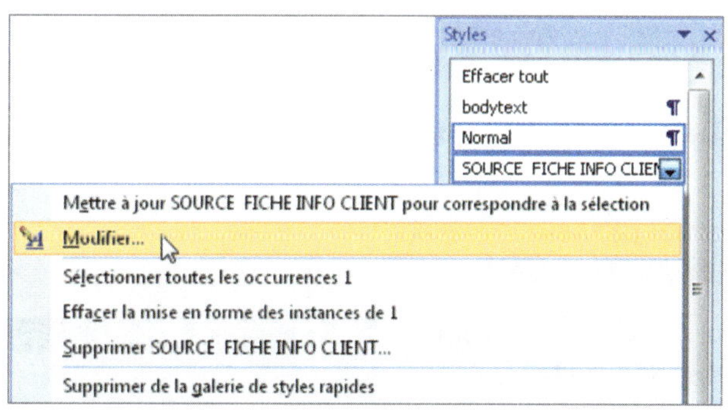

Dans la boîte de dialogue **Modifier le style** et dans la zone **Nom**, saisir le nouveau nom du style.

Puis cliquer sur **OK**.

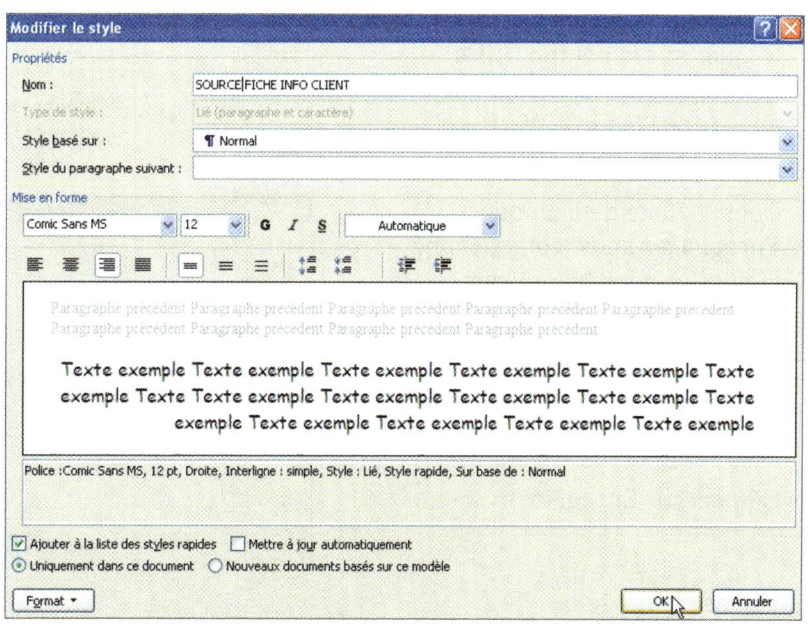

FICHE 3 Créer un style (suite)

Supprimer un style

Sous l'onglet Accueil, dans le groupe Style, cliquer sur le lanceur de la boîte de dialogue Styles.

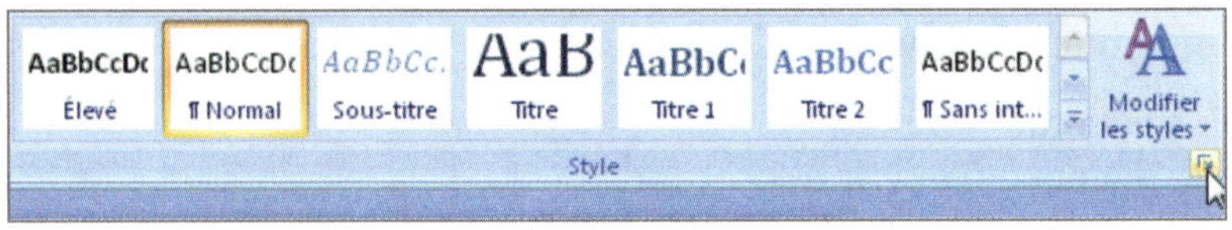

Dans la boîte de dialogue Styles, pointer le style à supprimer puis cliquer sur la flèche à droite.

Cliquer sur Supprimer...

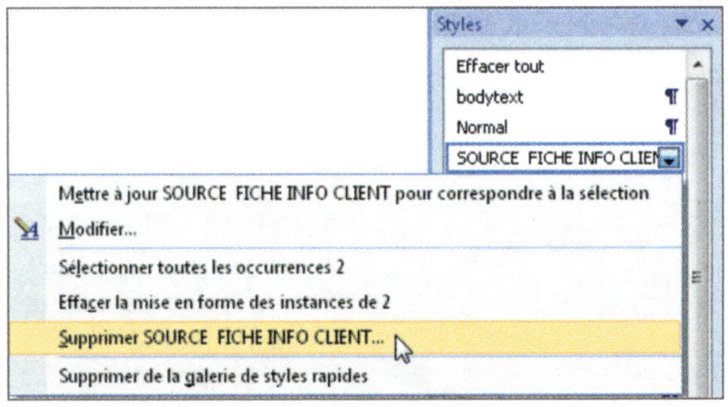

Cliquer sur Oui pour confirmer la suppression.

Fermer la boîte de dialogue Styles lorsque toutes les modifications sont apportées.

FICHE 4 Réutiliser des styles dans un autre document

Enregistrer le document en tant que modèle (rappel)

Le document dont les styles seront réutilisés doit être enregistré en tant que modèle.

Cliquer sur le bouton Office. Pointer Enregistrer sous puis cliquer sur Modèle Word.

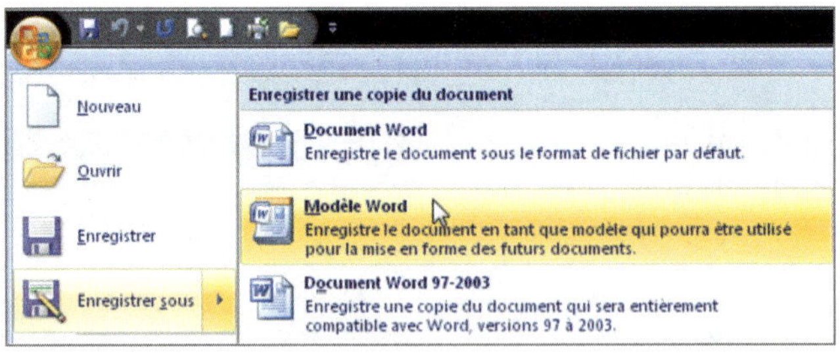

Dans la boîte de dialogue Enregistrer sous, sélectionner le dossier dans lequel sera enregistré le modèle.

Saisir le nom du modèle.

Vérifier le type de fichier : Modèle Word.

Cliquer sur Enregistrer.

Fermer le modèle.

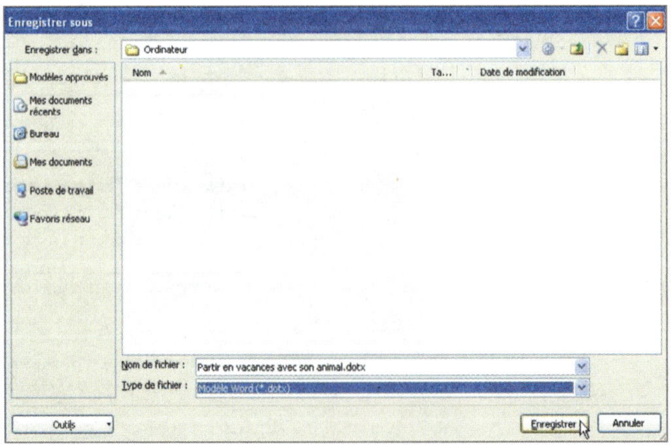

FICHE 4

Réutiliser des styles dans un autre document (suite)

Afficher l'onglet Développeur (rappel)

Pour attacher un modèle à un document, l'onglet Développeur doit être affiché dans le ruban.

Cliquer sur le bouton Office puis sur le bouton Options Word.

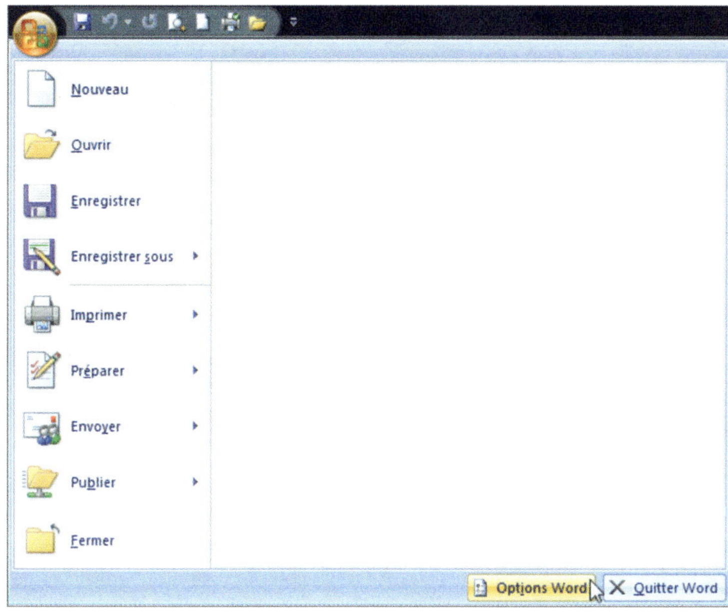

Dans la boîte de dialogue Options Word, cliquer sur Standard puis activer la case à cocher Afficher l'onglet Développeur dans le ruban.

Puis cliquer sur OK.

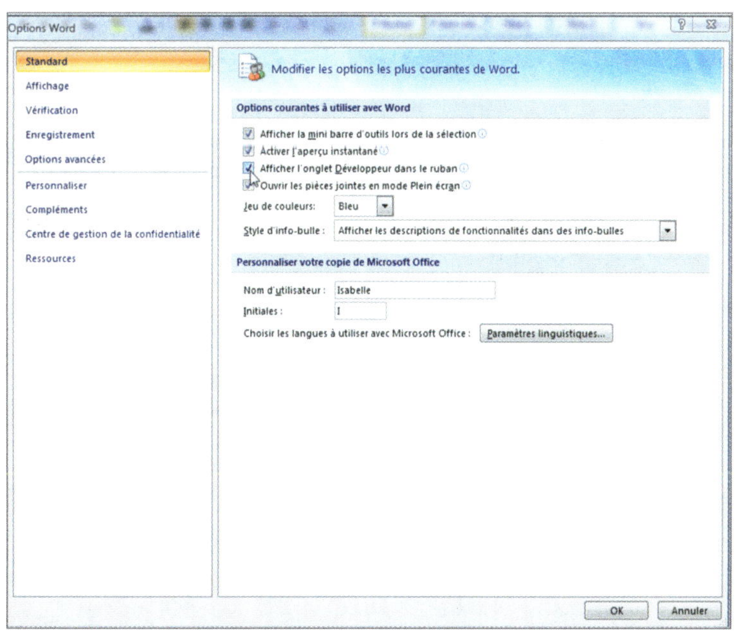

L'onglet Développeur est affiché dans le ruban.

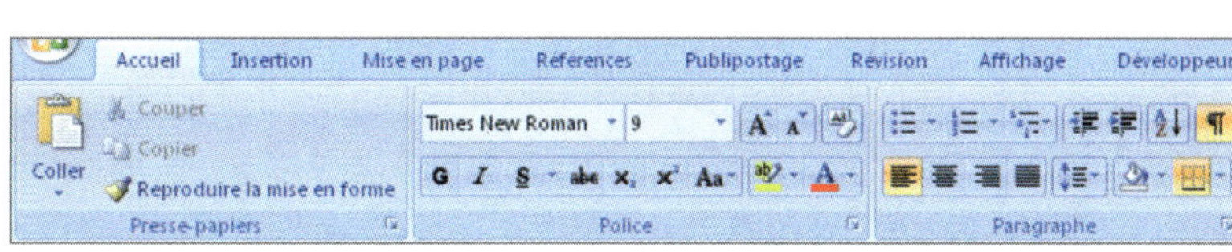

FICHE 4

Réutiliser des styles dans un autre document (suite)

Attacher un modèle à un document

Sous l'onglet **Développeur**, dans le groupe **Modèles**, cliquer sur le bouton **Modèle de document**.

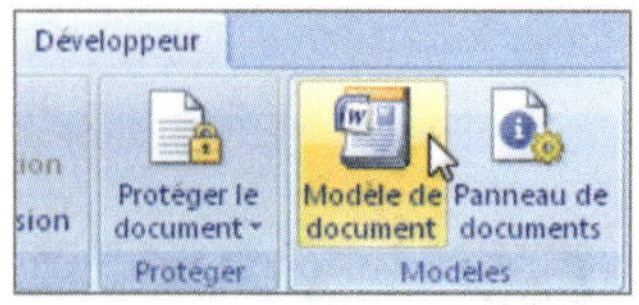

La boîte de dialogue **Modèles et compléments** est affichée. Sous l'onglet **Modèles**, dans la zone **Modèle de document**, cliquer sur le bouton **Attacher**.

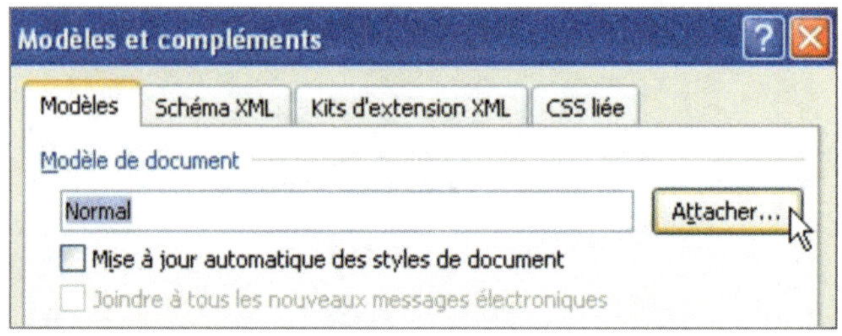

Dans la boîte de dialogue **Attacher un modèle**, sélectionner l'emplacement et le nom du modèle contenant les styles puis cliquer sur **Ouvrir**.

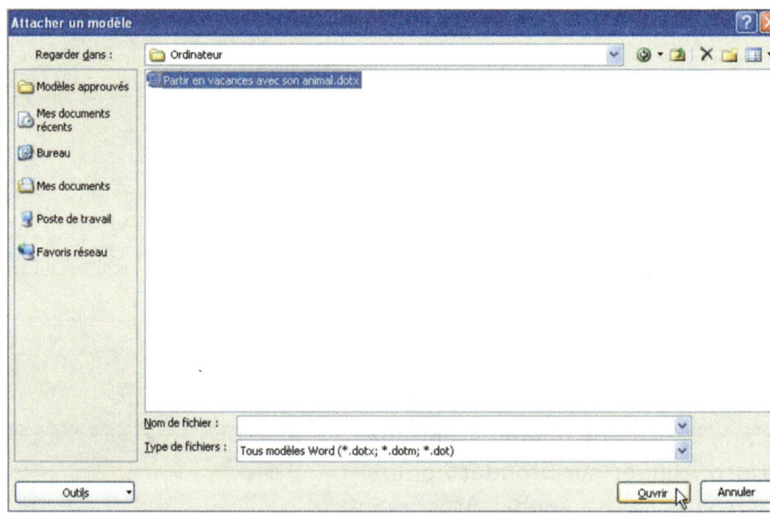

Dans la boîte de dialogue **Modèles et compléments**, cocher **Mise à jour automatique des styles de document**.

Cliquer sur **OK**.

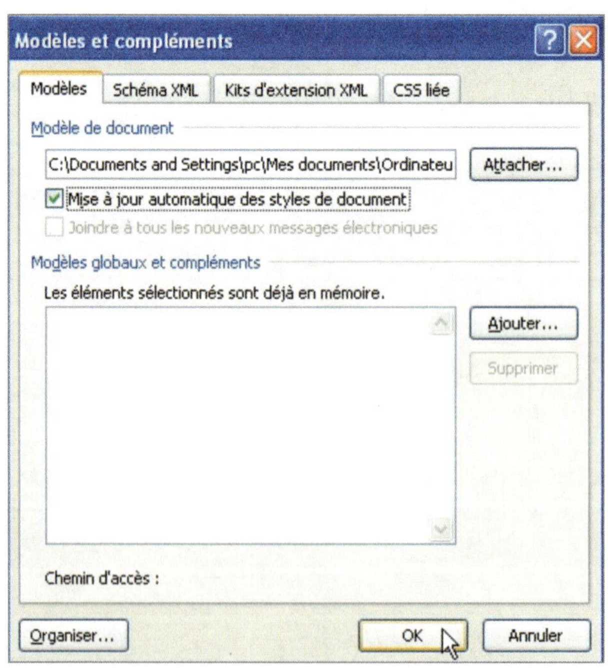

Les styles créés dans le modèle sélectionné peuvent être réutilisés dans le document.

Créer un plan, une table des matières et un index

OBJECTIFS

- Activer le mode plan
- Créer le plan d'un document
- Numéroter un plan
- Créer la table des matières d'un document
- Créer l'index d'un document

Situation professionnelle

Vous effectuez un stage à l'office de tourisme de Forges-les-Eaux.

Cette structure informe les visiteurs, individuels ou groupes, sur les moyens de restauration et d'hébergement disponibles dans la station touristique. Elle propose par ailleurs différentes activités culturelles et de loisirs.

Votre tutrice, Natacha Vincent, conseillère en séjour, vous demande de présenter deux brochures qu'elle pourra remettre aux personnes intéressées.

Office de Tourisme

Rue Albert Bochet
76440 FORGES-LES-EAUX
Tél. : 02 35 02 52 10
Promotion de l'offre touristique de la station

MISSION 1 Présenter la brochure *Forges-les-Eaux*

1. Ouvrez le fichier **Présentation_Forges_les_Eaux**
2. Apportez les modifications demandées (DOCUMENT 1).
3. Enregistrez les modifications.

DOCUMENT 1 Consignes de Natacha

Document pour la présentation de Forges-les-Eaux déjà saisi.

A faire S.V.P :

A disposer et mettre en forme - présentation de votre choix ; thème, police, couleurs... Pensez à utiliser des styles ;

Insérer une page de garde simple - Titre : Forges-les-Eaux

Auteur : Office de tourisme + insérer photo (nom : photo Forges-les-Eaux)

En-Tête : titre du document) sauf page de garde

Pied de page : n° de page)

MISSION 2 Créer et numéroter le plan

1. Activez le mode plan.
2. Définissez les différents niveaux de titres **(DOCUMENT 2)**.
3. Numérotez le plan.
4. Enregistrez les modifications.

DOCUMENT 2 **Plan de la brochure**

Présentation Forges-les-Eaux
Organisation du document

Niveau 1

Profitez d'un large choix d'hébergement !
Découvrez la richesse de notre terroir !
Vivez votre séjour au rythme de vos envies !

Nature — Niveau 2
Bois de l'Épinay, sentiers écologiques, parcours de santé
Les étangs — Niveau 3
L'avenue verte
Randonnées pédestres
Randonnées Vélo

Sport
Équitation
Golf

Numéroter le plan :
I
A
1

Jeux
Casino
Hippodrome de Mauquenchy

Calme
Histoire
Culture

Fiche 1
Activer le mode plan

Fiche 2
Créer le plan d'un document

Fiche 3
Numéroter un plan

MISSION 3 Préparer le sommaire

1. Créez la table des matières (sommaire) selon les consignes de votre tutrice **(DOCUMENT 3)**.
2. Enregistrez les modifications.

DOCUMENT 3 **Consignes de Natacha**

Présentation Forges-les-Eaux

Prévoir le sommaire
Choisir le format soigné
Afficher les numéros de page à droite avec des points de suite……

Fiche 4
Créer la table des matières d'un document

MISSION 4 Réaliser l'index

1. Créez l'index du document selon les consignes de votre tutrice **(DOCUMENT 4)**.
2. Enregistrez les modifications.
3. Prévisualisez le document, imprimez-le puis fermez-le.

DOCUMENT 4 **Consignes de Natacha**

Présentation Forges-les-Eaux

Dernière chose, prévoir l'index du document avec les termes suivants : Hébergement, AOC, Spécialités, Bois de l'Épinay, Étang, Pêche, Avenue verte, Circuits, Randonnées, Équitation, Golf, Casino, Hippodrome, SPA, Musées, Visites guidées, Animations.
Choisir le format recherché
Disposer les informations sur 2 colonnes
Afficher les numéros de page avec des points de suite….

Fiche 5
Créer l'index d'un document

SYNTHÈSE Présenter la brochure *Les visites à Forges-les-Eaux*

1. Ouvrez le fichier **Visites_à_Forges_les_Eaux**.
2. Disposez le document selon les consignes de votre tutrice (DOCUMENT 5).
3. Créez et numérotez le plan (DOCUMENT 5).
4. Préparez le sommaire (DOCUMENT 5).
5. Réalisez l'index (DOCUMENT 5).
6. Enregistrez les modifications.
7. Prévisualisez le document, imprimez-le puis fermez-le.

DOCUMENT 5 Consignes de Natacha

Les visites à Forges-les-Eaux

Document déjà saisi. A faire S.V.P.

- A disposer et mettre en forme
- Page de garde + photo Les trois Grâces
- En-tête et pied de page
- Plan à créer et numéroter
- Sommaire
- Index

Mêmes consignes de présentation que la brochure Forges-les-Eaux

Titres principaux

Forges-les-Eaux au fil des rues (avec 12 sous-titres)

Musées et artisanat (+ 4 sous titres)

Visites gustatives (+ 8 sous titres)

A faire figurer dans l'index

Musée, Hôtel de ville, Église, Colombages, Statues, Maquettes, Machines agricoles, Poupées historiques, Guerre mondiale (seconde) Faïence, Ferme, Confiture, Rhubarbe, Fromage de Neufchâtel, Exploitation laitière, Cidre, Calvados, Pommeau, Escargot, Marché.

Musée, Ferme et Cidre sur plusieurs pages (attention au sommaire)

FICHE 1

Activer le mode plan

Cliquer dans la barre d'état sur le bouton Plan.

Ou

Sous l'onglet Affichage, dans le groupe Affichages document, cliquer sur le bouton Plan.

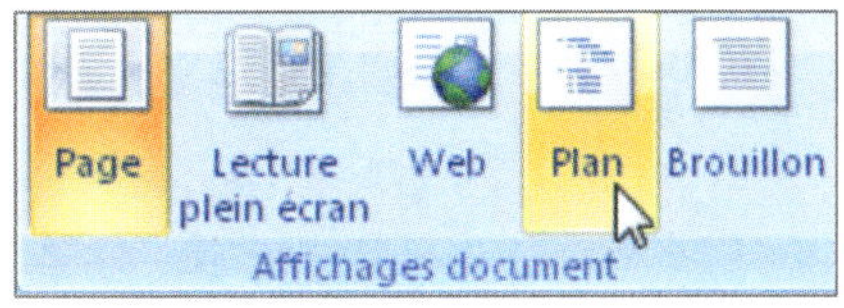

L'onglet Mode Plan est activé.

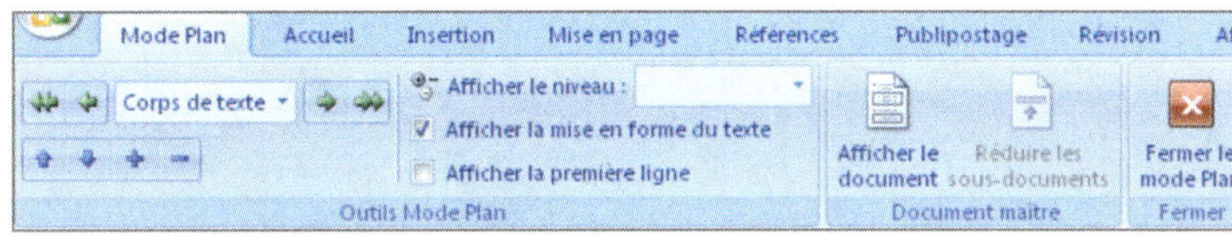

Le document est affiché avec des symboles à gauche du texte.

Le symbole ● correspond à un texte sans affectation de niveau (non défini en tant que titre ou sous-titre).

Le symbole ⊕ signifie que le titre est suivi d'un texte.

Le symbole ⊖ signifie que le titre n'est pas suivi d'un texte.

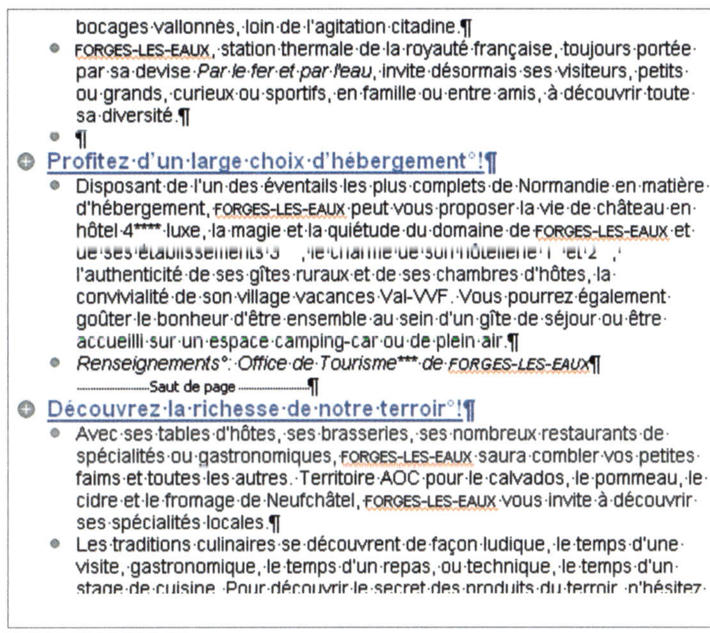
bocages vallonnés, loin de l'agitation citadine.¶
- FORGES-LES-EAUX, station thermale de la royauté française, toujours portée par sa devise *Par le fer et par l'eau*, invite désormais ses visiteurs, petits ou grands, curieux ou sportifs, en famille ou entre amis, à découvrir toute sa diversité.¶
- ¶

⊕ Profitez d'un large choix d'hébergement !¶
- Disposant de l'un des éventails les plus complets de Normandie en matière d'hébergement, FORGES-LES-EAUX peut vous proposer la vie de château en hôtel 4**** luxe, la magie et la quiétude du domaine de FORGES-LES-EAUX et de ses établissements 3*, le charme de son hôtellerie 1* et 2*, l'authenticité de ses gîtes ruraux et de ses chambres d'hôtes, la convivialité de son village vacances Val-VVF. Vous pourrez également goûter le bonheur d'être ensemble au sein d'un gîte de séjour ou être accueilli sur un espace camping-car ou de plein air.¶
- *Renseignements : Office de Tourisme*** de FORGES-LES-EAUX*¶

Saut de page ¶

⊕ Découvrez la richesse de notre terroir !¶
- Avec ses tables d'hôtes, ses brasseries, ses nombreux restaurants de spécialités ou gastronomiques, FORGES-LES-EAUX saura combler vos petites faims et toutes les autres. Territoire AOC pour le calvados, le pommeau, le cidre et le fromage de Neufchâtel, FORGES-LES-EAUX vous invite à découvrir ses spécialités locales.¶
- Les traditions culinaires se découvrent de façon ludique, le temps d'une visite, gastronomique, le temps d'un repas, ou technique, le temps d'un stage de cuisine. Pour découvrir le secret des produits du terroir, n'hésitez

Cliquer sur le bouton Fermer le mode Plan pour désactiver le mode Plan.

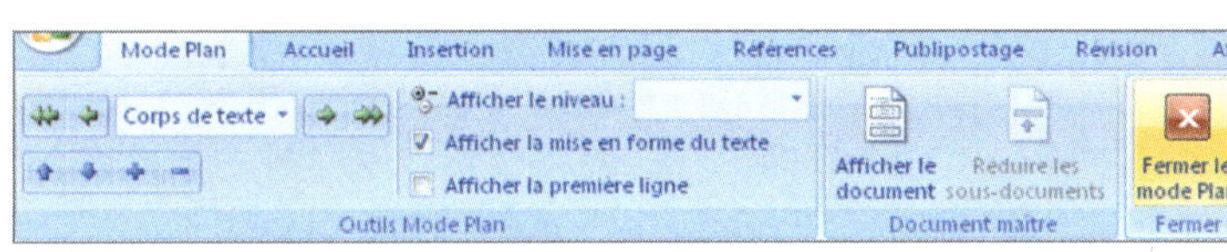

FICHE 2

Créer le plan d'un document

Sélectionner chaque élément de texte (titre, sous-titre...).

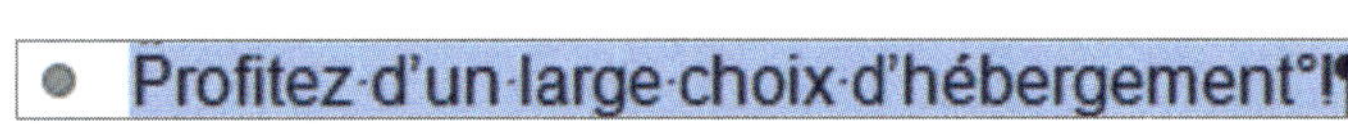

Sous l'onglet Mode Plan, dans le groupe Outils Mode Plan, cliquer sur la flèche du bouton Niveau hiérarchique et sélectionner un niveau.

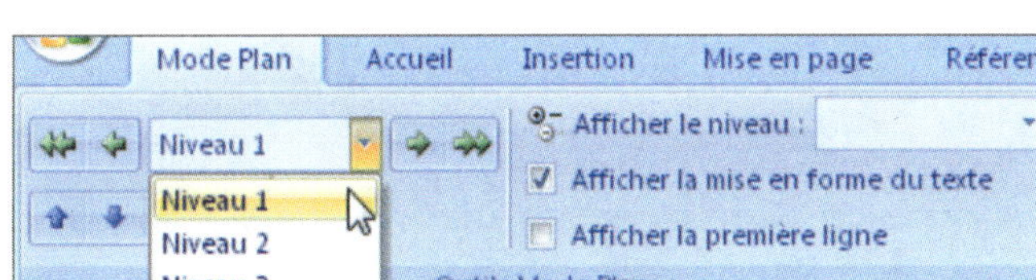

Les boutons ➜ et ⬅ peuvent être également utilisés pour définir l'élément à un niveau inférieur ou plus élevé.

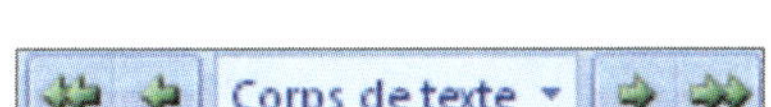

FICHE 3 Numéroter un plan

Placer le curseur sur le premier titre du plan.

Sous l'onglet **Accueil**, dans le groupe **Paragraphe**, cliquer sur le bouton **Liste à plusieurs niveaux**.

Sélectionner un format.

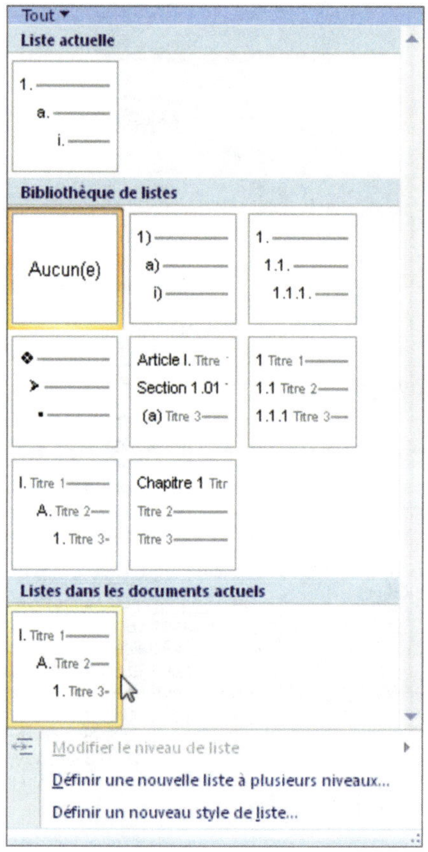

Le plan est numéroté selon les niveaux de titres précédemment définis.

FICHE 4

Créer la table des matières d'un document

Word crée automatiquement la table des matières à partir des titres définis dans le document (styles de titres prédéfinis et/ou niveaux de titres définis en mode Plan).

Placer le curseur à l'endroit où sera insérée la table des matières (insérer un saut de page et saisir le titre).

Sous l'onglet Références, dans le groupe Table des matières, cliquer sur le bouton Table des matières.

Sélectionner Insérer une table des matières...

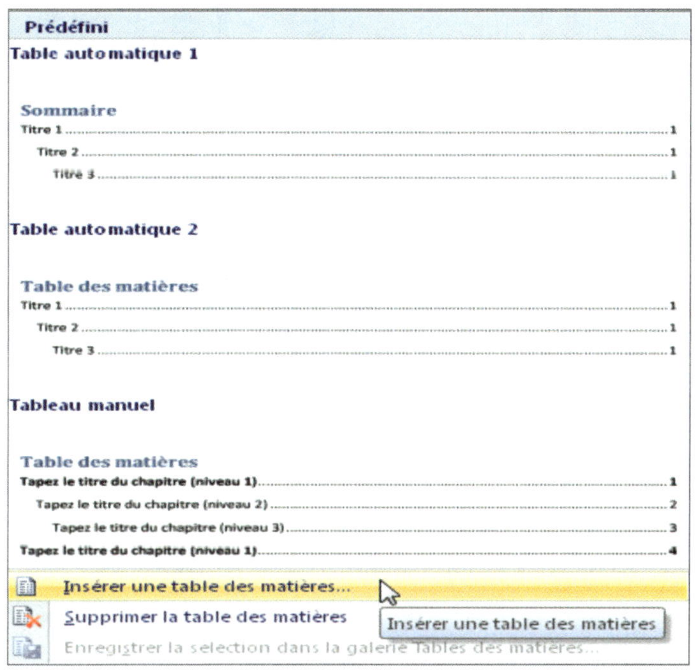

Dans la boîte de dialogue Table des matières, sélectionner dans la zone Général le format désiré et le nombre de niveaux à afficher.

Puis vérifier que les cases à cocher Afficher les numéros de page et Aligner les numéros de page à droite sont activées.

Sélectionner un modèle de caractères de suite.

Cliquer sur OK.

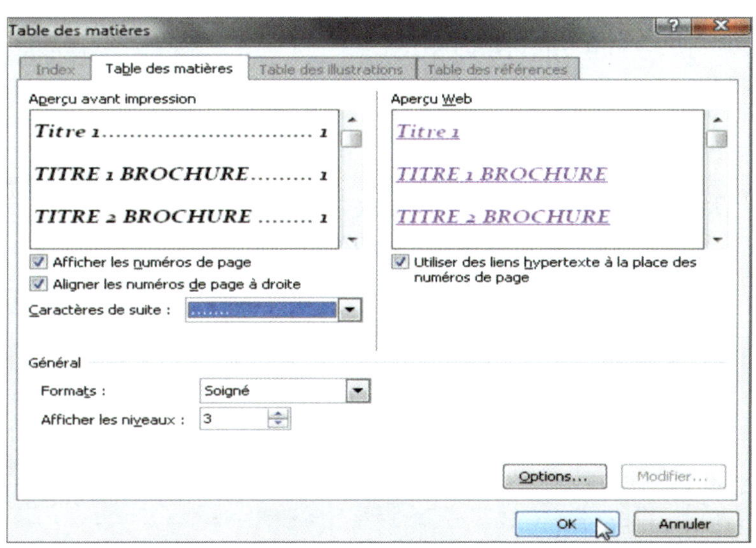

La table des matières est insérée.

FICHE 5

Créer l'index d'un document

Marquer une entrée d'index

Sélectionner le terme qui figurera dans l'index.

Sous l'onglet Références, dans le groupe Index, cliquer sur le bouton Entrée.

Dans la boîte de dialogue Marquer les entrées d'index, corriger le terme sélectionné si nécessaire (une majuscule à la première lettre par exemple).

Puis cliquer sur Marquer.

Si le terme figure plusieurs fois dans le document, cliquer sur le bouton Marquer tout. Il sera alors précisé dans l'index le numéro de toutes les pages qui contiennent le terme. *Attention : si le terme figure dans le sommaire, ne pas utiliser ce bouton et marquer les entrées d'index individuellement.*

Une fois toutes les entrées d'index marquées, fermer la boîte de dialogue Marquer les entrées d'index.

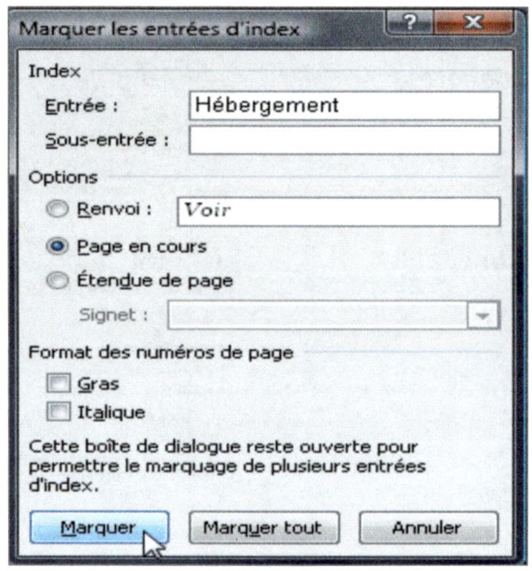

Générer l'index

Cliquer à l'endroit où sera inséré l'index (insérer un saut de page et saisir le titre).

Sous l'onglet Références, dans le groupe Index, cliquer sur Insérer l'index.

Dans la boîte de dialogue Index, sélectionner dans la zone Formats une présentation.

Activer la case Aligner les numéros de page à droite puis sélectionner un modèle de caractères de suite.

Modifier éventuellement le nombre de colonnes.

Cliquer sur OK.

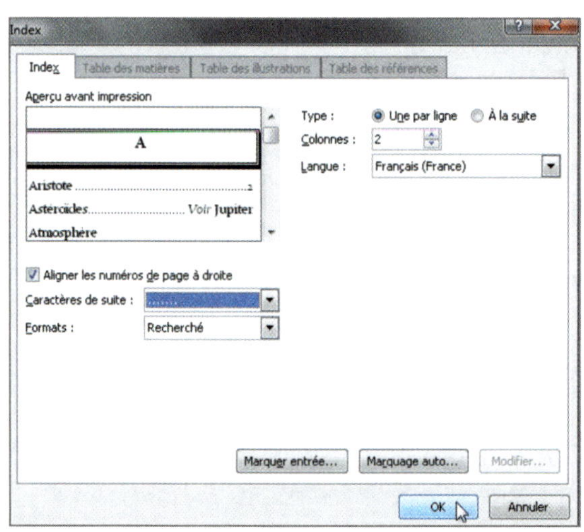

Entraînement

OBJECTIFS

- Convertir un texte en tableau
- Trier des données
- Effectuer des calculs (somme)
- Utiliser les thèmes et les styles
- Créer le plan d'un document
- Numéroter un plan
- Créer une table des matières
- Créer un index

Situation professionnelle

Vous effectuez un stage au sein du cabinet CMO (cabinet de médecins ostéopathes) à Paris.

L'ostéopathie est une méthode thérapeutique basée sur des techniques de manipulation des os, muscles et articulations.

Stéphanie, votre tutrice, assure le secrétariat des cinq ostéopathes de ce cabinet. Elle vous demande de préparer différents documents.

CMO
Cabinet de Médecins Ostéopathes

3 rue Vaugirard
75015 PARIS
Tél. : 01 47 34 42 13

MISSION 1 Présenter la répartition des patients

1. Ouvrez le fichier **Patients**.
2. Apportez les modifications demandées (DOCUMENT 1).
3. Enregistrez les modifications.
4. Prévisualisez le document puis imprimez-le.
5. Fermez le document.

MISSION 2 Présenter une brochure

1. Ouvrez le fichier **Ostéopathie**.
2. Apportez les modifications demandées (DOCUMENT 2).
3. Enregistrez les modifications.
4. Prévisualisez le document puis imprimez-le.
5. Fermez le document.

DOCUMENT 1 **Consignes de Stéphanie**

PATIENTS REÇUS EN 2010

À convertir en tableau et à présenter

Patients	Nombre
Enfants	1 135
Adultes	3 205
Femmes enceintes	160
Personnes âgées	465

à classer dans l'ordre décroissant

+ Total

Fichier Patients.doc

DOCUMENT 2 **Note de Stéphanie**

Fichier Ostéopathie.doc -> à présenter

Thème, polices, couleurs, styles de votre choix

Prévoir SVP :

* une page de garde (en plus du titre, préciser la source : Registre des Ostéopathes de France)
* sur les autres pages :
  - en-tête : L'ostéopathie
  - pied de page : n° de page

modèle de votre choix

Structure du document

I Définition
II Article 75 de la loi...
III Un peu d'histoire
IV Principes clés
  A L'unité du corps
  B La structure gouverne la fonction
  C Le corps possède ses propres...
  D La dysfonction somatique ostéo
V La garantie des soins
  A Code de déontologie - Titre II
  B Qui peut s'adresser à un ostéo ?
  C Pour quels motifs...

créer le plan du document puis numéroter le plan

Prévoir également :

* un sommaire avec n° de page (format de votre choix)
* un index (format de votre choix) avec les termes suivants : diplôme, formation, Still (Andrew Taylor) sur plusieurs pages, Littlejohn (John Martin), Geny (Paul), unité du corps, structure du corps, système de régulation, dysfonction somatique ostéopathique, sécurité des personnes, droit de la personne, consentement, indication thérapeutique

Gérer des documents répétitifs

OBJECTIFS

- Insérer un champ
- Créer et insérer un signet
- Créer et utiliser un bloc de construction

Situation professionnelle

Vous effectuez un stage au sein de l'association ASR (Aide Solidarité Rodez).

Créée il y a deux ans à Rodez, cette association fournit gratuitement une aide alimentaire ou des soins médicaux à des personnes en difficulté.

Pour financer ces actions, l'association reçoit, en plus des subventions des collectivités territoriales, des dons de particuliers et d'entreprises.

Le président, Jacques Cramilly, vous charge de créer des modèles de documents qui permettront de gagner du temps dans la gestion de ces dons.

ASR

12 avenue Victor Hugo
12000 RODEZ

Tél. : 05 65 73 20 18

Assistance aux personnes démunies
(aide alimentaire et soins médicaux)

MISSION 1 Préparer un courrier de remerciement

1. Saisissez et présentez le courrier de remerciement (DOCUMENT 1).
2. Insérez les champs demandés (DOCUMENT 1).
3. Enregistrez le document en tant que modèle sous le nom ***Reçu_don***.

DOCUMENT 1 Contenu de la lettre de remerciement

Préparez SVP le modèle de courrier de remerciement.
Utilisez modèle : En-tête ASR
Prévoir les variables : Titre de civilité, Prénom, Nom, Adresse, CP Ville.
Objet : Remerciement PJ : 1 reçu
Rodez, le ______
Nous avons bien reçu votre don et vous prions de trouver ci-joint le reçu correspondant.
Grâce à votre contribution, nous pourrons aider un grand nombre de personnes en difficulté en répondant à leurs besoins quotidiens.
Nous vous remercions sincèrement de votre soutien.
Veuillez agréer, ______, nos salutations les meilleures.

Fiche 1 Insérer un champ

Fiche 2 Créer et insérer un signet

MISSION 2 Préparer un reçu à titre de don

1. Saisissez et présentez le reçu joint à la lettre de remerciement (DOCUMENT 2).
2. Insérez les champs demandés (DOCUMENT 2).
3. Créez les insertions automatiques pour le mode de versement.
4. Enregistrez les modifications.
5. Fermez le modèle.

DOCUMENT 2 Contenu du reçu

LOGO

2ème Page. Format A5 en paysage

Reçu à titre de don.

L'Association ASR (Aide Solidarité Rodez) située ________ (adresse)

Objet : association fournissant gratuitement une aide alimentaire ou des soins médicaux à des personnes en difficulté.

Reconnaît avoir reçu de ________ (nom et adresse du donateur).

à titre de don la somme de ______ (montant en chiffres + montant en lettres entre parenthèses).

Date du paiement : ________

Mode de versement : ________ *

Tampon et Signature du Président

* • Chèque = C
• Virement = V
• Prélèvement bancaire : P
• Mandat postal : M
• Remise d'espèces : E

Fiche 3 Créer et utiliser un bloc de construction

MISSION 3 Remercier deux donateurs

1. Ouvrez un nouveau document à partir du modèle **Reçu_don**.
2. Testez votre travail pour les deux dons reçus ce jour (DOCUMENTS 3 ET 4).
3. Enregistrez les documents.
4. Prévisualisez, imprimez puis fermez les documents.

DOCUMENT 3 Note du permanent

Reçus ce jour 30 € en espèces de
Mademoiselle Morgane LETELLIER
Route de Rodez
12630 MONTROZIER.

Enregistrement des documents :
Reçu don + nom du donateur + date

DOCUMENT 4 Courrier reçu

Madame Priscilla CRISTAL
32 rue Jean Jaurès
12000 RODEZ

Association ASR
12 avenue Victor Hugo
12000 RODEZ

Objet :
Don

PJ :
1 chèque

Messieurs,
Je vous prie de trouver ci-joint un chèque de 50,00 € vous permettant d'aider les personnes en difficulté.
Je vous en souhaite bonne réception.
Veuillez agréer, Messieurs mes salutations distinguées.

SYNTHÈSE Préparer un courrier de proposition de partenariat

1. Saisissez et présentez le courrier de proposition de partenariat (DOCUMENT 5).
2. Insérez les champs appropriés (DOCUMENT 5).
3. Créez les insertions automatiques pour le troisième paragraphe (DOCUMENT 5).
4. Enregistrez le document en tant que modèle sous le nom ***Proposition_partenariat***.
5. Fermez le modèle.
6. Testez votre travail pour les deux courriers à adresser (DOCUMENT 6).
7. Enregistrez les documents.
8. Prévisualisez, imprimez puis fermez les documents.

DOCUMENT 5 Contenu de la proposition de partenariat

Proposition de partenariat (Corps de la lettre)

Notre objectif est de fournir aux personnes en difficulté une aide alimentaire ou des soins médicaux.

Nous recherchons le soutien d'entreprises locales qui pourraient s'associer à notre réseau de donateurs.

Au choix :

- Nous sollicitons donc votre générosité pour l'envoi de denrées alimentaires.
- Nous nous permettons donc de vous solliciter pour l'envoi de petit matériel médical.
- Votre participation financière nous permettrait de poursuivre notre mission.

Bien entendu, vos nom et logo figureront sur nos supports de communication.

Nous espérons que vous accepterez de nous rencontrer afin de convenir d'un partenariat.

Veuillez agréer, ______, nos salutations distinguées.

DOCUMENT 6 Note du Président

Adresser proposition de partenariat :

* M. Jérôme SAVALLE - Société LERAT
Ave des Narcisses
12 850 ONET LE CHATEAU -> denrées alimentaires

* Mme Catherine WINTER - Entreprise GOURGAN
Place Ségala
12450 LUC LA PRIMAUBE -> matériel médical

Enregistrement : Proposition partenariat + nom Entreprise + date

FICHE 1

Insérer un champ

Placer le curseur à l'endroit où sera inséré le champ.

Sous l'onglet Insertion, dans le groupe Texte, cliquer sur le bouton QuickPart.

Cliquer sur Champ...

Dans la boîte de dialogue Champ, dans la zone Noms de champs, sélectionner un champ.

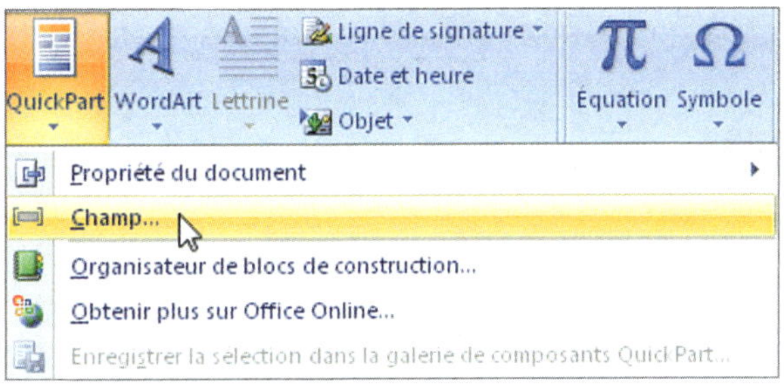

Insérer un champ Remplir

Lorsque l'on ouvre un document à partir d'un modèle contenant des champs Remplir, Word invite à saisir le texte à insérer à la place des champs.

Sélectionner le champ Remplir, puis saisir l'invite.

Cliquer sur OK.

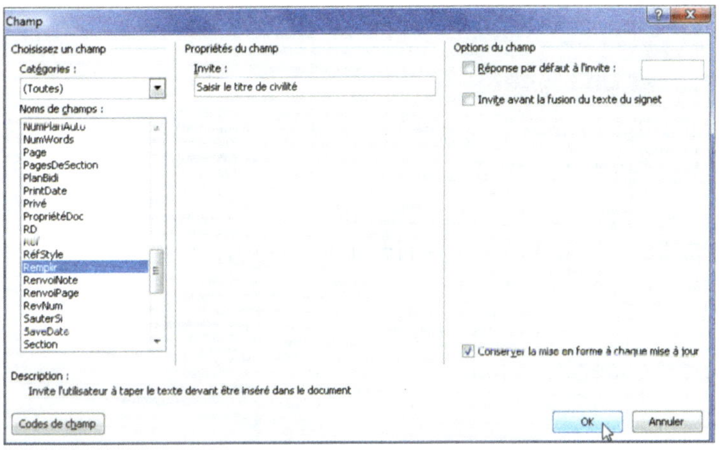

Word affiche la boîte de dialogue qui apparaîtra à l'ouverture du modèle et qui sera utilisée pour la saisie des variables.

Cliquer sur OK.

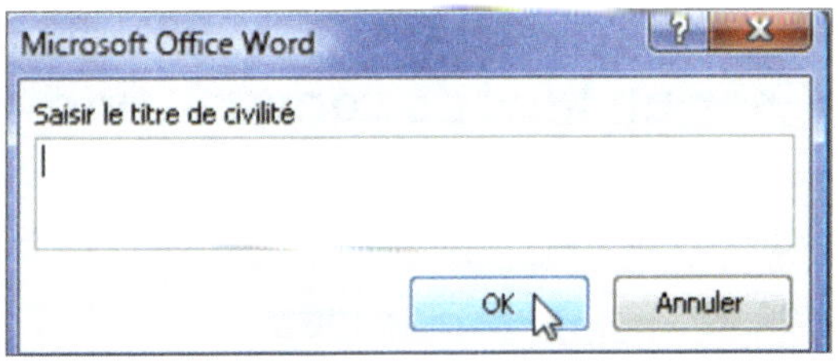

Le champ Remplir est inséré.

Si le champ n'est pas affiché, utiliser les touches Alt et F9. Ces touches permettent d'afficher les codes de champs ou, inversement, les variables saisies.

{FILLIN "Saisir le titre de civilité" * MERGEFORMAT}¶

Insérer un champ Date

Sélectionner le champ Date, puis un format de date.

Cliquer sur OK.

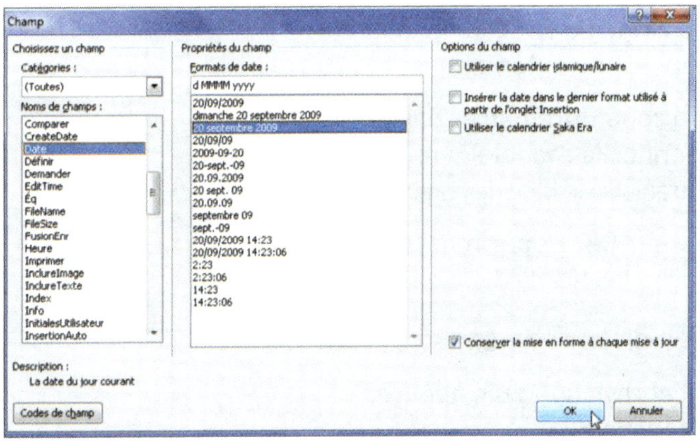

FICHE 2

Créer et insérer un signet

Si une variable figure à plusieurs endroits, il convient de créer un signet à partir du champ Remplir puis d'insérer un champ Réf aux différents emplacements.

Créer un signet

Sélectionner le champ créé.

Sous l'onglet Insertion, dans le groupe Liens, cliquer sur le bouton Signet.

Dans la boîte de dialogue Signet, saisir le nom du signet (sans espace) et cliquer sur le bouton Ajouter.

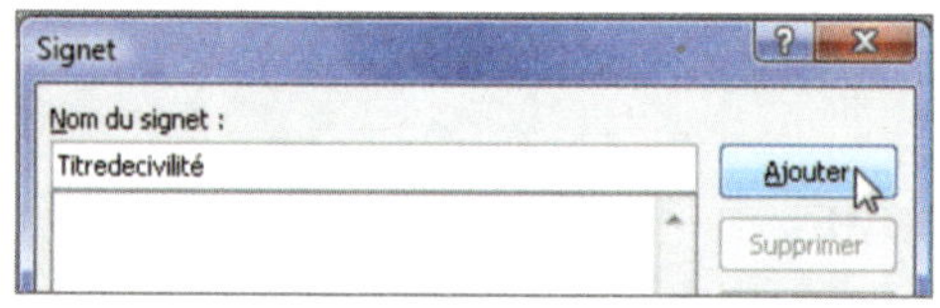

Insérer un signet

Placer le curseur à l'endroit où sera inséré le champ.

Dans la boîte de dialogue Champ (voir fiche 1), dans la zone Noms de champs, sélectionner le champ Réf.

Dans la zone Nom du signet, sélectionner le signet.

Cliquer sur OK.

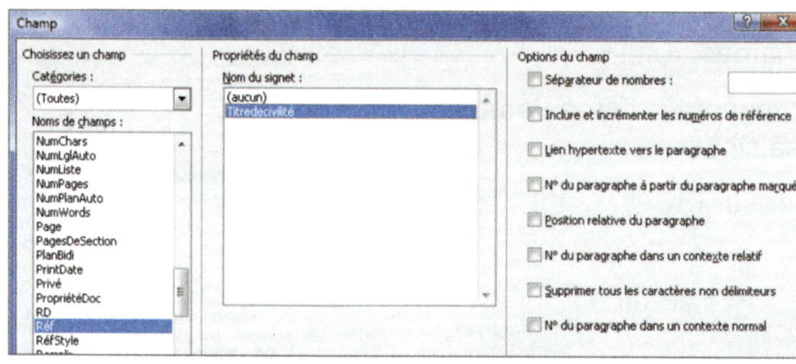

FICHE 3

Créer et utiliser un bloc de construction

Un bloc de construction enregistré dans un modèle sert à insérer un texte à partir d'un code.

Saisir le texte du bloc de construction puis le sélectionner.

Sous l'onglet Insertion cliquer sur le bouton QuickPart.

Cliquer sur Enregistrer la sélection dans la galerie de composants QuickPart…

Dans la boîte de dialogue Créer un nouveau bloc de construction, dans la zone Nom, saisir le code utilisé pour l'insertion automatique.

Dans la zone Enregistrer dans, sélectionner le modèle dans lequel sera enregistré le bloc de construction.

Cliquer sur OK. Supprimer le texte saisi.

Utiliser un bloc de construction

Saisir l'abréviation puis appuyer sur la touche F3.

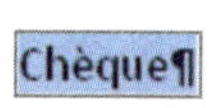

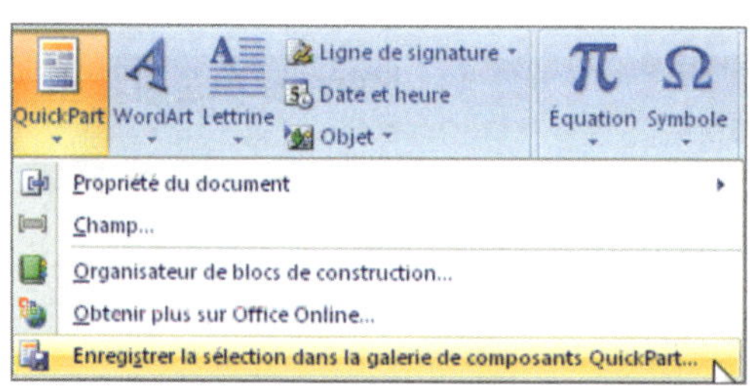

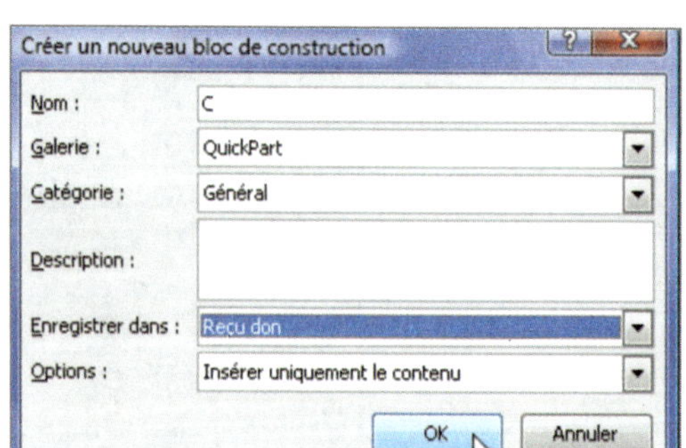

Créer des étiquettes pour un publipostage

OBJECTIFS

- Créer le document principal
- Créer la source de données
- Insérer les champs de fusion
- Réaliser la fusion
- Ouvrir le document principal
- Modifier la source de données
- Créer des étiquettes

Situation professionnelle

L'agence 3C.COM, dirigée par Charles Baquet, accompagne les entreprises et institutions dans la conception et la réalisation de supports de communication : chartes graphiques, logos, plaquettes publicitaires, sites Internet...

Le 1er septembre, les membres de l'équipe fêteront les 10 ans d'existence de l'agence. Une soirée est organisée à cette occasion.

C'est Émilie Guichet, assistante de direction, qui a en charge la préparation de cette soirée. Vous l'aidez dans cette mission.

3C.COM
22 rue Notre-Dame
33000 BORDEAUX
Tél. : 05 56 01 22 33
contact@3c-com
Conseil en communication

MISSION 1 Préparer le courrier d'appel d'offres

1. Saisissez et présentez le courrier d'appel d'offres (DOCUMENT 1).
2. Enregistrez le document sous le nom ***Appel_offres_pépiniéristes***.

DOCUMENT 1 Contenu du courrier d'appel d'offres

Merci de saisir et présenter le courrier d'appel d'offres pour la décoration florale.
Utiliser modèle ENTETE 3C com.
laisser pour l'instant l'emplacement des champs vide
Date -> champ Date

Messieurs,
Le 1er septembre prochain, notre agence organise une soirée à l'occasion de son dixième anniversaire.

Vous voudrez bien nous communiquer votre meilleure offre pour la fourniture et la mise en place de plantes et compositions florales naturelles selon le descriptif ci-joint.

Nous vous remercions de bien vouloir nous transmettre une réponse sous huitaine.

Veuillez agréer, Messieurs, nos salutations distinguées.

MISSION 2 Réaliser le publipostage

1. Définissez le document **Appel_offres_pépiniéristes** en tant que document principal.
2. Créez le fichier source de données (DOCUMENT 2).
3. Saisissez les différents enregistrements (DOCUMENT 3).
4. Enregistrez la source de données sous le nom ***Pépiniéristes***.
5. Insérez les champs de fusion dans le document principal.
6. Réalisez la fusion.
7. Prévisualisez les courriers personnalisés.
8. Fermez les lettres types sans les enregistrer.
9. Enregistrez les modifications apportées au document principal et fermez-le.

DOCUMENT 2 Consignes d'Émilie

Document principal : courrier d'appel d'offres
Pour la source de données, prévoir les champs :
- Raison sociale
- Adresse
- Code postal
- Ville

Enregistrements : voir extrait des pages jaunes
Insérer les champs de fusion dans le document principal et réaliser la fusion SVP

Fiche 1 Créer le document principal

Fiche 2 Créer la source de données

Fiche 3 Insérer les champs de fusion

Fiche 4 Réaliser la fusion

DOCUMENT 3 Extrait de l'annuaire des professionnels

PÉPINIÈRES MARCO
22 rue Charles Chaumet - 33000 BORDEAUX
05 56 08 22 16
fax : 05 56 02 29 10

JARDINERIE NEUBOURG
24 cours Général de Gaulle – 33170 GRADIGNAN
Plan | Itinéraire | Vue aérienne | A proximité
05 56 89 11 12
fax : 05 56 75 05 29

MÉRIFLORE
36 rue Hipparque – 33700 MERIGNAC
05 56 45 69 75
fax : 05 56 99 47 10

MISSION 3 Modifier le document principal et la source de données

1. Ouvrez le fichier **Appel_offres_pépiniéristes**.
2. Modifiez la source de données selon les consignes d'Émilie (DOCUMENT 4).
3. Apportez les modifications nécessaires au document principal.
4. Réalisez la fusion.
5. Prévisualisez et imprimez les courriers personnalisés.
6. Fermez les lettres types sans les enregistrer.
7. Enregistrez les modifications apportées au document principal et fermez-le.

DOCUMENT 4 Consignes d'Émilie

* J'ai changé d'avis et ai appelé les pépiniéristes. Il faut donc modifier l'introduction du courrier d'appel d'offres : Nous vous rappelons notre appel téléphonique de ce jour concernant la soirée d'anniversaire de notre agence le 1er septembre prochain.
* J'en ai profité pour demander le nom du responsable :
  - Pépinières MARCO → M. Gérard MARCO
  - Jardinerie NEUBOURG → Mme Annie DOUCET
* MERIFLORE → à supprimer
* Préparer un courrier pour FLORALIES 22 rue Charles Lamoureux - 33130 BÈGLES Responsable : M. Jonathan CARRIER
* Ajouter dans la suscription : À l'attention de Titre / Prénom / Nom Contact
* Modifier le titre de civilité dans la formule d'appel et la formule de politesse
* Imprimer les lettres. Merci.

Fiche 5 Ouvrir le document principal

Fiche 6 Modifier la source de données

MISSION 4 Préparer des étiquettes

1. Créez les étiquettes demandées (DOCUMENT 5).
2. Imprimez les étiquettes.
3. Fermez les étiquettes sans les enregistrer.
4. Enregistrez le document principal sous le nom ***Étiquettes_pépiniéristes*** et fermez-le.

DOCUMENT 5 Consignes d'Émilie

Merci de préparer les étiquettes comportant l'adresse des pépiniéristes + nom du contact

Étiquettes :
- 30 par page
- 2,54 cm hauteur
- 6,67 cm largeur

Fiche 7 Créer des étiquettes

SYNTHÈSE Préparer l'invitation aux clients

1. Saisissez et présentez le courrier d'invitation (DOCUMENT 6).
2. Enregistrez le document sous le nom ***Invitation***.
3. Réalisez les différentes opérations de préparation du publipostage.
4. Prévisualisez et imprimez les courriers personnalisés.
5. Fermez les lettres types sans les enregistrer.
6. Enregistrez les modifications apportées au document principal et fermez-le.
7. Créez et imprimez les étiquettes demandées.
8. Fermez les étiquettes sans les enregistrer.
9. Enregistrez le document principal sous le nom ***Étiquettes_clients***.

DOCUMENT 6 Note d'Émilie

Courrier d'invitation à préparer

Vous faites partie de nos plus fidèles clients. C'est donc avec plaisir que nous vous invitons à fêter le dixième anniversaire de notre agence :

le 1er septembre à 18h30 dans nos locaux | à mettre en valeur

Afin d'organiser au mieux cette réception, nous vous serions reconnaissants de bien vouloir compléter le coupon-réponse ci-dessous et nous le retourner avant le (dans 3 semaines).

Nous espérons vous compter parmi nos invités.

Veuillez agréer, —, l'expression de nos sentiments dévoués.

Coupon-réponse

(logo) COUPON-RÉPONSE

à compléter et retourner avant le —

(responsable) de (société)

□ participera □ ne participera pas

à la réception organisée le — à —h—

le → peignes Signature

Source de données

Nous avons déjà une source de données (CLIENTS PRINCIPAUX) qui a été utilisée à plusieurs reprises. Par contre, il faut la mettre à jour :

- supprimer le client SAE
- ajouter le client NSC – 71 avenue de l'Europe – 33290 LUDON MÉDOC. Responsable : M. Frédéric COUPARD
- Mme Estelle PETIT → nouvelle responsable société ELEEC
- champ Activité à supprimer

Étiquettes à préparer.

FICHE 1 Créer le document principal

Sous l'onglet Publipostage, dans le groupe Démarrer la fusion et le publipostage, cliquer sur le bouton Démarrer la fusion et le publipostage.

Sélectionner Lettres.

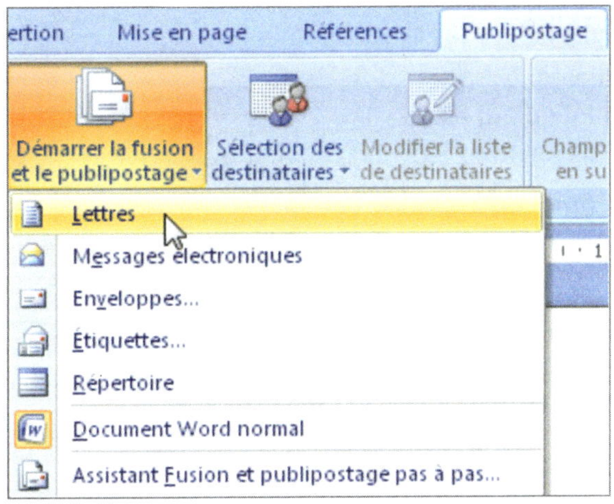

FICHE 2 Créer la source de données

Définir la liste des champs

Sous l'onglet Publipostage, dans le groupe Démarrer la fusion et le publipostage, cliquer sur le bouton Sélection des destinataires.

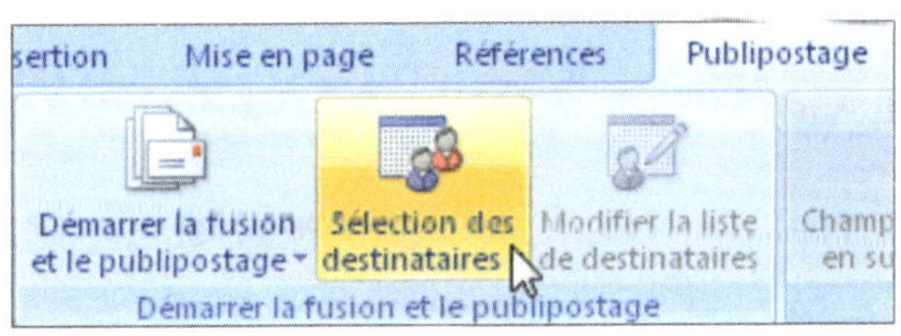

Cliquer sur Entrer une nouvelle liste...

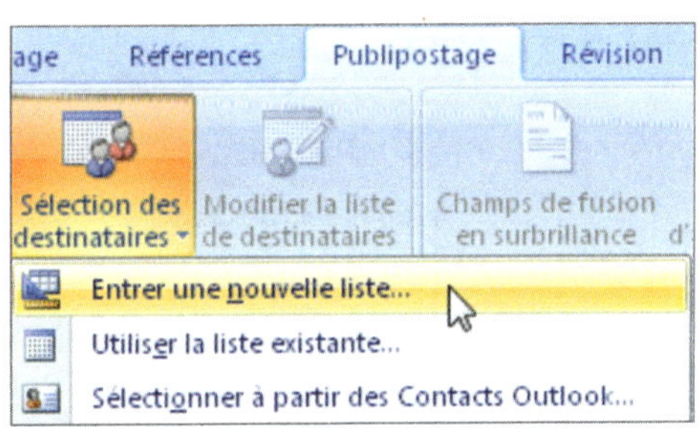

Dans la boîte de dialogue Créer une liste d'adresses, cliquer sur le bouton Personnaliser colonnes... pour définir la liste des champs.

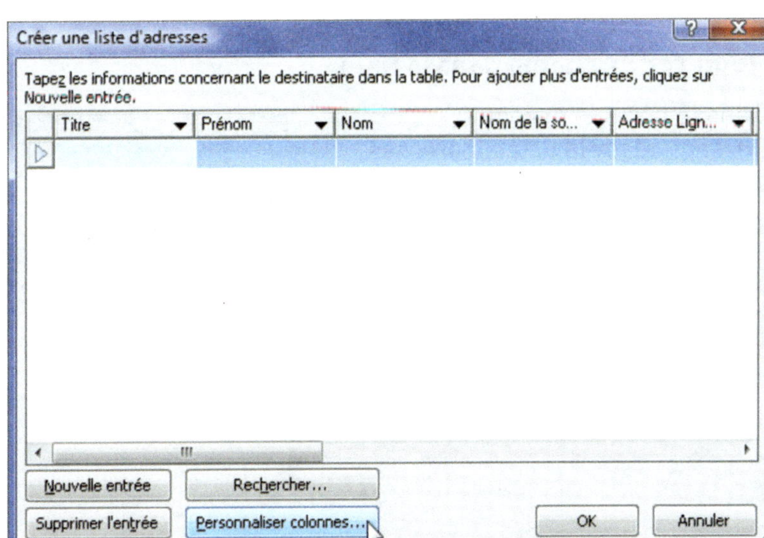

FICHE 2

Créer la source de données (suite)

Supprimer un champ

Dans la boîte de dialogue Personnaliser la liste d'adresses, une liste de champs est affichée.

Sélectionner le champ à supprimer puis cliquer sur le bouton Supprimer.

Cliquer sur Oui pour confirmer la suppression.

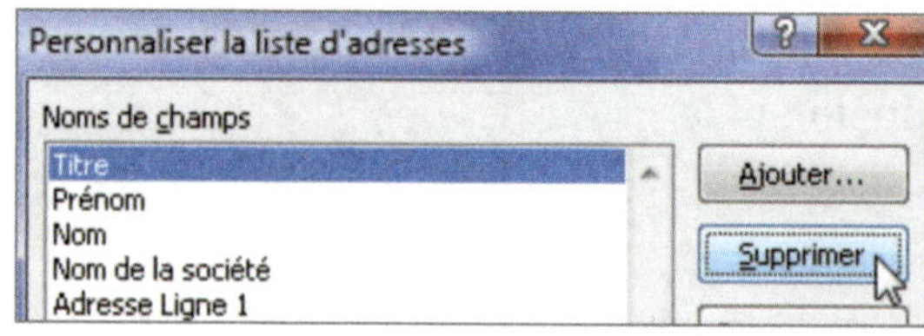

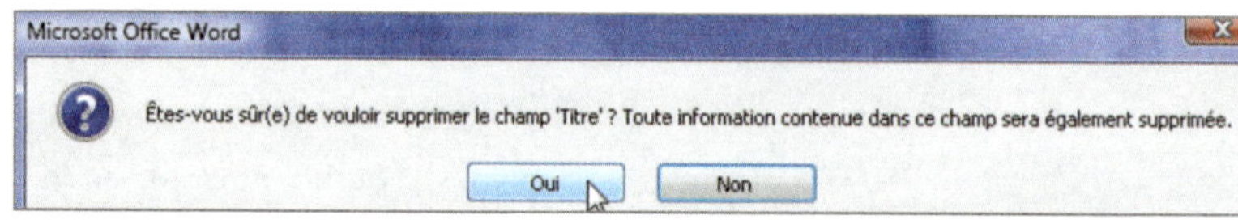

Ajouter un champ

Dans la boîte de dialogue Personnaliser la liste d'adresses, cliquer sur le bouton Ajouter...

Saisir le nom du champ puis cliquer sur OK.

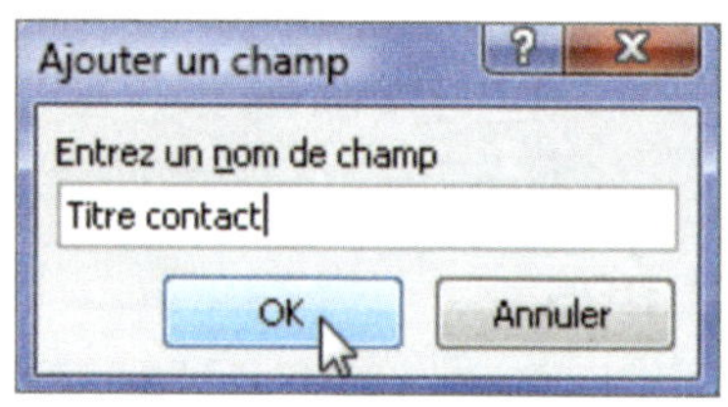

Renommer un champ

Dans la boîte de dialogue Personnaliser la liste d'adresses, sélectionner le champ à renommer et cliquer sur le bouton Renommer...

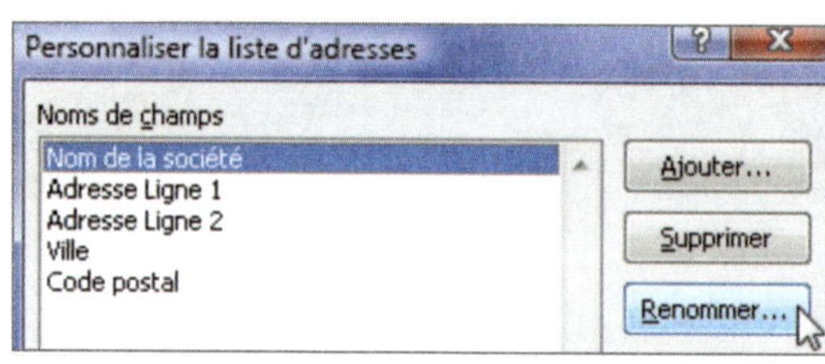

Saisir le nouveau nom de champ puis cliquer sur OK.

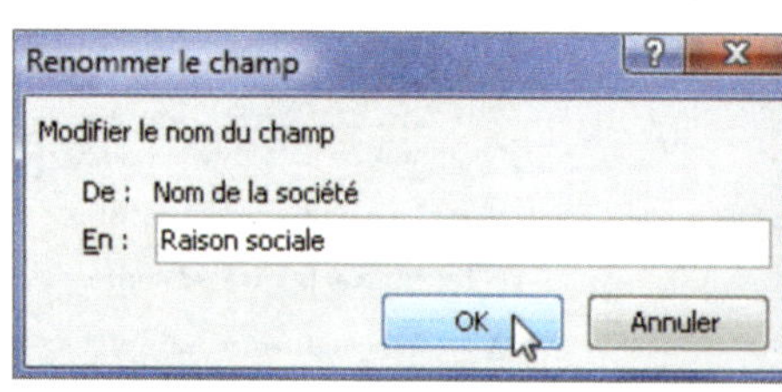

Déplacer un champ dans la liste

Dans la boîte de dialogue Personnaliser la liste d'adresses, sélectionner le champ à déplacer et cliquer sur le bouton Monter ou Descendre.

Lorsque la liste des champs est complète, cliquer sur OK.

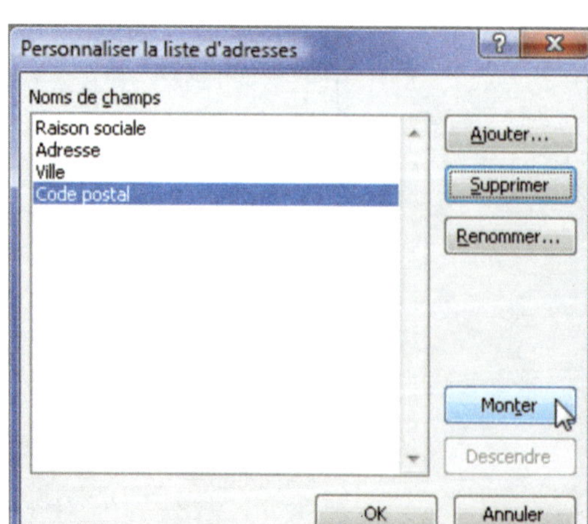

FICHE 2

Créer la source de données (suite)

Dans la boîte de dialogue Créer une liste d'adresses, saisir les variables.

Pour passer au champ suivant, utiliser la touche Tabulation.

Pour passer à l'enregistrement suivant, utiliser également la touche Tabulation ou cliquer sur le bouton Nouvelle entrée.

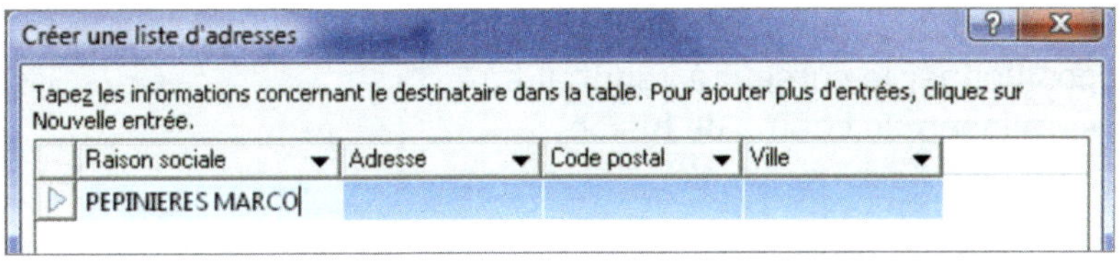

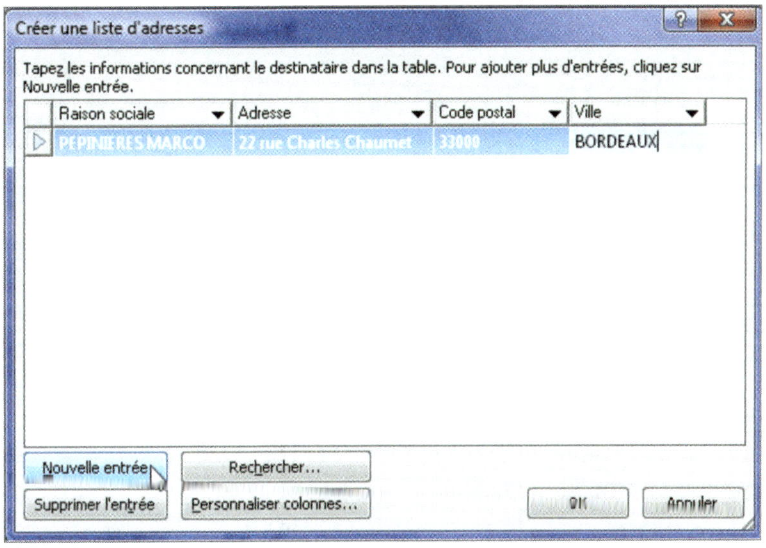

Lorsque tous les enregistrements sont saisis, cliquer sur OK.

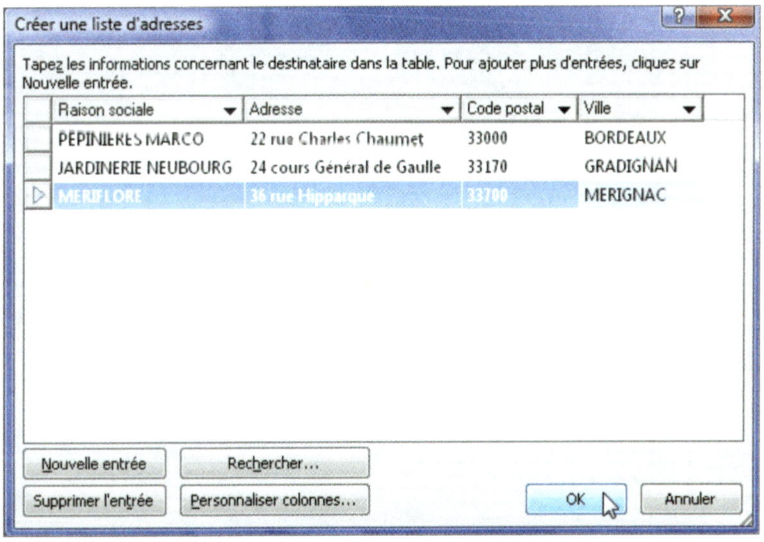

La boîte de dialogue Enregistrer une liste d'adresses est affichée.

Sélectionner le dossier dans lequel sera enregistrée la source de données.

Saisir le nom de la source de données.

Puis cliquer sur Enregistrer.

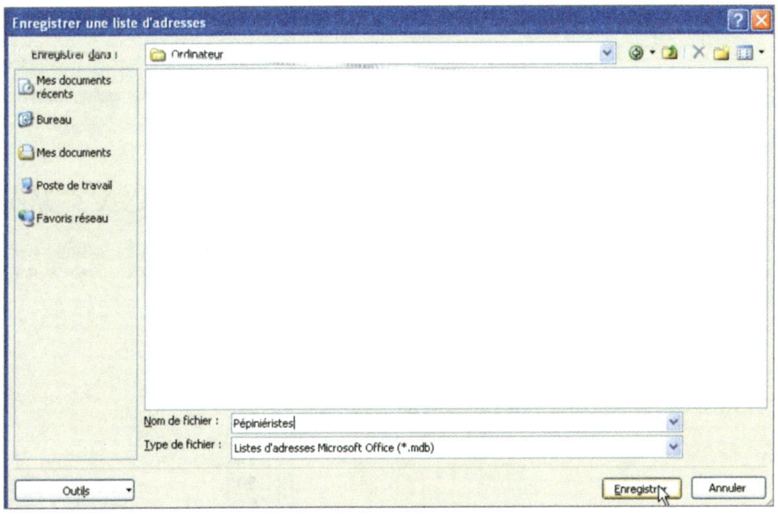

FICHE 3 Insérer les champs de fusion

Dans le document principal, positionner le curseur à l'endroit où sera inséré le champ de fusion.

Sous l'onglet Publipostage, dans le groupe Champs d'écriture et d'insertion, cliquer sur la flèche du bouton Insérer un champ de fusion.

Sélectionner le champ à insérer.

Insérer les autres champs sans oublier de laisser un espace entre chaque champ si nécessaire.

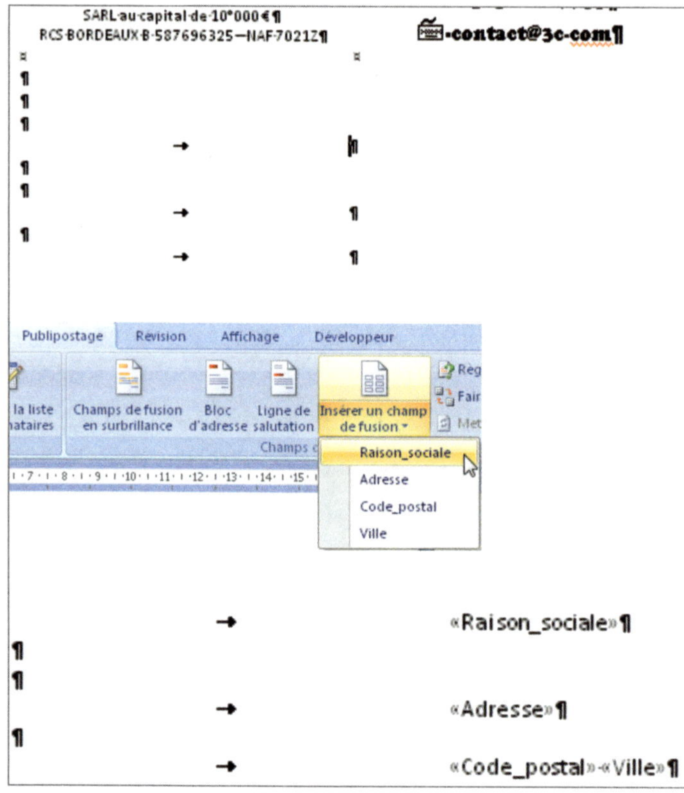

FICHE 4 Réaliser la fusion

Sous l'onglet Publipostage, dans le groupe Terminer, cliquer sur le bouton Terminer et fusionner.

Sélectionner Modifier des documents individuels...

Dans la boîte de dialogue Fusion avec un nouv. doc., cliquer sur OK.

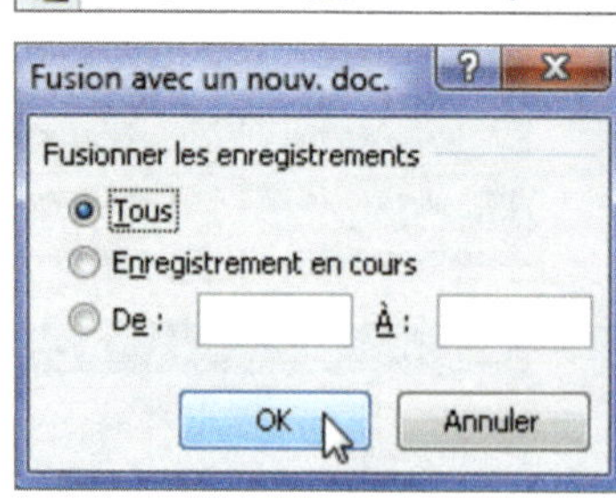

Un nouveau document est créé. Il comprend les différents documents personnalisés, séparés par des sauts de section.

Imprimer puis fermer le document sans l'enregistrer.

Enregistrer les modifications apportées au document principal.

FICHE 5

Ouvrir le document principal

À l'ouverture du document principal, Word précise que le fichier est lié à une source de données.

Cliquer sur Oui pour accéder aux informations de la base de données.

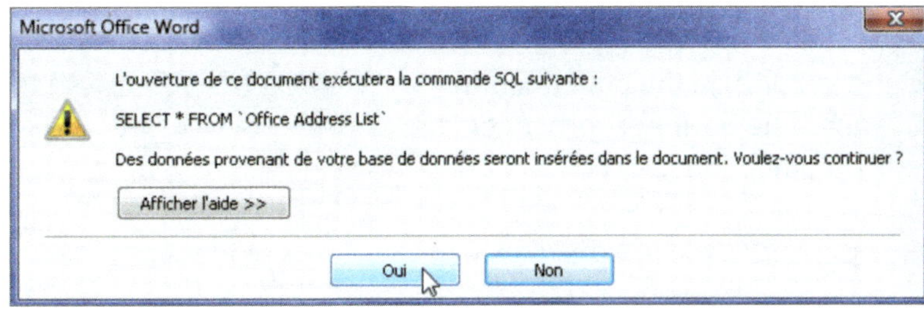

FICHE 6

Modifier la source de données

Sous l'onglet Publipostage, dans le groupe Démarrer la fusion et le publipostage, cliquer sur le bouton Modifier la liste de destinataires.

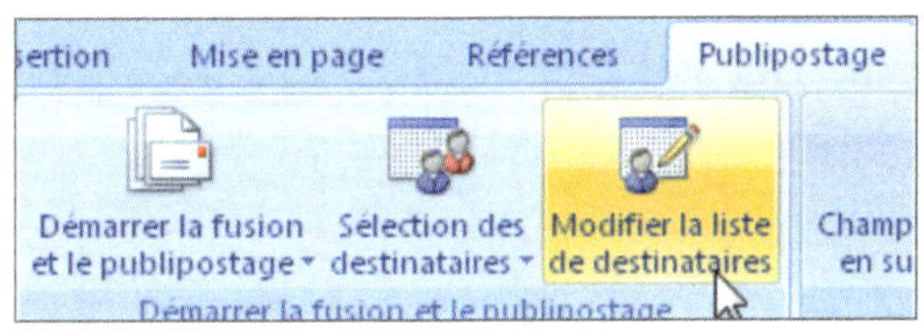

Dans la boîte de dialogue Fusion et publipostage : Destinataires, dans la zone Source de données, sélectionner la source de données puis cliquer sur Modifier.

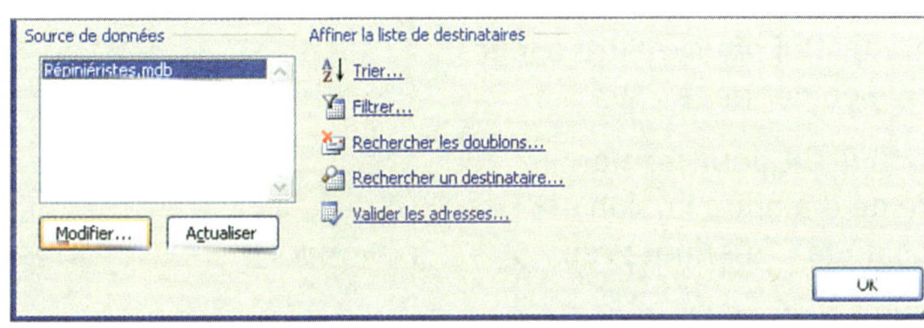

Modifier la liste de champs (supprimer, ajouter, renommer, déplacer un champ)

Dans la boîte de dialogue Modifier la source de données, cliquer sur le bouton Personnaliser colonnes...

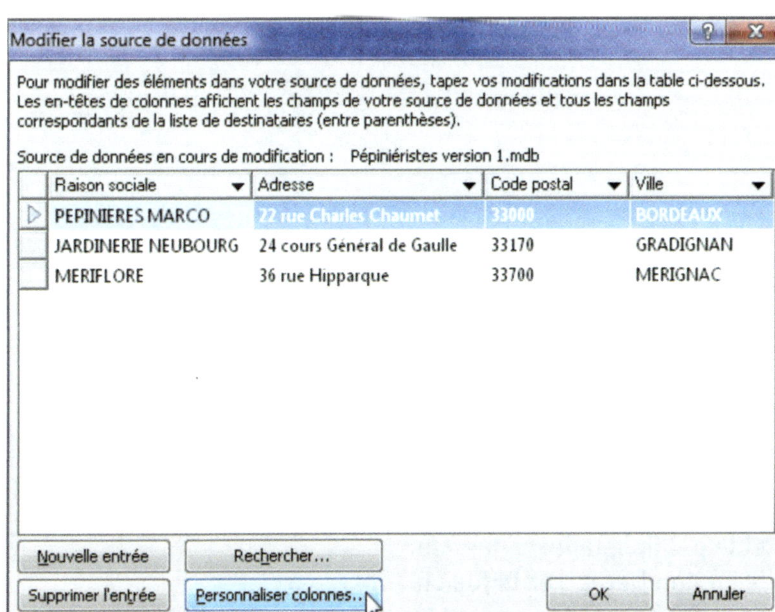

Cliquer sur Oui pour enregistrer les modifications.

Modifier la liste des champs puis cliquer sur OK (fiche 2).

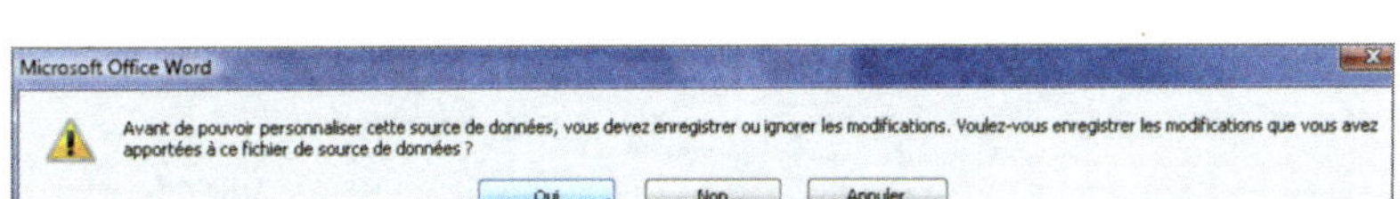

FICHE 6

Modifier la source de données (suite)

Corriger un enregistrement

Dans la boîte de dialogue Modifier la source de données, procéder aux modifications.

Supprimer un enregistrement

Sélectionner l'enregistrement puis cliquer sur le bouton Supprimer l'entrée.

Cliquer sur Oui pour confirmer la suppression.

Ajouter un enregistrement

Cliquer sur le bouton Nouvelle entrée puis saisir l'enregistrement.

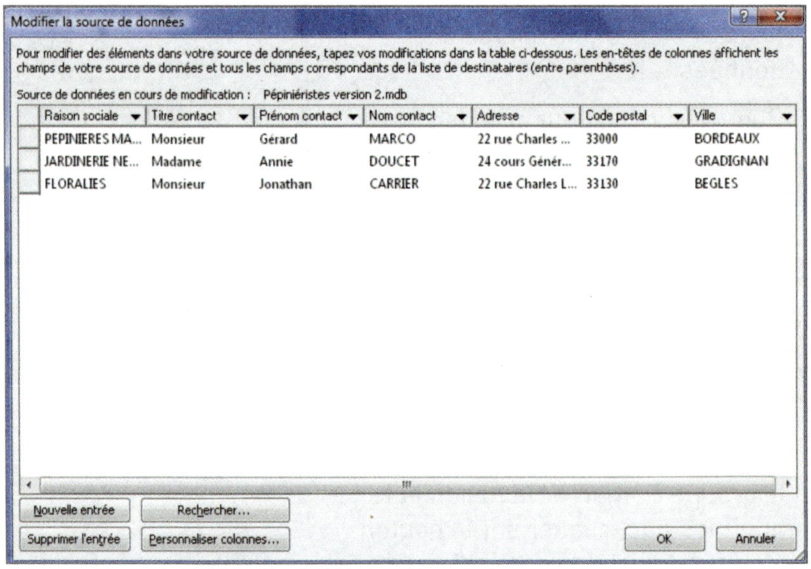

Une fois toutes les modifications effectuées, cliquer sur OK.

Cliquer sur Oui pour mettre à jour la source de données.

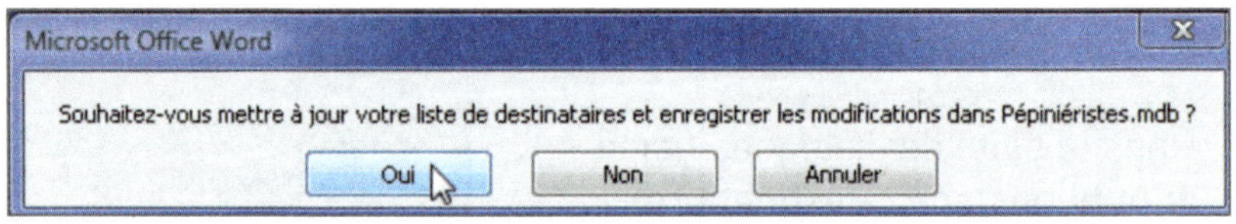

Cliquer sur OK pour fermer la boîte de dialogue Fusion et publipostage : Destinataires.

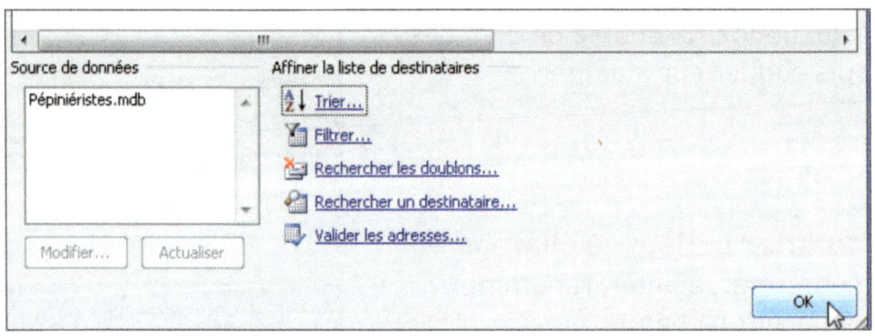

FICHE 7

Créer des étiquettes

Créer le document principal

Créer un nouveau document.

Sous l'onglet Publipostage, dans le groupe Démarrer la fusion et le publipostage, cliquer sur le bouton Démarrer la fusion et le publipostage.

Sélectionner Étiquettes...

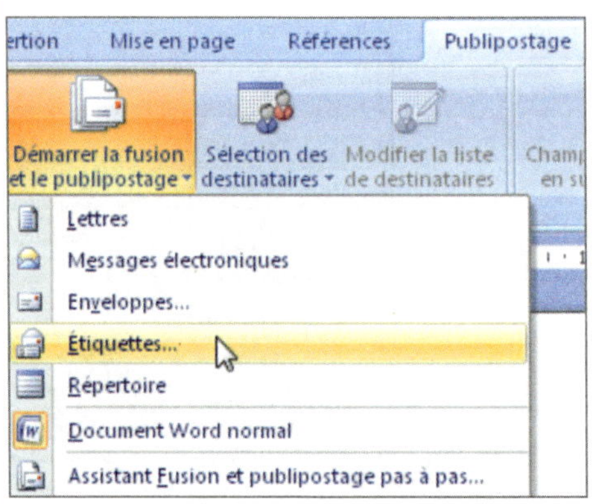

FICHE 7

Créer des étiquettes (suite)

Dans la boîte de dialogue Options pour les étiquettes, sélectionner le fournisseur et la référence des étiquettes utilisées.

Cliquer sur OK.

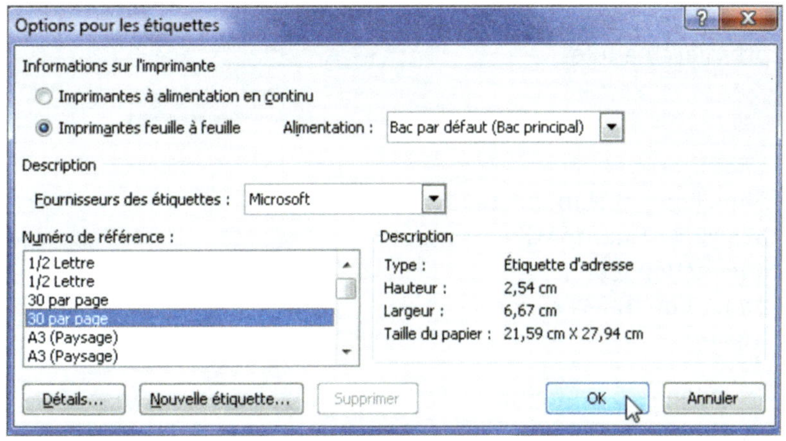

Créer la source de données

Sous l'onglet Publipostage, dans le groupe Démarrer la fusion et le publipostage, cliquer sur le bouton Sélection des destinataires.

Cliquer sur Entrer une nouvelle liste...

Définir la liste des champs et saisir les enregistrements (fiche 2).

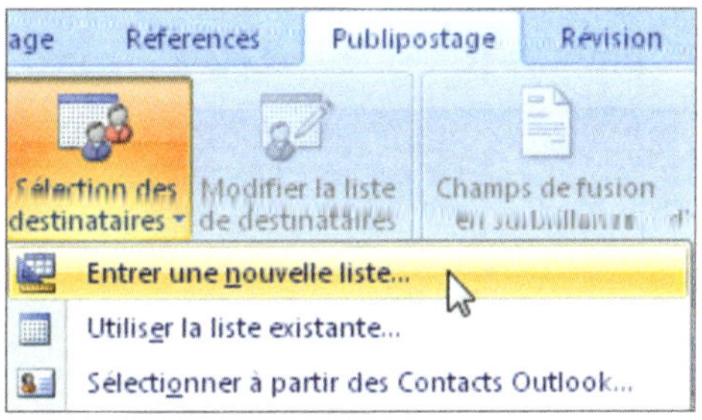

Utiliser une source de données existante

Sous l'onglet Publipostage, dans le groupe Démarrer la fusion et le publipostage, cliquer sur le bouton Sélection des destinataires.

Cliquer sur Utiliser la liste existante...

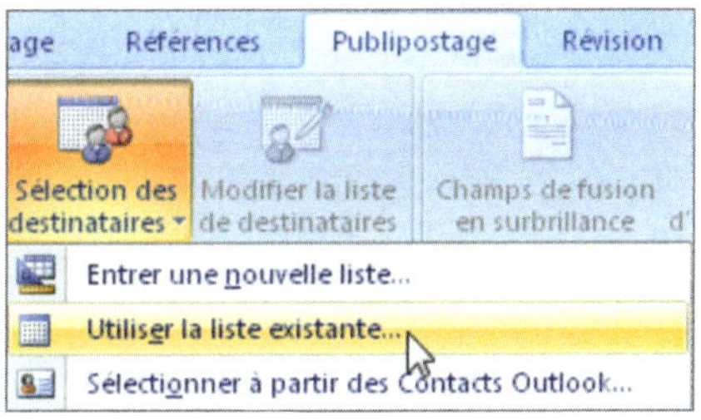

Dans la boîte de dialogue Sélectionner la source de données, sélectionner l'emplacement et le nom de la source de données puis cliquer sur Ouvrir.

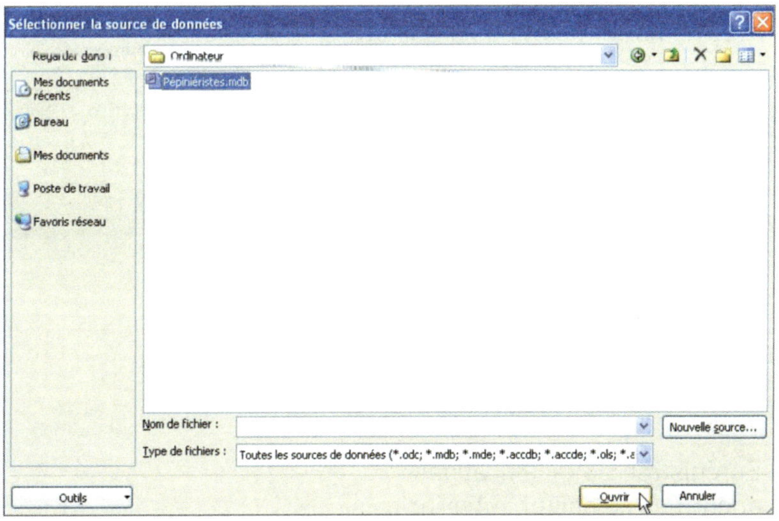

FICHE 7

Créer des étiquettes (suite)

Positionner le curseur dans la première cellule.

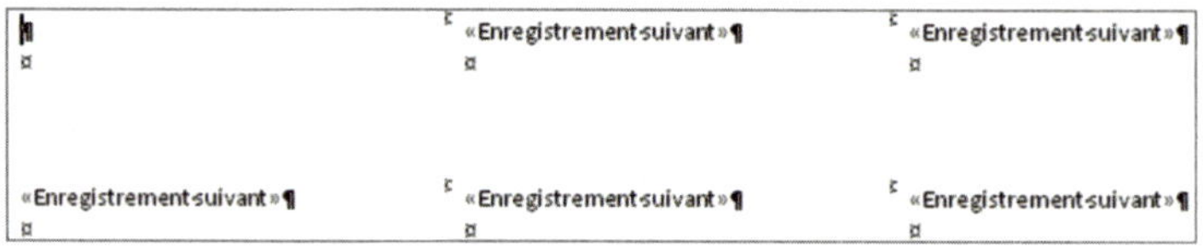

Sous l'onglet **Publipostage**, dans le groupe **Champs d'écriture et d'insertion**, cliquer sur la flèche du bouton **Insérer un champ de fusion**.

Sélectionner le champ à insérer.

Insérer les autres champs sans oublier de laisser un espace entre chaque champ si nécessaire.

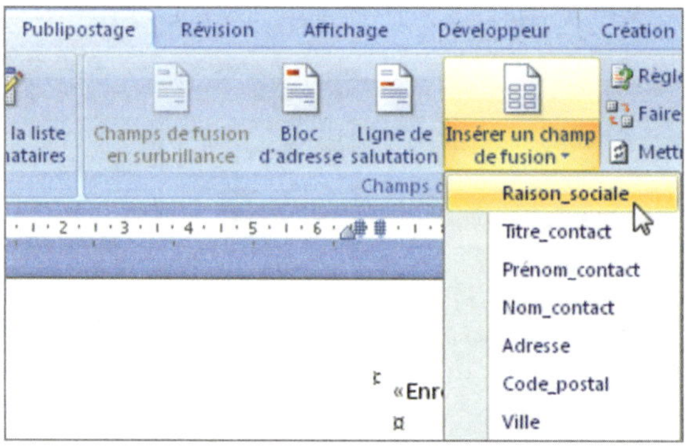

Sous l'onglet **Publipostage**, dans le groupe **Champs d'écriture et d'insertion**, cliquer sur le bouton **Mettre à jour les étiquettes**.

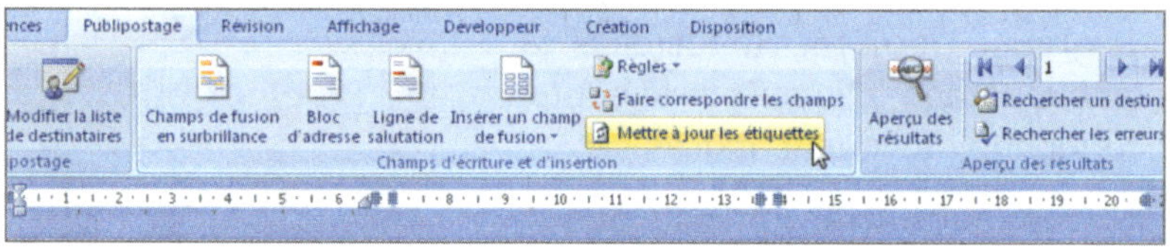

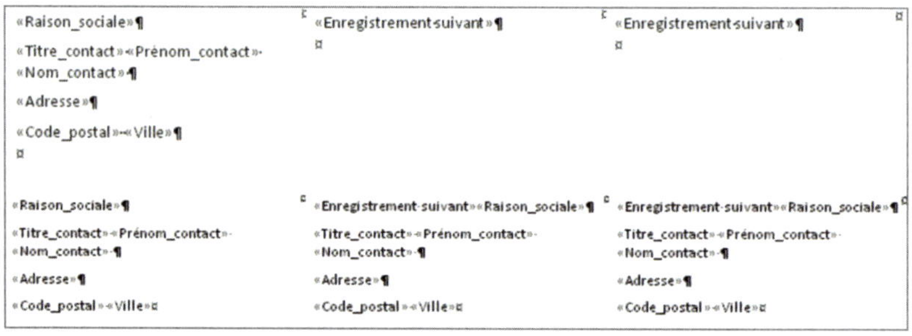

Toutes les étiquettes sont mises à jour.

Sous l'onglet **Publipostage**, dans le groupe **Terminer**, cliquer sur le bouton **Terminer et fusionner**.

Sélectionner **Modifier des documents individuels...**

Dans la boîte de dialogue **Fusion avec un nouv. doc.**, cliquer sur **OK**.

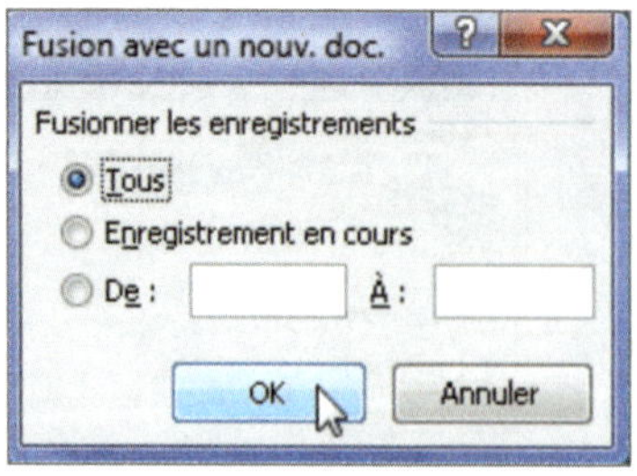

Un nouveau document est créé. Il comprend les différentes étiquettes.

Imprimer puis fermer le document sans l'enregistrer.

Enregistrer les modifications apportées au document principal.

Réaliser un publipostage conditionnel

OBJECTIFS

- Insérer des mots clés
- Sélectionner un ou plusieurs enregistrements

Situation professionnelle

Vous effectuez un stage au sein de l'institut de beauté Sara situé à Troyes.

De nombreuses opérations sont menées afin de fidéliser la clientèle : promotions, démonstrations, courriers adressés à l'occasion de l'anniversaire ou des fêtes de fin d'année, etc.

Jenny Briant, gérante de l'institut, vous demande de préparer certains de ces courriers.

SARA INSTITUT
2 place Jean Jaurès
10000 TROYES
Tél. : 03 25 76 12 25

Soins visage et corps – Beauté mains et pieds
Maquillage – Soins minceur et relaxation
Épilation – UVA – Hommes/Femmes

MISSION 1 Préparer le courrier d'anniversaire

1. Saisissez et présentez le courrier d'anniversaire (DOCUMENT 1).
2. Enregistrez le document sous le nom ***Anniversaire***.
3. Réalisez les différentes opérations de préparation du publipostage.
4. Prévisualisez les courriers personnalisés puis fermez-les sans les enregistrer.
5. Enregistrez les modifications apportées au document principal.

DOCUMENT 1 Contenu du courrier d'anniversaire

Courrier d'anniversaire le 01/10

En-tête → modèle EN TETE SARA
Fichier clients déjà existant → base de données CLIENTS

Objet : Votre anniversaire

Cher Client ou Chère Cliente,

SARA INSTITUT pense à vous !
Pendant le mois de votre anniversaire, vous pourrez bénéficier d'une remise de 20% sur la prestation de votre choix.

Par ailleurs, vous pourrez également retirer, sans obligation d'achat et sur présentation de ce courrier, un joli miroir de poche pour les femmes / un élégant porte-clés pour les hommes.

Nous espérons avoir le plaisir de vous recevoir pour prendre soin de vous.

À bientôt !

Fiche 1
Insérer des mots clés

MISSION 2 Sélectionner des enregistrements

1. Filtrez les enregistrements selon les consignes transmises (DOCUMENT 2).
2. Prévisualisez et imprimez le courrier demandé puis fermez-le sans l'enregistrer.
3. Réaffichez l'ensemble des enregistrements.
4. Enregistrez les modifications apportées au document principal.

DOCUMENT 2 Consignes de Jenny

N'adressez ce courrier qu'aux clients qui fêtent leur anniversaire ce mois

Pour l'instant imprimez un seul courrier, celui de Mlle Maïlys DUPONT (TROYES)

Fiche 2
Sélectionner un ou plusieurs enregistrements

SYNTHÈSE Préparer le courrier d'invitation

1. Saisissez et présentez le courrier d'invitation (DOCUMENT 3).
2. Enregistrez le document sous le nom ***Invitation_démonstration***.
3. Réalisez les différentes opérations de préparation du publipostage.
4. Filtrez les enregistrements.
5. Prévisualisez les courriers personnalisés.
6. Imprimez le courrier demandé.
7. Fermez les courriers personnalisés sans les enregistrer.
8. Enregistrez les modifications apportées au document principal.

DOCUMENT 3 Note de Jenny

Invitation démonstration 01/10

à adresser aux clients habitant TROYES. Ne pas l'envoyer aux hommes.

Imprimer la 1ère lettre SVP

Objet : Invitation

Les 14 et 15 novembre, Anita, conseillère en beauté et ambassadrice de la marque DIVA, sera présente dans notre institut et vous présentera la nouvelle gamme de maquillage SUBLISSIM.

Vous pourrez ainsi découvrir les nouvelles tendances de la saison et bénéficier de conseils personnalisés.

Nous espérons avoir le plaisir de vous recevoir pour prendre soin de vous.

À bientôt !

FICHE 1

Insérer des mots clés

Insérer le mot clé SI

(pour personnaliser le texte en fonction du contenu d'un champ)

Dans le document principal, positionner le curseur à l'endroit où sera inséré le texte.

Sous l'onglet Publipostage, dans le groupe Champs d'écriture et d'insertion, cliquer sur le bouton Règles.

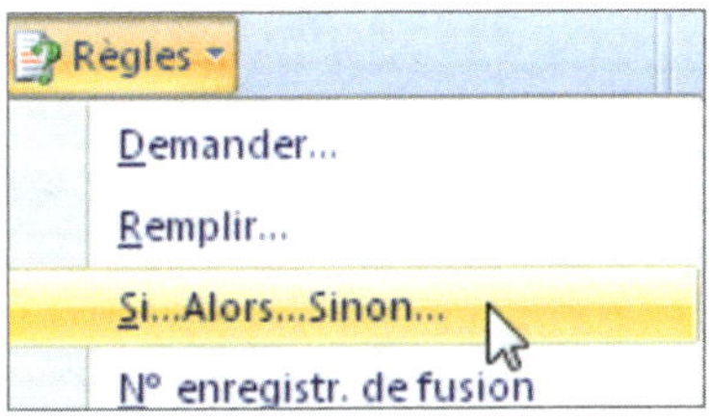

Sélectionner Si...Alors...Sinon...

Compléter la boîte de dialogue Insérer le mot clé : Si.

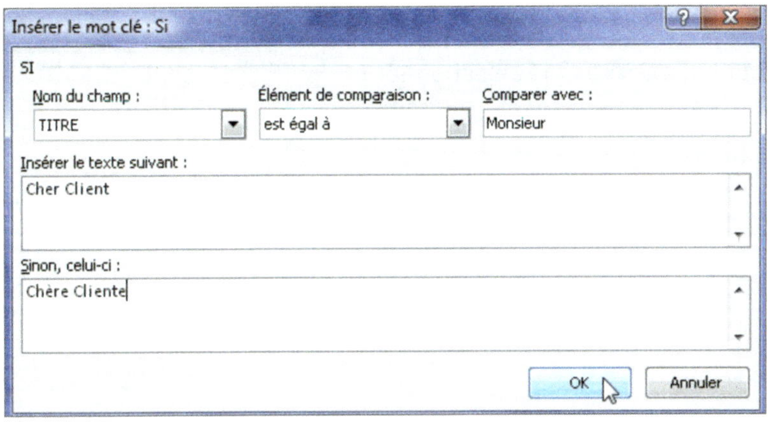

Cliquer sur OK.

Insérer le mot clé Sauter si...

(pour exclure des enregistrements)

Positionner le curseur dans le document principal.

Sous l'onglet Publipostage, dans le groupe Champs d'écriture et d'insertion, cliquer sur le bouton Règles.

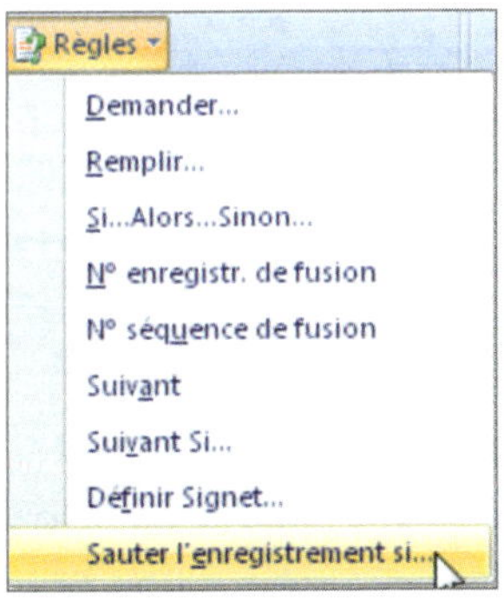

Sélectionner Sauter l'enregistrement si...

Compléter la boîte de dialogue Insérer le mot clé : Sauter Si.

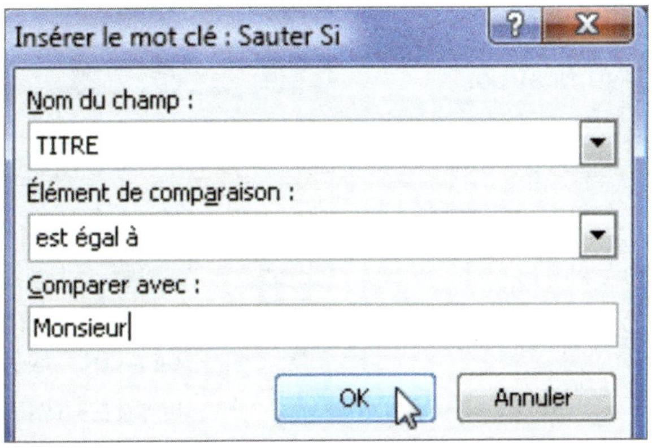

Cliquer sur OK.

FICHE 2

Sélectionner un ou plusieurs enregistrements

Avant de fusionner, une sélection d'enregistrements peut être effectuée.

Sous l'onglet Publipostage, dans le groupe Démarrer la fusion et le publipostage, cliquer sur le bouton Modifier la liste de destinataires.

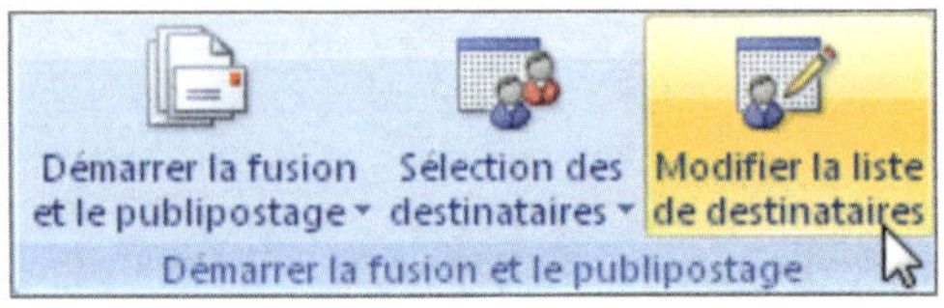

Sélectionner un enregistrement déterminé

Dans la boîte de dialogue Fusion et publipostage : Destinataires, désactiver la case à cocher dans la ligne d'en-tête puis sélectionner le ou les enregistrements souhaités.

Cliquer sur OK.

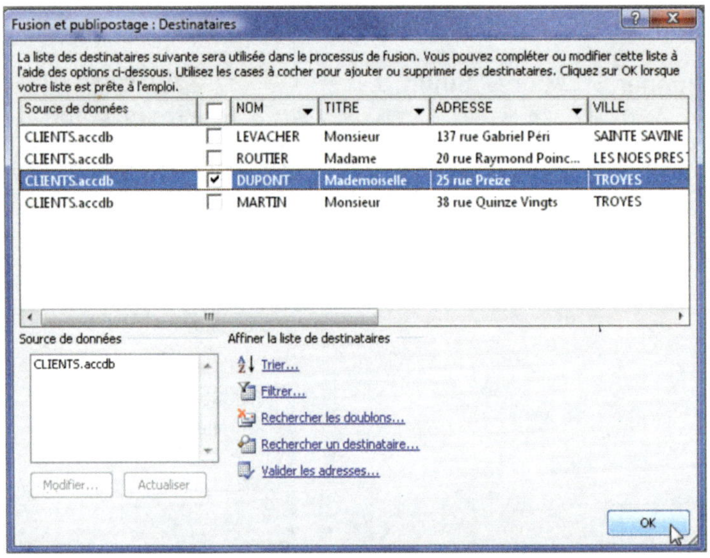

Sélectionner des enregistrements selon un critère

Dans la boîte de dialogue Fusion et publipostage : Destinataires et dans la zone Affiner la liste de destinataires, cliquer sur Filtrer...

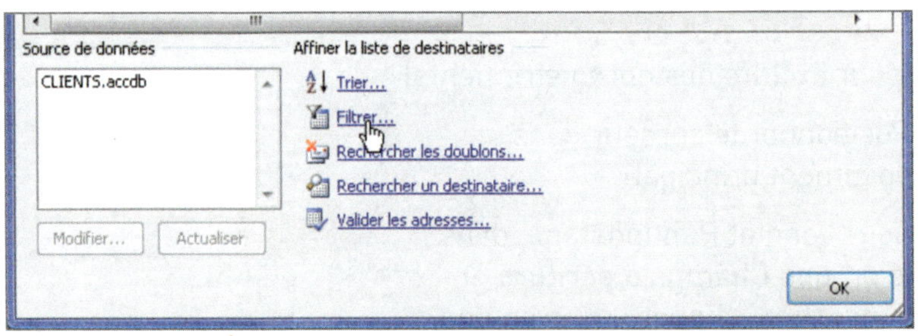

Compléter la boîte de dialogue Filtrer et trier.

Cliquer sur OK.

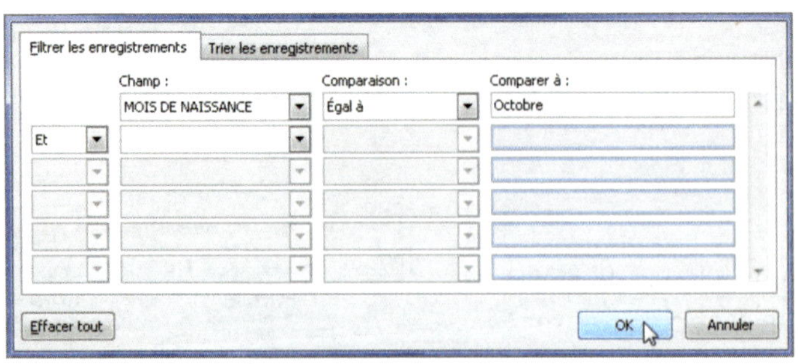

Cliquer sur OK pour fermer la boîte de dialogue Fusion et publipostage : Destinataires.

Réaliser la fusion.

OBJECTIFS

- Insérer un champ Remplir
- Créer et insérer un signet
- Créer et utiliser un bloc de construction
- Créer des étiquettes
- Réaliser un publipostage
- Insérer des mots clés
- Sélectionner des enregistrements

Situation professionnelle

Vous effectuez un stage dans la société EckCell, dirigée par Frédéric Eck et David Cellier.

Cette société est spécialisée dans la vente à distance de prêt-à-porter et de chaussures pour hommes et femmes.

Céline Roger, assistante de direction, vous confie différents travaux : l'impression d'étiquettes et la préparation des convocations à l'entretien annuel d'évaluation.

eckcell
ROUBAIX

1 RUE BLANCHEMAILLE
59100 ROUBAIX

TÉL. : 03 20 69 69 69

MISSION 1 Préparer des étiquettes

1. Créez les étiquettes demandées (DOCUMENT 1).
2. Imprimez les étiquettes.
3. Fermez les étiquettes sans les enregistrer.
4. Enregistrez le document principal sous le nom ***Étiquettes_adresse_salariés*** et fermez-le.

MISSION 2 Préparer une convocation

1. Saisissez et présentez la convocation à l'entretien annuel d'évaluation à partir des consignes de Céline (DOCUMENT 2).
2. Enregistrez le document en tant que modèle sous le nom ***Convocation_entretien_annuel_d'évaluation***.
3. Préparez les notes personnalisées (DOCUMENT 3). Prévisualisez-les et imprimez-les.
4. Enregistrez les notes sous le nom ***Convocations+date_convocation*** puis fermez-les.
5. Enregistrez les modifications apportées au document principal.
6. Fermez le document.

DOCUMENT 1 Note de Céline

Je dois envoyer au domicile de chaque représentant(e)
un dossier -> merci de préparer les Étiquettes d'envoi.
Utiliser la base de données SALARIÉS.
Format utilisé : 2,54 cm ✕ 6,67 cm 30 par page)

DOCUMENT 2 **Brouillon de Céline**

Entretien annuel d'évaluation
(modèle note salariés à reprendre et à compléter)

· Entretien seulement pour les cadres
· ne pas prévoir de note pour les directeurs

ÉMETTEUR :
LA DIRECTION

DESTINATAIRE : → reprendre dans la base de données SALARIÉS nom & fonction des salariés

OBJET : Entretien annuel d'évaluation du ⊗ (insérer 1 champ Remplir) → salariés convoqués tous le même jour.

DATE :
Le { DATE \@ "d MMMM yyyy" * MERGEFORMAT }

Frédéric ECK et David CELLIER souhaitent recevoir chaque collaborateur pour l'entretien annuel d'évaluation.

Ce moment de dialogue privilégié a pour but de faire le point sur l'année écoulée. Il porte sur l'organisation du travail dans l'entreprise et la charge de chacun. Il permet également de fixer les objectifs à atteindre pour l'année à venir.

Vous voudrez bien, par conséquent, rejoindre :

Frédéric ECK en salle de réunion A15 (code FE) ← créer 1 bloc de construction → David CELLIER en salle de réunion A17 (code DC)

le → penser à créer 1 signet
à __ h. → à compléter pour chaque note avant impression

Merci de votre collaboration.

(**D. CELLIER** **Directeur** — **F. ECK** **Directeur**) ← à placer ici

DOCUMENT 3 **Date et horaires d'entretien**

Convoquer tous les cadres jeudi dans 15 jours.

Avec F. ECK	Avec D. CELLIER
8h30 Directeur Commercial	9h00 Directrice Administrative
10h30 Responsable Achats	11h00 Comptable
13h30 Directeur des Ventes	14h00 Responsable du personnel
15h30 Responsable Communication	16h00 Directeur technique

Créer un tableau et un graphique

OBJECTIFS

- Mettre en forme un tableau
- Saisir des fonctions simples
- Utiliser une cellule absolue pour calculer un pourcentage
- Saisir une fonction conditionnelle simple
- Créer et mettre en forme un graphique
- Modifier les options du graphique

Situation professionnelle

Vous effectuez votre période de formation au secrétariat de l'entreprise Au Royaume du Toutou.

Vous êtes chargé(e) de la saisie et de la mise en forme de données chiffrées présentant l'entreprise.

Au Royaume du Toutou
16 rue de la Marelle
57000 METZ
Tél. : 02 34 30 10 43
Refuge pour animaux

MISSION 1 Présenter le tableau des abandons des 6 derniers mois

1. Saisissez le nom de la feuille 1 : ***Abandons_sem***.
2. Saisissez les données (DOCUMENT 1).
3. Mettez en forme le document.
4. Saisissez les formules de calcul nécessaires.
5. Imprimez votre travail avec puis sans les formules.
6. Enregistrez le classeur sous le nom ***Royaume_toutou***.

DOCUMENT 1 Nombre d'abandons sur les 6 derniers mois

	A	B	C	D	E	F	G	H	I
1	NOMBRE D'ABANDONS SUR LES 6 DERNIERS MOIS								
2									
3	ESPECES	JUILLET	AOUT	SEPTEMBRE	OCTOBRE	NOVEMBRE	DÉCEMBRE	TOTAUX	%
4	CHAT	350,00	275,00	125,00	163,00	100,00	99,00		
5	CHIEN	450,00	500,00	210,00	250,00	185,00	88,00		
6	LAPIN BELIER	152,00	125,00	75,00	95,00	12,00	30,00		
7	HAMSTER	65,00	70,00	45,00	50,00	35,00	20,00		
8	TOTAUX								
9	ABANDON MAXIMUM								
10	ABANDON MINIMUM								
11	ABANDON MOYEN								

Fiche 1 Mettre en forme un tableau

Fiche 2 Saisir des fonctions simples

Fiche 3 Utiliser une cellule absolue pour calculer un pourcentage

MISSION 2 Présenter la répartition des adoptions par refuge

1. Saisissez le nom de la feuille 2 : ***Adoption_rég***.
2. Saisissez les données (DOCUMENT 2).
3. Mettez en forme le document.
4. Saisissez les formules de calcul nécessaires.
5. Imprimez votre travail avec puis sans les formules.
6. Enregistrez le classeur.

DOCUMENT 2 Nombre d'adoptions par refuge – région Lorraine

	A	B	C	D
1	*REPARTITION DES ADOPTIONS PAR REFUGE - REGION LORRAINE*			
2				
3-4		ASSOCIATION CREPUSCULE THIONVILLE	LE REFUGE DE BABOU METZ	LE REFUGE DE MORDANT NANCY
5	JANVIER	50,00	120,00	41,00
6	FÉVRIER	60,00	150,00	20,00
7	MARS	45,00	140,00	92,00
8	AVRIL	54,00	132,00	87,00
9	MAI	65,00	169,00	75,00
10	JUIN	20,00	75,00	88,00
11	JUILLET	24,00	85,00	30,00
12	AOÛT	12,00	66,00	55,00
13	SEPTEMBRE	36,00	84,00	60,00
14	OCTOBRE	72,00	98,00	57,00
15	NOVEMBRE	85,00	110,00	80,00
16	DÉCEMBRE	94,00	142,00	63,00
17	TOTAL ANNEE			
18				
19	ANALYSE			

Fiche 4
Saisir une fonction conditionnelle simple

Lorsque le nombre total d'adoptions pour l'année est supérieur à 750, afficher « Année satisfaisante » et afficher « Sensibilisation requise » dans le cas contraire.

MISSION 3 Présenter le tableau des primes proposées

1. Saisissez le nom de la feuille 3 : ***Statistiques_4emeT***.
2. Saisissez les données (DOCUMENT 3).
3. Établissez l'histogramme 2D groupé des adoptions et des abandons par mois et placez-le sous le tableau.
4. Mettez en forme le graphique.
5. Imprimez votre travail.
6. Enregistrez votre travail.

DOCUMENT 3 Répartition des adoptions et des abandons – 4e trimestre N

REPARTITION DES ADOPTIONS ET DES ABANDONS
4EME TRIMESTRE N

	OCTOBRE	NOVEMBRE	DECEMBRE
ADOPTIONS	250	350	300
ABANDONS	550	520	420

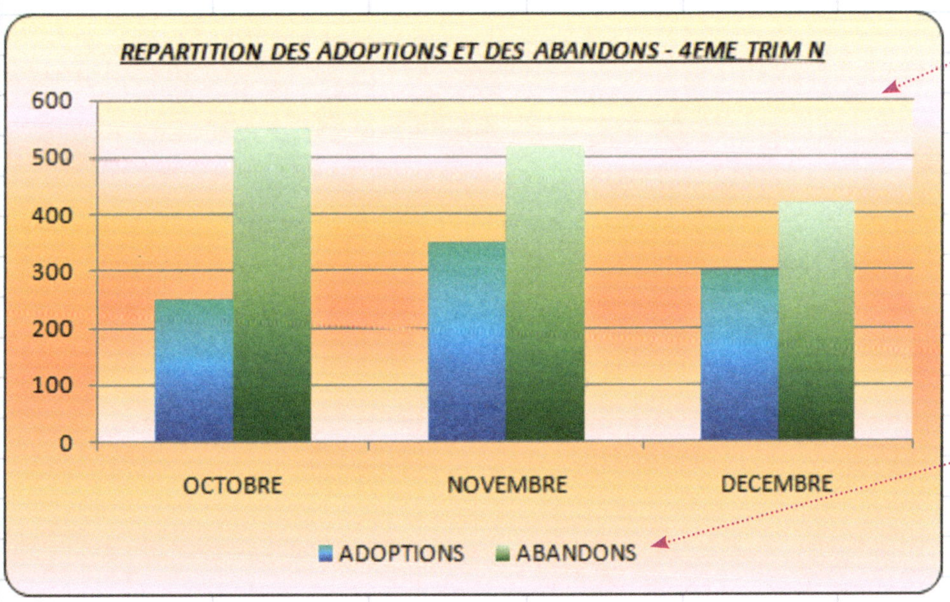

Fiche 5
Créer et mettre en forme un graphique

Fiche 6
Modifier les options du graphique

SYNTHÈSE Présenter la liste des dépenses du refuge

1. Saisissez le nom de la feuille 4 : ***Dépenses***.
2. Saisissez les données (DOCUMENT 4).
3. Saisissez les formules de calcul nécessaires.
4. Mettez en forme le document.
5. Représentez graphiquement par un histogramme 3D groupé les postes de dépenses en euros pour les deux années.
6. Affichez la légende en bas.
7. Saisissez le titre du graphique au-dessus : « Dépenses du refuge ». Titrez l'axe des abscisses : « Postes de dépenses » et l'axe des ordonnées pivoté : « Dépenses en euros ».
8. Mettez en forme la zone de graphique : remplissage bleu clair avec une transparence de 40 %, bordure tiret-point, angles arrondis.
9. Imprimez et enregistrez votre travail.

DOCUMENT 4 Liste des dépenses du refuge

	A	B	C	D	E	F	G	H
1	LISTE DES DEPENSES DU REFUGE							
2								
3		N-1	%	N	%		EVOLUTION (N - N-1)	COMMENTAIRE
4	ALIMENTATION	1 625,00		1 471,00				
5	FRAIS VETERINAIRES	3 730,00		2 658,00				
6	ASSURANCE REFUGE	1 188,00		1 198,00				
7	EDF - EAU	1 083,00		1 075,00				
8	AFFRANCHISSEMENT	1 401,00		358,00				
9	IMPOTS FONCIERS	244,00		251,00				
10	ENTRETIEN	798,00		783,00				
11	TELECOMMUNICATIONS	441,00		913,00				
12	SALAIRES ET CHARGES	6 697,00		4 508,00				
13	DEPENSES TOTALES						X	X
14	DEPENSES MOYENNES		X		X			
15	DEPENSE MINIMUM		X		X			
16	DEPENSE MAXIMUM		X		X			

Lorsque l'évolution du poste de dépenses est supérieure à 0, afficher en commentaire « poste à surveiller » – ne rien afficher dans le cas contraire

FICHE 1

Mettre en forme un tableau

Choisir la trame de fond

Sélectionner la cellule ou la ligne à tramer puis, sous l'onglet Accueil, dans le groupe Cellules, cliquer sur Format, puis sur Format de cellule...

Dans la boîte de dialogue Format de cellule, cliquer sur l'onglet Remplissage.

Choisir dans la zone Couleur d'arrière-plan la trame de fond souhaitée.

Puis cliquer sur OK.

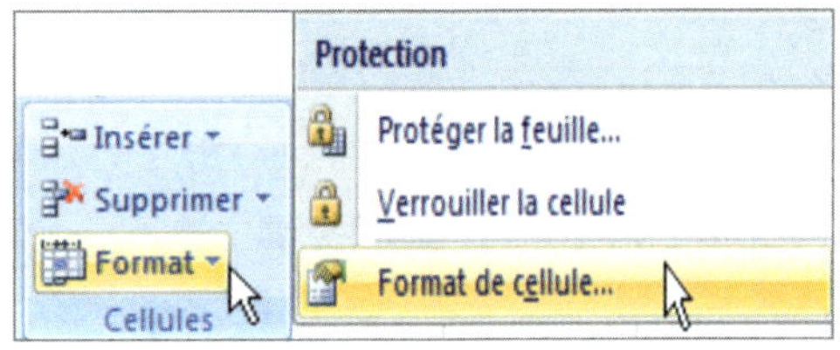

Définir les bordures

Toujours dans la boîte de dialogue Format de cellule, cliquer sur l'onglet Bordure.

Choisir dans la zone Ligne le style et la couleur souhaités puis placer le trait dans la zone Bordure.

Ou

Cliquer dans la zone Présélections sur l'option souhaitée (Aucune, Contour ou Intérieur).

Puis cliquer sur OK.

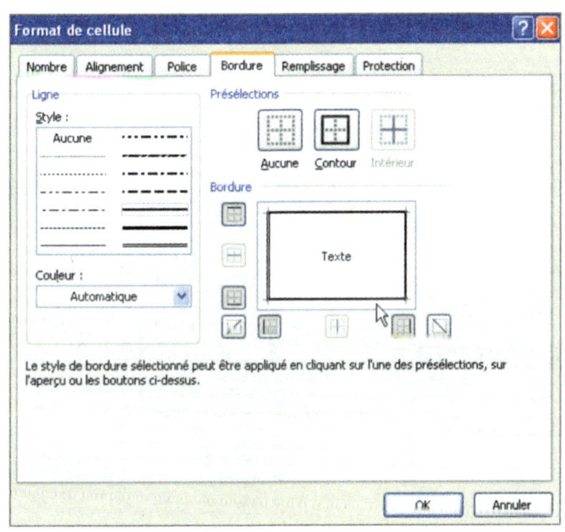

Modifier la largeur des colonnes ou la hauteur des lignes

Sélectionner la ou les colonnes concernée(s).

Sous l'onglet Accueil, dans le groupe Cellules, cliquer sur Format, puis choisir Largeur de colonne... dans la partie Taille de la cellule.

Saisir dans la fenêtre la largeur désirée de la colonne.

Puis cliquer sur OK.

Procéder de la même manière avec les hauteurs de lignes.

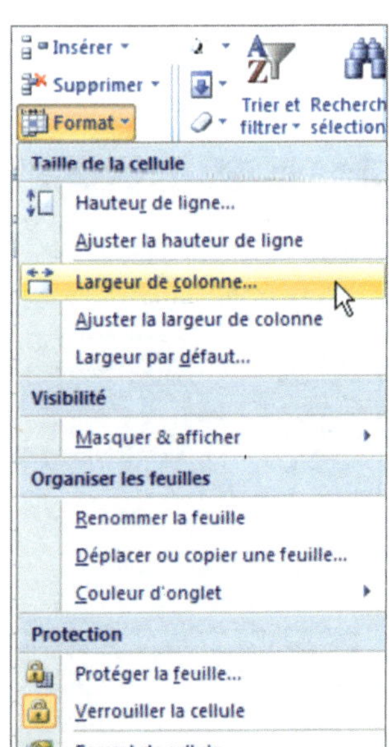

FICHE 1

Mettre en forme un tableau (suite)

Fusionner et centrer

Sélectionner les cellules des colonnes ou des lignes à fusionner et centrer.

Dans l'onglet Accueil du ruban, puis dans le groupe Alignement, cliquer sur l'icône Fusionner et centrer puis sur l'icône Aligner au centre.

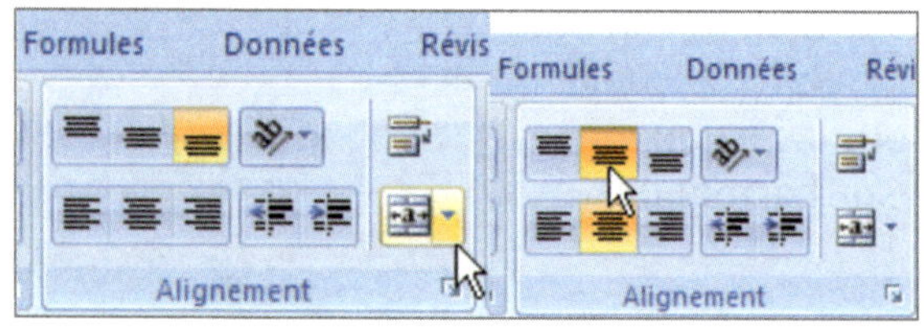

Utiliser une suite incrémentée

Saisir le premier nom de la suite puis positionner la souris en bas à droite de la cellule pour obtenir une croix et faire glisser la croix de recopie sur les cellules concernées.

Renvoyer à la ligne automatiquement

Sélectionner la cellule pour laquelle vous souhaitez un renvoi à la ligne automatique.

Dans l'onglet Accueil du ruban, puis dans le groupe Alignement, cliquer sur le lanceur de boîte de dialogue puis sur l'onglet Alignement.

Cocher Renvoyer à la ligne automatiquement puis cliquer sur OK.

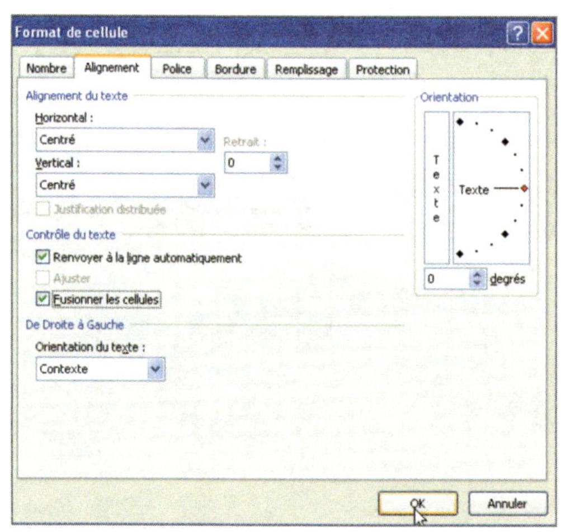

Modifier le format des nombres

Sélectionner les données à mettre en forme.

Dans l'onglet Accueil du ruban, puis dans le groupe Nombre, cliquer sur le lanceur de boîte de dialogue puis dans l'onglet Catégorie.

Cliquer sur la catégorie choisie, choisir le Nombre de décimales et cocher Utiliser le séparateur de milliers puis cliquer sur OK.

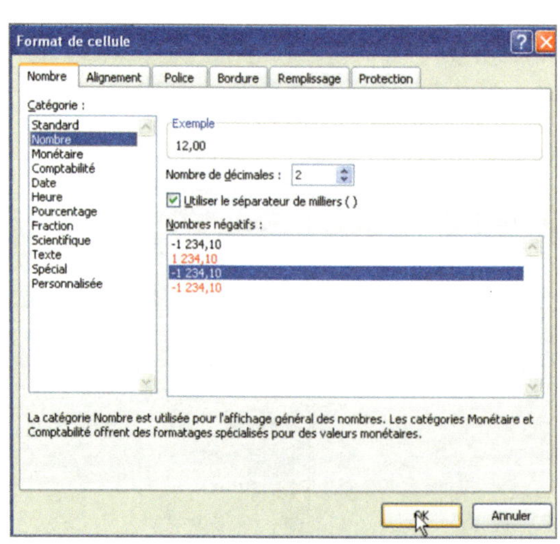

FICHE 2

Saisir des fonctions simples

Saisir une somme

Cliquer sur la cellule qui doit contenir le résultat puis cliquer sur l'onglet Formules du ruban puis sur Somme automatique.

Contrôler la sélection proposée puis appuyer sur Entrée.

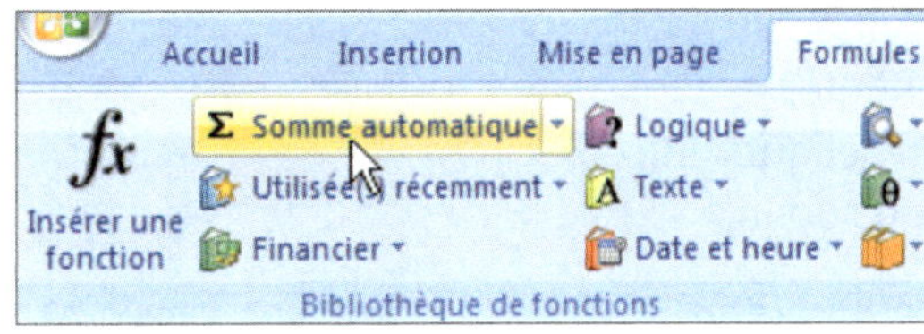

Obtenir la Moyenne, le Minimum ou le Maximum

Cliquer sur la cellule qui doit contenir le résultat puis cliquer sur l'onglet Formules du ruban.

Dérouler le menu de l'icone ∑ et cliquer sur Moyenne, Max. ou Min.

Contrôler la sélection proposée puis appuyer sur Entrée.

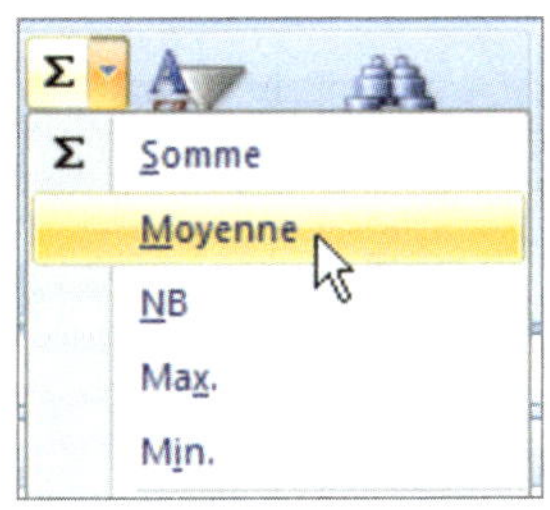

FICHE 3

Utiliser une cellule absolue pour calculer un pourcentage

Se placer dans la cellule du résultat et taper le signe =.

Cliquer sur la cellule du nombre à calculer en % et saisir le signe opératoire /.

Cliquer sur la cellule du total des nombres et taper sur la fonction du clavier F4, puis appuyer sur Entrée.

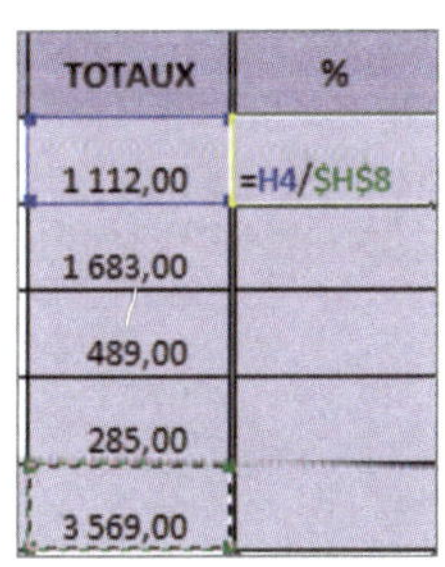

FICHE 4

Saisir une fonction conditionnelle simple

Sous l'onglet Formules, dans le groupe Bibliothèque de fonctions, cliquer sur Insérer une fonction.

Dans la zone Sélectionnez une fonction, choisir la fonction SI.

Compléter les champs dans la boîte de dialogue Arguments de la fonction.

Test_logique : saisir la condition.

Valeur_si_vrai : saisir l'action si la condition est vérifiée.

Valeur_si_faux : saisir l'action si la condition n'est pas vérifiée.

Cliquer sur OK.

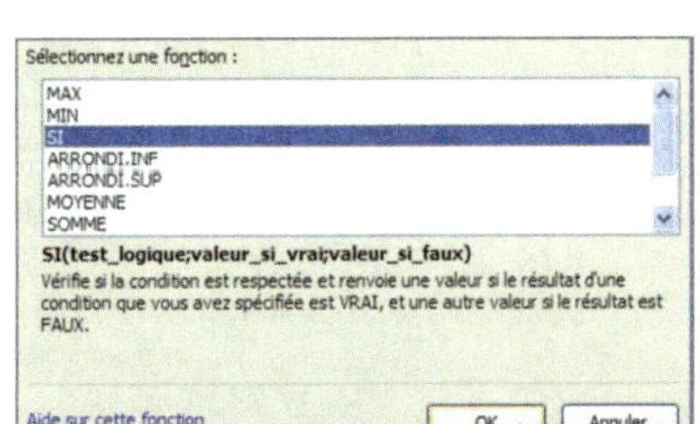

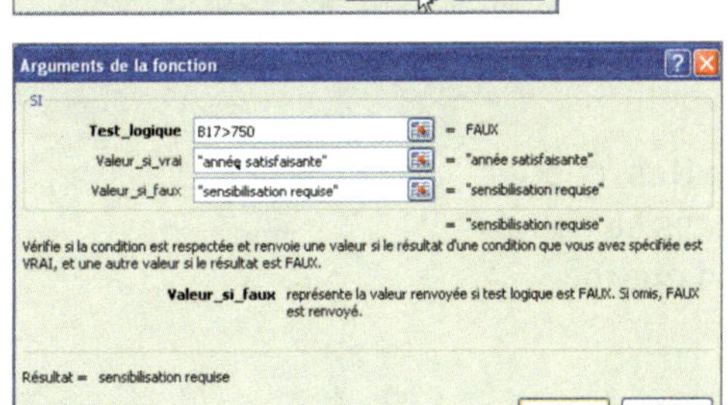

FICHE 5

Créer et mettre en forme un graphique

Créer un graphique

Sélectionner les données du tableau à représenter graphiquement puis cliquer sur l'onglet Insertion du ruban.

Dans le groupe Graphiques, cliquer sur l'icône Colonne puis sur l'icône de l'Histogramme voulu.

Ou

Sélectionner tout autre type de graphique voulu.

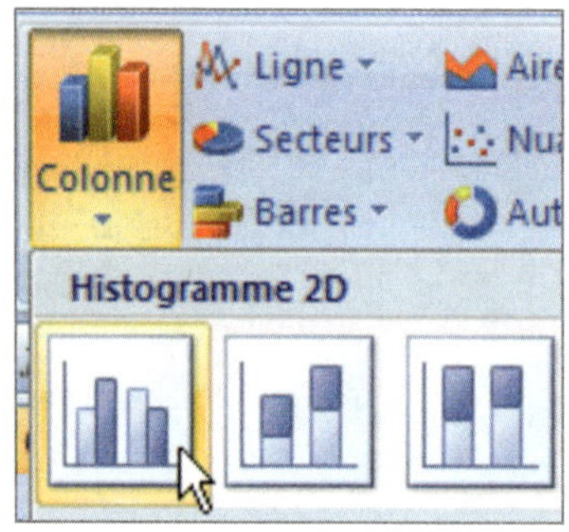

Mettre en forme un graphique

Sélectionner :
- soit la zone de graphique ;
- soit la série de données ;
- soit la zone de traçage.

Cliquer sur le bouton droit de la souris puis sur Format de la zone de graphique... ou Mettre en forme une série de données... ou Mise en forme de la zone de traçage...

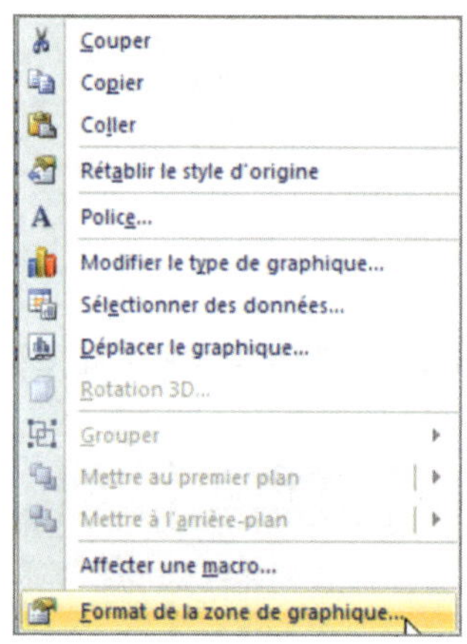

FICHE 6

Modifier les options du graphique

Sélectionner le graphique, cliquer sur Outils de graphique puis sur l'onglet Disposition.

Dans le groupe Étiquettes, cliquer sur l'icône Titre du graphique puis sur Au-dessus du graphique.

Cliquer dans le cadre Titre du graphique et saisir le titre voulu.

Cliquer dans le cadre Titres des axes et saisir le titre voulu.

Dans le groupe Étiquettes, cliquer sur l'icône Légende puis sur Afficher la légende à l'endroit désiré.

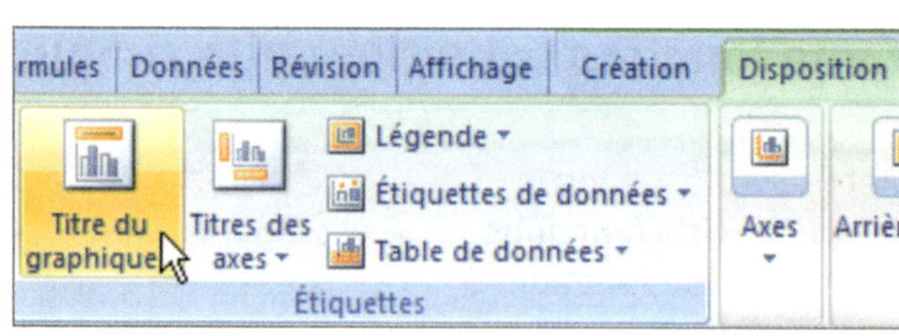

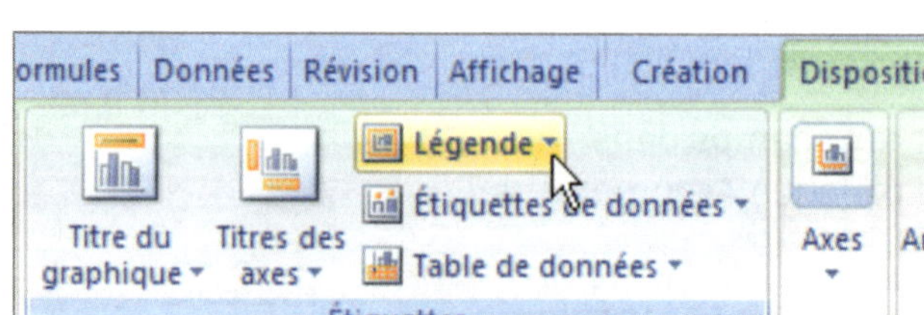

Saisir une fonction logique

OBJECTIFS

- Saisir une fonction conditionnelle imbriquée
- Saisir une fonction logique SI ET
- Saisir une fonction logique SI OU

Situation professionnelle

Vous effectuez votre période de formation à l'accueil de l'entreprise L'Hortensia du port.

Votre directrice, Mme Homia, vous confie la saisie de plusieurs tableaux concernant l'automatisation de devis.

L'Hortensia du port
13 impasse du Phare
50760 BARFLEUR
Tél. : 02 34 30 10 43
• Location d'appartements meublés

MISSION 1 Présenter le tableau de calcul des remises

1. Saisissez le nom de la feuille 1 : ***Remises_accordées***.
2. Saisissez les données (DOCUMENT 1).
3. Mettez en forme le document.
4. Nommez les cellules B4 – B5 – B6 avec les noms suivants : Txrem1 – Txrem2 – Txrem3.
5. Saisissez les formules de calcul nécessaires.
6. Imprimez votre travail avec puis sans les formules.
7. Enregistrez le classeur sous le nom ***Hortensia_Port***.

DOCUMENT 1 Remises accordées

	A	B	C	D	E	F	G
1	TAUX DE REMISE ACCORDES			MONTANT HT DES REMISES ACCORDEES			
2							
3	CONDITIONS	TAUX		CLIENTS	PARISA	TARMAN	BRICOT
4	CA HT < 300 EUROS	5%		CA HT	1 250,00	500,00	270,00
5	300 < CA HT < 700 EUROS	10%		REMISE			
6	CA HT > 700 EUROS	15%		CA NET HT			
7							
8	MONTANT TTC DES REMISES ACCORDEES						
9							
10	NOM DU CLIENT	PARISA	TARMAN	BRICOT			
11	REMISE HT						
12	TVA 19,6 %						
13	REMISE TTC						
14							

Fiche 1
Saisir une fonction conditionnelle imbriquée

MISSION 2 Présenter le tableau des primes proposées

1. Ouvrez le classeur **Hortensia_Port**.
2. Saisissez le nom de la feuille 2 : ***Remises_proposées***.
3. Saisissez les données (DOCUMENT 2).
4. Saisissez les formules de calcul nécessaires (DOCUMENT 2).
5. Mettez en forme le document.
6. Imprimez votre travail avec et sans les formules.
7. Enregistrez votre travail.

DOCUMENT 2 Remises proposées 4e trimestre N

REMISES PROPOSEES 4EME TRIMESTRE N

Nom du client	Locations proposées	Type de location	TOTAL HT - 4ème trimestre N			TOTAL TRIMESTRE	REMISE 1 PROPOSEE	REMISE 2 PROPOSEE
			Octobre	Novembre	Décembre			
Martin	Studio "Joli bois"	studio	678,00	406,00	150,00			
Novac	Studio "Mer de sable"	studio	120,00	150,00	100,00			
Lalia	2 pièces "Sable fin"	appartement	180,00	190,00	78,00			
Parton	2 pièces "Mer bleue"	appartement	678,00	854,00	432,00			
Rita	3 pièces "Phare blanc"	appartement	95,00	110,00	99,00			
Blaise	3 pièces "Phare breton"	appartement	760,00	656,00	890,00			
Farmer	Maison "Toit de chaume"	maison	42,00	45,00	25,00			
Valezo	Maison "Ardoise briquée"	maison	150,00	190,00	120,00			
	TOTAL							

Fiche 2
Saisir une fonction logique « SI ET »

Fiche 3
Saisir une fonction logique « SI OU »

1re Remise octroyée
Lorsque le total HT est supérieur à 500 € et que le type de location est un studio, l'entreprise accorde une remise de 10 %. La remise sera de 5 % dans le cas contraire.

2e Remise octroyée
Lorsque le total HT est supérieur à 1 200 € ou que le type de location est un appartement, l'entreprise propose une remise de 15 %, de 10 % dans le cas contraire.

SYNTHÈSE 1 Présenter un devis location

1. Ouvrez le classeur **Hortensia_Port**.
2. Saisissez le nom de la feuille 3 : ***Devis_location***.
3. Saisissez les données (DOCUMENT 3).
4. Saisissez les formules de calcul nécessaires.
5. Mettez en forme le document.
6. Imprimez et enregistrez votre travail.

DOCUMENT 3 Devis location

DEVIS LOCATION

NOM DU PRODUIT		APPARTEMENT LE PHARE BRETON		
SEJOUR		NOMBRE JOURS	PRIX UNITAIRE HT	MONTANT
HEBERGEMENT		15	35,00	
SUPPLEMENTS		NOMBRE PERSONNES		MONTANT
ASSURANCE ANNULATION		4		
			TOTAL APRES SUPPLEMENT	
			REMISE	
			TOTAL NET	

Le supplément assurance annulation est fixé à 35 € lorsque le total hébergement est supérieur à 500 € et le nombre de personnes supérieur à 3. Dans le cas contraire, le supplément assurance sera de 20 €.

Une remise de 2 % est accordée lorsque le total après supplément est inférieur à 400 €. Elle est de 5 % si le total est compris entre 400 et 800 € et de 10 % si le total est supérieur à 800 €.

SYNTHÈSE 2 Présenter le récapitulatif des locations

1. Ouvrez le classeur **Hortensia_Port**.
2. Saisissez le nom de la feuille 4 : ***Récapitulatif_location***.
3. Saisissez les données (DOCUMENTS 4, 5 ET 6).
4. Saisissez les formules de calcul nécessaires.
5. Mettez en forme le document.
6. Imprimez et enregistrez votre travail.

DOCUMENT 4 Récapitulatif des locations – 2e semestre

	A	B	C	D	E	F	G
1	RECAPITULATIF LOCATION - 2ND SEMESTRE N						
2							
3	**PARTIE 1**	**NET HT APRES REMISE**					
4							
5	TYPE	NOM	NOMBRE JOURS LOCATION	PRIX DE JOURNEE	TOTAL HT	REMISE	1ER NET
6	STUDIO	Studio "Joli bois"	12	50,00			
7		Studio "Mer de sable"	45	55,00			
8	APPARTEMENT	2 pièces "Sable fin"	95	60,00			
9		2 pièces "Mer bleue"	20	65,00			
10		3 pièces "Phare blanc"	16	72,50			
11		3 pièces "Phare breton"	35	80,00			
12	MAISON	Maison "Toit de chaume"	55	105,00			
13		Maison "Ardoise briquée"	45	115,00			

Une remise est octroyée selon les modalités suivantes :
Si le nombre de jours de location est inférieur à 15 jours – aucune remise
Si le nombre de jours de location est compris entre 15 et 45 – remise de 4 %
Si le nombre de jours de location est compris entre 45 et 60 – remise de 7 %
Si le nombre de jours de location est supérieur à 60 – remise de 10 %

Remise → 2% → Total < 400€
5% → total "400€ et 800€"
10% → total > 800€

DOCUMENT 5 Net HT après les taxes eau et électricité

	A	B	C	D	E	F	G	H
16	PARTIE 2	NET HT APRES TAXES EAU ET ELECTRICITE						
17								
18	TYPE	NOM	ELECTRICITE KWH CONS	EAU LITRES CONS	1ER NET	TAXE EAU	TAXE ELECTRICITE	2EME NET
19	STUDIO	Studio "Joli bois"	110	12,00				
20		Studio "Mer de sable"	125	20,00				
21	APPARTEMENT	2 pièces "Sable fin"	202	55,00				
22		2 pièces "Mer bleue"	210	60,00				
23		3 pièces "Phare blanc"	245	67,00				
24		3 pièces "Phare breton"	275	80,00				
25	MAISON	Maison "Toit de chaume"	320	82,00				
26		Maison "Ardoise briquée"	360	90,00				

TAXE EAU : lorsque le nombre de litres consommés est supérieur à 25 ou que le 1er NET est supérieur à 1 500 €, on applique une taxe de 5 € par jour de location.

TAXE ÉLECTRICITÉ : lorsque le nombre de KWh consommés est supérieur à 50 et que le 1er NET est supérieur à 2 000 €, on applique une taxe de 10 € par jour de location.

DOCUMENT 6 Net HT après taxe communale

	A	B	C	D	E	F
28	PARTIE 3	NET HT APRES TAXE SUPPLEMENTAIRE				
29						
30	TYPE	NOM	CODE ZONE COMMUNALE	2EME NET	TAXE COMMUNALE	NET HT
31	STUDIO	Studio "Joli bois"	1			
32		Studio "Mer de sable"	1			
33	APPARTEMENTS	2 pièces "Sable fin"	2			
34		2 pièces "Mer bleue"	3			
35		3 pièces "Phare blanc"	2			
36		3 pièces "Phare breton"	2			
37	MAISON	Maison "Toit de chaume"	3			
38		Maison "Ardoise briquée"	2			

Le CODE ZONE 1 implique une taxe communale de 5 % du 2e Net, le CODE ZONE 2, une taxe de 7 % et le CODE ZONE 3, une taxe de 10 %.

FICHE 1

Saisir une fonction conditionnelle imbriquée

Sous l'onglet Formules, dans le groupe Bibliothèque de fonctions, cliquer sur Insérer une fonction.

Dans la zone Sélectionnez une fonction, choisir la fonction SI.

Cliquer sur OK.

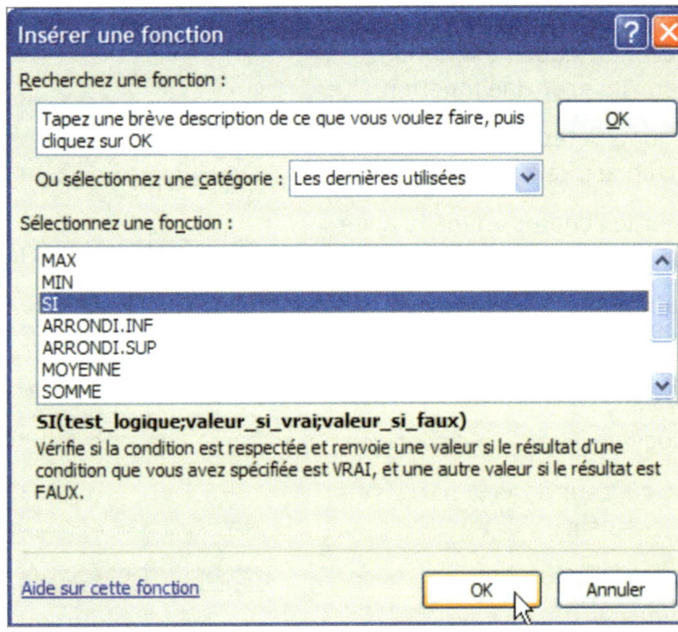

Compléter les champs dans la boîte de dialogue Arguments de la fonction.

Test_logique : saisir la condition.

Valeur_si_vrai : saisir l'action si la condition est vérifiée.

Valeur_si_faux : cliquer sur la fonction SI en haut à gauche.

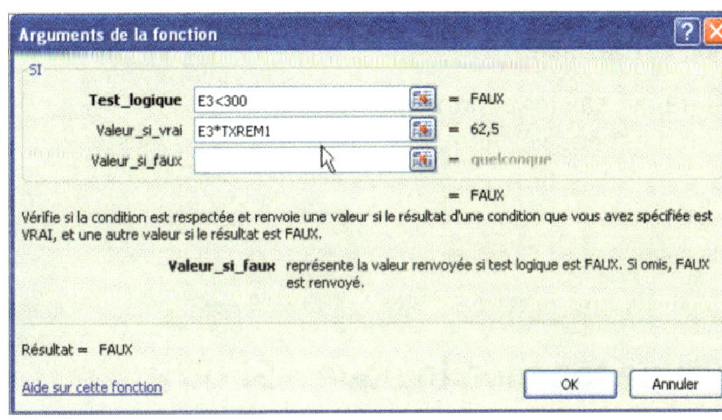

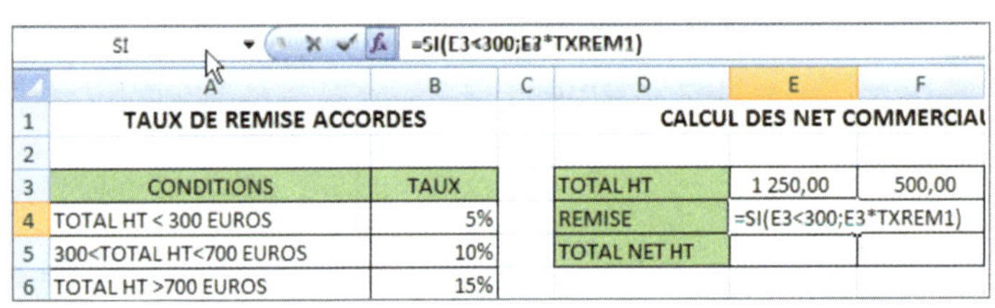

	A	B	C	D	E	F
1	TAUX DE REMISE ACCORDES			CALCUL DES NET COMMERCIAU		
2						
3	CONDITIONS	TAUX		TOTAL HT	1 250,00	500,00
4	TOTAL HT < 300 EUROS	5%		REMISE	=SI(E3<300;E3*TXREM1)	
5	300<TOTAL HT<700 EUROS	10%		TOTAL NET HT		
6	TOTAL HT >700 EUROS	15%				

Une nouvelle boîte de dialogue s'ouvre.

Test_logique : saisir une autre condition.

Valeur_si_vrai : saisir l'action si la condition est vérifiée.

Valeur_si_faux : saisir l'action si la condition n'est pas vérifiée

Cliquer sur OK.

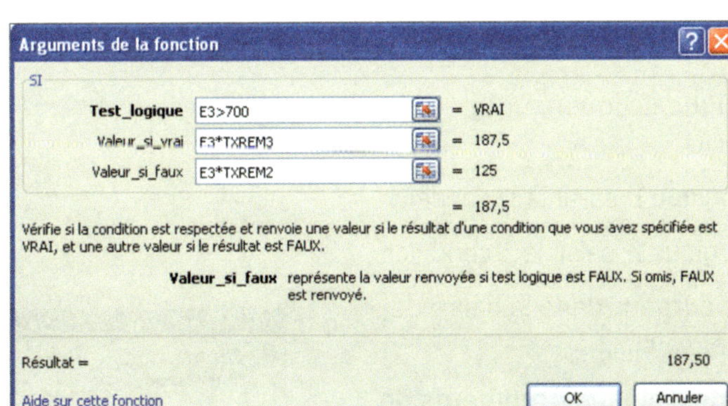

FICHE 2 Saisir une fonction logique « SI ET »

Sous l'onglet **Formules**, dans le groupe **Bibliothèque de fonctions**, cliquer sur **Insérer une fonction**.

Dans la zone **Sélectionnez une fonction**, choisir la fonction **SI**.

Compléter les champs dans la boîte de dialogue **Arguments de la fonction**.

Test_logique : cliquer sur la fonction **ET**.

Valeur_logique 1 : saisir la 1re condition.

Valeur_logique 2 : saisir la 2e condition.

Placer le curseur dans la barre de formule et saisir **;**.

La boîte de dialogue **Arguments de la fonction** s'ouvre.

Valeur_si_vrai : saisir l'action si la condition est vérifiée.

Valeur_si_faux : saisir l'action si la condition n'est pas vérifiée.

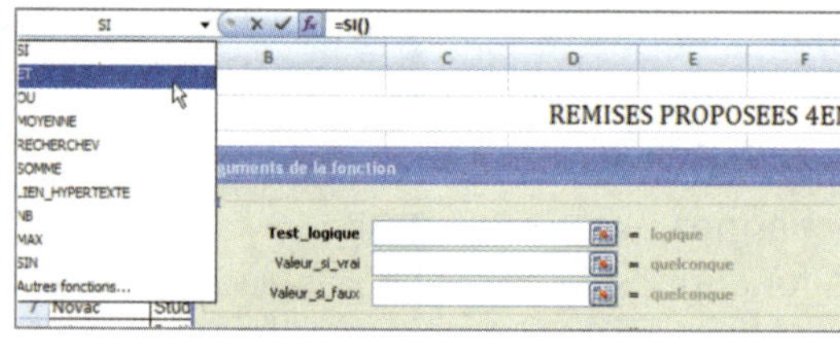

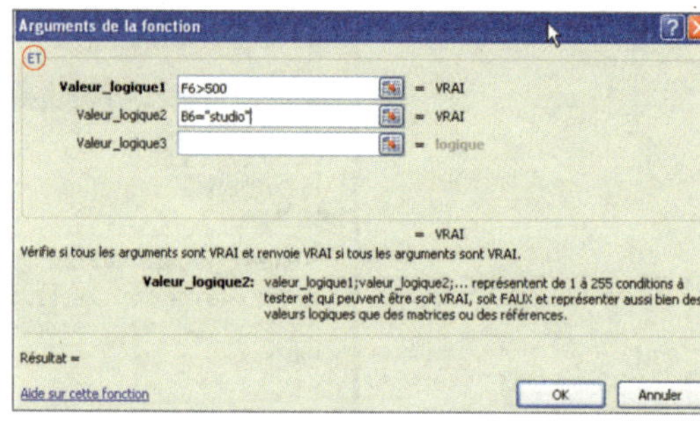

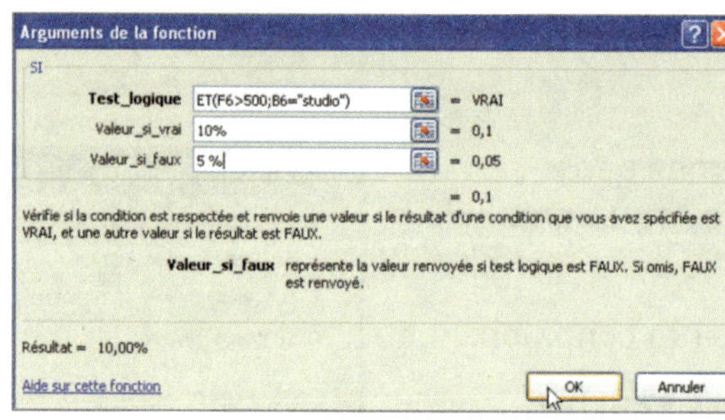

FICHE 3 Saisir une fonction logique « SI OU »

Sous l'onglet **Formules**, dans le groupe **Bibliothèque de fonctions**, cliquer sur **Insérer une fonction**.

Dans la zone **Sélectionnez une fonction**, choisir la fonction **SI**.

Compléter les champs dans la boîte de dialogue **Arguments de la fonction**.

Test_logique : cliquer sur la fonction **OU**.

Valeur_logique 1 : saisir la 1re condition.

Valeur_logique 2 : saisir la 2e condition.

Placer le curseur dans la barre de formule et saisir **;**.

La boîte de dialogue **Arguments de la fonction** s'ouvre.

Valeur_si_vrai : saisir l'action si la condition est vérifiée.

Valeur_si_faux : saisir l'action si la condition n'est pas vérifiée.

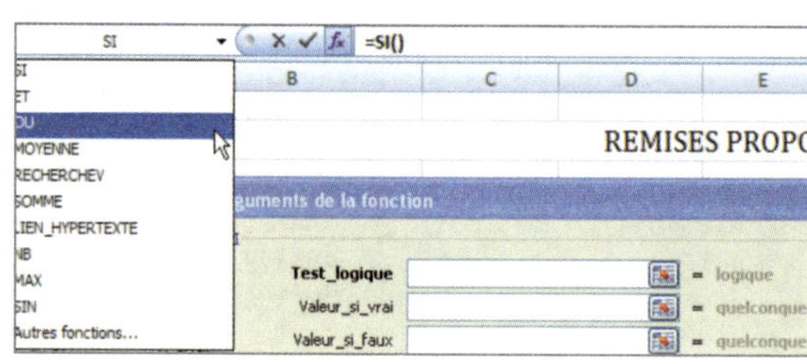

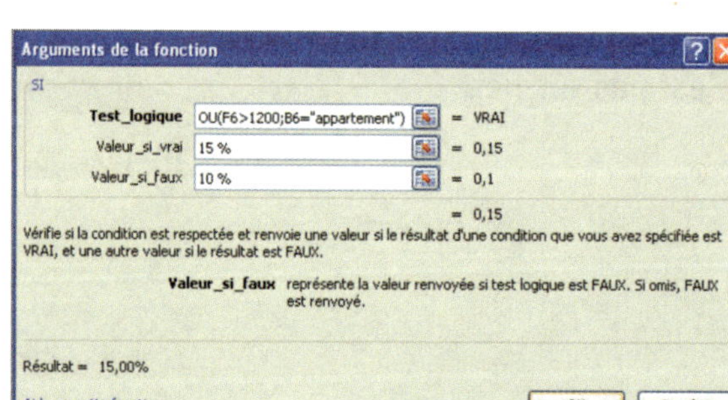

Saisir une fonction recherche

OBJECTIFS

- Saisir une fonction RECHERCHEV
- Afficher une liste déroulante
- Saisir une fonction RECHERCHEH

Situation professionnelle
Vous êtes stagiaire au service comptable de l'entreprise Angelica. Votre chef de service, Mme Zeni, souhaite automatiser la facturation et les bulletins de salaire. Elle vous demande de la seconder dans cette tâche.

ANGELICA
22 Route de Manosque
83150 BANDOL
Tél. : 04 20 10 15 11
• Vente d'huiles essentielles et de produits bio

MISSION 1 Automatiser l'en-tête de facturation

1. Ouvrez le classeur **Angelica_Facture**.
2. Placez-vous sur la feuille de calcul ***En-tête_facture*** (DOCUMENT 1).
3. Créez une liste déroulante à partir du code client.
4. Saisissez les formules de calcul nécessaires.
5. Imprimez votre travail avec puis sans les formules.
6. Enregistrez le classeur.

DOCUMENT 1 En-tête de la facture

	A	B	C	D	E	F	G	H	I
1									
2	*ANGELICA*								
3	*22 ROUTE DE MANOSQUE*								
4	*83150 BANDOL*								
5	*TEL : 04.20.10.15.11*					FACTURE			
6									
7									
8									
9	CODE CLIENT		411001		NOM DU CLIENT				
10									
11					Rue				
12									
13					Code postal				
14									
15					Ville				
16									

Fiche 1 Saisir une fonction RECHERCHEV

Fiche 2 Afficher une liste déroulante

MISSION 2 Automatiser les conditions commerciales

1. Ouvrez le classeur **Angelica_Facture**.
2. Placez-vous sur la feuille de calcul ***Conditions_commerciales*** (DOCUMENT 2).
3. Créez une liste déroulante à partir du code règlement et du code livraison.
4. Saisissez les formules de calcul nécessaires.
5. Imprimez votre travail avec puis sans les formules.
6. Enregistrez le classeur.

DOCUMENT 2 Conditions commerciales

	A	B	C	D	E	F	G	H	I	J	K
1	CONDITIONS COMMERCIALES										
2											
3											
4	CODE REGLEMENT		CHQ	MODE REGLEMENT							
5											
6											
7	CODE LIVRAISON		S010	MODE ET DELAI DE LIVRAISON							
8											
9											

Fiche 3
Saisir une fonction RECHERCHEH

SYNTHÈSE 1 Automatiser le corps de la facture

1. Ouvrez le classeur **Angelica**.
2. Insérez une feuille de calcul que vous nommerez ***Corps_de_la_facture***.
3. Saisissez les données (DOCUMENT 3).
4. Créez une liste déroulante à partir de la référence.
5. Saisissez les formules de calcul nécessaires.
6. Testez votre travail à l'aide des indications données.
7. Imprimez votre travail avec puis sans les formules.
8. Enregistrez le classeur.

DOCUMENT 3 Corps de la facture

	A	B	C	D	E
3	REFERENCE	DESIGNATION	QUANTITE	PU HT	MONTANT HT
4					
5					
6					
7					
8					
9					
10					
11					
12					
13				TOTAL HT	
14					
15	TAUX REMISE	MONTANT		NET COM HT	
16					
17					
18	CODE TVA	TAUX	BASE HT		MONTANT TVA
19					
20					
21					
22		NET A PAYER TTC			

Testez votre travail avec les produits suivants :
7 huiles d'argan – Réf : 1
6 huiles de Mélisse – Réf : 7
9 huiles de cèdre – Réf : 5

Une remise est accordée selon les modalités suivantes :
- 5 % lorsque le total HT est inférieur à 500 €
- 7 % lorsque le total HT est compris entre 500 € et 1 000 €
- 10 % lorsque le total HT est supérieur à 1 000 €

Code TVA – TVA2

SYNTHÈSE 2 Automatiser le calcul des salaires bruts

1. Ouvrez le classeur **Angelica**.
2. Insérez une feuille de calcul que vous nommerez ***Fichier_salarié_salaire_et_primes***.
3. Saisissez les données (DOCUMENT 4).
4. Insérez une feuille de calcul que vous nommerez ***Récap_salaires_bruts***.
5. Saisissez les données (DOCUMENT 5).
6. Créez une liste déroulante à partir du code salarié.
7. Saisissez les formules de calcul nécessaires.
8. Imprimez votre travail avec puis sans les formules.
9. Enregistrez le classeur.

DOCUMENT 4 Fichier salarié – salaire et primes

	A	B	C	D	E
1	**FICHIER SALARIE**				
2					
3	***code salarié***	Nom	Prénom	Date de naissance	Ancienneté
4	S001	MALOU	BERNADETTE	08/07/1968	2
5	S002	FAGES	ANTOINE	09/02/1951	12
6	S003	LAROQUE	ERIC	14/04/1965	7
7	S004	AMER	LILIANE	08/12/1972	5
8					
9	**SALAIRE DE BASE ET PRIMES**				
10					
11		S001	S002	S003	S004
12	SALAIRE DE BASE	1250	1650	1300	1200
13	PRIME EXCEPTIONNELLE	120	150	75	55
14	CHIFFRE D'AFFAIRES DU MOIS	4500	6500	8540	9870

DOCUMENT 5 Récapitulatif des salaires bruts

	A	B	C	D	E	F	G	H
1	***RECAPITULATIF DES SALAIRES BRUTS***							
2								
3	***Code salarié***	Nom	Prénom	Ancienneté	Salaire de base	Prime d'ancienneté	Prime exceptionnelle	Salaire brut (1)
4								
5								
6								
7								
8								
9								
10	***Code salarié***	Salaire brut (1)	Chiffre d'affaires du mois	Prime de rendement	Salaire brut (2)			
11								
12								
13								
14								

Une prime d'ancienneté est octroyée selon les modalités suivantes :
- ancienneté inférieure à 3 ans – pas de prime
- ancienneté comprise entre 3 et 6 ans – prime de 2 % du salaire de base
- ancienneté comprise en 6 et 10 ans – prime de 4 % du salaire de base
- ancienneté supérieure à 10 ans – prime de 5 % du salaire de base.

Une prime de rendement est octroyée selon les modalités suivantes :
- chiffre d'affaires du mois inférieur à 5000 euros – pas de prime
- chiffre d'affaires du mois compris en 5000 et 7500 euros – prime de 2 % du salaire de base
- chiffre d'affaires du mois supérieur à 7500 euros – prime de 5 % du salaire de base.

FICHE 1 Saisir une fonction RECHERCHEV

Sous l'onglet **Formules**, dans le groupe **Bibliothèque de fonctions**, cliquer sur **Insérer une fonction**.

Dans la zone **Sélectionnez une fonction**, choisir la fonction **RECHERCHEV**.

Cliquer sur **OK**.

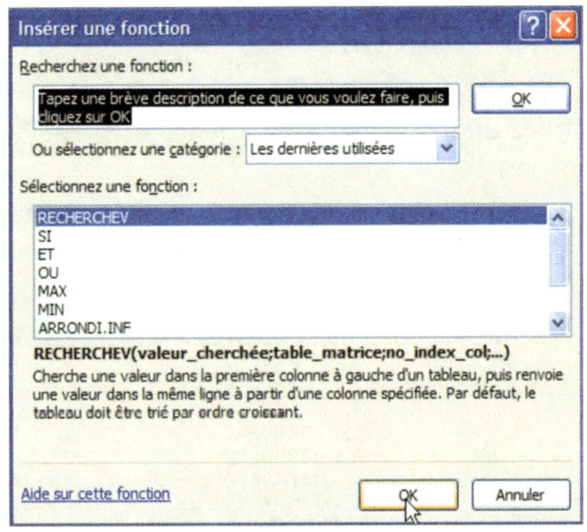

Compléter les champs dans la boîte de dialogue **Arguments de la fonction**.

Valeur cherchée : cliquer sur la cellule à partir de laquelle se fera la recherche.

Table matrice : se placer sur la feuille où figure la table source et sélectionner l'intégralité de la table sans les titres des colonnes.

N°_index_col : saisir le numéro de la colonne où figure la donnée recherchée dans la table source.

Cliquer sur **OK**.

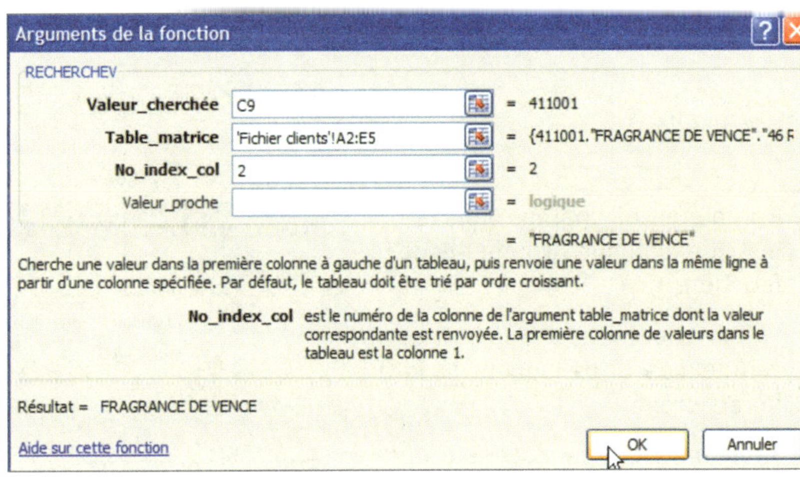

FICHE 2 Afficher une liste déroulante

Sous l'onglet **Données**, dans le groupe **Outils de données**, cliquer sur **Validation des données**.

Dans la zone **Autoriser**, choisir **Liste**.

Dans la zone **Source**, saisir les données de la liste (Exemple : 411001 ; 411002...).

Cliquer sur **OK**.

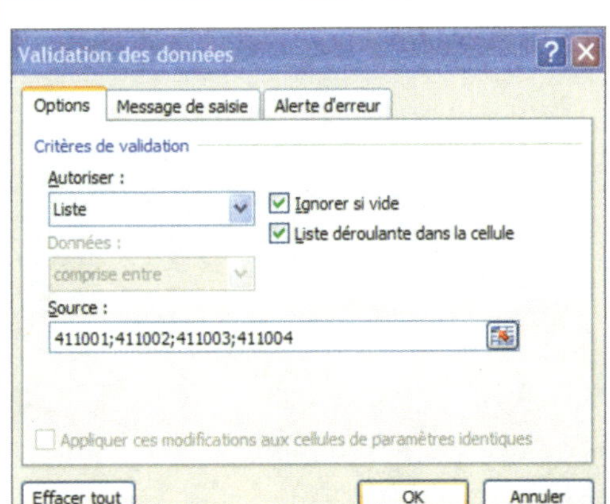

FICHE 3

Saisir une fonction RECHERCHEH

Sous l'onglet **Formules**, dans le groupe **Bibliothèque de fonctions**, cliquer sur **Insérer une fonction**.

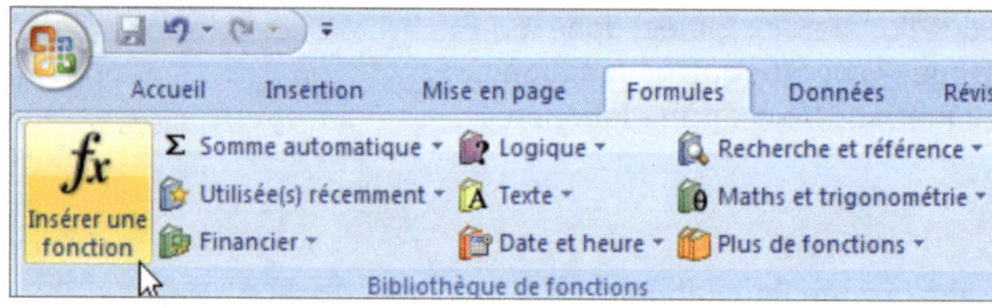

Dans la zone **Sélectionnez une fonction**, choisir la fonction **RECHERCHEH**.

Cliquer sur **OK**.

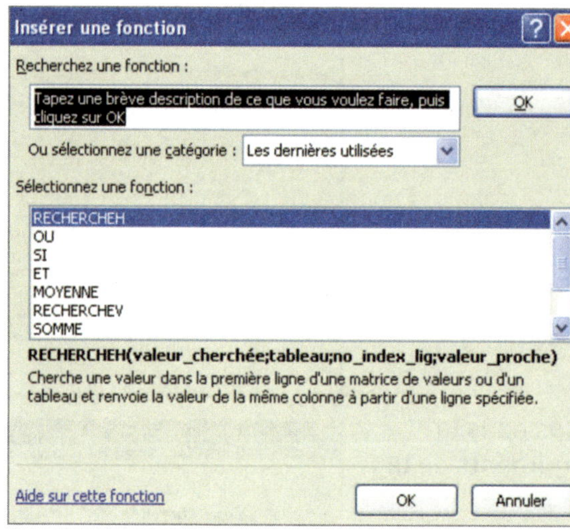

Compléter les champs dans la boîte de dialogue **Arguments de la fonction**.

Valeur cherchée : cliquer sur la cellule à partir de laquelle se fera la recherche.

Table matrice : se placer sur la feuille où figure la table source.

Sélectionner l'intégralité de la table sans les titres des lignes.

N°_index_lig : saisir le numéro de la ligne où figure la donnée recherchée dans la table source.

Cliquer sur **OK**.

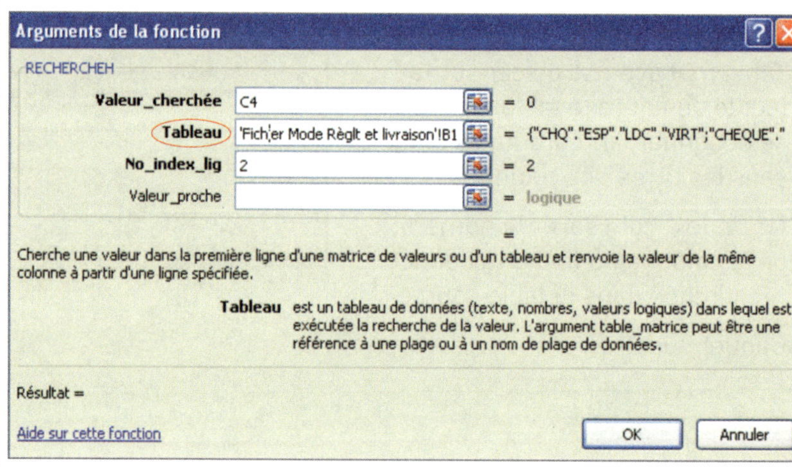

Entraînement

OBJECTIFS

- Créer et mettre en forme un tableau
- Saisir une fonction conditionnelle simple ou imbriquée
- Saisir une fonction recherche
- Saisir des fonctions simples
- Saisir des fonctions logiques
- Afficher une liste déroulante

Situation professionnelle

Vous effectuez une période de formation dans l'entreprise L'Étoile Marine.

Mme Shaffer, votre responsable, vous demande de présenter différents tableaux liés aux réservations de la saison N.

L'Étoile Marine
Quai des Brumes
50270 Barneville Carteret
02 65 45 65 98
Organisation de croisières
sur les îles Anglo-Normandes

MISSION 1 Présenter l'état des frais d'annulation au 31 août N

1. Saisissez le nom de la feuille 1 : ***Etat_frais_annulation***.
2. Saisissez les données (DOCUMENT 1).
3. Saisissez les formules de calcul nécessaires et mettez en forme le document en tenant compte des indications de votre responsable (DOCUMENT 2).
4. Enregistrez le classeur sous le nom ***Etoile_Marine***.
5. Imprimez la feuille de calcul avec puis sans les formules.

MISSION 2 Préparer l'automatisation des devis réservations

1. Ouvrez le classeur **Devis**.
2. Saisissez le nom de la feuille 3 : ***Devis_automatisé***.
3. Saisissez les données (DOCUMENT 3).
4. Saisissez les formules de calcul nécessaires en vous aidant des indications de votre responsable (DOCUMENT 4).
5. Imprimez la feuille de calcul avec puis sans les formules.

MISSION 3 Présenter l'état des révisions et des mises au rebut du parc bateaux

1. Ouvrez le classeur **Etoile_Marine**.
2. Saisissez le nom de la feuille 2 : ***Etat_parc_bateaux***.
3. Saisissez les données (DOCUMENT 5).
4. Saisissez les formules de calcul nécessaires en vous aidant des indications de votre responsable (DOCUMENT 6).
5. Imprimez la feuille de calcul avec puis sans les formules.

DOCUMENT 1 État des frais d'annulation à facturer au 31/08/N

	A	B	C	D	E	F
1	ETAT DES FRAIS D'ANNULATION A FACTURER - AOUT N					
2						
3	*NOM DES PARTICULIERS*	*DATE DE DEPART*	*DATE D'ANNULATION*	*NOMBRE DE JOURS*	*MONTANT FACTURE*	*MONTANT DES FRAIS D'ANNULATION A FACTURER*
4	M. BARIL	1-août	31-juil.		75,00	
5	MME COTY	7-août	4-août		90,00	
6	MLLE LALLEMANT	15-août	28-juil.		85,00	
7	M.MOSSET	20-août	1-août		65,00	
8	MME PATROCIA	25-août	15-août		120,00	
9	MME RATRI	26-août	13-août		85,00	
10	MLLE VIVIER	29-août	25-août		95,00	
11	TOTAUX					
12						

DOCUMENT 2 Note de travail

Note de Travail 1

Frais d'annulation facturés

Des frais sont facturés lorsque le particulier annule sa réservation

Lorsqu'il annule + de 20 jours avant le départ, pas de frais

Entre 15 et 20 jours, 15 € de frais

entre 5 et 15 jours, 25 % du montant facturé

De 1 à 5 jours, 50 % du montant facturé.

DOCUMENT 3 Maquette du devis réservation

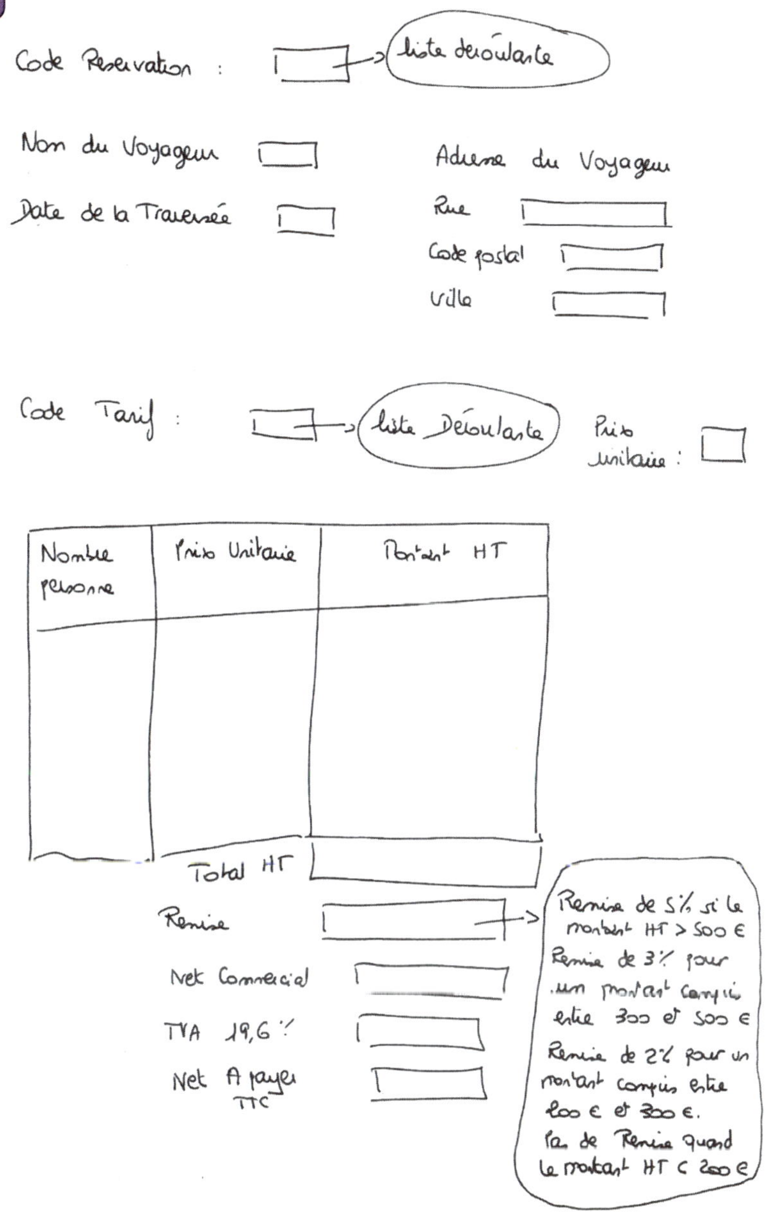

DOCUMENT 4 Note de travail

Note de Travail 2

Je souhaiterais automatiser l'établissement des devis
Je vous confie le classeur "Devis" avec
→ le fichier réservation (feuille 1)
→ le fichier tarif (feuille 2)

J'ai préparé une maquette de devis. Pouvez-vous faire le nécessaire. Je vous laisse libre de la présentation. Préparer la maquette sur la feuille 3 du classeur.

Pouvez-vous m'éditer les devis suivants au 31/08/N
- Monsieur BRIAN
- Madame NAUTI

DOCUMENT 5 État des révisions et mises au rebut du parc bateaux

PARC DES BATEAUX DE CROISIERE - REVISIONS ET MISES AU REBUT

1ERE PARTIE - REVISIONS APRES SAISON N - 1ER PARC

N° BATEAU	KILOMETRAGE AU 01/07/N	KILOMETRAGE AU 31/08/N	NOMBRE DE KILOMETRES PARCOURUS PENDANT LA SAISON	NOMBRE DE KILOMETRES PARCOURUS DEPUIS LA DERNIERE REVISION	REVISION A FAIRE
1	10200	12500	2300	15000	
2	7500	15200	7700	8500	
3	18250	25360	7110	12360	
4	12009	18640	6631	25410	
5	25410	28650	3240	8540	

2EME PARTIE - 2EME PARC - MISE AU REBUT

N° BATEAU	NOMBRE DE KILOMETRES PARCOURUS PENDANT LA SAISON	PRIX MOYEN CARBURANT	MONTANT TOTAL DEPENSE CARBURANT SAISON N	MONTANT TOTAL DEPENSE CARBURANT SAISON N-1	EVOLUTION	COMMENTAIRE
5	2100	1,02		1254		
6	3545	0,98		6575		
7	8960	0,975		5621		
8	9850	1,035		12547		
9	7650	0,992		2654		

DOCUMENT 6 Note de travail

Note de Travail 3

La saison se termine et il nous faut faire le point sur notre parc de bateaux.

1er Parc : "Révision à faire" si le nombre de kilomètres parcourus pendant la saison est supérieur à 5000 km et que le nombre de kilomètres parcourus depuis la dernière révision est supérieur à 10 000 km. Ne rien inscrire dans le cas contraire.

2e Parc : Bateau à éliminer du parc lorsque le nombre de kilomètres parcourus pendant la saison est inférieur à 2500 ou que l'évolution de la dépense de carburant est supérieure à 7000 €. Indiquer "A Conserver" dans le cas contraire.

Consolider des données

OBJECTIFS

- Lier des tableaux à l'aide de formules de calcul
- Consolider des données par position
- Consolider des données par catégorie
- Trier des données

Situation professionnelle

Vous êtes stagiaire au secrétariat de l'atelier d'écriture créative Le Coin des mots.

Cet atelier regroupe plusieurs établissements dans différents arrondissements de Paris. Plusieurs ateliers sont proposés par arrondissement. Votre responsable, M. Conge, vous charge du bilan de la saison N.

LE COIN DES MOTS

Association loi 1901
7 rue Franz Kafka
75010 PARIS
Tél. : 01 65 98 01 02

• Atelier d'écriture créative

MISSION 1 Présenter le nombre total d'adhérents pour la ville de Paris

1. Ouvrez le classeur **Le_coin_des_mots_mission1**.
2. Insérez une feuille de calcul 4 et nommez-la ***Synthèse***.
3. Saisissez les données (DOCUMENT 1).
4. Mettez en forme le document.
5. Saisissez les formules de calcul nécessaires.
6. Imprimez votre travail avec puis sans les formules.
7. Enregistrez le classeur.

DOCUMENT 1 **Récapitulatif des inscriptions par arrondissement et par mois**

	A	B	C	D
1	*LE COIN DES MOTS*			
2	*ATELIERS ECRITURE CREATIVE SAISON N*			
3				
4	SYNTHESE - ARRONDISSEMENTS 1 + 2 + 3			
5		ATELIER 1	ATELIER 2	ATELIER 3
6		LA NOUVELLE	LA NARRATION	LA POESIE
7	SEPTEMBRE			
8	OCTOBRE			
9	NOVEMBRE			
10	DÉCEMBRE			
11	JANVIER			
12	FÉVRIER			
13	MARS			
14	AVRIL			
15	MAI			
16	JUIN			
17	TOTAUX			

Fiche 1 Lier des tableaux à l'aide de formules de calcul

MISSION 2 Présenter le récapitulatif des recettes des 3 premiers arrondissements

1. Ouvrez le classeur Le_coin_des_mots_mission2.
2. Insérez une feuille de calcul 4 et nommez-la ***Synthèse***.
3. Saisissez les données (DOCUMENT 2).
4. Consolidez les données.
5. Mettez en forme le document.
6. Imprimez votre travail.
7. Enregistrez le classeur.

DOCUMENT 2 Synthèse des données

	A	B	C	D
1	*LE COIN DES MOTS*		SYNTHESE	
2	***ATELIERS ECRITURE CREATIVE SAISON N***			
3				
4				
5		**ATELIER 1**	**ATELIER 2**	**ATELIER 3**
6		**LA NOUVELLE**	**LA NARRATION**	**LA POESIE**
7	COTISATION CARTE			
8	DONS ADHERENTS			
9	COURS INDIVIDUELS			
10				

Fiche 2
Consolider des données par position

MISSION 3 Présenter le récapitulatif des recettes des 3 premiers trimestres

1. Ouvrez le classeur Le_coin_des_mots_mission3.
2. Insérez une feuille de calcul 4 et nommez-la ***Synthèse***.
3. Consolidez les données.
4. Mettez en forme le document (DOCUMENT 3).
5. Imprimez votre travail avec puis sans les formules.
6. Enregistrez le classeur.

DOCUMENT 3 Récapitulatif des recettes de l'association

	A	B	C	D	E
1	***LE COIN DES MOTS***				
2					
3	**RECETTE ASSOCIATION SYNTHESE**				
4					
5		ATELIER 1	ATELIER 2	ATELIER 3	ATELIER 4
6	COTISATION CARTE				
7	DONS ADHERENTS				
8	COURS INDIVIDUELS				
9	ATELIER ESSAI				
10	TOTAL				

Fiche 3
Consolider des données par catégorie

MISSION 4 Présenter un extrait de liste triée des adhérents

1. Ouvrez le classeur **Le_coin_des_mots_mission4**.
2. Placez-vous sur la feuille nommée ***Adhérents*** (DOCUMENT 4).
3. Triez le fichier par ordre alphabétique.
4. Imprimez votre travail.
5. Triez le fichier selon la date de première inscription, du plus récent au plus ancien.
6. Imprimez votre travail.
7. Triez le fichier selon la participation aux ateliers, par ordre croissant.
8. Imprimez votre travail.
9. Enregistrez le classeur.

DOCUMENT 4 Extrait de la liste des adhérents

	A	B	C	D	E
1	EXTRAIT - LISTE DES ADHERENTS AU 31/08/N				
2					
3	NOM	PRENOM	DATE 1ERE INSCRIPTION	PARTICIPATION ATELIER	COTISATION VERSEE
4	RINAL	PIERRE	01/09/2001	ATELIER 1	90
5	LALLARD	MARION	01/11/2004	ATELIER 2	150
6	BALBI	LEA	01/05/2003	ATELIER 4	200
7	LOMARD	ELI	01/02/2008	ATELIER 3	150
8	DOME	THIERRY	01/11/2008	ATELIER 1	300
9	VALLET	MURIEL	01/10/2006	ATELIER 4	200
10	FALLET	NOEL	01/09/2000	ATELIER 3	150
11	MILLAU	MIREILLE	01/11/2004	ATELIER 2	250
12	BRAST	ADRIEN	01/05/2003	ATELIER 4	120
13	PILLOT	BABETH	01/03/2004	ATELIER 3	170
14	CRAITY	ARNAUD	01/10/2005	ATELIER 2	330
15	ALLOV	ALINE	01/10/2006	ATELIER 4	210
16	MARNI	PAUL	01/09/2002	ATELIER 1	150
17	VENDET	DANIEL	01/09/2004	ATELIER 2	145
18	TOTAL COTISATIONS AU 31/08/N				2615

Fiche 4
Trier des données

SYNTHÈSE

1. Ouvrez le classeur **Le_coin_des_mots_synthèse**.

2. Établissez le récapitulatif des cotisations reçues en consolidant les données (DOCUMENT 5) dans la feuille nommée ***Synthèse_1***. Mettez en forme la feuille de consolidation.

3. Représentez graphiquement le total des cotisations reçues par atelier et arrondissement. Vous placerez le graphique sous la feuille de consolidation.

4. Établissez la moyenne des adhérents par atelier et par arrondissement en consolidant les données (DOCUMENT 6) dans la feuille nommée ***Synthèse_2***.

5. Représentez graphiquement par atelier et par arrondissement le nombre moyen d'adhérents.

6. Mettez en forme le graphique ainsi que la feuille de consolidation.

7. Imprimez votre travail.

8. Enregistrez le classeur.

DOCUMENT 5 Cotisations reçues par atelier, par arrondissement et par saison

	A	B	C	D	E
1	COTISATIONS RECUES PAR ATELIER				
2					
3		ATELIER 1	ATELIER 2	ATELIER 3	ATELIER 4
4	ARRONDISSEMENT 1	250	720	365	740
5	ARRONDISSEMENT 2	228	845	625	810
6	ARRONDISSEMENT 3	354	627	350	754
7	ARRONDISSEMENT 4	125	758	721	760
8					

SAISON 1

	A	B	C	D	E
1	COTISATIONS RECUES PAR ATELIER				
2					
3		ATELIER 1	ATELIER 2	ATELIER 3	ATELIER 4
4	ARRONDISSEMENT 1	728	325	376	250
5	ARRONDISSEMENT 2	675	401	450	105
6	ARRONDISSEMENT 3	680	510	402	301
7	ARRONDISSEMENT 4	701	725	204	175

SAISON 2

DOCUMENT 6 Nombre d'adhérents par arrondissement, par atelier et par saison

	A	B	C	D	E	F
1	ADHERENTS PAR ATELIER ET ARRONDISSEMENT					
2						
3		ATELIER 1	ATELIER 2	ATELIER 3	ATELIER 4	ATELIER 5
4	ARRONDISSEMENT 1	110	75	40	75	25
5	ARRONDISSEMENT 2	115	45	45	70	40
6	ARRONDISSEMENT 3	109	50	44	65	15
7	ARRONDISSEMENT 4	120	65	42	72	10
8	ARRONDISSEMENT 5	75	98	36	82	18

SAISON 1

	A	B	C	D	E
1	ADHERENTS PAR ATELIER ET ARRONDISSEMENT				
2					
3		ATELIER 1	ATELIER 2	ATELIER 3	ATELIER 4
4	ARRONDISSEMENT 1	100	75	36	80
5	ARRONDISSEMENT 2	102	60	44	44
6	ARRONDISSEMENT 3	103	100	62	32
7	ARRONDISSEMENT 4	100	42	71	40

SAISON 2

FICHE 1 Lier des tableaux à l'aide de formules de calcul

Se placer dans la feuille de calcul maître et dans la première cellule qui doit recevoir la formule de calcul.

Saisir la formule de calcul nécessaire (somme, moyenne, min ou max).

Se placer ensuite sur la 1re feuille à lier et aller chercher la donnée.

Saisir ; dans la barre de formule.

Se placer ensuite sur la 2e feuille à lier et aller chercher la donnée.

Saisir ; dans la barre de formule.

Se placer ensuite sur la dernière feuille à lier et aller chercher la donnée.

Appuyer sur Entrée.

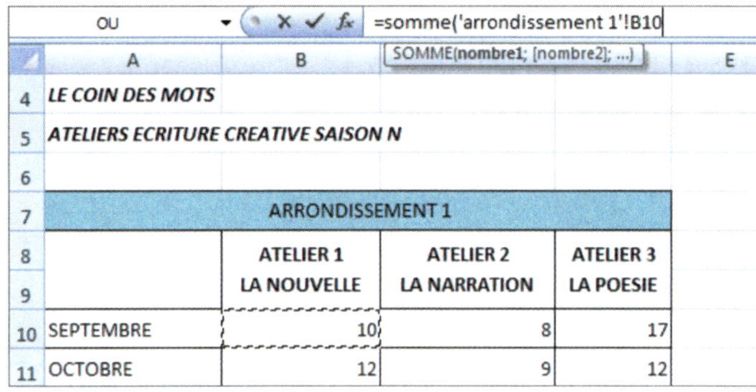

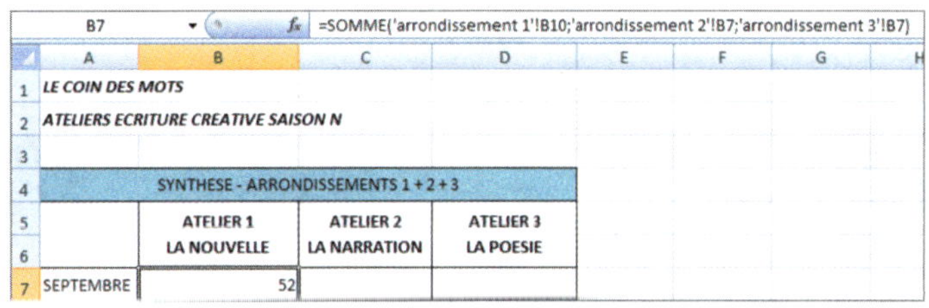

FICHE 2 Consolider des données par position

On procédera comme suit si les données à consolider sont les mêmes et sont placées au même endroit dans chaque feuille.

Se placer dans la feuille de calcul maître et dans la cellule qui doit recevoir la formule de calcul.

Sous l'onglet Données, dans le groupe Outils de données, cliquer sur Consolider.

Dans la zone Fonction, choisir l'opération souhaitée.

Se placer dans la zone Référence et cliquer dans la première feuille de calcul à consolider. Sélectionner les données à consolider sans les titres de colonnes ou de lignes.

Cliquer sur Ajouter et se placer sur la deuxième feuille de calcul à consolider.

Sélectionner les données puis cliquer sur Ajouter… et ainsi de suite jusqu'à la dernière feuille à consolider.

Dans la zone Étiquettes dans, cliquer Lier aux données source.

Cliquer sur OK.

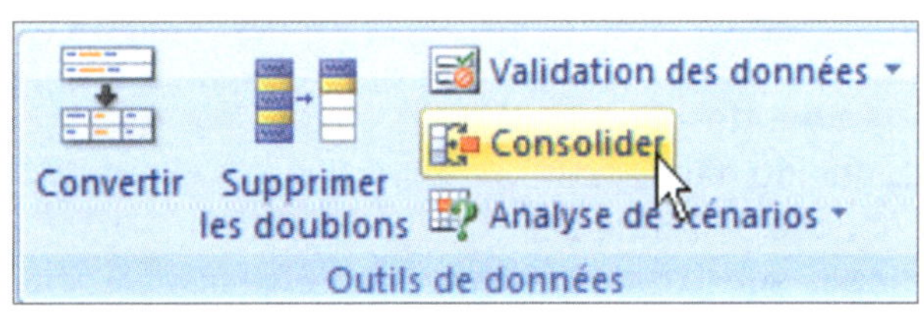

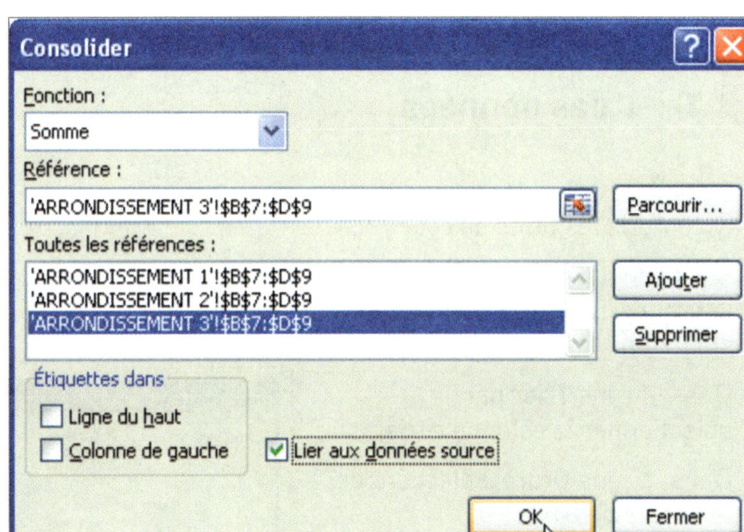

FICHE 3 Consolider des données par catégorie

On procédera comme suit si les données à consolider ne sont pas les mêmes et si elles sont placées à des endroits différents dans les feuilles de calcul.

Se placer dans la feuille de calcul maître et dans la première cellule qui doit recevoir la formule de calcul.

Sous l'onglet **Données**, dans le groupe **Outils de données**, cliquer sur **Consolider**.

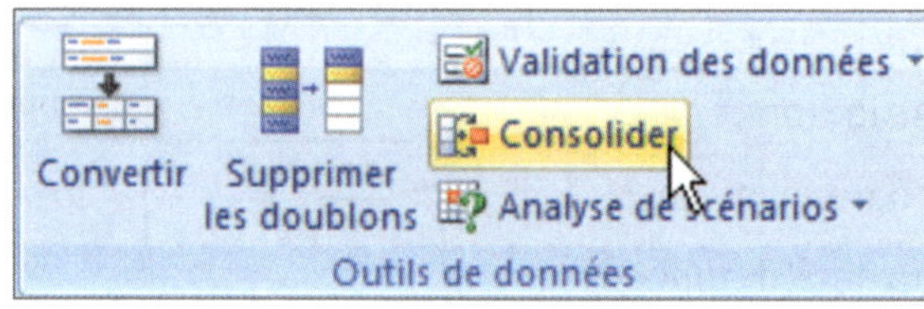

Dans la zone **Fonction**, choisir l'opération souhaitée.

Se placer dans la zone **Référence** et cliquer dans la première feuille de calcul à consolider. Sélectionner les données y compris les titres des lignes et des colonnes.

Cliquer sur **Ajouter** et se placer sur la deuxième feuille de calcul à consolider.

Sélectionner les données puis cliquer sur **Ajouter...** et ainsi de suite jusqu'à la dernière feuille à consolider.

Dans la zone **Étiquettes dans**, cliquer sur **Ligne du haut** et sur **Colonne de gauche** ainsi que sur **Lier aux données source**.

Cliquer sur **OK**.

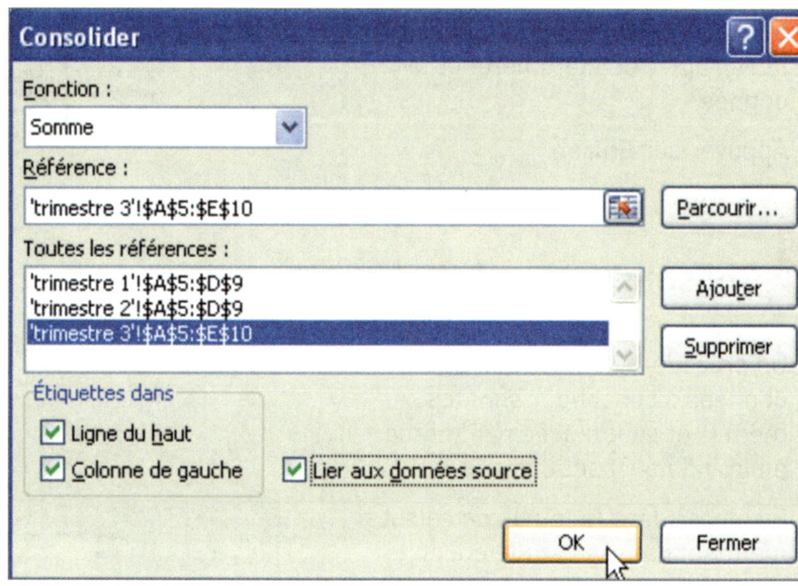

FICHE 4 Trier des données

Sélectionner les données à trier (y compris les titres de colonnes).

Sous l'onglet **Données**, dans le groupe **Trier et filtrer**, cliquer sur **Trier**.

Dans la zone **Trier par**, sélectionner la colonne à trier.

Dans la zone **Ordre**, sélectionner le critère de tri.

Cliquer sur **OK**.

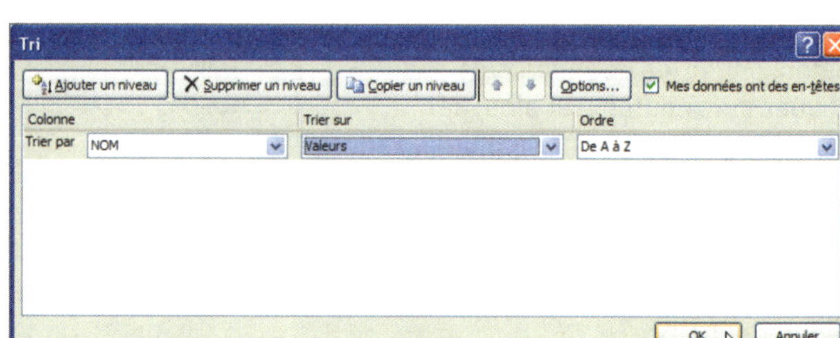

Utiliser les tableaux croisés dynamiques

OBJECTIFS

- Créer un tableau croisé dynamique
- Ajouter ou supprimer un champ
- Actualiser les données du tableau croisé dynamique
- Changer la source de données
- Trier les données

Situation professionnelle

Vous effectuez votre période de formation professionnelle au secrétariat du restaurant traiteur Le Bijou Gastronome.

Votre responsable, Mme Honan, vous confie la réalisation de différents tableaux statistiques pour l'année N.

LE Bijou Gastronome

14 Jetée Henri Dunant
22000 DINAN
Tél. : 02 22 65 98 10
• Restaurant traiteur

MISSION 1 Présenter le montant total des réservations par catégorie de clients et par ville

1. Ouvrez le classeur **Le_bijou_gastronome_mission1**
2. Créez sur une autre feuille de calcul, à partir de la feuille ***Réservations***, un tableau croisé dynamique permettant de visualiser le montant HT total des réservations par catégorie de clients et par ville d'origine (DOCUMENT 1).
3. Nommez la feuille de calcul ***TableauC1***.
4. Mettez en forme le document.
5. Imprimez la feuille.
6. Enregistrez le classeur.

DOCUMENT 1 Montant HT total par catégorie de clients et par ville d'origine

1	***MONTANT HT PAR CATEGORIE DE CLIENTS ET PAR VILLE D'ORIGINE***	
2		
3	**Étiquettes de lignes**	**Somme de MONTANT HT**
4	**⊟ entreprise**	**12845**
5	Grenoble	1023
6	Mulhouse	1777
7	Paris	4848
8	Pau	3540
9	Rennes	1657
10	**⊟ particulier**	**16465**
11	Grenoble	400
12	Melun	10350
13	Metz	1379
14	Mulhouse	246
15	Paris	3420
16	Pau	670
17	**Total général**	**29310**

Fiche 1
Créer un tableau croisé dynamique

MISSION 2 Présenter le récapitulatif des recettes par événement

1. Ouvrez le classeur **Le_bijou_gastronome_mission1**.
2. Placez-vous sur la feuille ***TableauC1***.
3. Ajoutez le champ « Événement ».
4. Supprimez les champs « Catégorie Client » et « Ville origine ».
5. Modifiez le titre de votre tableau.
6. Mettez en forme le document (DOCUMENT 2).
7. Imprimez votre travail.
8. Enregistrez le classeur sous le nom ***Le_bijou_gastronome_mission2***.

DOCUMENT 2 Montant total HT par événement

	A	B
1	*MONTANT TOTAL HT PAR EVENEMENT*	
2		
3	Étiquettes de lignes	Somme de MONTANT HT
4	baptême	2 320,00
5	formation	7 430,00
6	inauguration	1 350,00
7	mariage	14 145,00
8	séminaire	4 065,00
9	**Total général**	**29 310,00**

Fiche 2
Ajouter ou supprimer un champ

MISSION 3 Présenter le récapitulatif actualisé des recettes par événement

1. Ouvrez le classeur **Le_bijou_gastronome_mission2**.
2. Ajoutez et modifiez les enregistrements (DOCUMENT 3), dans la feuille nommée ***Réservations***.
3. Modifiez la source de données et actualisez le tableau croisé dynamique de la mission 2.
4. Triez les montants HT par ordre décroissant.
5. Mettez en forme le document (DOCUMENT 4).
6. Imprimez votre travail.
7. Enregistrez le classeur.

DOCUMENT 3 Enregistrements à ajouter et à modifier

NOM CLIENT	CATEGORIE CLIENT	VILLE ORIGINE	MENU DEMANDE	EVENEMENT	MONTANT HT	
ALIMAN	entreprise	Paris	menu 5	formation	3520	Création
FRANTIN					968	modification

DOCUMENT 4 Montant total HT par événement après actualisation

	A	B
1	*MONTANT TOTAL HT PAR EVENEMENT*	
2		
3	Étiquettes de lignes	Somme de MONTANT HT
4	mariage	14 145,00
5	formation	10 950,00
6	séminaire	4 265,00
7	baptême	2 320,00
8	inauguration	1 350,00
9	**Total général**	**33 030,00**

Fiche 3
Actualiser les données du tableau croisé dynamique

Fiche 4
Changer la source de données

Fiche 5
Trier les données

SYNTHÈSE Présenter des récapitulatifs des ventes HT par menu, ingrédients, fournisseurs

1. Ouvrez le classeur **Le_bijou_gastronome_synthèse**.
2. Créez sur une autre feuille de calcul, à l'aide de la feuille ***Menu_et_ingrédients*** **(DOCUMENT 5)**, un tableau croisé dynamique permettant de visualiser les ventes HT par menu et catégorie de plat.
3. Mettez en forme le tableau.
4. Nommez la feuille de calcul ***Vente_Menu_Cat***.
5. Imprimez votre travail.
6. Créez ensuite sur une autre feuille de calcul un tableau croisé dynamique permettant de visualiser les ventes HT par fournisseur et ingrédient proposé.
7. Nommez la feuille de calcul ***Vente_Four_Ingr***.
8. Triez les ventes HT par ordre décroissant.
9. Mettez en forme le document.
10. Imprimez votre travail.
11. Procédez aux modifications nécessaires de la feuille ***Ingrédients_et_menus_proposés***, à l'aide de la note fournie **(DOCUMENT 6)**.
12. Changez les données sources et actualisez les deux tableaux réalisés précédemment.
13. Imprimez-les.
14. Créez sur une autre feuille de calcul un tableau croisé dynamique permettant de visualiser les ventes totales HT par menu.
15. Nommez la feuille de calcul ***Ventes_HT_par_menu***.
16. Mettez en forme le document.
17. Imprimez la feuille.
18. Enregistrez le classeur.

DOCUMENT 5 Fichier Menus et ingrédients proposés

	A	B	C	D	E	F	G
1	MENU	PLATS PROPOSES	INGREDIENT DU MENU	CATEGORIE	NOM DU FOURNISSEUR	PRIX HT PROPOSE	VENTES HT SAISON N
2	MENU1	VERRINES	LEGUMES	APERITIF	TJAMALINE	9.50	245
3	MENU1	LAPIN A LA MOUTARDE	VIANDES	PLAT	PRATISTI	11.80	560
4	MENU2	TOMATES MOZZARELLA	LEGUMES	ENTREE	MEZZO	6.50	234
5	MENU1	LIEU A L'ANCIENNE	POISSONS	PLAT	GRAND FRAICHEUR	12.90	780
6	MENU2	TAGLIATELLES	FECULENT	PLAT	BAROLA	8.90	467
7	MENU1	POMME DE TERRE	LEGUMES	PLAT	LA BELLE ANGLAISE	6.5	345
8	MENU1	ANTIPASTI	LEGUMES	APERITIF	PRATISTI	7.80	900
9	MENU2	AMUSE BOUCHE	LEGUMES	APERITIF	PRATISTI	9.00	780
10	MENU1	MOULES AU CURRY	POISSONS	PLAT	BOUCHOTA	10.20	1245
11	MENU3	TAPAS	VIANDES	ENTREE	LA NAPPE MEXICAINE	9.70	1290
12	MENU2	TIRAMISU FRAISE	FRUITS	DESSERT	LANALI	10.9	786
13	MENU1	CHARLOTTE	CHOCOLAT	DESSERT	LANALI	12.00	908
14	MENU3	CREME BRULEE	CARAMEL	DESSERT	CAMAREL	8.90	1780
15	MENU2	VEAU A LA TOMATE	VIANDES	PLAT	GRAND FRAICHEUR	14.00	654
16	MENU3	COTES DE PORC MILANAISE	VIANDES	PLAT	MEZZO	12.3	956
17	MENU2	SALADE CAMPAGNARDE	LEGUMES	ENTREE	GRAND FRAICHEUR	7.80	1234
18	MENU3	SAUMON BERNAISE	POISSONS	PLAT	GRAND FRAICHEUR	8.50	389
19	MENU3	CAFE GOURMAND	CAFE	DESSERT	BAROLA	6.50	1230
20	MENU1	THE GOURMAND	THE	DESSERT	LE JOLI PALAIS	9.00	780
21	MENU2	TOMATES FARCIES	LEGUMES	PLAT	MEZZO	12.56	967
22	MENU3	TIAN DE COURGETTES	LEGUMES	PLAT	GRAND FRAICHEUR	7.90	1456
23	MENU2	AUBERGINES RISSOLEES	LEGUMES	PLAT	MEZZO	9.45	1340
24	MENU3	BAVETTE GRILLEE	VIANDES	PLAT	LA BELLE ANGLAISE	14.80	1560
25	MENU2	FORET NOIRE	CHOCOLAT	DESSERT	LANALI	9.80	1290

DOCUMENT 6 **Note de travail**

Suite à votre travail, j'ai décidé d'apporter quelques modifications au fichier de base.

- Le veau à la tomate du menu 2 sera enlevé de la carte.

Je souhaite ajouter sur la carte les plats suivants

- Sauté de veau à l'anglaise
- Menu 3
- Fournisseur : GRAND FRAICHEUR
- Plat - viande
- Prix proposé : 7.95
- Ventes HT : 250.00

- Blanquette de poissons
- Menu 2
- Fournisseur : BOUCHOTA
- Plat - poissons
- Prix proposé : 13.00
- Ventes HT : 125.00

Les ventes de certains plats ont augmenté

- tomates farcies	1250
- Salade campagnarde	1275
- Antipasti	1000

FICHE 1

Créer un tableau croisé dynamique

Sous l'onglet Insertion, dans le groupe Tableaux, cliquer sur Tableau croisé dynamique.

Dans la zone Choisissez les données à analyser, sélectionner l'intégralité de la feuille de données à exploiter.

Dans la zone Choisissez l'emplacement de votre rapport de tableau croisé dynamique, sélectionner Nouvelle feuille de calcul.

Cliquer sur OK.

Choisir les champs à inclure dans le tableau.

Faire glisser les champs dans les zones souhaitées.

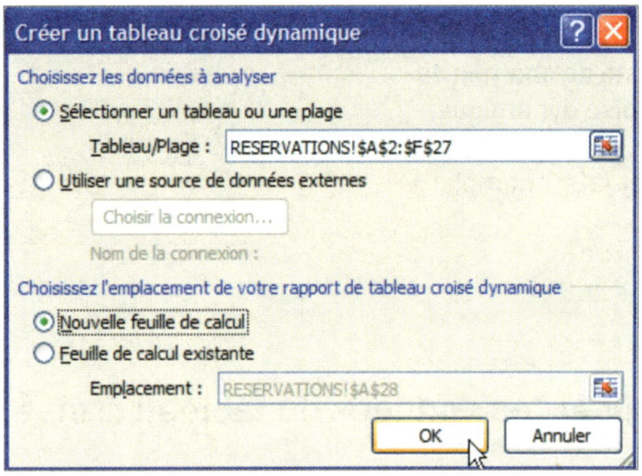

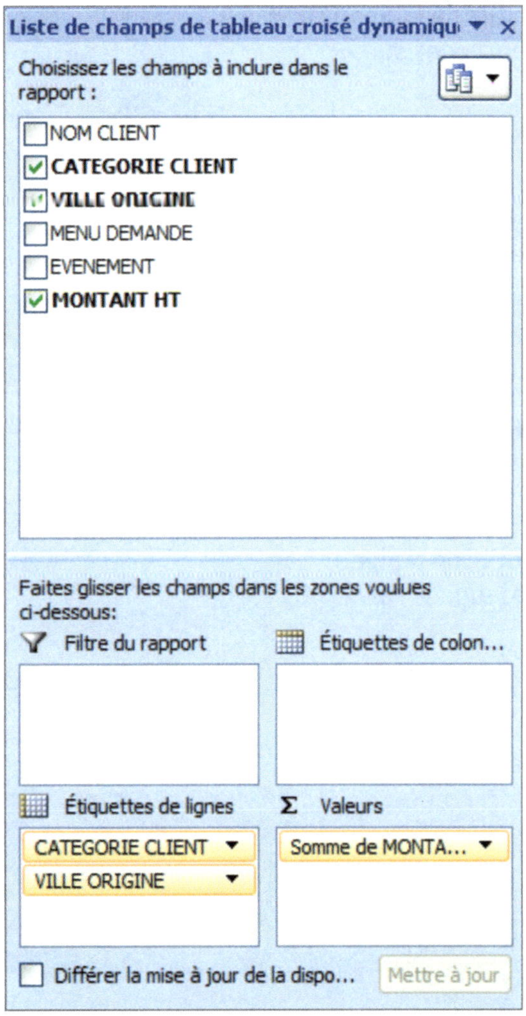

FICHE 2 Ajouter ou supprimer un champ

Se placer dans le tableau croisé.

Dans la **Liste de champs de tableau croisé dynamique**, cocher le(s) champ(s) à ajouter et décocher le(s) champ(s) à supprimer.

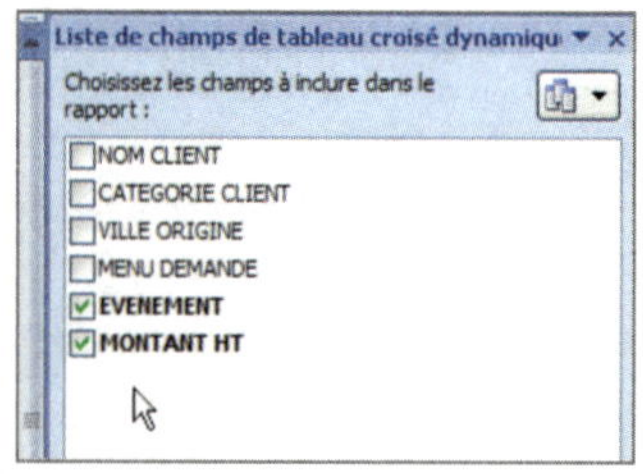

FICHE 3 Actualiser les données du tableau croisé dynamique

Se placer dans le tableau croisé.

Dans le groupe **Outils de tableau croisé dynamique**, cliquer sur l'onglet **Options**.

Dans le groupe **Données**, cliquer sur **Actualiser**.

Les données du tableau croisé dynamique évoluent.

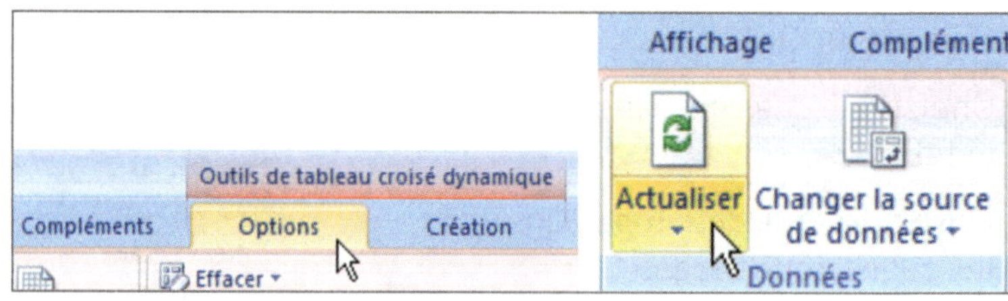

FICHE 4 Changer la source de données

Se placer dans le tableau croisé.

Dans le groupe **Outils de tableau croisé dynamique**, cliquer sur l'onglet **Options**.

Dans le groupe **Données**, cliquer sur **Changer la source de données**.

Sélectionner la nouvelle plage de données.

Cliquer sur **OK**.

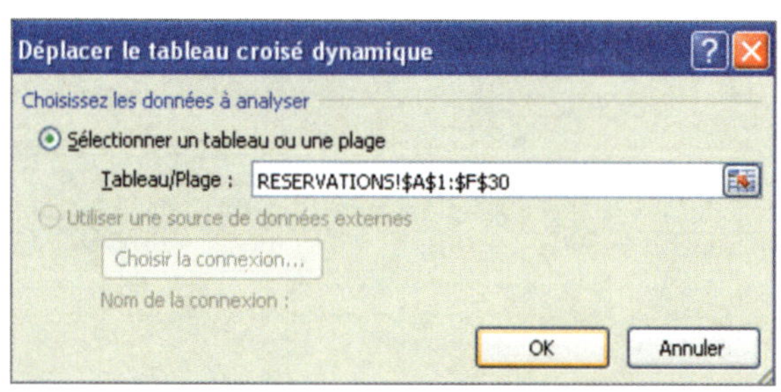

FICHE 5 Trier les données

Se placer dans la colonne à trier du tableau croisé.

Dans le groupe **Outils de tableau croisé dynamique**, cliquer sur **Options**.

Dans le groupe **Trier**, cliquer sur le critère de tri souhaité.

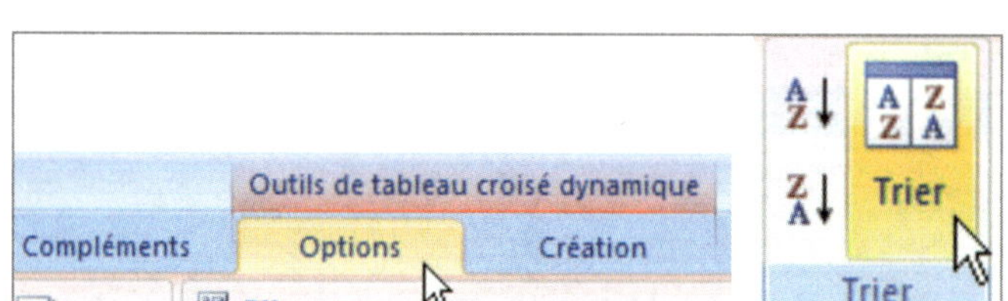

Entraînement

OBJECTIFS

- Lier des feuilles de calcul avec des formules
- Consolider des données
- Créer et modifier un tableau croisé dynamique

Situation professionnelle

Vous effectuez une période de formation dans l'entreprise Tasse et Plaisir.

M. Liman, votre responsable, vous demande de présenter différents tableaux liés aux ventes de l'année N.

Tasse et Plaisir
7 place de la libération
30700 ARDAILLES
Tél. : 05 40 65 01 06
Vente de cafés – thés – infusions – chocolat

MISSION 1 Lier des tableaux avec des formules de calcul

1. Ouvrez le classeur Tasse_et_plaisir_mission_1.
2. Saisissez les formules de calcul nécessaires pour remplir la feuille ***Synthèse_4_magasins*** (DOCUMENT 1).
3. Enregistrez le classeur.
4. Imprimez la feuille de synthèse avec et sans les formules.

MISSION 2 Consolider les ventes de l'année N

1. Ouvrez le classeur Tasse_et_plaisir_mission_2.
2. Consolidez, à partir des ventes par produit, les données sur une autre feuille de calcul.
3. Modifiez et mettez en forme le document en tenant compte des indications de votre responsable (DOCUMENT 2).
4. Enregistrez le classeur.
5. Imprimez la feuille de consolidation.

MISSION 3 Créer un tableau croisé dynamique

1. Ouvrez le classeur Tasse_et_plaisir_mission_3.
2. Créez, à partir de la feuille ***Tasse_et_plaisir_ventes_trim***, les tableaux croisés dynamiques en suivant les indications de votre responsable (DOCUMENT 3).
3. Nommez les deux feuilles de calcul ***Synthèse_1*** et ***Synthèse_2***.
4. Enregistrez le classeur.
5. Imprimez les deux synthèses.

MISSION 4 Modifier un tableau croisé dynamique

1. Ouvrez le classeur Tasse_et_plaisir_mission_3.
2. Modifiez les données dans la feuille ***Tasse_et_plaisir_ventes_trim*** (DOCUMENTS 4 ET 5).
3. Modifiez les tableaux croisés dynamiques en suivant les indications de votre responsable (DOCUMENT 6).
4. Imprimez les documents modifiés et actualisés.
5. Enregistrez le travail sous le nom ***Tasse_et_plaisir_mission 4***.

DOCUMENT 1 Synthèse des 4 magasins

	A	B	C	D	E
1	VENTES 4EME TRIMESTRE N - SYNTHESE MAGASINS 1 + 2 + 3 + 4				
2					
3		CAFE	THE	CHOCOLAT	INFUSIONS
4	OCTOBRE				
5	NOVEMBRE				
6	DÉCEMBRE				
7	TOTAUX				
8	VENTES MINIMUM				
9	VENTES MAXIMUM				
10	VENTES MOYENNES				

DOCUMENT 2 Modification de la consolidation 1

Note de Travail

Je souhaiterais que vous apportiez quelques modifications à la consolidation.

-> Ajoutez une ligne total après "Décembre".

-> Ajoutez une colonne total après "thé Sachet".

-> Améliorez la feuille de consolidation par une mise en forme aérée et professionnelle.

-> Ajoutez un titre au tableau.

-> Après la ligne total, Ajoutez une ligne "Commentaires"

-> Affichez "Produit à Surveiller" lorsque le total des ventes de l'année est inférieur à 4900 €

"Produit à mieux exploiter" lorsque le total des ventes de l'année est compris entre 4900 € et 6000 €.

"Excellent produit" lorsque le total des ventes est supérieur à 6000 €.

-> Ajoutez un graphique permettant de visualiser les ventes totales de l'année par produit.

-> Nommez la feuille de calcul "Tasse_et_plaisir_Cons."

Merci

DOCUMENT 3 **Conseils pour la synthèse**

Note de travail

- Pouvez-vous m'établir une première synthèse en m'affichant les ventes totales par catégorie sur une autre feuille de calcul.

- Mettez en forme cette première synthèse en donnant un titre et en alignant les données chiffrées.

- Affichez ensuite sur une autre feuille de calcul le total des ventes par trimestre et par catégorie.

- Triez les catégories par ordre décroissant de ventes

- Mise en forme => Idem que première synthèse

Merci

DOCUMENT 4 **Erreurs à rectifier**

Note de Travail

J'ai relevé quelques erreurs dans les données chiffrées des produits suivants :

→ chocolat poudre T4 → 750 €
→ infusions relaxation T4 → 1287,45 €
→ Thé bleu dong T4 → 2456,50 €

DOCUMENT 5 Données à ajouter

Note de Travail

Ajoutez en fin de Tableau les données suivantes

-> Herboristerie - Tisane Bio

	T1	T2	T3	T4
-> Anis Vert	250,-	302,-	721,40	1420,10
-> Genièvre	175,20	701,50	440,10	210,70

DOCUMENT 6 Modifications des synthèses

Note de Travail

-> Actualisez et modifiez les deux synthèses établies précédemment.

-> Modifiez la mise en forme de la 2e synthèse et présentez les trimestres en colonne.

-> Alignez les données à droite avec 2 décimales et un séparateur de milliers.

-> Ajoutez le champ "produits" et Triez les noms de produits par ordre décroissant.

-> Mettez en évidence les sous totaux de catégorie.

Merci

Créer et protéger un modèle de classeur

OBJECTIFS

- Créer un modèle de classeur
- Utiliser un modèle de classeur
- Protéger un classeur
- Protéger une feuille de calcul

Situation professionnelle

Vous effectuez une période de formation au secrétariat de l'entreprise La Belle Époque, antiquaire et restaurateur de meubles anciens.

M. Roman, votre responsable, vous confie des travaux liés aux salaires, pour lesquels il souhaite mettre en place une protection par mot de passe qu'il souhaite protéger.

LA BELLE ÉPOQUE

11 Rue des Années
59000 LILLE
Tél. : 03 56 98 45 10

Antiquaire – restaurateur de meubles anciens

MISSION 1 Créer un modèle de classeur

1. Saisissez le nom de la feuille 1 ***Salaire_brut***.
2. Saisissez et mettez en forme le document (DOCUMENT 1).
3. Saisissez le nom de la feuille 2 ***Heures_supplémentaires***.
4. Saisissez et mettez en forme le document (DOCUMENT 2).
5. Saisissez les formules de calcul nécessaires.
6. Enregistrez le classeur en tant que modèle sous le nom ***La_belle_époque***.

DOCUMENT 1 Décompte du salaire brut

	A	B	C	D	E	F	G	H
1			DECOMPTE DU SALAIRE BRUT					
2								
3								
4								
5	NOM			NOMBRE HEURES TRAVAILLEES				
6								
7								
8	SALAIRE DE BASE					taux horaire normal :		
9								
10	HEURES SUPPLEMENTAIRES		25%			taux horaire majoré à 25 %		
11								
12	HEURES SUPPLEMENTAIRES		50%			taux horaire majoré à 50 %		
13								
14	SALAIRE BRUT							

Fiche 1
Créer un modèle de classeur

DOCUMENT 2 Décompte des heures supplémentaires

	A	B	C	D	E	F
1			HEURES SUPPLEMENTAIRES			
2						
3	NOM :				MOIS :	
4						
5		HEURES TRAVAILLEES	HEURES NORMALES	NOMBRE HEURES SUP	NOMBRE D'HEURES SUP 25 %	NOMBRE D'HEURES SUP 50 %
6	SEMAINE 1		35			
7	SEMAINE 2		35			
8	SEMAINE 3		35			
9	SEMAINE 4		35			
10	TOTAL MOIS		X			

Les 8 premières heures supplémentaires sont majorées de 25 %.
Les suivantes sont majorées de 50 %.

MISSION 2 Utiliser un modèle de classeur

1. Ouvrez le modèle de classeur **La_belle_époque**.
2. Testez le modèle avec les données fournies (DOCUMENT 3).
3. Imprimez les deux feuilles du modèle.
4. Enregistrez le classeur sous le nom ***La_belle_époque_salarie_1***.

DOCUMENT 3 Décompte du salarié mois de février

LECHAT	Salaire de base : 1560.00	Heures travaillées Semaine 1 – 42 Semaine 2 – 40 Semaine 3 – 35 Semaine 4 – 44

Fiche 2
Utiliser un modèle de classeur

MISSION 3 Protéger le classeur et les cellules

1. Ouvrez le modèle de classeur **La_belle_époque**.
2. Protégez le classeur par le mot de passe EPOQUE.
3. Protégez intégralement la feuille ***Salaire_brut*** par le mot de passe EPOQUE.
4. Enregistrez le modèle de classeur sous le nom ***La_belle_époque***.

DOCUMENT 4 Décompte du salaire brut

	A	B	C	D	E	F	G
1				DECOMPTE DU SALAIRE BRUT			
2							
3							
4							
5	NOM			NOMBRE HEURES TRAVAILLEES			
6							
7							
8	SALAIRE DE BASE						
9							
10	HEURES SUPPLEMENTAIRES						
11							
12	SALAIRE BRUT						
13							

Fiche 3
Protéger un classeur

Fiche 4
Protéger une feuille de calcul

SYNTHÈSE Calculer les primes exceptionnelles

1. Saisissez le nom de la feuille 1 ***Primes_except***.
2. Saisissez et mettez en forme le document (DOCUMENT 5).
3. Saisissez les formules de calcul nécessaires.
4. Enregistrez le classeur en tant que modèle sous le nom ***La_belle_époque_prime***.
5. Protégez votre modèle avec le mot de passe EPOQUE PRIME.
6. Utilisez le modèle et protégez intégralement la feuille avec le mot de passe EPOQUE PRIME.
7. Imprimez le document.
8. Enregistrez le fichier sous le nom ***La_belle_époque_prime_mars***.

DOCUMENT 5 Primes exceptionnelles

	A	B	C	D
1				
2	CALCUL DES PRIMES EXCEPTIONNELLES			
3	MOIS :			
4				
5	NOM SALARIES	MATRICULE	NOMBRE DE MEUBLES RESTAURES	PRIME EXCEPTIONNELLE
6	LOURDIN	1		
7	MALOUNET	2		
8	PRALAIN	3		
9	ROPART	4		

Prime exceptionnelle de
- 500 euros lorsque le nombre de meubles restaurés est supérieur à 25
- 300 euros lorsqu'il est compris entre 15 et 25
- 100 euros lorsqu'il est inférieur à 15.

Testez le modèle pour le mois de mars
- Lourdin 24 meubles
- Malounet 12 meubles
- Pralain 17 meubles
- Ropart 30 meubles

FICHE 1 Créer un modèle de classeur

Cliquer sur le bouton Office, pointer Enregistrer sous puis cliquer sur Classeur Excel.

Dans la zone Nom de fichier, saisir le nom du classeur (pour un premier enregistrement).

Dans la zone Type de fichier, sélectionner Modèle Excel.

Dans la zone Enregistrer dans, choisir le dossier qui recevra le document.

Puis cliquer sur Enregistrer.

Un modèle sans macro a pour extension : xltx.

Un modèle prenant en charge les macros a pour extension : xltm.

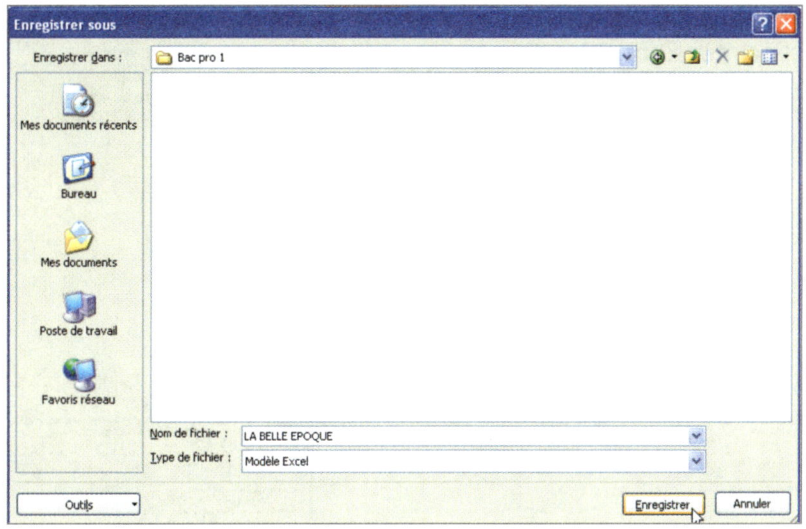

FICHE 2 Utiliser un modèle de classeur

Cliquer sur le bouton Office, puis sur Nouveau.

Dans la boîte de dialogue Nouveau classeur, cliquer sur Créer à partir d'un document existant...

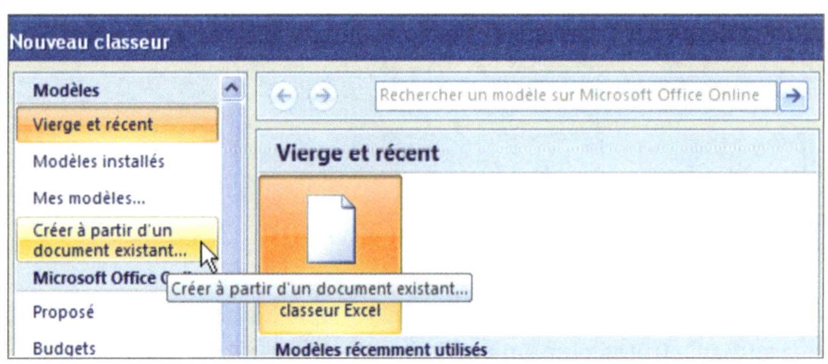

Sélectionner l'emplacement et le modèle à utiliser.

Cliquer sur Créer.

Le fichier s'ouvre avec un numéro.

Exemple : LABELLEEPOQUE1

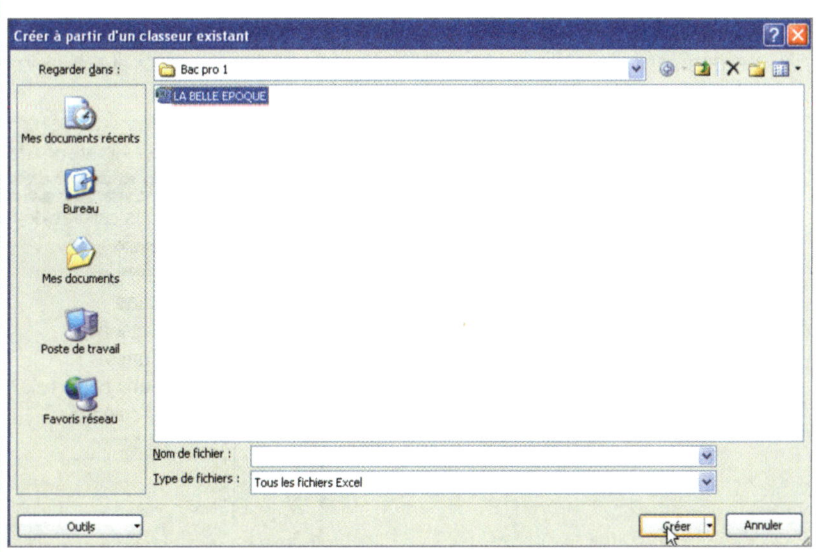

FICHE 3

Protéger un classeur

Cliquer sur le bouton **Office**, pointer **Enregistrer sous** puis cliquer sur **Classeur Excel**.

Cliquer sur **Outils**.

Cliquer sur **Options générales**.

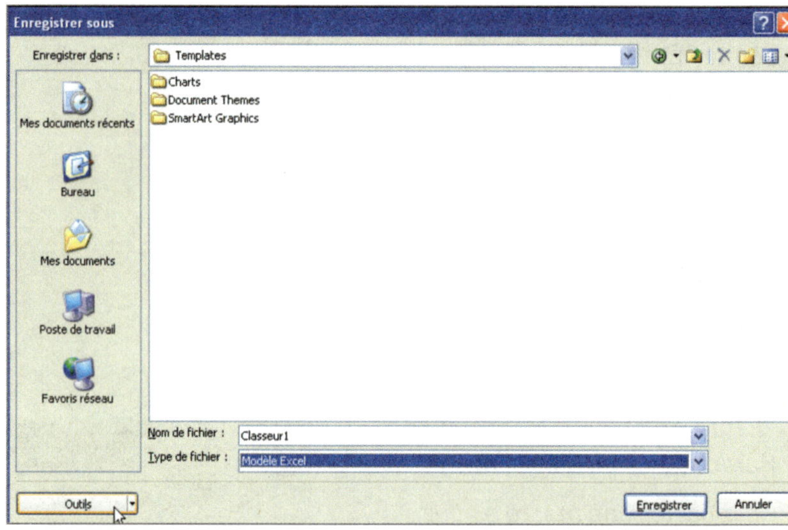

Saisir un mot de passe pour permettre simplement une lecture du classeur.

Saisir un mot de passe pour permettre les modifications.

Cocher **Lecture seule recommandée**.

Cliquer sur **OK**.

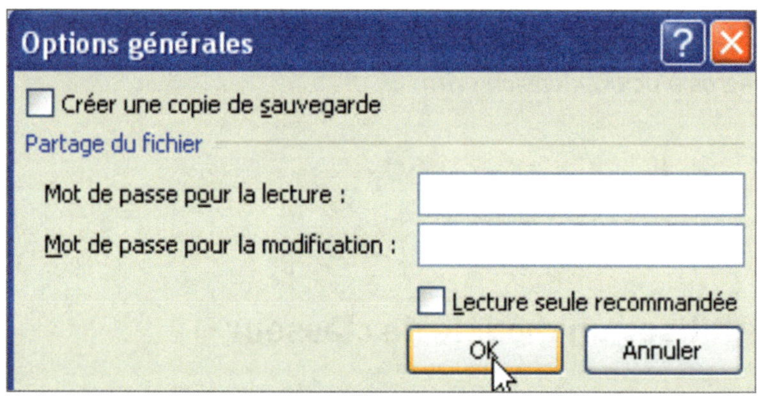

FICHE 4

Protéger une feuille de calcul

Sous l'onglet **Accueil**, dans le groupe **Cellules** cliquer sur **Format** puis sur **Protéger la feuille**.

Saisir le mot de passe.

Sélectionner les éléments que vous souhaitez autoriser.

Cliquer sur **OK**.

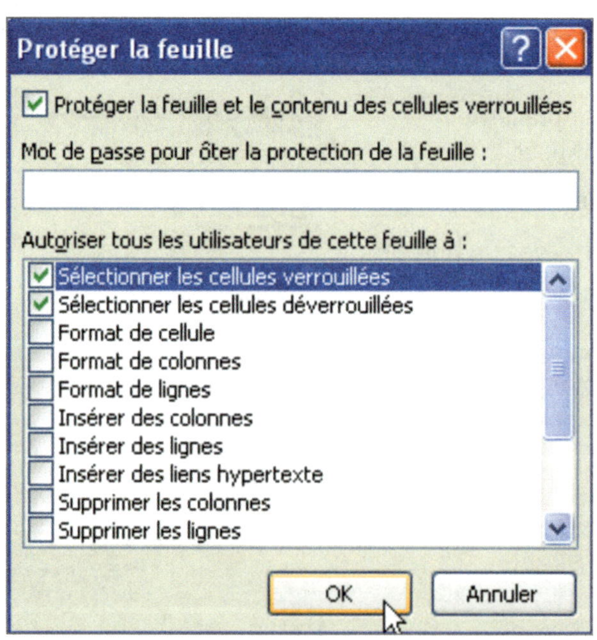

Gérer les macro-commandes

OBJECTIFS

- Enregistrer une macro-commande
- Exécuter une macro-commande
- Supprimer une macro-commande
- Affecter un bouton à une macro-commande

Situation professionnelle

Vous êtes stagiaire au service comptable de l'entreprise Music On Line.

Votre responsable, Mme Ventou, vous confie différentes tâches qu'elle souhaite automatiser par des macro-commandes.

MUSIC ON LINE
4 Avenue Jean-Jaurès
37200 TOURS
Tél. : 02 21 56 98 10
• Organisation de manifestations musicales

MISSION 1 Automatiser la mise en page des données

1. Saisissez le nom de la feuille : ***Concert***.
2. Saisissez les données du document (DOCUMENT 1).
3. Saisissez les formules de calcul nécessaires.
4. Enregistrez la macro demandée et nommez-la ***Hauteur***.
5. Exécutez la macro nommée ***Hauteur***.
6. Enregistrez le classeur sous le nom ***Musiconline*** (classeur prenant en charge les macros).

DOCUMENT 1 Concerts organisés saison N

	A	B	C	D	E
1	CONCERTS ORGANISES SAISON N				
2					
3	GROUPE	VILLE	NOMBRE DE PLACE VENDUES	PRIX DE LA PLACE	MONTANT HT
4	MALINA	TOURS	2500	32	
5	ANINA	BLOIS	1520	52	
6	TANTIAR	CHAMBORD	780	45	
7	CHARLEY	AMBOISE	1810	40	
8	RENU	TOURS	145	52	

Fiche 1 Enregistrer une macro-commande

Fiche 2 Exécuter une macro-commande

Macro à mettre en place pour tout le classeur :
- hauteur des lignes 3 à 8 : 45 ;
- renvoi à la ligne automatique ;
- ajustement automatique des largeurs de colonnes.

MISSION 2 Automatiser la mise en page des données

1. Placez-vous sur la feuille ***Concert***.
2. Supprimez la macro nommée ***Hauteur*** (DOCUMENT 2).
3. Enregistrez la macro demandée et nommez-la ***Miseenpage***.
4. Insérez une case d'option et affectez la macro ***Miseenpage*** à ce bouton.
5. Nommez le bouton ***Mise en page***.
6. Enregistrez le classeur.

DOCUMENT 2 Concerts organisés saison N

	A	B	C	D	E
1	CONCERTS ORGANISES SAISON N				
2					
3	GROUPE	VILLE	NOMBRE DE PLACE VENDUES	PRIX DE LA PLACE	MONTANT HT
4	MALINA	TOURS	2500	32	80000
5	ANINA	BLOIS	1520	52	79040
6	TANTIAR	CHAMBORD	780	45	35100
7	CHARLEY	AMBOISE	1810	40	72400
8	RENU	TOURS	145	52	7540

Fiche 3
Supprimer une macro-commande

Fiche 4
Affecter un bouton à une macro-commande

Macro à mettre en place pour tout le classeur :
- centrage vertical des données ;
- Bordure orange - trait épais ;
- Données chiffrées présentées en euros avec deux décimales.

SYNTHÈSE Automatiser la mise en page des charges de fonctionnement

1. Saisissez le nom de la feuille : ***Charges***.
2. Saisissez les données du document ainsi que les formules nécessaires (DOCUMENT 3).
3. Exécutez la macro nommée ***Miseenpage***.
4. Enregistrez la macro demandée et nommez-la ***Titre***.
5. Affectez une case d'option à la macro ***Titre***.
6. Nommez le bouton ***Titre*** et copiez-le dans la feuille ***Concert***.
7. Exécutez la macro ***Titre*** dans la feuille ***Concert***.
8. Imprimez les feuilles ***Concert*** et ***Charges***.
9. Enregistrez le classeur.

DOCUMENT 3 Charges de fonctionnement saison N

	A	B	C	D	E
1	CHARGES DE FONCTIONNEMENT SAISON N				
2					
3		ELECTRICITE	PERSONNEL	LOCATION EMPLACEMENT	TOTAL
4	JUIN	8750	12540	987	22277
5	JUILLET	6589	12540	987	20116
6	AOÛT	5469	12540	987	18996

Macro à mettre en place pour tout le classeur :
- largeur des colonnes : 17 ;
- titre des colonnes :
• centrés horizontalement ;
• trame de fond violet clair ;
• caractères gras - italique.
- titre du tableau : fusionné et centré, gras et souligné.

FICHE 1

Enregistrer une macro-commande

Pour créer des macros avec l'enregistreur de macros, il faut rendre visible l'onglet **Développeur** dans le ruban.

Cliquer sur le bouton **Office**.

Cliquer sur le bouton **Options Excel**.

Dans la catégorie **Standard**, cocher la case **Afficher l'onglet Développeur dans le ruban**.

Cliquer sur **OK**.

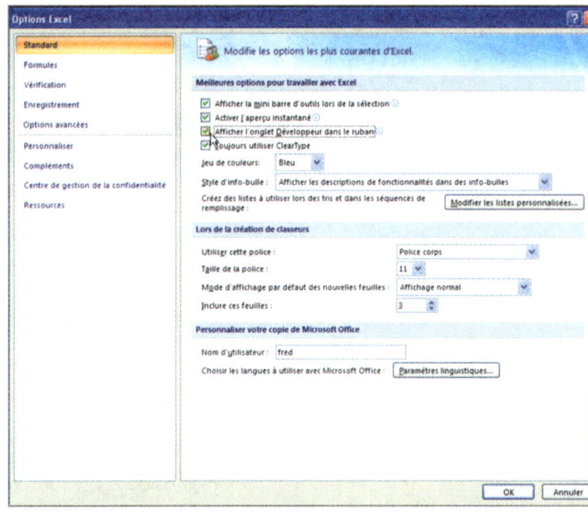

Sous l'onglet **Développeur**, dans le groupe **Code**, cliquer sur **Enregistrer une macro**.

Faire les manipulations que vous souhaitez enregistrer.

Puis, sous l'onglet **Développeur**, dans le groupe **Code**, cliquer sur **Arrêter l'enregistrement**.

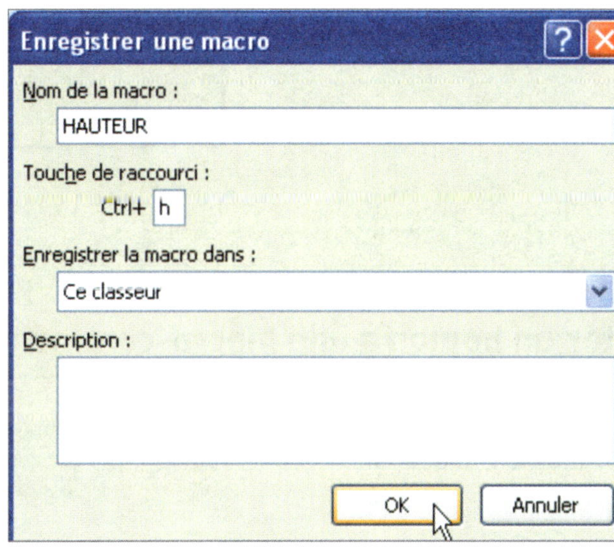

FICHE 2

Exécuter une macro-commande

Sous l'onglet **Développeur**, dans le groupe **Code**, cliquer sur **Macros**.

Sélectionner la macro à exécuter

Cliquer sur **Exécuter**.

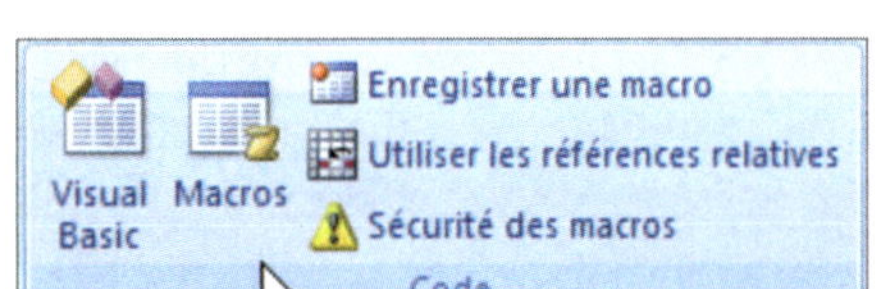

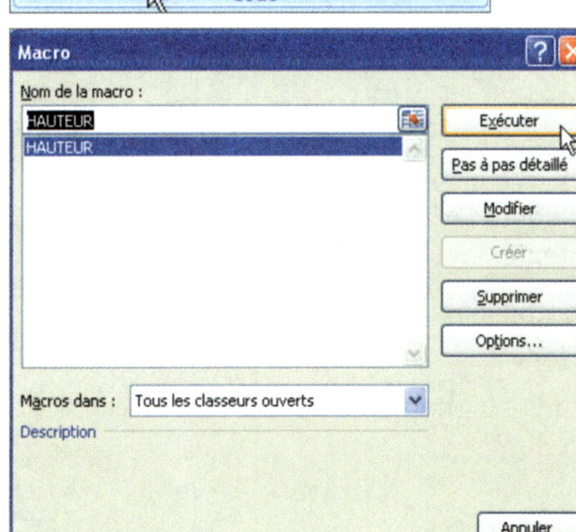

FICHE 3 Supprimer une macro-commande

Sous l'onglet Développeur, dans le groupe Code, cliquer sur Macros.

Sélectionner la macro à supprimer.

Cliquer sur Supprimer.

FICHE 4 Affecter un bouton à une macro-commande

Sous l'onglet Développeur, dans le groupe Contrôles, cliquer sur Insérer.

Dans la zone Contrôles de formulaire, sélectionner Case d'option.

Tracez le contour du bouton sur la feuille.

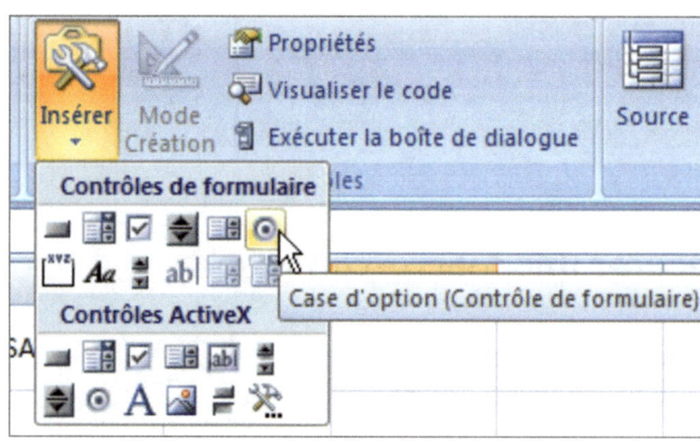

Cliquer droit sur le bouton et choisir Affecter une macro.

Sélectionner la macro.

Cliquer sur OK.

Cliquer droit sur le bouton et choisir Modifier le texte.

Saisir le nom du bouton, par exemple « Mise en page ».

Cliquer sur le bouton et la macro s'exécutera.

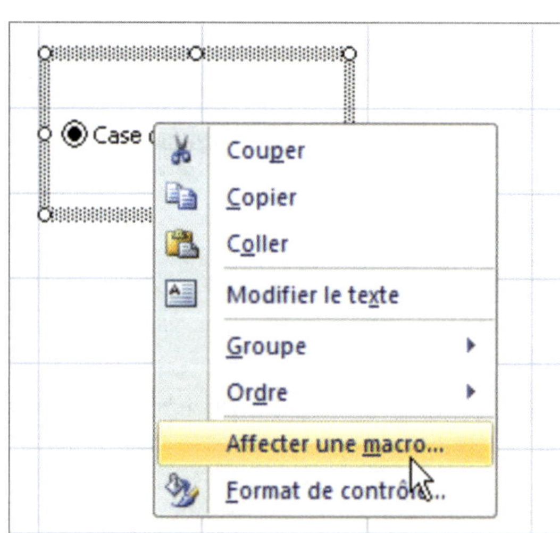

Réaliser des simulations et optimisations

OBJECTIFS

- Utiliser la valeur cible
- Utiliser le gestionnaire de scénarios
- Utiliser le solveur

Situation professionnelle

Vous effectuez votre période de formation professionnelle au service comptable de l'entreprise Nuages et Senteurs. Mme Magali, votre tutrice, vous confie une étude concernant les coûts et prix de vente des parfums.

Nuages et Senteurs
8 Place du Jasmin
06000 GRACE
Tél. : 04 75 98 63 10
• Fabrication de parfums

MISSION 1 Estimer la quantité à vendre d'un parfum

1. Saisissez le nom de la feuille 1 : ***Coût_de_fabrication***.
2. Saisissez les données du document (DOCUMENT 1).
3. Saisissez la formule de calcul permettant de calculer le bénéfice.
4. Déterminez à l'aide de la valeur cible le nombre de flacons à vendre pour obtenir un bénéfice de 5 000 €.
5. Mettez en forme le document.
6. Imprimez le document.
7. Modifiez les données (DOCUMENT 2).
8. Déterminez à l'aide de la valeur cible le nombre de flacons à vendre pour obtenir un bénéfice de 8 000 €.
9. Imprimez le document.
10. Enregistrez le classeur sous le nom ***Nuages_et_senteurs***

DOCUMENT 1 Coût de fabrication du parfum Loralie

	A	B
1	COUT DE FABRICATION DU PARFUM LORALIE	
2		
3		LORALIE
4	COUT DE REVIENT UNITAIRE	70,20
5	PRIX DE VENTE UNITAIRE	125,10
6	NOMBRE DE FLACONS A VENDRE	
7	BENEFICE A ENVISAGER	-

Fiche 1
Utiliser la valeur cible

DOCUMENT 2 Coût de fabrication du parfum Loralie

	A	B
1	COUT DE FABRICATION DU PARFUM LORALIE	
2		
3		LORALIE
4	COUT DE REVIENT UNITAIRE	85,00
5	PRIX DE VENTE UNITAIRE	110,50
6	NOMBRE DE FLACONS A VENDRE	
7	BENEFICE A ENVISAGER	-

MISSION 2 Réaliser une simulation de prix de vente

1. Saisissez le nom de la feuille 2 : ***Prix_de_vente***.
2. Saisissez les données du document (DOCUMENT 3).
3. Nommez les cellules en suivant les indications données.
4. Saisissez les formules de calcul nécessaires.
5. Mettez en forme le document.
6. Créez les différents scénarios à l'aide des indications données par votre tutrice (DOCUMENT 4).
7. Lancez l'exécution des scénarios et créez une synthèse.
8. Mettez en forme la synthèse.
9. Imprimez le document.
10. Enregistrez le classeur.

DOCUMENT 3 Coût de revient du parfum Loralie

	A	B
1	COMPOSITION DU PRIX DE L'EAU DE TOILETTE LORALIE FLACON DE 100 ML	
2	INTITULE	DONNEES CHIFFREES
3	BASE PARFUMANTE	0,85 €
4	ALCOOL	0,20 €
5	MAIN D'ŒUVRE	1,10 €
6	EMBALLAGE	2,15 €
7	COUT DE REVIENT TOTAL	4,30 €
8	TAUX DE MARGE INDUSTRIELLE	20,00%
9	MARGE INDUSTRIELLE	0,86 €
10	PRIX DE VENTE HT SORTIE USINE	5,16 €
11	PUBLICITE	13,00 €
12	MARGE FABRICANT	8,00 €
13	PRIX DE VENTE HT FABRICANT	26,16 €
14	TAUX DE MARGE DISTRIBUTEUR	30,00%
15	MARGE DISTRIBUTEUR	7,85 €
16	PRIX DE VENTE HT PUBLIC	34,01 €

Fiche 2
Utiliser
le gestionnaire
de scénarios

Nommer chaque cellule de la colonne B par son intitulé.

DOCUMENT 4 Note de votre tutrice

Scénarios à visualiser
- Baisse du coût des matières premières (base parfumante et alcool) de 0,10 € chacune.
- Baisse du coût de la main-d'œuvre de 0,15 € et hausse du taux de marge industrielle de 5 %.
- Baisse de la marge fabricant de 1 €.
- Baisse des frais de publicité de 2 € et augmentation du taux de marge distributeur de 5 %.

Faire apparaître les trois prix de vente en cellules résultantes.

MISSION 3 Réaliser une optimisation de la marge totale

1. Saisissez le nom de la feuille 3 : ***Marge_totale***.
2. Saisissez les données du document (DOCUMENT 5).
3. Saisissez la formule permettant de calculer la marge totale.
4. Réalisez une optimisation de la marge commerciale en respectant les contraintes imposées.
5. Mettez en forme la solution proposée.
6. Imprimez le document.
7. Enregistrez le classeur.

DOCUMENT 5 Marge totale des flacons Loralie de l'année N

	A	B
1	MARGE TOTALE - FLACONS LORALIE	
2	ANNEE N	
3		
4	QUANTITE VENDUES	750,00
5	PRIX DE VENTE UNITAIRE HT PUBLIC	35,00
6	COUT DE FABRICATION UNITAIRE HT	17,30
7	MARGE TOTALE	13 275,00

Fiche 3
Utiliser le solveur

Je souhaite atteindre une marge totale de 20 000 € avec :
- des ventes en quantité maximum de 1 000 unités ;
- un prix de vente HT unitaire maximum de 40 € ;
- un coût de fabrication HT unitaire maximum de 18 €.

SYNTHÈSE Réaliser une simulation et optimiser les résultats de trois parfums tests

1. Insérez une nouvelle feuille de calcul et nommez-la ***Analyse_résultat***.
2. Saisissez les données du document (DOCUMENT 6).
3. Nommez toutes les cellules accueillant une donnée chiffrée à l'exception des données en pourcentage.
4. Saisissez les formules de calcul nécessaires dans les cellules de couleur bleue.
5. Réalisez une synthèse des scénarios à l'aide des indications données (DOCUMENT 7).
6. Mettez en forme la synthèse et imprimez-la.
7. Réalisez une optimisation du total des charges fixes à l'aide des indications de votre tutrice (DOCUMENT 7).
8. Mettez en forme le résultat obtenu.
9. Déterminez à l'aide de la valeur cible le nombre moyen de flacons à vendre pour obtenir un chiffre d'affaires moyen de 75 000 euros.
10. Imprimez la feuille de calcul.
11. Enregistrez le classeur.

DOCUMENT 6 Résultat des trois parfums tests

RESULTAT DE L'ANNEE N DES TROIS PARFUMS TESTS

PARFUMS	JALORA	%	ALICIA	%	FRAGRANCE	%	TOTAL
QUANTITES VENDUES	850,00		965,00		1 250,00		3 065,00
PRIX DE VENTE UNITAIRE	65,00		75,00		68,50		
CHIFFRE D'AFFAIRES	55 250,00	100,00%	72 375,00	100,00%	85 625,00	100,00%	213 250,00
CHARGES VARIABLES	22 500,00		28 654,00		26 850,00		
CHARGES FIXES	17 500,00		17 500,00		17 500,00		
TOTAL DES CHARGES	40 000,00	72,40%	46 154,00	63,77%	44 350,00	51,80%	130 504,00
RESULTAT	15 250,00	27,60%	26 221,00	36,23%	41 275,00	48,20%	82 746,00

COMPOSITION DES CHARGES FIXES - PRODUCTION DE TROIS PARFUMS TESTS

SALAIRES	9 650,00
LOYER	2 850,00
EMPRUNT	5 000,00
TOTAL CHARGES FIXES	17 500,00

CHIFFRE D'AFFAIRES MOYEN DES TROIS PARFUMS TESTS

Quantités vendues moyennes	1 021,67
Prix de vente moyen	69,50
Chiffre d'affaires	71 006,07

DOCUMENT 7 Instructions de votre tutrice

Je souhaite une estimation des résultats par parfum et du résultat global dans les trois cas suivants :

- les quantités vendues sont estimées à
  - Jalora 1 063
  - Alicia 1 203
  - Fragrance 1 562 ;
- les prix de vente unitaires des trois parfums augmenteront de 10 % ;
- les charges variables par parfum baisseront de 5 %.

Je souhaite garder un total de charges fixes de 17 500 € sachant que :

- les charges de location seront évaluées l'an prochain à 2 900 € ;
- les annuités d'emprunt restent identiques ;
- les salaires ne doivent pas excéder 9 900 €.

FICHE 1 Utiliser la valeur cible

Sous l'onglet Données, dans le groupe Outils de données, cliquer sur Analyse de scénarios puis sur Valeur cible.

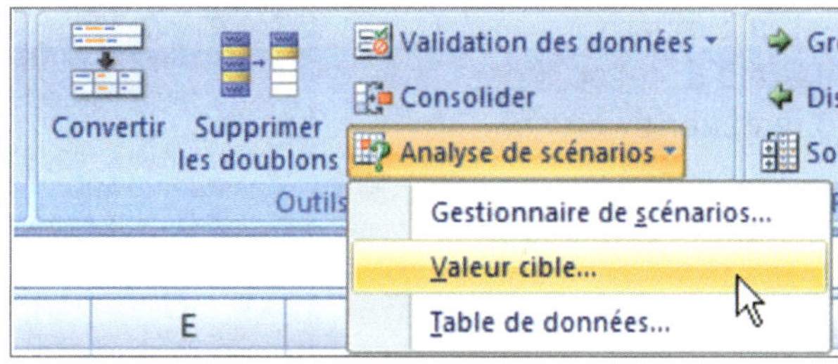

Cliquer sur la cellule à définir.

Saisir la valeur recherchée.

Cliquer sur la cellule à modifier.

Cliquer sur OK.

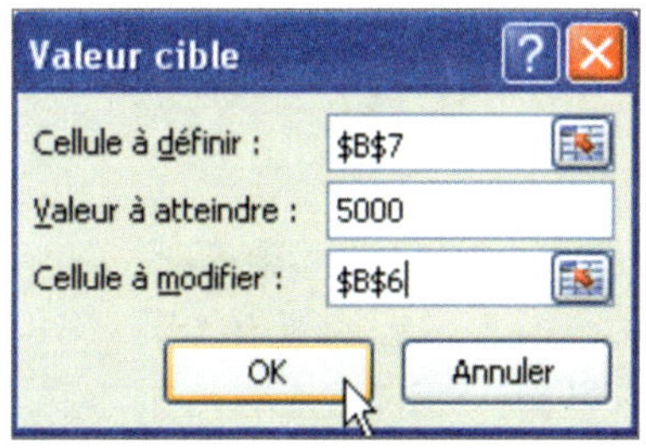

FICHE 2 Utiliser le gestionnaire de scénarios

Sous l'onglet Données, dans le groupe Outils de données, cliquer sur Analyse de scénarios puis sur Gestionnaire de scénarios.

Dans la fenêtre Gestionnaire de scénarios cliquer sur Ajouter.

Saisir le nom du premier scénario.

Sélectionner les cellules variables.

Lorsque les cellules variables ne sont pas continues, saisir un ; pour la sélection.

Cliquer sur OK.

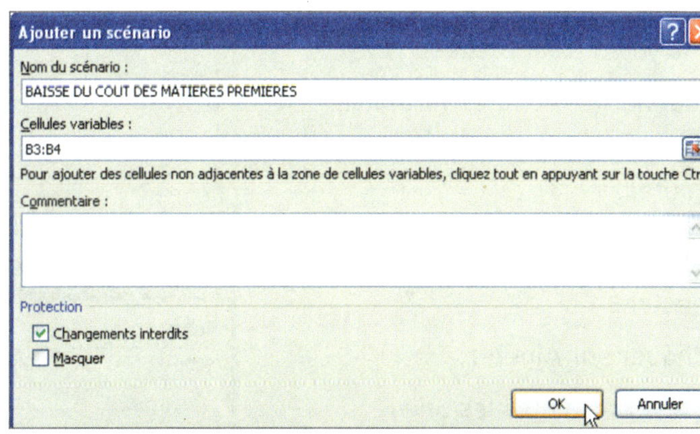

Saisir les valeurs des cellules à modifier.

Cliquer sur Ajouter.

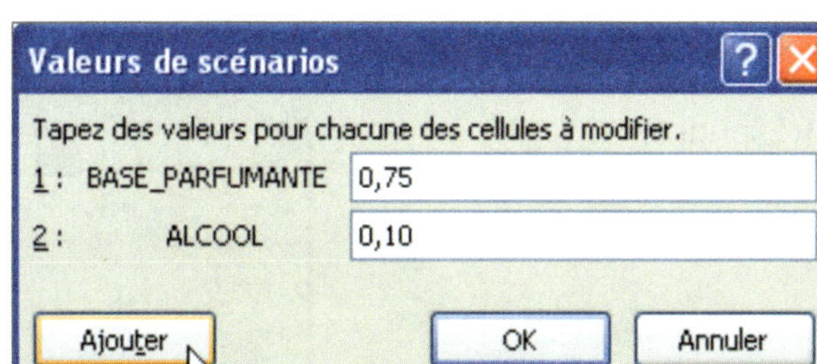

Créer tous les scénarios les uns après les autres.

Pour lancer l'exécution des scénarios, cliquer sur Synthèse.

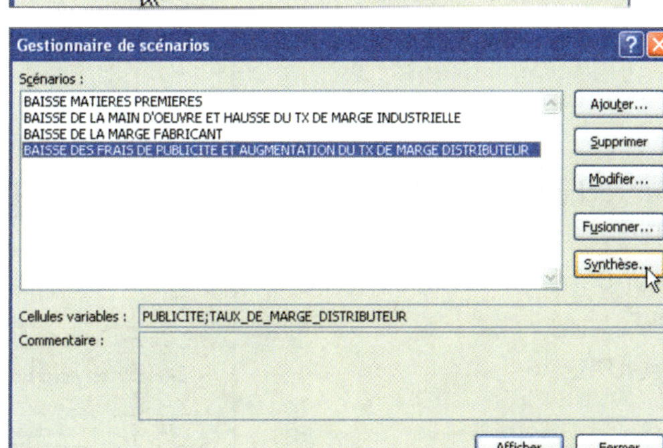

FICHE 3

Utiliser le solveur

Le solveur est une macro complémentaire d'Excel qu'il est nécessaire d'installer avant sa première utilisation.

Cliquer sur le bouton Office puis sur Options Excel.

Cliquer sur Compléments puis, dans la zone Gérer, sélectionner Compléments Excel.

Cliquer sur Atteindre.

Dans la zone Macros complémentaires disponibles, sélectionner Complément Solver.

Cliquer sur OK.

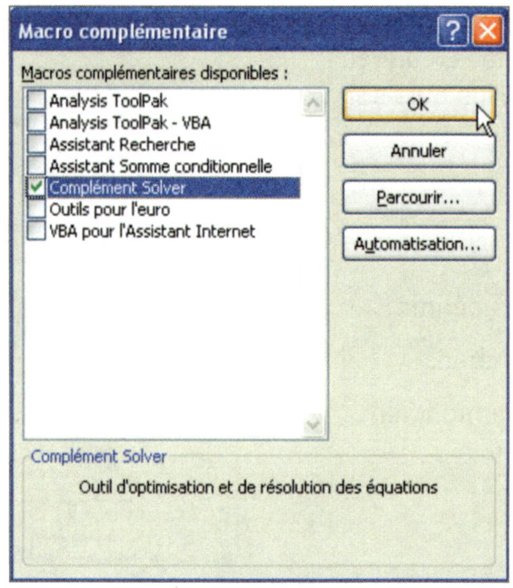

Sous l'onglet Données, dans le groupe Analyse, cliquer sur Solveur.

Cliquer sur la cellule à définir.

Saisir la valeur recherchée.

Sélectionner les cellules variables.

Dans la zone Contraintes, cliquer sur Ajouter.

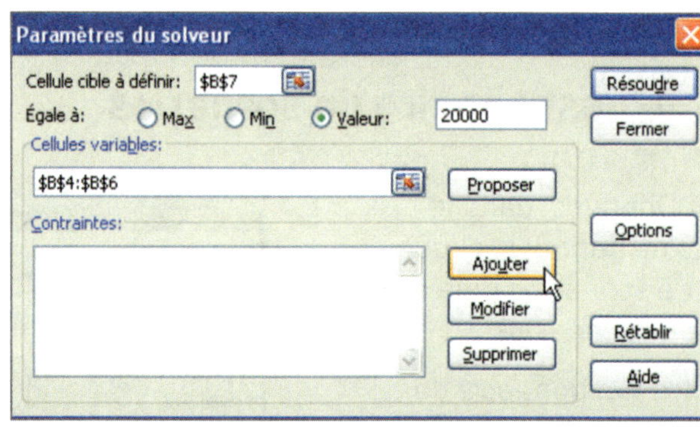

Saisir la première contrainte à respecter.

Puis cliquer sur Ajouter.

Saisir les contraintes les unes après les autres, puis cliquer sur OK.

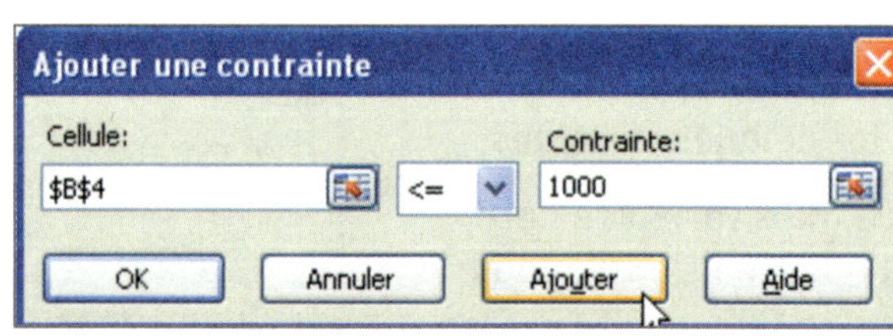

Cliquer sur Résoudre.

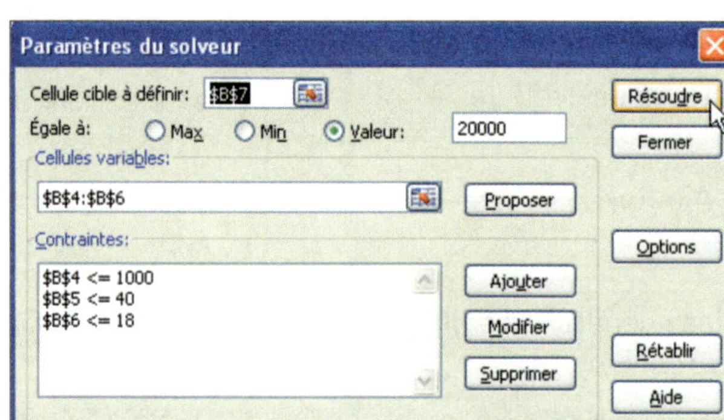

Le solveur recherche alors une solution.

Cliquer sur Garder la solution du solveur.

Cliquer sur OK.

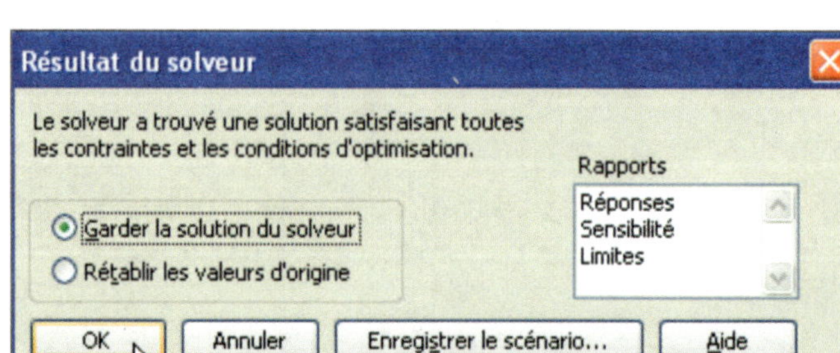

Entraînement

OBJECTIFS

- Créer et utiliser un modèle de classeur
- Protéger une feuille ou un classeur
- Créer et utiliser des macro-commandes
- Réaliser des simulations et des optimisations

Situation professionnelle

Vous effectuez une période de formation dans l'entreprise Clico-Déco.

Vous secondez M. Sernay, directeur commercial, qui souhaite automatiser quelques documents et réaliser des simulations et optimisations pour certains produits phares.

clico-déco
7 rue de la Maison
87000 LIMOGES
Tél. : 05 21 40 17 12

Négoce de vaisselle

MISSION 1 Créer un modèle de fiche de stock en quantité

1. Saisissez les données sur la première feuille du classeur (DOCUMENT 1).
2. Saisissez les formules de calcul et mettez en forme le document (DOCUMENT 2).
3. Nommez la feuille ***Matrice_fiche_stock***. Imprimez la matrice avec et sans les formules.
4. Enregistrez le modèle sous le nom ***Clicodéco***.

MISSION 2 Établir une fiche de stock à partir d'un modèle

1. Testez le modèle **Clicodéco** avec les données fournies (DOCUMENT 3).
2. Protégez la feuille par le mot de passe fstock02.
3. Imprimez la fiche de stock complétée.
4. Enregistrez le classeur sous le nom ***Fiche_stock_tasse_février*** et fermez-le.

MISSION 3 Réaliser des simulations à l'aide de la valeur cible

1. Ouvrez un nouveau classeur. Saisissez les données et formules de calcul nécessaires (DOCUMENT 4).
2. Nommez la feuille ***Marge_produits_phares***.
3. Déterminez à l'aide de la valeur cible les différentes données demandées (DOCUMENT 5).
4. Apportez les modifications demandées (DOCUMENT 5).
5. Imprimez les résultats trouvés et enregistrez le classeur sous le nom ***Clicodécosim2***.

MISSION 4 Évaluer le stock final théorique

1. Saisissez les données et formules de calcul nécessaires (DOCUMENT 6) sur une nouvelle feuille de calcul.
2. Nommez toutes les cellules chiffrées.
3. Insérez le bouton de macro ***Mise en forme*** créé à la mission 3 et appliquez-le.
4. Nommez la feuille de calcul ***Stock_final***.
5. Créez les différents scénarios à l'aide des indications données (DOCUMENT 7).
6. Imprimez le document en mode paysage et enregistrez le classeur.

MISSION 5 Optimiser le taux de marge total

1. Saisissez les données (DOCUMENT 8) sur une nouvelle feuille de calcul.
2. Saisissez les formules de calcul nécessaires.
3. Nommez la feuille de calcul ***Recettes_prévisionnelles***.
4. Réalisez une optimisation du taux de marge total (DOCUMENT 9).
5. Mettez en forme la solution proposée. Imprimez et enregistrez.

DOCUMENT 1 Matrice de la fiche de stock

	A	B	C	D	E	F
1	FICHE DE STOCK EN QUANTITE					
2						
3	NOM DU PRODUIT :			MOIS :		
4						
5	STOCK ALERTE :			STOCK INITIAL :		
6						
7	N°DOCUMENT	QUANTITE ENTREE	QUANTITE SORTIE	STOCK FINAL		
8						
9						
10						
11						
12						
13						
14						
15						
16						
17						
18	TOTAL					
19						
20	QUANTITE A COMMANDER EN FIN DE MOIS					

DOCUMENT 3 Éléments de la fiche de stock

Note de Travail 2

Etablir la fiche de stock en quantité pour le mois de février.

Produit : Tasse

Stock Initial 15
Stock Alerte 5

Bon Entrée E1 → 10
Bon Entrée E2 → 5
Bon Sortie S1 → 7
Bon Sortie S2 → 13
Bon Entrée E3 → 4
Bon Sortie S3 → 9
Bon Sortie S4 → 3
Bon Entrée E4 : 10
Bon Sortie S5 : 5
Bon Sortie S6 : 4

DOCUMENT 2 Améliorations à apporter à la matrice

Note de travail 1

Je souhaite apporter des améliorations à la matrice de fiche de stock.

-> Nom du produit : Créer une liste déroulante classée par ordre alphabétique
Assiette - Plat - Verre - Tasse
Coupe - Bol.

-> Mois : liste de choix - Janvier à Décembre

-> Prévoir 10 lignes de mouvements de stock

-> Quantité à commander en fin de mois : Si le stock final est inférieur au stock d'alerte une commande est nécessaire (Stock Alerte – Stock final + 50 unités).

-> Créer un bouton de macro pour toute la feuille afin d'automatiser la mise en page.
Police : Arial Taille 11 Hauteur ligne : 30
largeur Colonne = 18. Centrage Vertical des données
Impression paysage - Ajustement de l'impression à 1 page

-> Nommer le Bouton "Mise en page".

DOCUMENT 4 Marge réalisée pour les produits phares

	A	B	C	D	E	F
1	PRODUIT	**ASSIETTE**		PRODUIT	**VERRE**	
2						
3	Prix de vente Unitaire Hors Taxes	12,5		Prix de vente Unitaire Hors Taxes	4,5	
4	Prix d'achat Unitaire Hors Taxes	5,65		Prix d'achat Unitaire Hors Taxes	2,3	
5	**Marge Unitaire**	**6,85**		**Marge Unitaire**	**2,2**	
6						
7	Quantité vendue	650		Quantité vendue	1450	
8						
9	Prix de vente total	8125		Prix de vente total	6525	
10	Prix d'achat total	3672,5		Prix d'achat total	3335	
11	**Marge totale**	**4452,5**		**Marge totale**	**3190**	
12						
13	PRODUIT	**COUPE**		PRODUIT	**PLAT**	
14						
15	Prix de vente Unitaire Hors Taxes	8,5		Prix de vente Unitaire Hors Taxes	35,5	
16	Prix d'achat Unitaire Hors Taxes	4,3		Prix d'achat Unitaire Hors Taxes	21,65	
17	**Marge Unitaire**	**4,2**		**Marge Unitaire**	**13,85**	
18						
19	Quantité vendue	320		Quantité vendue	250	
20						
21	Prix de vente total	2720		Prix de vente total	8875	
22	Prix d'achat total	1376		Prix d'achat total	5412,5	
23	**Marge totale**	**1344**		**Marge totale**	**3462,5**	

DOCUMENT 5 Simulations à réaliser et modifications à apporter

Note de Travail 3 -

Pouvez vous me faire des propositions dans les cas suivants :

- Pour les Assiettes - je souhaite une marge totale de 5000 € - Combien d'unité au moins dois-je vendre ?
- Pour les verres - je souhaite une marge totale de 4000 € - Quel prix de vente unitaire dois-je pratiquer ?
- Pour les coupes - je souhaite une marge totale de 2000 €. Quel prix d'achat dois je obtenir de mon fournisseur ?
- Pour les plats, je souhaite une marge unitaire de 15 €, Quel prix de vente unitaire dois-je pratiquer ?
- Mettre en place un bouton de macro permettant la mise en forme automatique de la feuille

Police Calibri - Taille 12 - Centrage vertical des données

hauteur de lignes 25. Données chiffrées Format numérique + séparateur de milliers + 2 Décimales

Ajustement automatique des largeurs de colonnes

Nommer le bouton "mise en forme".

DOCUMENT 6 Détermination du stock final

PRODUIT	ASSIETTE DESSERT
STOCK INITIAL REEL	250
TOTAL QUANTITES ENTREES	85
TOTAL QUANTITES SORTIES	95
STOCK FINAL THEORIQUE	240

PRODUIT	ASSIETTE PLATE
STOCK INITIAL REEL	85
TOTAL QUANTITES ENTREES	75
TOTAL QUANTITES SORTIES	40
STOCK FINAL THEORIQUE	120

PRODUIT	ASSIETTE CREUSE
STOCK INITIAL REEL	172
TOTAL QUANTITES ENTREES	65
TOTAL QUANTITES SORTIES	25
STOCK FINAL THEORIQUE	212

PRODUIT	RECAPITULATIF ASSIETTE
STOCK INITIAL REEL	
TOTAL QUANTITES ENTREES	
TOTAL QUANTITES SORTIES	
STOCK FINAL THEORIQUE	

DOCUMENT 7 Scénarios

Scénario N°1 : Total des Entrées des Assiettes plates augmente de 50 unités et Total des Sorties des Assiettes à dessert baisse de 25 unités

Scénario N°2 : Total des Entrées des Assiettes à dessert ↓ de 25 unités et Total des sorties des assiettes plates ↑ de 50 unités

Scénario N°3 : Stock Initial des 3 types d'Assiettes en baisse de 10 unités.

Présenter les résultats sous forme de synthèse. Afficher tous les éléments qui composent le stock final théorique et cellules résultantes.

Mettre en forme la synthèse (Titre, Alignement etc...)
Merci

DOCUMENT 8 Recettes prévisionnelles pour tous les produits phares

	A	B	C	D	E	F	G	H
1	RECETTES PREVISIONNELLES PAR PRODUIT PHARE							
2								
3	PRODUITS	ACHATS ANNEE N	AVOIRS ANNEE N	ACHATS NETS (ACHATS-AVOIRS)	COEFFCICIENT MARGE	MARGE EN EUROS	RECETTES PREVISIONNELLES	% DES RECETTES PAR PRODUITS
4	ASSIETTES	145 865,00	4 896,00		2,00%			
5	TASSES	25 698,00	5 321,00		1,50%			
6	PLATS	45 632,00	6 589,00		2,00%			
7	COUPES	40 125,00	4 701,00		2,00%			
8	BOLS	26 452,00	7 899,00		1,50%			
9	VERRES	32 560,00	5 432,00		1,50%			
10	TOTAL							

DOCUMENT 9 Contraintes à respecter

Note de Travail 5

Je souhaiterais un coefficient de marge total de 15 % en respectant les contraintes suivantes :

→ Coefficient marge Assiettes ≤ 3 %
" Tasses = 2 %
" Plats ≤ 5 %
" Coupes ≤ 5 %
" Bols = 2 %
" Verres ≥ 2 %

Me faire une proposition. Merci

Élaborer un diaporama

OBJECTIFS

- Créer une liste alternant lignes à puce et lignes sans puce
- Créer une puce originale
- Insérer un graphique
- Visionner le diaporama sur une borne

Situation professionnelle

Vous effectuez une période de formation au comité d'entreprise de la société MAT'MÉDICAL sous la responsabilité de Mme Cassade.

Au mois de décembre, une borne informatique sera installée dans la salle de repos pour présenter les différentes activités et en particulier celles de fin d'année et le bilan des dépenses.

Mme Cassade vous demande de réaliser les premières diapositives du diaporama.

MAT'MÉDICAL
194 rue Aristide Briand
28000 Chartres
Tél. : 02 37 58 62 48
ce.matmedical@free.fr

MISSION 1 Présenter le comité d'entreprise

1. Ouvrez un nouveau document et choisissez le thème Oriel.
2. Saisissez le texte et insérez une image clipart dans la première diapositive (DOCUMENT 1).
3. Insérez une nouvelle diapositive et saisissez les informations (DOCUMENT 1).
4. Enregistrez le diaporama sous le nom ***CE_Présentation***.

DOCUMENT 1 Présentation du CE et de ses activités

Diapo 1

Insérer le clipart Stéthoscope

Comité d'entreprise
MAT'MÉDICAL

Les membres du CE vous accueillent du lundi au vendredi, de 12 h à 13 h 30 et de 17 h à 19 h, dans le bâtiment H au 3e étage ou par téléphone au poste 90 60.

Diapo 2

Les activités du CE MAT'MÉDICAL

Loisirs
Voyages
Enfance
Sorties
Sports

Billetterie
Cinéma
Spectacles
Patinoire, Piscine

Médiathèque
Bibliothèque
Vidéothèque
Ludothèque

Activités exceptionnelles

Recopiez la liste sur une seule colonne et ne mettez une puce qu'au titre en gras.

Fiche 1
Créer une liste à puces avec des lignes sans puce

MISSION 2 Présenter les activités exceptionnelles

1. Insérez une nouvelle diapositive (DOCUMENT 2).
2. Saisissez les informations (DOCUMENT 2). Enregistrez les modifications.

DOCUMENT 2 Détail des activités exceptionnelles

Activités exceptionnelle pour la fin de l'année

❑ Activité cirque
❑ Spectacles
❑ Arbre de Noël

Créez des puces à partir des cliparts que je vous donne en fichiers, enregistrés sous :
- Père Noël
- Tigre
- Note de musique
Choisissez une taille de police qui permette d'utiliser la totalité de la zone texte.

Fiche 2 Créer une puce originale à partir d'une image

MISSION 3 Présenter la répartition des dépenses du CE

1. Insérez une nouvelle diapositive.
2. Créez le graphique (DOCUMENT 3).
3. Modifiez la disposition du graphique en insérant les pourcentages de dépenses.
4. Enregistrez les modifications.

DOCUMENT 3 Répartition de la subvention annuelle

	Dépenses
Loisirs	20 000
Médiathèque	2 000
Billetterie	1 500
Activités except.	3 000

Choisissez le type de graphique Secteurs éclatés en 3D.

Fiche 3 Insérer un graphique

Fiche 4 Modifier la disposition d'un graphique

MISSION 4 Présenter les vœux du CE

1. Insérez une nouvelle diapositive avec une disposition Diapositive de titre.
2. Rédigez et saisissez les informations (DOCUMENT 4). Enregistrez les modifications.

DOCUMENT 4 Consignes pour la diapositive de fin

Présentez les vœux au nom des élus et du personnel du CE.
Prévenez que le CE sera fermé du 24 décembre au 3 janvier.

MISSION 5 Animer les diapositives

1. Paramétrez le diaporama comme demandé (DOCUMENT 5).
2. Enregistrez les modifications puis lancez le diaporama.

DOCUMENT 5 Paramétrage du diaporama

Appliquez des effets sur chaque diapositive.
Appliquez une transition après chaque diapositive. Minutez le diaporama.
Configurez le diaporama pour qu'il s'exécute en continu sur la borne.

Fiche 5 Visionner le diaporama en continu sur une borne

FICHE 1

Créer une liste à puces avec des lignes sans puce

Dans une liste à puces, si l'on souhaite que la ligne suivante n'ait pas de puce, maintenir la touche Majuscule appuyée puis taper Entrée.

Saisir le texte et appuyer soit sur Entrée pour créer une ligne avec puce, soit sur les touches Majuscule et Entrée pour créer une ligne sans puce.

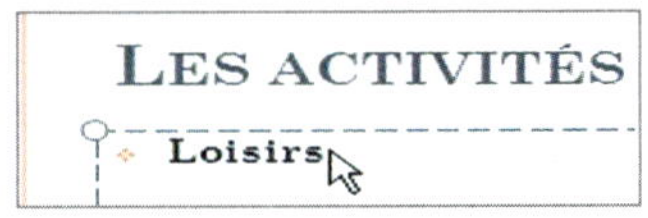

FICHE 2

Créer une puce originale à partir d'une image

Positionner le curseur derrière la puce proposée par défaut.

Sous l'onglet Accueil, dans le groupe Paragraphe, cliquer sur Puces puis sur Puces et numéros.

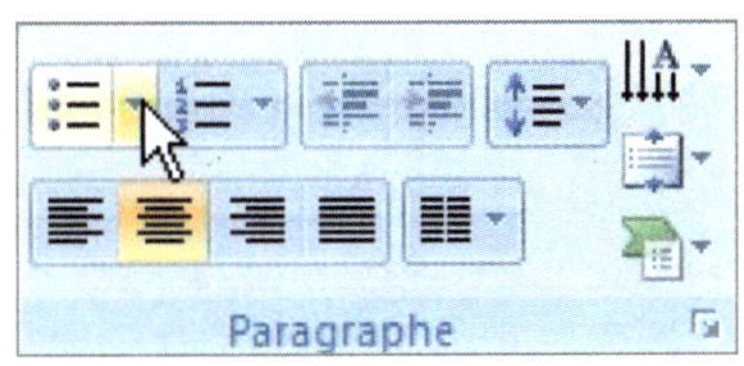

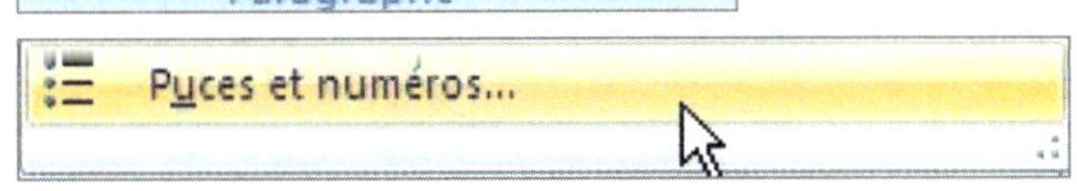

Dans l'onglet À puces, cliquer sur Image...

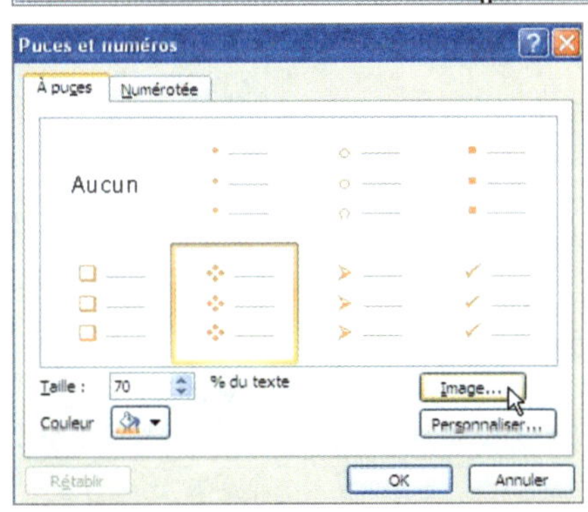

Dans la fenêtre Puce graphique, cliquer sur Importer...

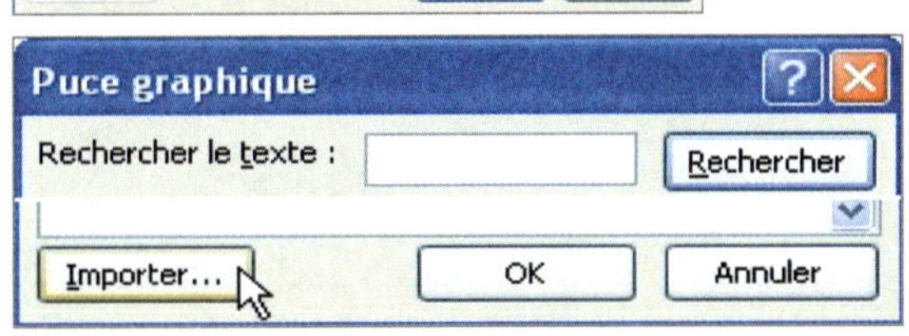

Sélectionner le fichier puis cliquer sur Ajouter.

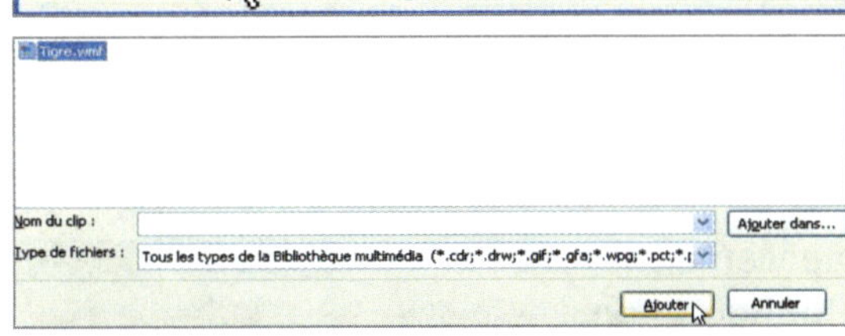

Sélectionner l'image et cliquer sur OK.

FICHE 3 Insérer un graphique

Sous l'onglet **Insertion**, dans le groupe **Illustrations**, cliquer sur **Graphique**.

Dans le volet de gauche, sélectionner le type de graphique. Dans le volet de droite sélectionner le style de graphique puis cliquer sur **OK**.

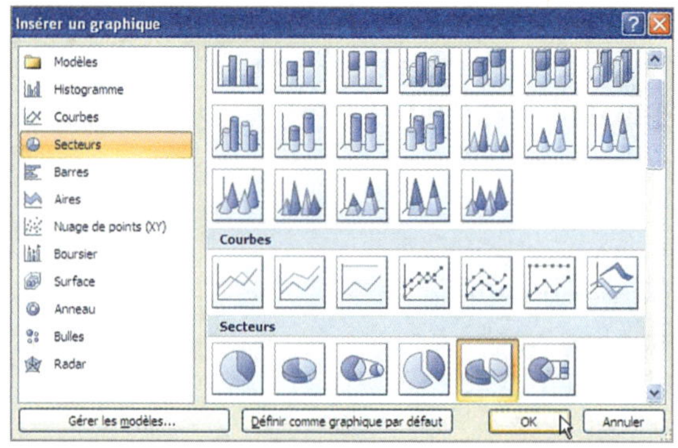

L'écran est séparé en deux, à gauche le graphique et à droite une feuille de calcul Excel.

Remplacer les données proposées par défaut dans la feuille Excel puis la fermer.

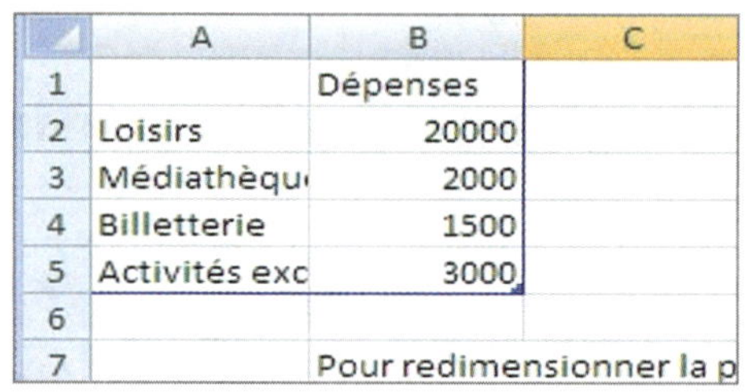

	A	B	C
1		Dépenses	
2	Loisirs	20000	
3	Médiathèqu	2000	
4	Billetterie	1500	
5	Activités exc	3000	
6			
7		Pour redimensionner la p	

FICHE 4 Modifier la disposition d'un graphique

Cliquer sur le graphique.

Sous l'onglet **Création**, dans le groupe **Dispositions du graphique**, cliquer sur l'onglet **Disposition rapide**, puis cliquer sur l'icône correspondant à la modification souhaitée.

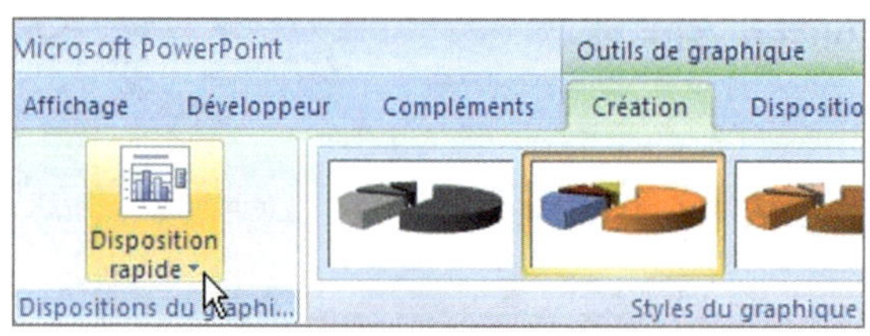

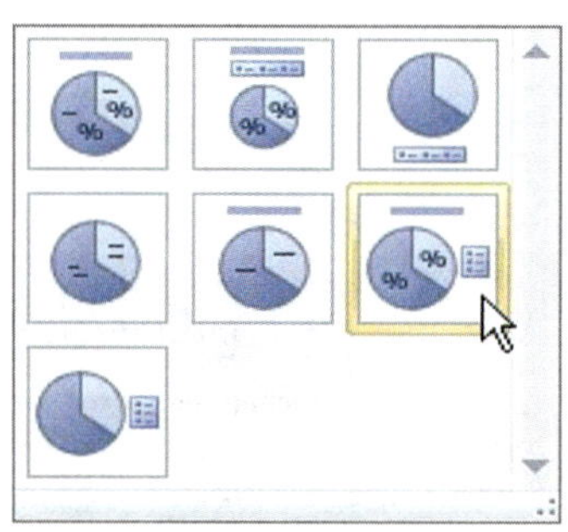

FICHE 5 Visionner le diaporama en continu sur une borne

Sous l'onglet **Diaporama**, dans le groupe **Configuration**, cliquer sur le bouton **Configurer le diaporama**.

Sélectionner **Visionné sur une borne (plein écran)**.

(L'option du diaporama **Exécuter en continu jusqu'à ECHAP** est cochée automatiquement).

Cliquer sur **OK**.

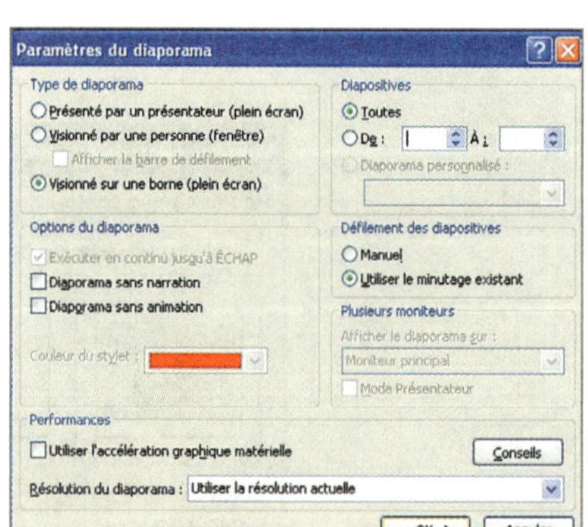

Organiser la navigation dans un diaporama

OBJECTIFS

- Insérer un SmartArt
- Ajouter une photo dans un SmartArt
- Modifier le remplissage d'une forme
- Animer un SmartArt
- Ajouter un lien hypertexte
- Masquer une diapositive
- Insérer un bouton de navigation
- Modifier la taille d'un bouton de navigation

Situation professionnelle

Vous effectuez une période de formation au service Communication de l'agence de voyages Promo Voyages.

La gérante, Mme Trufley, vous confie un diaporama destiné à présenter l'agence auprès des membres des comités d'entreprise.

Elle vous propose de le modifier en tenant compte de ses indications.

PROMO VOYAGES
16 rue des Plantes
75014 Paris
Tél. : 01 48 25 64 36

Le spécialiste des vacances pour les comités d'entreprise.

MISSION 1 Présenter les offres pour les CE

1. Ouvrez le diaporama **Voyages_CE**.
2. Insérez une diapositive entre la 2e et la 3e avec une disposition Titre et contenu.
3. Saisissez le titre sur une ligne : Nos offres « Comités d'entreprise ».
4. Insérer et animez le graphique SmartArt (DOCUMENT 1).
5. Enregistrez le diaporama.

DOCUMENT 1 Contenu de la diapositive à insérer

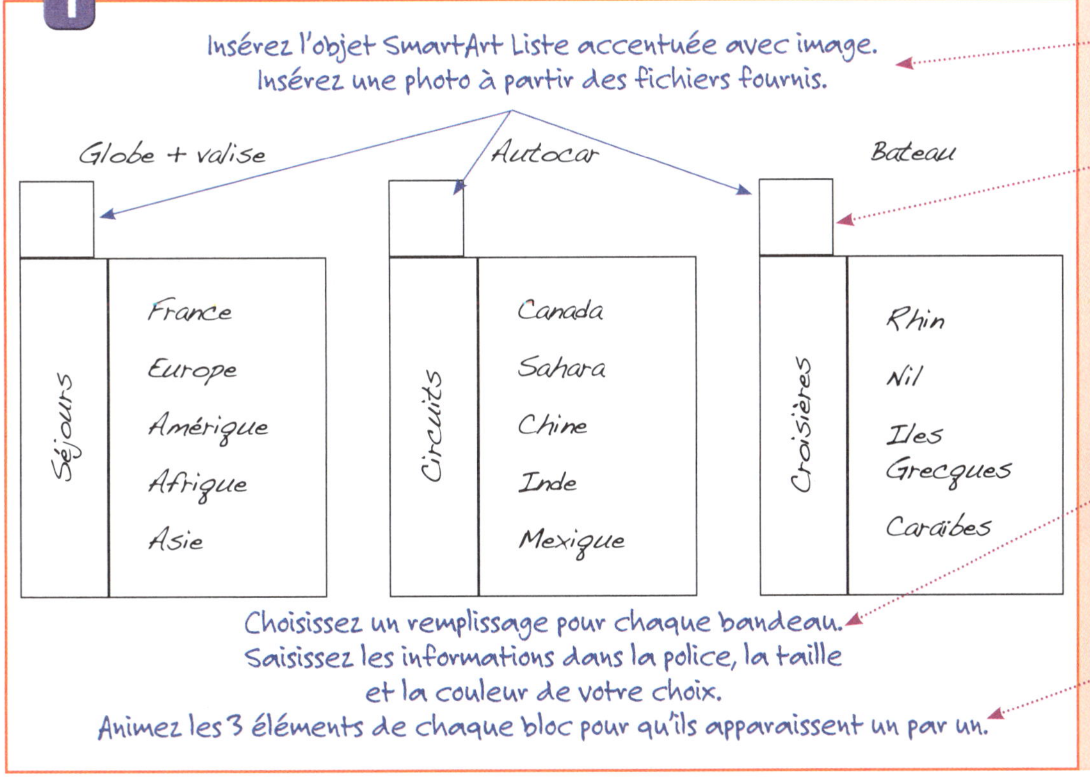

Fiche 1 Insérer un SmartArt

Fiche 2 Ajouter une photo dans un SmartArt

Fiche 3 Modifier le remplissage d'une forme

Fiche 4 Animer un SmartArt

MISSION 2 Adapter le déroulement du diaporama au public

1. Ajoutez un lien hypertexte pour passer d'une page à une autre (DOCUMENT 2).
2. Enregistrez les modifications.

DOCUMENT 2 Consigne de Mme Trufley

Pour ne pas alourdir la présentation, certaines diapositives ne sont montrées que si l'assistance est intéressée. Dans la nouvelle diapositive N° 3, à chaque pays ou continent sera associée une diapositive complémentaire donnant des précisions. Pour l'instant, il n'y aura qu'une diapositive pour le premier nom de chaque liste. Ajoutez un lien hypertexte sur chaque premier nom pour aller vers la diapositive complémentaire appropriée.

Fiche 5
Ajouter un lien hypertexte

MISSION 3 Masquer certaines diapositives

1. Masquez les diapositives complémentaires (DOCUMENT 3).
2. Enregistrez les modifications.

DOCUMENT 3 Consigne de Mme Trufley

Masquez les diapositives complémentaires pour qu'elles ne s'affichent pas dans le diaporama principal, ce qui n'empêchera pas d'y accéder par les liens hypertextes.

Fiche 6
Masquer une diapositive

MISSION 4 Faciliter la navigation dans le diaporama

1. Insérez un bouton de navigation pour revenir à la page d'origine (DOCUMENT 4).
2. Insérez un bouton de navigation pour revenir à la première page (DOCUMENT 5).
3. Enregistrez les modifications.
4. Lancez le diaporama.

DOCUMENT 4 Consigne de Mme Trufley

Après avoir cliqué sur le lien qui permet de passer à une autre diapositive, il faut que le présentateur puisse revenir à la diapositive source.
Vous devez donc, sur chaque diapositive de destination, insérer un bouton pour naviguer facilement dans le diaporama. Placez-le en bas et à droite de la diapositive.
Réduisez ensuite les boutons de navigation pour qu'ils soient discrets : 1 cm x 1 cm.

Fiche 7
Insérer un bouton de navigation

Fiche 8
Modifier la taille d'un bouton de navigation

DOCUMENT 5 Consigne de Mme Trufley

À la fin de la présentation, il serait intéressant de revenir à la première page du diaporama pour laisser les coordonnées de l'agence affichées pendant la discussion. Insérez un bouton pour revenir à la page d'accueil. Placez-le également en bas et à droite de la diapositive et réduisez-le à la même taille que les autres.

FICHE 1

Insérer un SmartArt

Sous l'onglet Insertion, dans le groupe Illustrations, cliquer sur le bouton SmartArt.

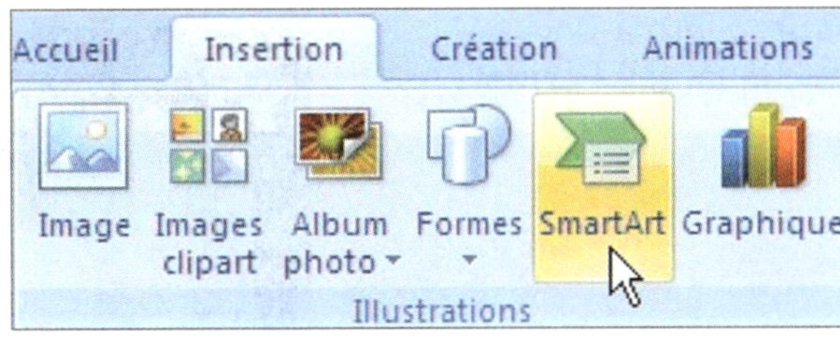

Sélectionner le graphique souhaité et cliquer sur OK.

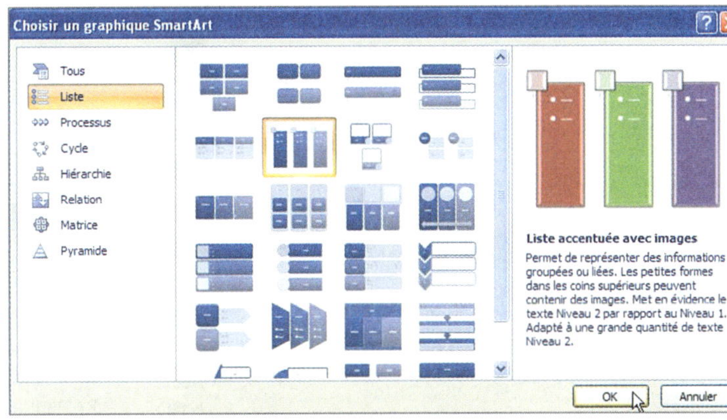

Cliquer dans la zone [Texte] pour saisir le texte.

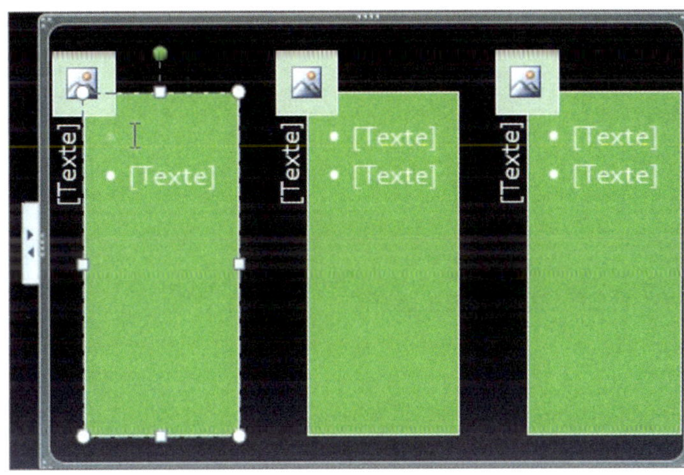

FICHE 2

Ajouter une photo dans un SmartArt

Cliquer sur le cadre image.

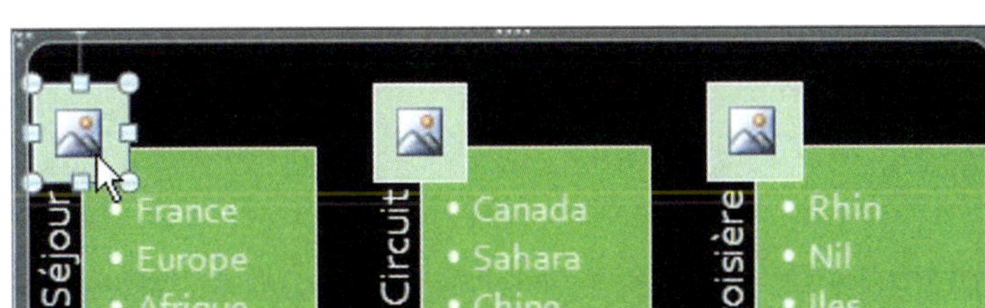

Sélectionner le répertoire où se trouvent les photos, double-cliquer sur la photo choisie ou cliquer sur la photo puis cliquer sur Insérer.

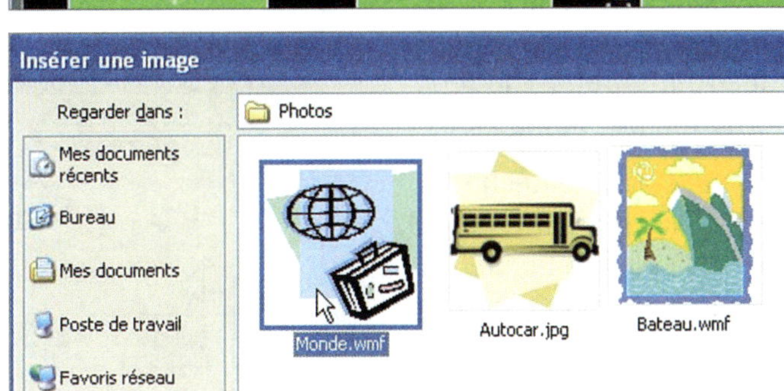

FICHE 3 Modifier le remplissage d'une forme

Cliquer droit sur la forme à remplir puis cliquer sur **Format de la forme...**

Choisir les options en fonction du résultat désiré puis cliquer sur **Fermer**.

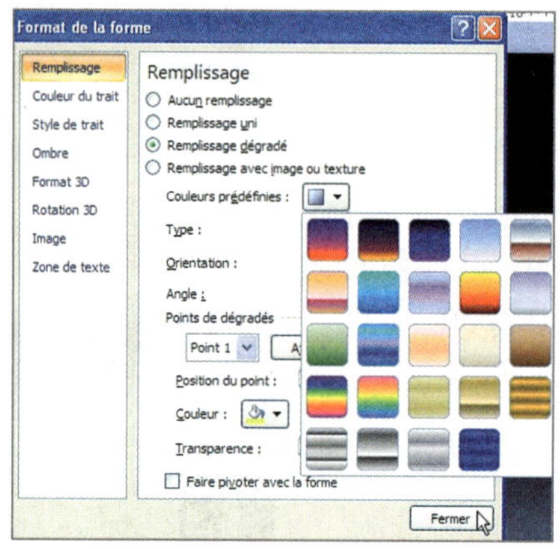

FICHE 4 Animer un SmartArt

Cliquer sur le SmartArt puis sous l'onglet **Animations** dans le groupe **Animations**, cliquer sur la flèche à droite de la fenêtre **Animer :**.

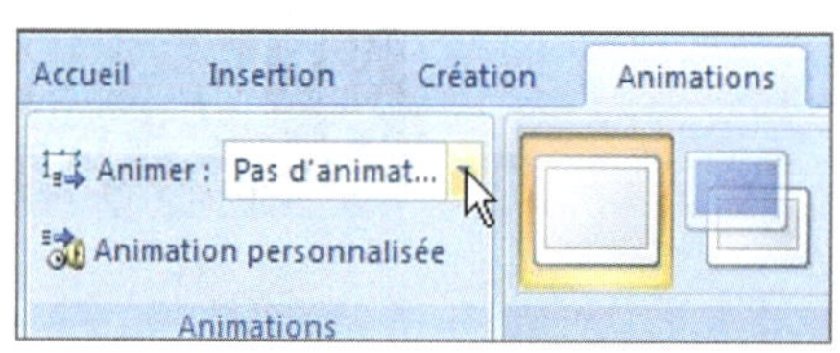

Choisir une animation dans la liste.

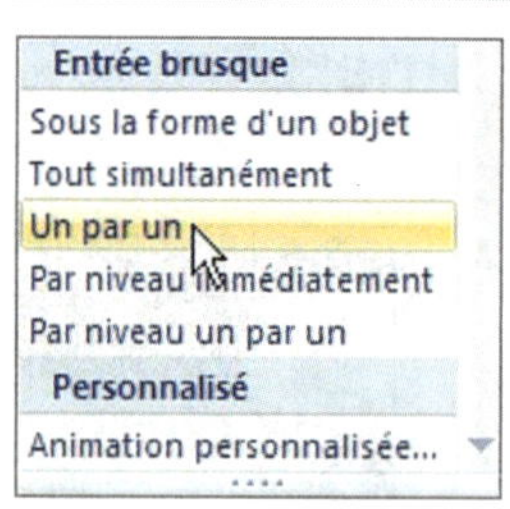

Pour modifier la vitesse et le sens d'orientation de chaque bloc : sous l'onglet **Animations** dans le groupe **Animations**, cliquer sur **Animation personnalisée**.

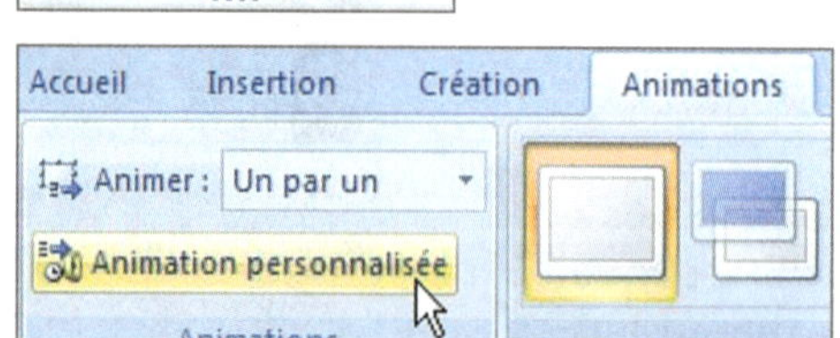

Cliquer sur la double flèche, en dessous du premier élément, pour faire apparaître la totalité des éléments.

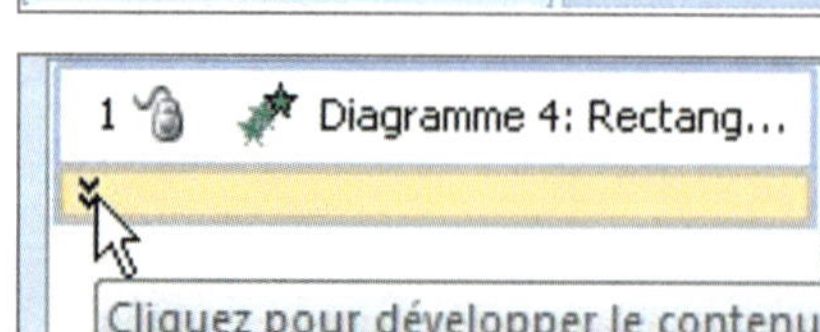

Choisir, pour chaque élément, un effet, un sens, une vitesse...

FICHE 5 Ajouter un lien hypertexte

Double-cliquer sur le mot qui déclenchera le lien hypertexte.

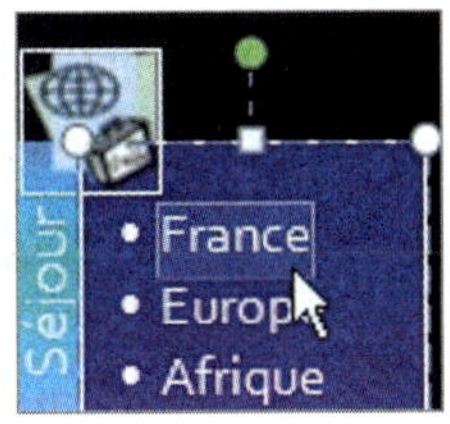

Sous l'onglet **Insertion**, dans le groupe **Liens**, cliquer sur le bouton **Lien hypertexte**.

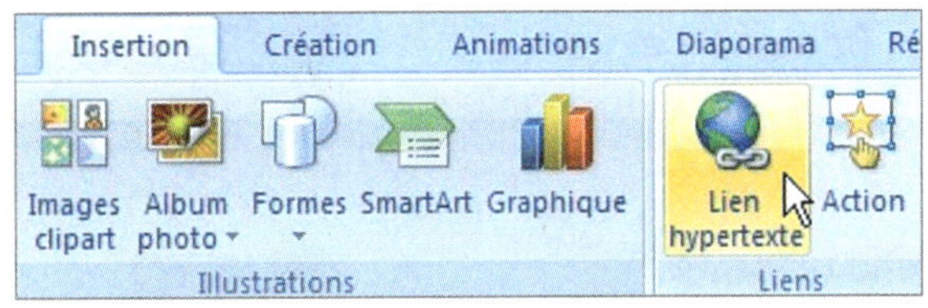

Dans la fenêtre **Insérer un lien hypertexte**, cliquer dans la colonne de gauche **Lier à :** sur **Emplacement dans ce document**.

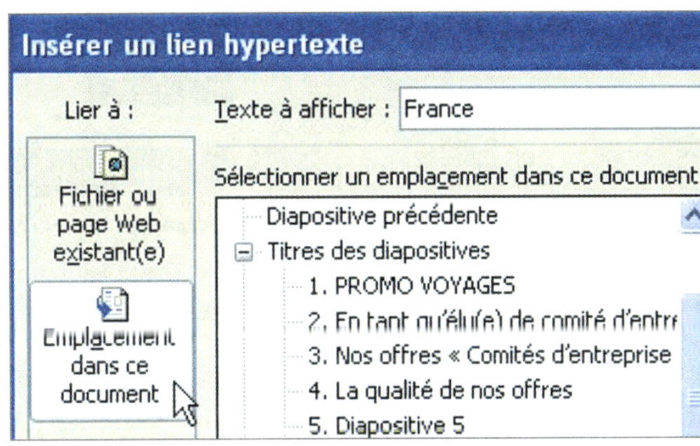

Cliquer sur la diapositive de destination puis cliquer sur **OK**.

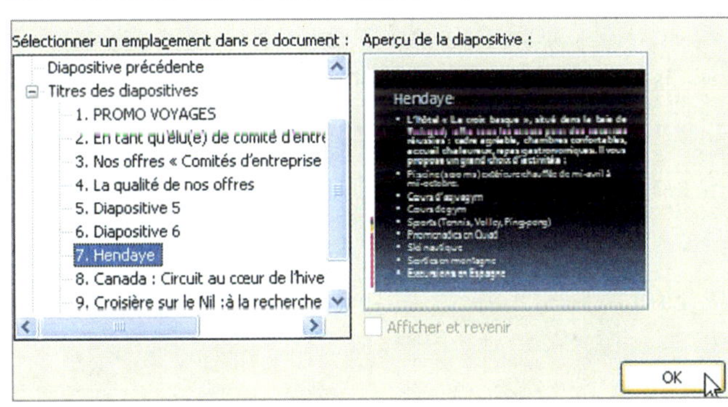

FICHE 6 Masquer une diapositive

Sous l'onglet **Affichage**, dans le groupe **Affichage des présentations**, sélectionner le mode **Trieuse de diapositives**. Cliquer sur la diapositive ou sur les diapositives à masquer (diapositives contiguës touche Maj + Clic, diapositives non contiguës touche Ctrl + Clic sur chaque diapositive).

Sous l'onglet **Diaporama**, dans le groupe **Configuration**, cliquer sur le bouton **Masquer la diapositive**.

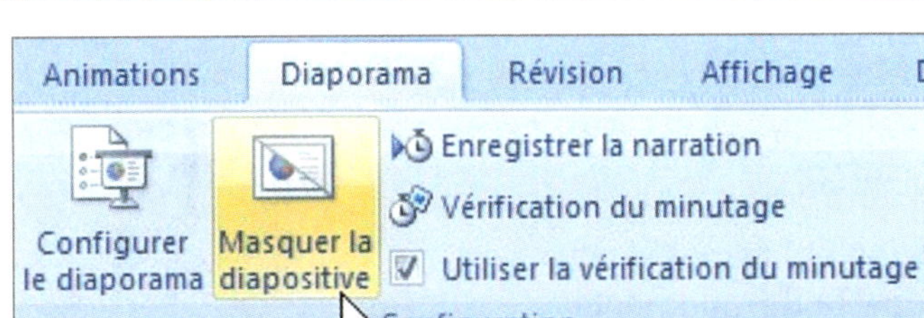

FICHE 7 Insérer un bouton de navigation

Sous l'onglet Insertion, dans le groupe Illustrations, cliquer sur le bouton Formes.

Dans la section Boutons d'action, cliquer sur le bouton souhaité.

Le curseur prend la forme d'une croix.

Cliquer à l'endroit où placer le bouton.

Faire des choix, si nécessaire, puis cliquer sur OK.

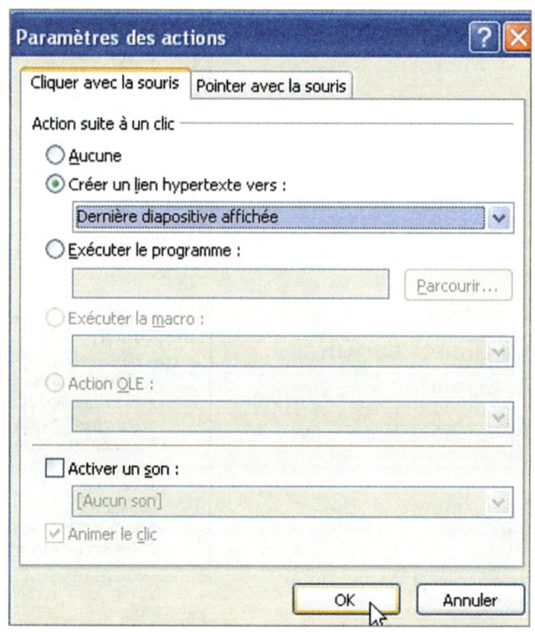

FICHE 8 Modifier la taille d'un bouton de navigation

Double-cliquer sur le bouton de navigation.

Sous l'onglet Format, dans le groupe Taille, augmenter ou diminuer, en cliquant sur les flèches montantes ou descendantes, pour la hauteur et la largeur.

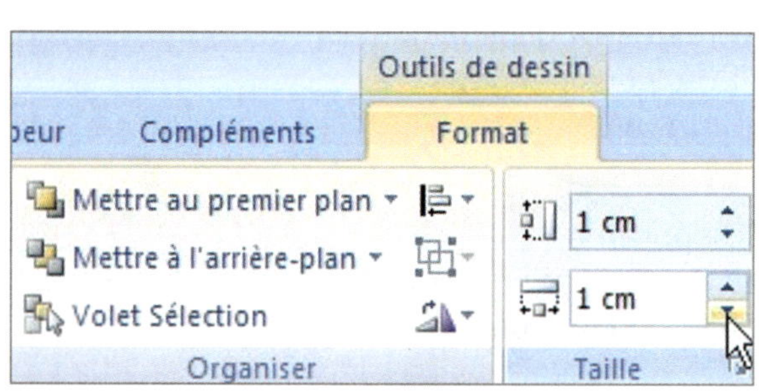

Créer une carte de vœux avec son et vidéo

OBJECTIFS

- Insérer une photo en arrière-plan
- Appliquer un style WordArt
- Insérer un fichier audio
- Réutiliser une diapositive d'un autre diaporama
- Insérer un fichier vidéo

Situation professionnelle

Vous êtes stagiaire chez le fleuriste Exo Fleurs.

En fin d'année, le responsable, Arthur Blanc, souhaite envoyer une carte de vœux sonore à ses clients, par courrier électronique.

Il vous propose de réaliser cette carte de vœux sur deux diapositives.

EXO FLEURS

48 rue Michaud
74200 Thonon-les-Bains
04 50 78 62 95

Fleurs et plantes tropicales

MISSION 1 Présenter les vœux

1. Ouvrez un nouveau document et choisissez une disposition Vide.
2. Insérez une photo en arrière plan (DOCUMENT 1).
3. Saisissez le texte de la diapositive (DOCUMENT 1).
4. Enregistrez le document en tant que modèle sous le nom ***Vœux_Exo_Fleurs***.

DOCUMENT 1 Formule de vœux

Pour personnaliser la carte de vœux, je vous propose d'utiliser une de mes photos, Fleur tropicale, à mettre en arrière-plan.
Insérez ensuite le texte en style WordArt avec une couleur et un effet à votre convenance et choisissez une taille de police qui respecte la présentation ci-dessous.

Toute l'équipe
d'Exo Fleurs
vous présente ses
meilleurs voeux

Fiche 1
Insérer une photo en arrière-plan

Fiche 2
Appliquer un style WordArt

MISSION 2 Sonoriser la diapositive

1. Insérez un fichier son (DOCUMENT 2).
2. Enregistrez les modifications.

DOCUMENT 2 Consigne de M. Blanc

Merci d'ajouter un son évoquant la nature, je vous propose le fichier Chant d'oiseaux à rechercher dans la bibliothèque multimédia mais vous pouvez en choisir un autre dans celle-ci. Le son doit démarrer automatiquement à l'ouverture du diaporama.

Pour que l'icône indiquant que la carte est sonore soit discrète, déplacez-la en haut et à droite.

Fiche 3
Insérer un fichier audio

MISSION 3 Animer la diapositive

1. Insérez les animations proposées par votre tuteur (DOCUMENT 3).
2. Enregistrez les documents.

DOCUMENT 3 Proposition d'animation

Faites arriver le texte des vœux avec un effet spirale en vitesse rapide. Cet effet ne se déclenchera pas avec le clic.

Minutez cette diapositive pour qu'elle reste affichée 5 secondes.

MISSION 4 Ajouter les horaires du magasin

1. Insérez une diapositive issue d'un autre fichier PowerPoint (DOCUMENT 4).
2. Insérez une vidéo (DOCUMENT 4).
3. Enregistrez le diaporama.
4. Lancez le diaporama.
5. Imprimez le diaporama.

DOCUMENT 4 Contenu de la deuxième diapositive

Je voudrais présenter dans une deuxième diapositive quelques fleurs vendues dans le magasin et rappeler nos horaires et notre adresse. Pour cela insérez une diapositive que j'avais commencé à construire et enregistrée sous Essai_voeux.pptx

Puis insérez une vidéo représentant un colibri en train de butiner, au centre de la partie inférieure droite. Le fichier est enregistré sous Colibris.gif.

Animez cette vidéo pour qu'elle apparaisse avec un effet Toupie en vitesse moyenne.

Minutez cette diapositive pour qu'elle reste affichée 10 secondes.

Cette carte de vœux sera envoyée ultérieurement par courrier électronique aux clients qui ont une carte de fidélité.

Fiche 4
Réutiliser une diapositive d'un autre diaporama

Fiche 5
Insérer un fichier vidéo

FICHE 1

Insérer une photo en arrière-plan

Sous l'onglet Création, dans le groupe Arrière-plan, cliquer sur Styles d'arrière-plan... puis sur Mise en forme de l'arrière-plan.

Sélectionner Remplissage avec image ou texture, puis cliquer sur Fichier...

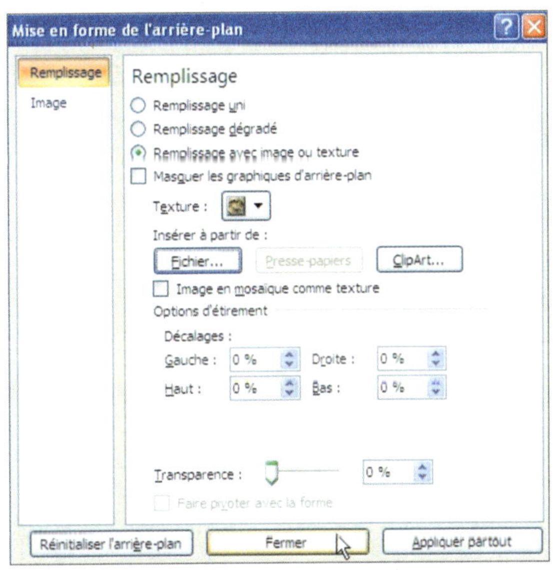

Sélectionner le répertoire puis le fichier et cliquer sur Insérer.

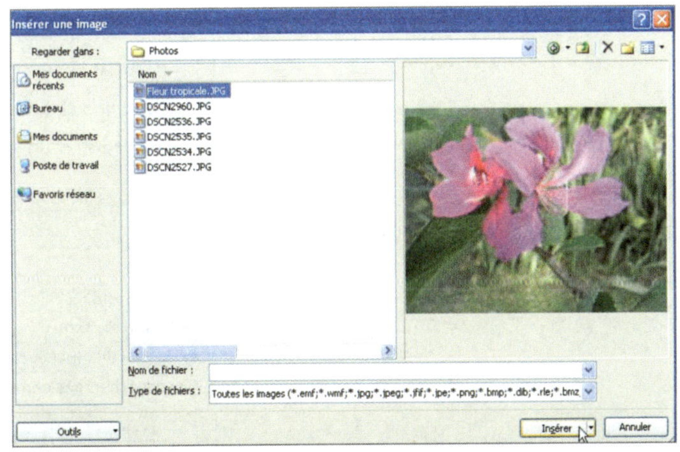

Dans la fenêtre Mise en forme de l'arrière-plan, cliquer sur Fermer.

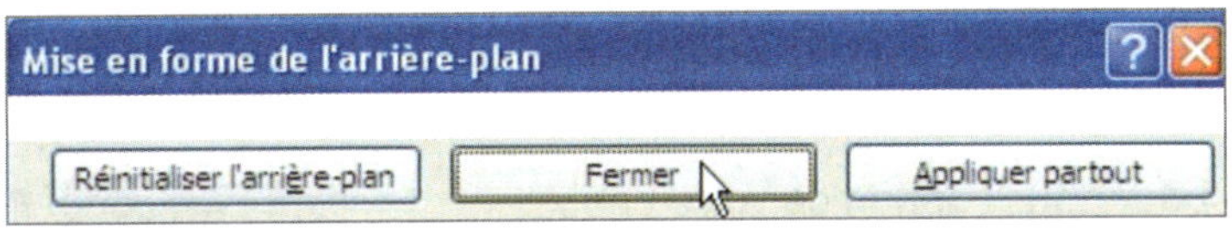

FICHE 2 Appliquer un style WordArt

Sous l'onglet **Insertion**, dans le groupe **Texte**, cliquer sur **WordArt**.

Cliquer sur le style d'écriture souhaité.

Dans la boîte de dialogue **Votre texte ici**, saisir le nouveau texte puis modifier la police, la taille, la couleur.

FICHE 3 Insérer un fichier audio

Sous l'onglet **Insertion**, dans le groupe **Clips multimédias**, cliquer sur **Son**.

Cliquer sur **Son de la Bibliothèque multimédia...**

Saisir un mot clé dans **Rechercher :** puis cliquer sur **OK**.

Dans la liste, cliquer sur le son souhaité.

Cliquer sur l'option de votre choix.

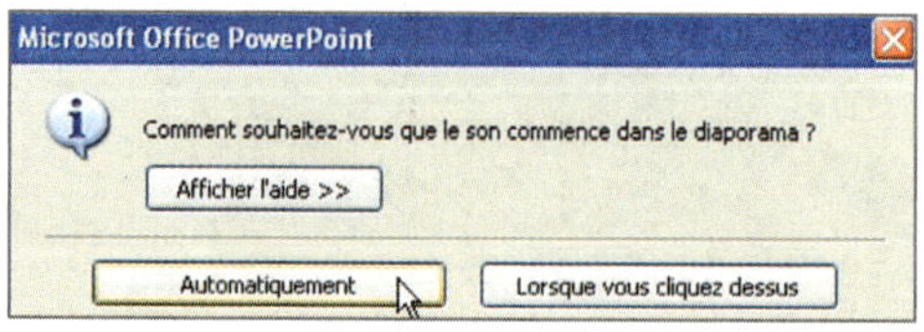

FICHE 4 Réutiliser une diapositive d'un autre diaporama

Dans le volet gauche, cliquer à l'endroit où la diapositive sera insérée.

Sous l'onglet **Accueil**, dans le groupe **Diapositives**, cliquer sur **Nouvelle diapositive**.

Cliquer sur **Réutiliser les diapositives...**

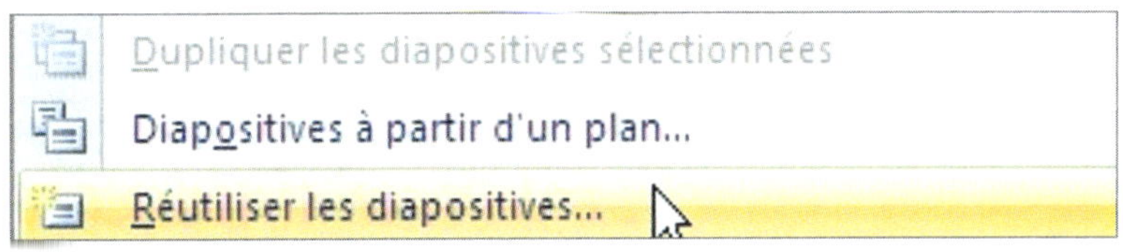

Cliquer sur **Ouvrir un fichier PowerPoint**.

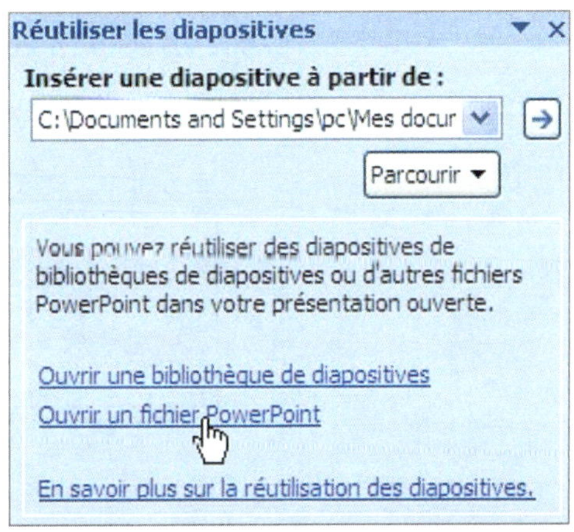

Sélectionner le répertoire et double-cliquer sur le fichier.

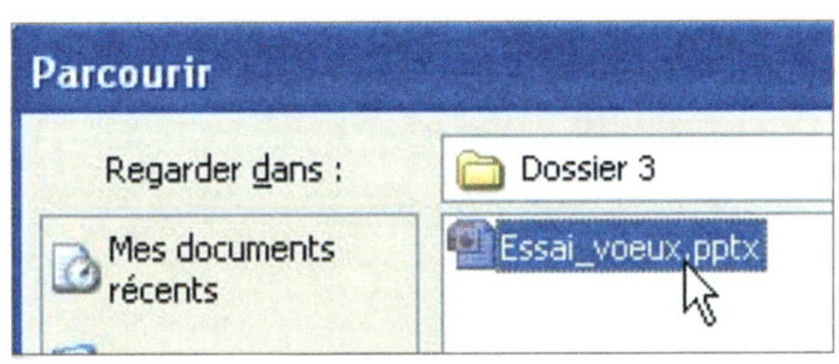

Double-cliquer sur la vignette représentant la diapositive à insérer.

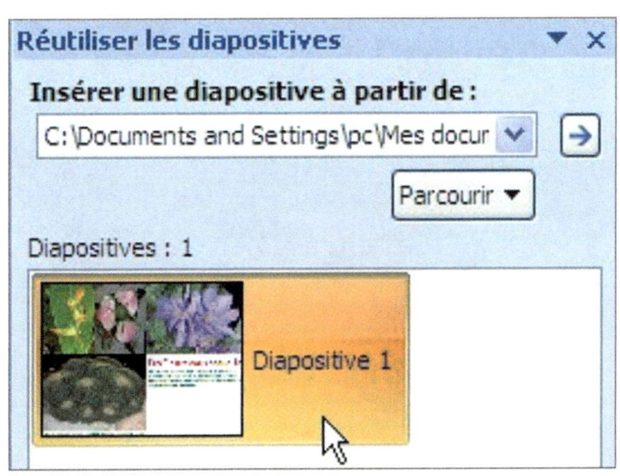

FICHE 5

Insérer un fichier vidéo

Sous l'onglet **Insertion**, dans le groupe **Clips multimédias**, cliquer sur **Film**.

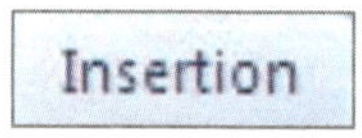

Cliquer sur **Film de la Bibliothèque multimédia…**

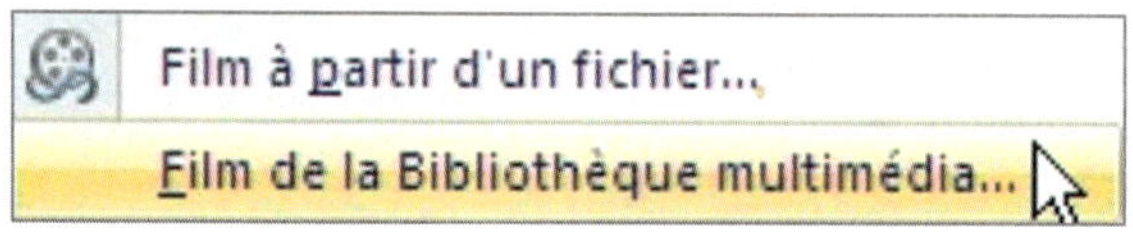

Saisir un mot clé dans **Rechercher :** puis cliquer sur **OK**.

Dans la liste, cliquer sur le film souhaité.

Créer une base de données et une table

OBJECTIFS

- Créer une base de données
- Créer une table
- Saisir des enregistrements
- Enregistrer une table
- Modifier des dimensions
- Imprimer les données d'une table – Créer un état instantané

Situation professionnelle

Vous effectuez une période de formation au judo club Le Conquérant, dont vous êtes membre depuis 5 ans.

Le club de judo accueille les enfants à partir de 4 ans jusqu'aux adultes, débutants et/ou confirmés. Les entraînements sont dirigés par des sportifs de haut niveau et diplômés d'État.

Le président, Nicolas Berthon, vient d'équiper le club du logiciel de gestion de base de données Access et vous confie la gestion des adhérents et le suivi des cours.

JUDO CLUB
LE CONQUÉRANT

rue du Maréchal Leclerc
27000 ÉVREUX
Tél : 02 32 48 10 81
Fax : 02 32 48 10 82

Association sportive loi 1901

Activités :
Éveil judo – Judo – Jujitsu

MISSION 1 Mettre en place la base de données Conquérant

À partir du mémo de Nicolas Berthon, créez la base de données du club de judo.

DOCUMENT 1 **Mémo de Nicolas Berthon**

Mémo

À : Stagiaire

De : Nicolas BERTHON

Nous venons d'équiper le club du logiciel de gestion de base de données Access.
Afin de gérer les adhésions et d'effectuer le suivi des cours, pouvez-vous créer une base de données, que vous nommerez Conquérant.

Fiche 1
Créer une base de données

MISSION 2 Suivre les inscriptions

1. Créez la structure de la table ***Adhérents*** en ajoutant la clé primaire, à partir du mémo **(DOCUMENT 2)** et du dictionnaire de données **(DOCUMENT 3)** que vous a laissés M. Berthon.

2. Saisissez les enregistrements, que vous enregistrerez dans la table ***Adhérents***, à l'aide des fiches de renseignements Inscription **(DOCUMENT 4)**.

3. Modifiez la largeur de vos colonnes pour que tous les champs soient visibles, avant d'éditer votre table.

DOCUMENT 2 Mémo de M. Berthon

Mémo

À : Stagiaire
De : Nicolas BERTHON

J'ai déposé sur votre bureau les fiches de renseignements ainsi que le fascicule que nous donnons à tout nouvel adhérent.

Comme vous débutez sur Access, j'ai préparé un dictionnaire des données qui vous aidera dans la création de vos tables.

Bon courage ! Imprimez votre table : nous vérifierons tout cela à mon retour.

DOCUMENT 3 Dictionnaire de données

Base de données : CONQUERANT.accdb				
TABLE Adhérents				
Nom du Champ	**Description**	**Type de données**	**Taille**	**Observations**
NUM_ADH	Numéro d'adhésion	Texte	3	Clé primaire
NOM_ADH	Nom de l'adhérent	Texte	20	Format majuscules
PRÉN_ADH	Prénom de l'adhérent	Texte	20	
ADR_ADH	Adresse de l'adhérent	Texte	30	
CP_ADH	Code postal	Texte	5	Masque de saisie
VILLE_ADH	Ville	Texte	30	Format majuscules
FIXE_ADH	Numéro de téléphone fixe	Texte	14	Masque 00.00.00.00.00
PORT_ADH	Numéro de téléphone portable	Texte	14	Masque 00.00.00.00.00
SEXE_ADH	Sexe de l'adhérent	Texte	1	
NAISS_ADH	Année de naissance	Texte	4	
CODE_COURS	Code du cours	Texte	3	

Fiche 2
Créer une table

DOCUMENT 4 Fiches de renseignements Inscription

N°	001	Nom	BALDAC
Prénom	Patrice	Sexe	☒ H ☐ F
Année Naissance	1961		
Adresse	14 av. Henri DUNONT		
Code postal	27930	Ville	FAUVILLE
Cours demandé	☐ MC1 ☐ MC4 ☐ SC1	☐ MC2 ☐ VC1 ☐ SC2	☐ MC3 ☐ VC2 ☒ SC3
N° Tél. fixe	02.32.35.06.75		
N° Tél. portable	06.03.48.95.96		

N°	002	Nom	BALDAC
Prénom	Pierre	Sexe	☒ H ☐ F
Année Naissance	1996		
Adresse	14 av. Henri DUNONT		
Code postal	27930	Ville	FAUVILLE
Cours demandé	☐ MC1 ☐ MC4 ☐ SC1	☐ MC2 ☐ VC1 ☒ SC2	☐ MC3 ☐ VC2 ☐ SC3
N° Tél. fixe	02.32.35.06.75		
N° Tél. portable			

N°	003	Nom	BARLOIS
Prénom	Paul	Sexe	☒ H ☐ F
Année Naissance	1999		
Adresse	33 rue du bois normand		
Code postal	27400	Ville	SURVILLE
Cours demandé	☐ MC1 ☐ MC4 ☐ SC1	☒ MC2 ☐ VC1 ☐ SC2	☐ MC3 ☐ VC2 ☐ SC3
N° Tél. fixe	02.32.33.29.47		
N° Tél. portable	06.84.39.00.07		

N°	004	Nom	BARTHELEMY
Prénom	Christophe	Sexe	☒ H ☐ F
Année Naissance	2001		
Adresse	44 rue du Mouchelle		
Code postal	27400	Ville	PINTERVILLE
Cours demandé	☐ MC1 ☐ MC4 ☐ SC1	☒ MC2 ☐ VC1 ☐ SC2	☐ MC3 ☐ VC2 ☐ SC3
N° Tél. fixe	02.32.40.30.87		
N° Tél. portable			

N°	005	Nom	BERNAUD
Prénom	Quentin	Sexe	☒ H ☐ F
Année Naissance	2000		
Adresse	22 rue Pampoule		
Code postal	27600	Ville	FONTAINE BELLENGER
Cours demandé	☐ MC1 ☐ MC4 ☒ SC1	☐ MC2 ☐ VC1 ☐ SC2	☐ MC3 ☐ VC2 ☐ SC3
N° Tél. fixe	02.32.25.19.67		
N° Tél. portable			

N°	017	Nom	CHATBAUT
Prénom	Fabian	Sexe	☒ H ☐ F
Année Naissance	2001		
Adresse	25 rue des Epervanches		
Code postal	27400	Ville	SURVILLE
Cours demandé	☐ MC1 ☐ MC4 ☐ SC1	☒ MC2 ☐ VC1 ☐ SC2	☐ MC3 ☐ VC2 ☐ SC3
N° Tél. fixe	02.32.35.00.47		
N° Tél. portable	06.64.18.04.12		

N°	007	Nom	BLANCHOT
Prénom	Alexis	Sexe	☒ H ☐ F
Année Naissance	1993		
Adresse	11 route de Pont de l'Arche		
Code postal	27110	Ville	ECQUETOT
Cours demandé	☐ MC1 ☐ MC4 ☐ SC1	☐ MC2 ☒ VC1 ☐ SC2	☐ MC3 ☐ VC2 ☐ SC3
N° Tél. fixe	02.32.50.37.19		
N° Tél. portable	06.81.77.96.50		

N°	008	Nom	BOULNOIS
Prénom	Bérénice	Sexe	☐ H ☒ F
Année Naissance	1991		
Adresse	632 place de l'Europe		
Code postal	27000	Ville	EVREUX
Cours demandé	☐ MC1 ☐ MC4 ☐ SC1	☐ MC2 ☒ VC1 ☐ SC2	☐ MC3 ☐ VC2 ☐ SC3
N° Tél. fixe	02.32.40.00.57		
N° Tél. portable			

N°	009	Nom	BOUTRY
Prénom	Jean Pierre	Sexe	☒ H ☐ F
Année Naissance	1959		
Adresse	6 rue Vignon		
Code postal	27000	Ville	EVREUX
Cours demandé	☐ MC1 ☐ MC4 ☐ SC1	☐ MC2 ☒ VC1 ☐ SC2	☐ MC3 ☐ VC2 ☐ SC3
N° Tél. fixe	02.32.52.67.33		
N° Tél. portable	06.75.61.28.54		

N°	010	Nom	BOUTRY
Prénom	Marc	Sexe	☒ H ☐ F
Année Naissance	1992		
Adresse	6 rue Vignon		
Code postal	27000	Ville	EVREUX
Cours demandé	☐ MC1 ☐ MC4 ☐ SC1	☐ MC2 ☐ VC1 ☐ SC2	☐ MC3 ☐ VC2 ☒ SC3
N° Tél. fixe	02.32.52.67.33		
N° Tél. portable	06.16.58.71.17		

Fiche 3 Saisir des enregistrements

Fiche 4 Enregistrer une table

Fiche 5 Modifier des dimensions

Fiche 6 Imprimer les données d'une table – Créer un état instantané

DOCUMENT 4 **Fiches de renseignements Inscription (suite)**

N°	011	Nom	BUNEL
Prénom	Edgar	Sexe	☒ H ☐ F
Année Naissance	2002		
Adresse	6 rue St Exupéry		
Code postal	27400	Ville	LOUVIERS
Cours demandé	☐ MC1 ☐ MC4 ☐ SC1	☒ MC2 ☐ VC1 ☐ SC2	☐ MC3 ☐ VC2 ☐ SC3
N° Tél. fixe	02.32.40.41.60		
N° Tél. portable	06.24.02.61.08		

N°	014	Nom	CALLOUET
Prénom	Guillaume	Sexe	☒ H ☐ F
Année Naissance	2004		
Adresse	18 rue de Beaulieu		
Code postal	27930	Ville	LA CHAPELLE DU BOIS
Cours demandé	☒ MC1 ☐ MC4 ☐ SC1	☐ MC2 ☐ VC1 ☐ SC2	☐ MC3 ☐ VC2 ☐ SC3
N° Tél. fixe	02.32.48.95.96		
N° Tél. portable			

N°	015	Nom	CELERI
Prénom	Adrien	Sexe	☒ H ☐ F
Année Naissance	2005		
Adresse	6 rue Saint Exupéry		
Code postal	27930	Ville	MISEREY
Cours demandé	☒ MC1 ☐ MC4 ☐ SC1	☐ MC2 ☐ VC1 ☐ SC2	☐ MC3 ☐ VC2 ☐ SC3
N° Tél. fixe	02.32.25.00.93		
N° Tél. portable	06.64.19.04.23		

N°	016	Nom	CELERI
Prénom	Eva	Sexe	☐ H ☒ F
Année Naissance	2002		
Adresse	6 rue Saint Exupéry		
Code postal	27930	Ville	MISEREY
Cours demandé	☐ MC1 ☐ MC4 ☐ SC1	☒ MC2 ☐ VC1 ☐ SC2	☐ MC3 ☐ VC2 ☐ SC3
N° Tél. fixe	02.32.25.00.93		
N° Tél. portable	06.64.19.04.23		

N°	022	Nom	DELAFOSSE
Prénom	Thomas	Sexe	☒ H ☐ F
Année Naissance	2001		
Adresse	2 rue Louis Pasteur		
Code postal	27000	Ville	EVREUX
Cours demandé	☐ MC1 ☐ MC4 ☐ SC1	☐ MC2 ☐ VC1 ☒ SC2	☐ MC3 ☐ VC2 ☐ SC3
N° Tél. fixe	02.32.25.10.90		
N° Tél. portable	06.11.64.79.53		

N°	050	Nom	RAPLIEZ
Prénom	Colette	Sexe	☐ H ☒ F
Année Naissance	1962		
Adresse	8 rue des Marmais		
Code postal	27400	Ville	ACQUIGNY
Cours demandé	☐ MC1 ☐ MC4 ☐ SC1	☐ MC2 ☐ VC1 ☐ SC2	☐ MC3 ☐ VC2 ☒ SC3
N° Tél. fixe	02.32.61.17.94.		
N° Tél. portable			

N°	047	Nom	PLORINOND
Prénom	Maryline	Sexe	☐ H ☒ F
Année Naissance	1964		
Adresse	3 allée Nébuleuse		
Code postal	27100	Ville	VAL DE REUIL
Cours demandé	☐ MC1 ☐ MC4 ☐ SC1	☐ MC2 ☐ VC1 ☐ SC2	☐ MC3 ☒ VC2 ☐ SC3
N° Tél. fixe	02.32.50.52.94		
N° Tél. portable	06.32.53.13.07		

N°	048	Nom	PRUN
Prénom	Samuel	Sexe	☒ H ☐ F
Année Naissance	2002		
Adresse	18 bis rue de Beaulieu		
Code postal	27400	Ville	LOUVIERS
Cours demandé	☐ MC1 ☐ MC4 ☐ SC1	☐ MC2 ☐ VC1 ☒ SC2	☐ MC3 ☐ VC2 ☐ SC3
N° Tél. fixe	02.32.25.04.24.		
N° Tél. portable			

N°	045	Nom	NANO
Prénom	Allan	Sexe	☒ H ☐ F
Année Naissance	1999		
Adresse	632 place de l'Europe		
Code postal	27400	Ville	LOUVIERS
Cours demandé	☐ MC1 ☐ MC4 ☐ SC1	☐ MC2 ☒ VC1 ☐ SC2	☐ MC3 ☐ VC2 ☐ SC3
N° Tél. fixe	02.32.40.10.65		
N° Tél. portable	06.60.39.26.49		

N°	046	Nom	OLIVEIRA
Prénom	Marc Henry	Sexe	☒ H ☐ F
Année Naissance	1994		
Adresse	2 rue Henri Dumont		
Code postal	27100	Ville	VAL DE REUIL
Cours demandé	☐ MC1 ☐ MC4 ☐ SC1	☐ MC2 ☒ VC1 ☐ SC2	☐ MC3 ☐ VC2 ☐ SC3
N° Tél. fixe	02.32.50.33.99		
N° Tél. portable	06.21.72.42.49		

Fiches de renseignements Inscription (suite)

N°	057	Nom	WOURSIER		
Prénom	Murielle	Sexe	☐ H ☒ F		
Année Naissance	2004				
Adresse	14 rue de l'église				
Code postal	27400	Ville	ACQUIGNY		
Cours demandé	☒ MC1 ☐ MC4 ☐ SC1	☐ MC2 ☐ VC1 ☐ SC2	☐ MC3 ☐ VC2 ☐ SC3		
N° Tél. fixe	02.32.25.14.14				
N° Tél. portable	06.53.12.10.09				

N°	006	Nom	BILLARD		
Prénom	Clément	Sexe	☒ H ☐ F		
Année Naissance	1997				
Adresse	12 route de Louviers				
Code postal	27400	Ville	SURVILLE		
Cours demandé	☐ MC1 ☐ MC4 ☐ SC1	☐ MC2 ☐ VC1 ☒ SC2	☐ MC3 ☐ VC2 ☐ SC3		
N° Tél. fixe	02.32.40.70.73				
N° Tél. portable	06.73.58.54.13				

N°	023	Nom	DELAFOSSE		
Prénom	Baptiste	Sexe	☒ H ☐ F		
Année Naissance	2003				
Adresse	2 rue Louis Pasteur				
Code postal	27000	Ville	EVREUX		
Cours demandé	☒ MC1 ☐ MC4 ☐ SC1	☐ MC2 ☐ VC1 ☐ SC2	☐ MC3 ☐ VC2 ☐ SC3		
N° Tél. fixe	02.32.25.10.90				
N° Tél. portable	06.11.64.79.53				

N°	024	Nom	DENEUVE		
Prénom	Tristan	Sexe	☒ H ☐ F		
Année Naissance	1996				
Adresse	30 chemin d'Andé				
Code postal	27400	Ville	SURVILLE		
Cours demandé	☐ MC1 ☐ MC4 ☐ SC1	☐ MC2 ☐ VC1 ☒ SC2	☐ MC3 ☐ VC2 ☐ SC3		
N° Tél. fixe	02.32.40.06.33				
N° Tél. portable	06.60.60.48.14				

N°	025	Nom	DONATIEU		
Prénom	Amélie	Sexe	☐ H ☒ F		
Année Naissance	1993				
Adresse	16 allée côte de la justice				
Code postal	27400	Ville	HEUDREVILLE		
Cours demandé	☐ MC1 ☐ MC4 ☐ SC1	☐ MC2 ☒ VC1 ☐ SC2	☐ MC3 ☐ VC2 ☐ SC3		
N° Tél. fixe	02.32.46.15.24.				
N° Tél. portable	06.07.40.99.60.				

N°	027	Nom	DROUET		
Prénom	Marie	Sexe	☐ H ☒ F		
Année Naissance	1991				
Adresse	3 rue des Bouvreuils				
Code postal	27400	Ville	Amfreville s/iton		
Cours demandé	☐ MC1 ☐ MC4 ☐ SC1	☐ MC2 ☒ VC1 ☐ SC2	☐ MC3 ☐ VC2 ☐ SC3		
N° Tél. fixe	02.32.40.60.86				
N° Tél. portable	06.65.86.94.60				

N°	029	Nom	EL BASSIN		
Prénom	Ayoub	Sexe	☒ H ☐ F		
Année Naissance	2003				
Adresse	8 rue des Charmilles				
Code postal	27400	Ville	ACQUIGNY		
Cours demandé	☒ MC1 ☐ MC4 ☐ SC1	☐ MC2 ☐ VC1 ☐ SC2	☐ MC3 ☐ VC2 ☐ SC3		
N° Tél. fixe	02.32.25.20.97				
N° Tél. portable	06.09.81.26.60.				

N°	030	Nom	EL BASSIN		
Prénom	Faysal	Sexe	☒ H ☐ F		
Année Naissance	2001				
Adresse	8 rue des Charmilles				
Code postal	27400	Ville	ACQUIGNY		
Cours demandé	☐ MC1 ☐ MC4 ☐ SC1	☒ MC2 ☐ VC1 ☐ SC2	☐ MC3 ☐ VC2 ☐ SC3		
N° Tél. fixe	02.32.25.20.97				
N° Tél. portable	06.09.81.26.60				

N°	037	Nom	GAMBLIN		
Prénom	Axel	Sexe	☒ H ☐ F		
Année Naissance	2002				
Adresse	6 Le Clos Morlet				
Code postal	27400	Ville	LOUVIERS		
Cours demandé	☐ MC1 ☐ MC4 ☒ SC1	☐ MC2 ☐ VC1 ☐ SC2	☐ MC3 ☐ VC2 ☐ SC3		
N° Tél. fixe	02.32.12.50.20.				
N° Tél. portable	06.03.25.47.10				

N°	039	Nom	GAUTHIER		
Prénom	Nicolas	Sexe	☒ H ☐ F		
Année Naissance	2000				
Adresse	12 rue des Forrières				
Code postal	27400	Ville	HONDOUVILLE		
Cours demandé	☐ MC1 ☐ MC4 ☒ SC1	☐ MC2 ☐ VC1 ☐ SC2	☐ MC3 ☐ VC2 ☐ SC3		
N° Tél. fixe	02.32.25.28.29				
N° Tél. portable	06.85.32.25.92				

DOCUMENT 4 Fiches de renseignements Inscription (suite)

N°	031	Nom	FLEITH
Prénom	Quentin	Sexe	☒ H ☐ F
Année Naissance	2001		
Adresse	1 rue Fretix		
Code postal	27400	Ville	LOUVIERS
Cours demandé	☐ MC1 ☐ MC4 ☐ SC1	☒ MC2 ☐ VC1 ☐ SC2	☐ MC3 ☐ VC2 ☐ SC3
N° Tél. fixe			02.32.50.97.78
N° Tél. portable			

N°	032	Nom	FLORINDA
Prénom	Marc	Sexe	☒ H ☐ F
Année Naissance	1987		
Adresse	22 avenue des amoureux		
Code postal	27100	Ville	LE VAUDREUIL
Cours demandé	☐ MC1 ☐ MC4 ☐ SC1	☐ MC2 ☒ VC1 ☐ SC2	☐ MC3 ☐ VC2 ☐ SC3
N° Tél. fixe			02.32.40.59.97
N° Tél. portable			06.80.06.24.55

N°	033	Nom	FRESCHI
Prénom	Patrick	Sexe	☒ H ☐ F
Année Naissance	1952		
Adresse	6 rue du Neubourg		
Code postal	27400	Ville	LOUVIERS
Cours demandé	☐ MC1 ☐ MC4 ☐ SC1	☐ MC2 ☐ VC1 ☐ SC2	☐ MC3 ☒ VC2 ☐ SC3
N° Tél. fixe			02.32.59.51.76
N° Tél. portable			06.09.99.58.23

N°	034	Nom	FRESCHI
Prénom	Johanna	Sexe	☐ H ☒ F
Année Naissance	1995		
Adresse	6 rue du Neubourg		
Code postal	27400	Ville	LOUVIERS
Cours demandé	☐ MC1 ☐ MC4 ☐ SC1	☐ MC2 ☐ VC1 ☐ SC2	☐ MC3 ☐ VC2 ☒ SC3
N° Tél. fixe			02.32.59.51.76
N° Tél. portable			06.09.99.58.23

N°	035	Nom	GABRIC
Prénom	Lucas	Sexe	☒ H ☐ F
Année Naissance	1998		
Adresse	19 rue de l'Orher		
Code postal	27370	Ville	VRAIVILLE
Cours demandé	☐ MC1 ☐ MC4 ☐ SC1	☒ MC2 ☐ VC1 ☐ SC2	☐ MC3 ☐ VC2 ☐ SC3
N° Tél. fixe			02.32.50.67.78
N° Tél. portable			06.68.13.41.57

N°	053	Nom	VARLIN
Prénom	Angèle	Sexe	☐ H ☒ F
Année Naissance	1968		
Adresse	75 route de Louviers		
Code postal	27930	Ville	MISEREY
Cours demandé	☐ MC1 ☐ MC4 ☐ SC1	☐ MC2 ☐ VC1 ☐ SC2	☐ MC3 ☒ VC2 ☐ SC3
N° Tél. fixe			02.32.25.41.74
N° Tél. portable			06.07.49.54.12

N°	059	Nom	XELBRAYERE
Prénom	Jason	Sexe	☒ H ☐ F
Année Naissance	1997		
Adresse	34 rue de Fouques		
Code postal	27930	Ville	MISEREY
Cours demandé	☐ MC1 ☐ MC4 ☐ SC1	☐ MC2 ☐ VC1 ☒ SC2	☐ MC3 ☐ VC2 ☐ SC3
N° Tél. fixe			02.32.14.23.01
N° Tél. portable			

N°	060	Nom	XUREN
Prénom	Julie	Sexe	☐ H ☒ F
Année Naissance	1983		
Adresse	route de la mare		
Code postal	27940	Ville	VENABLES
Cours demandé	☐ MC1 ☐ MC4 ☐ SC1	☐ MC2 ☐ VC1 ☐ SC2	☐ MC3 ☒ VC2 ☐ SC3
N° Tél. fixe			
N° Tél. portable			06.03.02.14.21

N°	056	Nom	WALLER
Prénom	Arthur	Sexe	☒ H ☐ F
Année Naissance	1960		
Adresse	4 rue du Hamelet		
Code postal	27400	Ville	PINTERVILLE
Cours demandé	☐ MC1 ☐ MC4 ☐ SC1	☐ MC2 ☐ VC1 ☐ SC2	☐ MC3 ☐ VC2 ☒ SC3
N° Tél. fixe			02.32.33.10.66
N° Tél. portable			06.12.55.67.49

N°	054	Nom	VOITTE
Prénom	Cindy	Sexe	☐ H ☒ F
Année Naissance	1969		
Adresse	390 rue des Foulonniers		
Code postal	27000	Ville	EVREUX
Cours demandé	☐ MC1 ☐ MC4 ☐ SC1	☐ MC2 ☐ VC1 ☐ SC2	☐ MC3 ☒ VC2 ☐ SC3
N° Tél. fixe			02.32.59.11.70
N° Tél. portable			06.65.33.10.30

SYNTHÈSE Préparer le suivi des cours du judo club

1. Ouvrez la base de données **Conquérant**.

2. Créez la table ***Cours*** à partir de l'extrait du fascicule du club **(DOCUMENT 5)** et des consignes de votre tuteur **(DOCUMENT 6)**.

DOCUMENT 5 Extrait du fascicule du club

JUDO CLUB LE CONQUERANT

JUDO CLUB
LE CONQUÉRANT
Association sportive
loi 1901

HORAIRES DU CLUB

Code cours	Jour	Début cours	Fin cours	Niveau	Tarif	Code professeur
MC1	Mercredi	14H00	15h00	Enfants 4/6 ans	100 €	SHO DAN
MC2	Mercredi	15h00	16h00	Enfants 6/12 ans	142 €	NI DAN
VC1	Vendredi	18H00	19H00	Jujitsu	166 €	NI DAN
VC2	Vendredi	19H00	20H30	Adultes et + de 14 ans	166 €	SAN DAN
SC2	Samedi	15H00	16H00	Ados 12/14 ans	142 €	SAN DAN

rue du Maréchal Leclerc
27000 EVREUX
☎ : 02 32 48 10 81
02 32 48 10 82

judo-conquerant@hotmail.fr

Président du club : Nicolas BERTHON

DOCUMENT 6 Consignes de M. Berthon

À partir des horaires du club, que vous trouverez sur le fascicule remis aux adhérents lors des inscriptions, pouvez-vous ajouter une nouvelle table Cours à notre base de données. Nous pourrons ainsi enregistrer les cours que nous proposons à nos adhérents. Attention, utilisez la même taille et le même type pour le code cours que dans votre table Adhérents. Pensez à préparer un dictionnaire de données avant de faire votre saisie !

Bon courage

N. Berthon

FICHE 1 Créer une base de données

Lancer Access et créer une base de données

Sur le disque dur, une base de données représente un seul document, un seul fichier se terminant par accdb pour Access 2007 (Exemple : Personnel.accdb).

Dans la page Prise en main de Microsoft Office Access, cliquer sur l'icône Base de données vide.

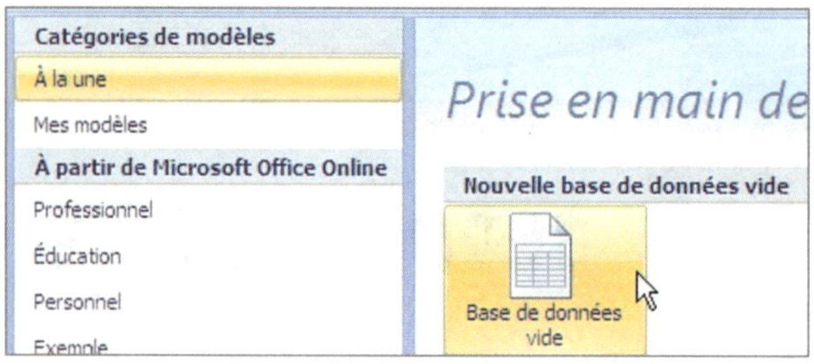

Dans le volet droit, cliquer sur l'icône représentant un dossier pour choisir un emplacement où enregistrer la base.

Dans la zone Nom de fichier saisir le nom de la base de données puis cliquer sur Créer.

La base de données est ouverte et une nouvelle table nommée Table1 est créée, ouverte en mode Feuille de données.

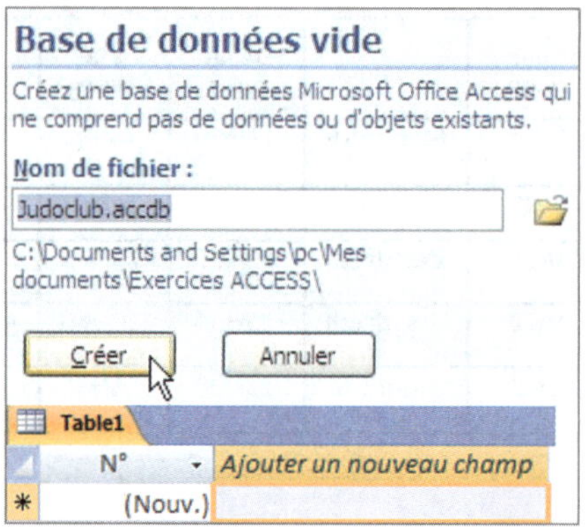

Fermer la base de données

Cliquer sur le bouton Office.

Cliquer sur Fermer la base de données.

FICHE 2 Créer une table

Créer une table en mode création

Une table permet de stocker les données se rapportant à un même sujet (ex : table des salariés). Elle est souvent liée à d'autres tables.
Les informations sont enregistrées dans un tableau composé de champs (en colonnes) et d'enregistrements (en lignes).

Sous l'onglet Créer, dans le groupe Tables, cliquer sur Création de table.

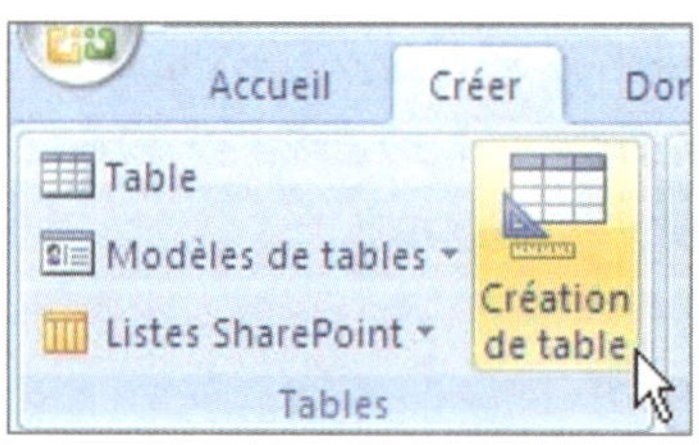

Saisir le nom, pour chaque champ de la table.

FICHE 2

Créer une table (suite)

Choisir un type de données

Cliquer dans la zone Type de données du champ à renseigner.

Cliquer sur le bouton déroulant pour sélectionner le type de données désiré.

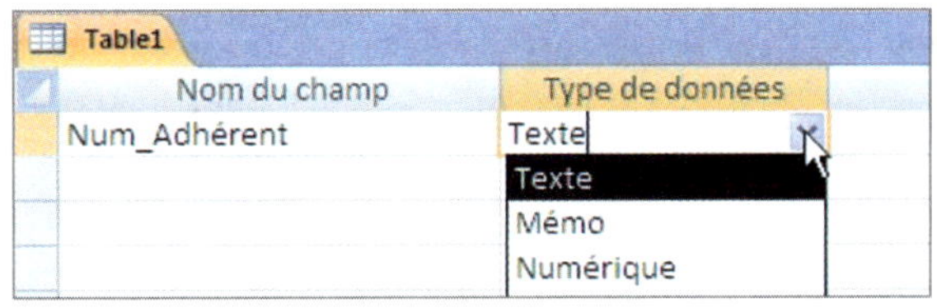

Définir la taille d'un champ

Cliquer dans la ligne Taille du champ, dans la zone Propriété du champ, au bas de la fenêtre, et saisir la taille du champ pour les champs de type texte.

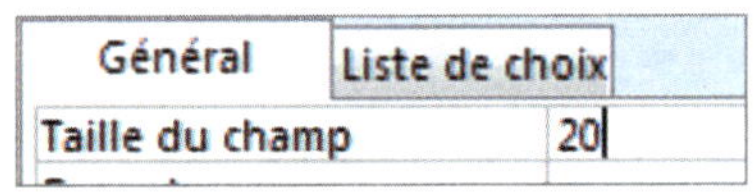

Afficher le texte saisi en majuscules ou minuscules

Dans la zone Propriété du champ, cliquer dans la ligne Format et insérer le signe >, pour convertir le texte saisi en majuscules, ou saisir < pour convertir le texte saisi en minuscules.

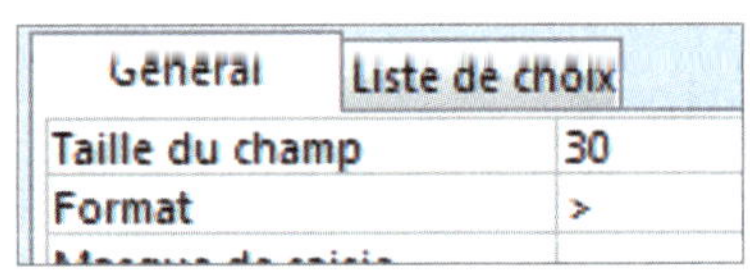

Créer un masque de saisie

Dans la zone Propriété du champ, cliquer dans la ligne Masque de saisie puis sur le bouton [...], situé à côté de la zone de texte de la propriété.

Plusieurs masques sont proposés, sélectionner un de ces masques.

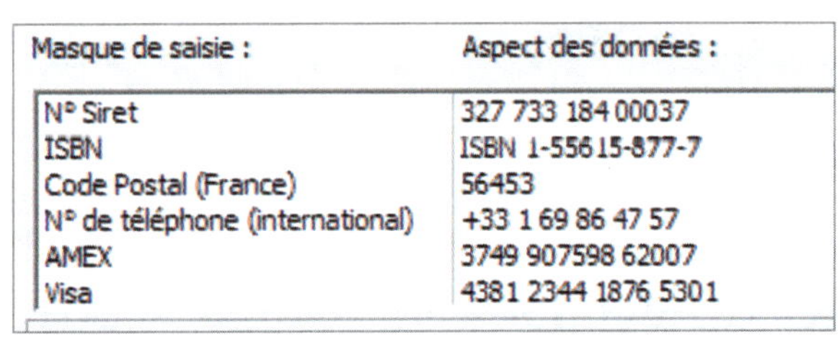

Définir la clé primaire

Une table doit inclure un champ qui permet d'identifier de façon unique chaque enregistrement. Ce champ est appelé clé primaire.

Pour définir un champ comme clé primaire de la table, sélectionner le champ en cliquant sur le sélecteur de ligne correspondant.

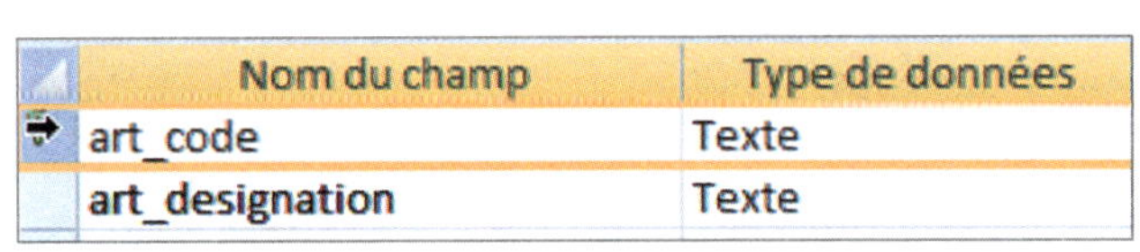

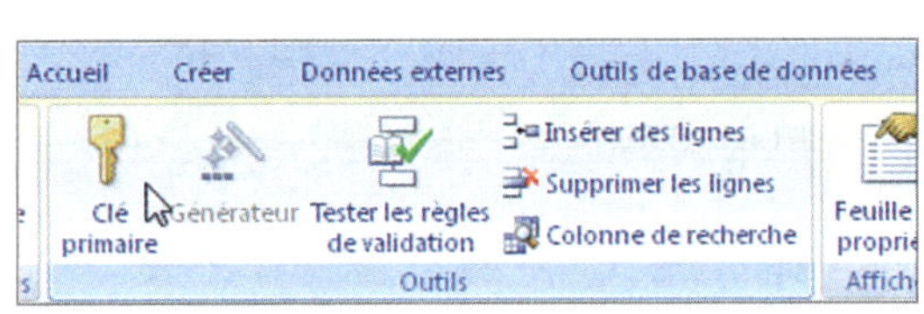

Sous l'onglet Création, dans le groupe Outils, cliquer sur Clé primaire.

FICHE 3 Saisir des enregistrements

Revenir en mode feuille de données en cliquant sur Affichage dans l'onglet Accueil.

Saisir le contenu de chaque enregistrement en utilisant la touche Tab pour passer d'un champ à l'autre.

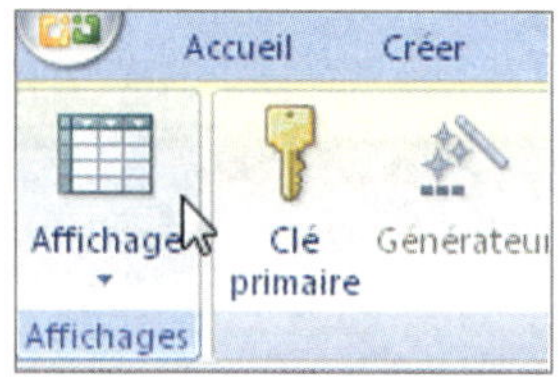

FICHE 4 Enregistrer une table

Faire un clic droit sur le nom de la table et cliquer sur Enregistrer.

Saisir le nom de la table.

Cliquer sur OK.

FICHE 5 Modifier des dimensions

Placer le pointeur sur le trait horizontal qui sépare deux lignes ou deux colonnes.

Cliquer et faire glisser le trait jusqu'à la dimension voulue.

Pour ajuster la largeur, double-cliquer sur le trait séparant les en-têtes de colonne.

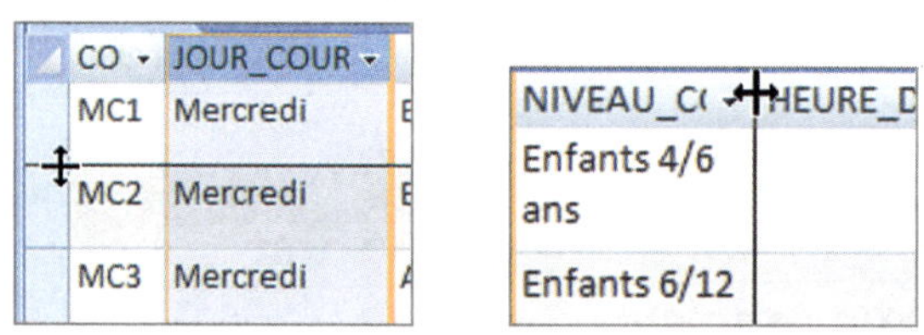

FICHE 6 Imprimer les données d'une table – Créer un état instantané

Dans le volet de navigation, cliquer sur la table à imprimer.

Sous l'onglet Créer, dans le groupe États, cliquer sur État.

L'état s'affiche à l'écran.

Ajuster éventuellement les marges

Cliquer sur le bouton Office, pointer l'option Imprimer puis cliquer sur l'option Aperçu avant impression.

Cliquer sur le bouton Mise en Page.

Saisir le nom sous lequel l'état doit être enregistré. Par défaut, Access propose le même nom que la table utilisée pour créer l'état.

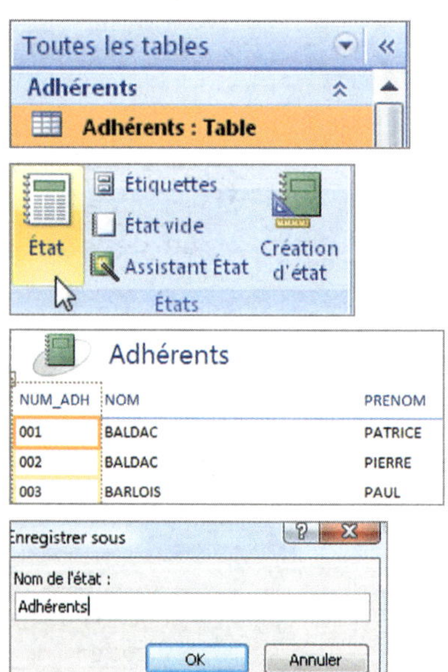

Modifier et imprimer une table

OBJECTIFS

- Ouvrir une table
- Modifier des enregistrements
- Modifier la structure d'une table
- Créer une liste de choix
- Rechercher les données d'une table
- Adapter l'impression aux données

Situation professionnelle

Vous continuez votre période de formation au club de judo. Votre tuteur vous demande de mettre à jour la base de données et de gérer les passages de grade.

JUDO CLUB LE CONQUÉRANT

rue du Maréchal Leclerc
27000 ÉVREUX
Tél : 02 32 48 10 81
Fax : 02 32 48 10 82

Association sportive loi 1901

MISSION 1 Mettre à jour la base de données

Ouvrez la table ***Adhérents*** dans la base de données **Conquérant** puis modifiez les données de la table à partir des documents annotés par Nicolas Berthon (DOCUMENT 1).

DOCUMENT 1 Messages reçus

Sujet : Demande d'adhésion
De : jm-bichard@orange.fr
Date : 11:50
Pour : judo-conquerant@hotmail.fr

Bonjour,

J'aimerais savoir s'il est encore possible d'inscrire mon fils Samuel né en 2002 au cours du samedi.

Merci de votre réponse
Cordialement

Jean Marie BICHARD
14 place Thoret
27100 LOUVIERS
02.32.56.12.00
06 14 23 59 03

Ok pour l'inscription au cours.

Mettez à jour le fichier

– Nouvelle adresse de la famille CELERI :
4-5 lot. La Pommeraie à Louviers

– Maryline Plorimond a changé de n° de portable : 06 12 35 69 99

Fiche 1
Ouvrir une table

Fiche 2
Modifier des enregistrements

Destinataire : Nicolas BERTHON

Date : 20 novembre Heure : 10 h 00

PENDANT VOTRE ABSENCE

M. FRESCHI Patrick

Société

vu avec le moniteur. OK.

Téléphone : 06 09 99 58 23

A téléphoné ⊗ Est venu vous voir O
Veuillez l'appeler O Désire vous voir O
Rappellera O URGENT O

MESSAGE Demande de changement de cours
souhaite intégrer le cours de jujitsu à la place du cours adultes.

Message pris par : stagiaire

Fiche 2
Modifier des enregistrements

MISSION 2 Améliorer la structure de la base de données

1. Supprimez le champ Sexe et remplacez-le par un titre de civilité avec une liste de choix, à partir des consignes que vous a laissées M. Berthon **(DOCUMENT 2)**.
2. Ajoutez un champ E-mail puis recherchez le nom des adhérents que vous avez notés **(DOCUMENT 3)** et ajoutez leur adresse électronique.
3. Prévisualisez le document avant d'imprimer la table.

DOCUMENT 2 Consignes de M. Berthon

Supprimez le champ Sexe et remplacez-le par un titre de civilité avec une liste de choix.

Nos adhérents utilisent de plus en plus le courrier électronique. Il faudrait donc ajouter un champ pour enregistrer leur adresse e-mail.

Profitez-en pour enregistrer les adresses que vous avez notées sur votre bloc.

Éditez la liste des adhérents afin que je puisse vérifier votre travail. Ajustez au mieux pour que le tout tienne sur 2 pages maximum.

N. Berthon

Fiche 3
Modifier la structure d'une table

Fiche 4
Créer une liste de choix

DOCUMENT 3 Adresses électroniques des adhérents

Mme RAPLIEZ	rapliez.col@yahoo.fr
M. OLIVEIRA	mhenri@orange.fr
M. FLORINDA	florindamarc@orange.fr
M. FRESCHI	pfreschi@hotmail.fr
Mle DONADIEU	am.donadieu@yahoo.fr
M. BLANCHOT	al.blanchot@wanadoo.fr
Mme VARLIN	angele.varlin@orange.fr
M. BARLOIS	jer.barlois@wanadoo.fr
M. BALDAC Patrick	patbal@yahoo.fr
M. BOUTRY	marc-boutry@yahoo.fr
Mme XUREN	j.xuren@free.fr

Fiche 5 Rechercher les données d'une table

Fiche 6 Adapter l'impression aux données

SYNTHÈSE Gérer les passages de ceintures

1. Ajoutez, à partir de l'extrait du fascicule remis à l'adhérent (DOCUMENT 4), un champ Ceinture dans la table des adhérents pour enregistrer la ceinture possédée à partir d'une liste de choix.

2. Recherchez, à partir du tableau Grades (DOCUMENT 5), les adhérents qui disposent d'une ceinture et enregistrez cette information dans la table des adhérents.

3. Éditez la nouvelle table avec les modifications.

DOCUMENT 4 Extrait du fascicule de l'adhérent

Passages de grades

Les KYU

Kyu = ceintures de couleur : blanche, jaune-blanche, jaune, jaune-orange, orange, orange-verte, verte, verte-bleue, bleue, marron, noire.

C'est le **professeur** qui juge du niveau.

Les tests pour les enfants ont lieu **de mai à juin**.

CEINTURE NOIRE

Délivrée par la **fédération** (FFJDA).

DOCUMENT 5 Grade des adhérents

GRADE DES ADHÉRENTS DU CLUB		
NOM	Prénom	Ceinture
CELERI	Andrien	BLANCHE
VARLIN	Angèle	VERTE
WALLER	Arthur	BLANCHE
GAMBLIN	Axel	JAUNE-ORANGE
DELAFOSSE	Baptiste	BLANCHE
BARTHELEMY	Christophe	JAUNE
VOITTES	Cindy	VERTE
BILLARD	Clément	ORANGE
RAPLIEZ	Colette	VERTE
BUNEL	Edgar	BLANCHE
CELERI	Eva	BLANCHE
CHAMBAUT	Fabian	JAUNE
EL BASSIN	Fayçal	JAUNE
DENEUVE	Tristan	BLEUE
XELBRAYERE	Jason	ORANGE-VERTE
FRESCHI	Johanna	BLEUE
XUREN	Julie	BLANCHE
GABRIC	Lucas	VERTE
BOUTRY	Marc	MARRON
PLORIMOND	Maryline	VERTE
WOURSIER	Murielle	BLANCHE
GAUTHIER	Nicolas	JAUNE
BALDAC	Patrice	MARRON
FRESCHI	Patrick	NOIRE
BARLOIS	Paul	JAUNE-BLANCHE
BALDAC	Pierre	BLANCHE
BERNAUD	Quentin	JAUNE-BLANCHE
FLEITH	Quentin	JAUNE
PRUN	Samuel	BLANCHE

Ajoutez une liste de choix dans votre table Adhérents pour enregistrer la ceinture qu'ils possèdent. Pour créer votre liste, vous trouverez sur le fascicule de l'adhérent toutes les ceintures que nous préparons.

À partir de la recherche des adhérents concernés, enregistrez cette information dans la table.

Éditez la liste mise à jour.

FICHE 1 Ouvrir une table

Pour ouvrir une table, double-cliquer sur le nom de la table dans le volet navigation.

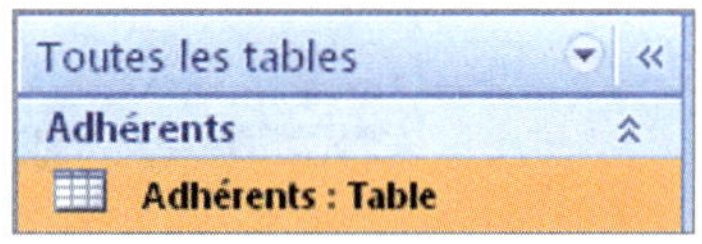

FICHE 2 Modifier les enregistrements

Ajouter, supprimer un enregistrement

En Mode Feuille de données.

Pour ajouter, cliquer sur la ligne qui suit le dernier enregistrement et saisir le contenu du nouvel enregistrement.

Pour supprimer, sélectionner le ou les enregistrements à supprimer.

Appuyer sur la touche Suppr

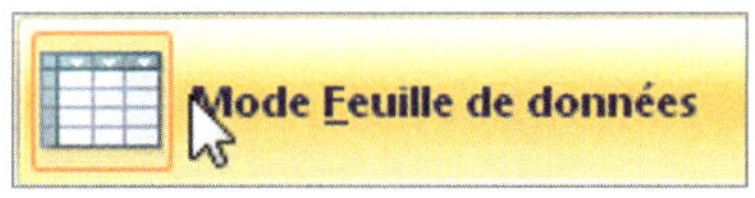

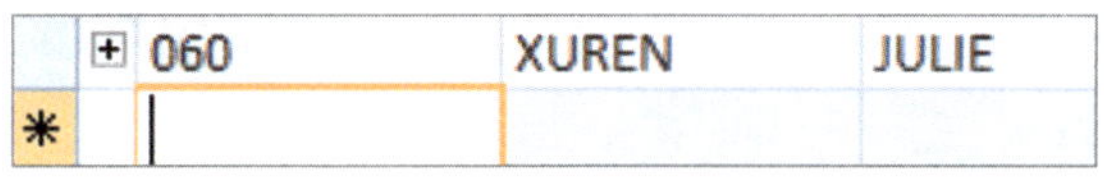

Déplacer un champ

Sélectionner le champ à déplacer.

Placer le curseur sur la ligne séparant l'en-tête de la colonne à déplacer et la première cellule de cette colonne. Le curseur prend la forme d'une croix. Cliquer dans l'en-tête de colonne et faire glisser le champ jusqu'à l'endroit correspondant en maintenant le bouton enfoncé.

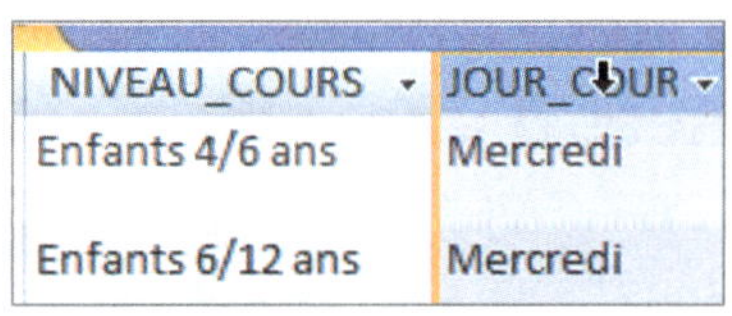

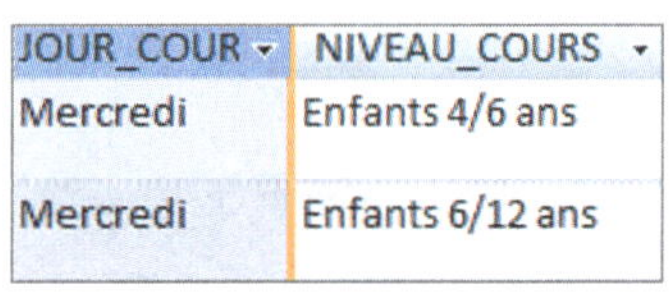

FICHE 3 Modifier la structure d'une table

En Mode Création,

– pour insérer des lignes, placer le pointeur sur la ligne où vous voulez insérer un champ, cliquer sur le bouton Insérer des lignes ;
– pour supprimer des lignes, cliquer dans l'en-tête de la ligne à supprimer. Appuyer sur la touche Suppr ;
– pour déplacer des lignes, cliquer dans l'en-tête de la ligne. Faire glisser le champ jusqu'à l'endroit souhaité.

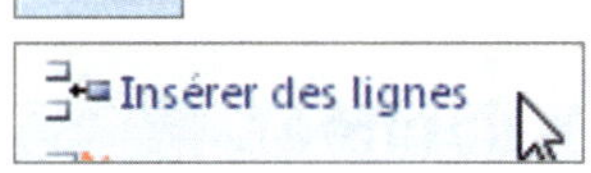

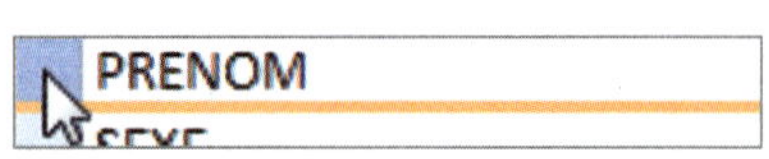

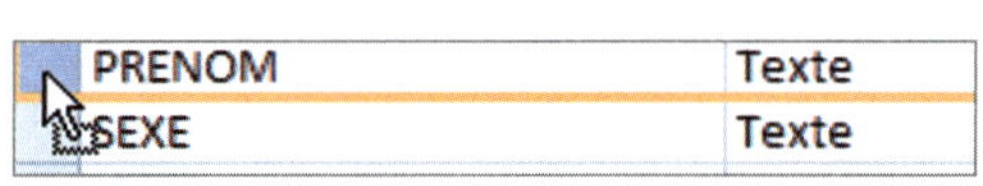

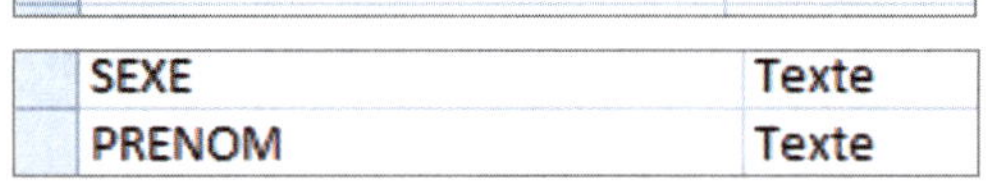

FICHE 4 Créer une liste de choix

En Mode Création, cliquer dans la colonne Type de données.

Ouvrir la liste déroulante puis sélectionner l'option Assistant Liste de choix.

Activer l'option Je taperai les valeurs souhaitées.

Cliquer sur le bouton Suivant.

Préciser le nombre de colonnes souhaitées pour la liste.

Cliquer dans la zone de saisie correspondante.

Saisir les valeurs de la liste.

Ajuster la colonne.

Cliquer sur le bouton Suivant.

Saisir le texte de l'étiquette du champ.

Cliquer sur Terminer.

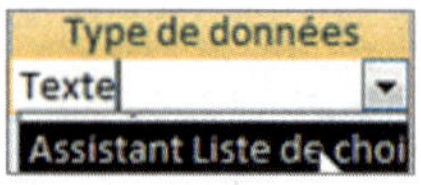

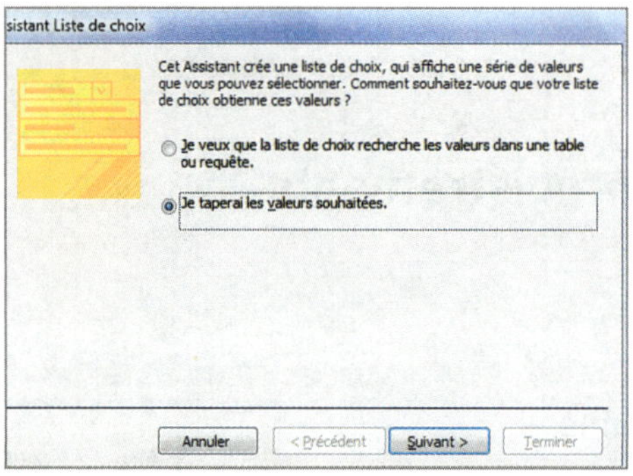

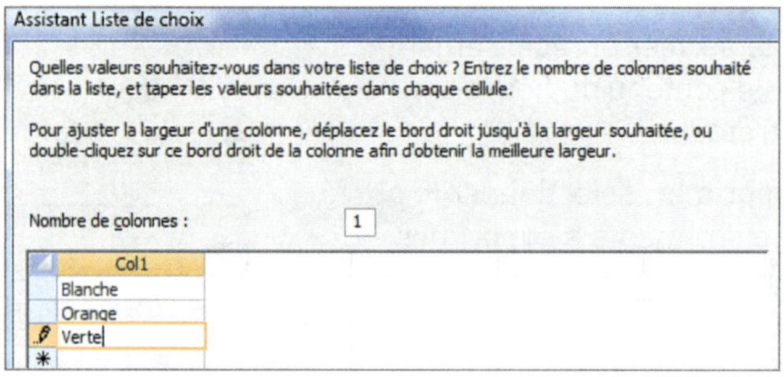

FICHE 5 Rechercher les données d'une table

En Mode Feuille de données, sous l'onglet Rechercher, dans le groupe Accueil, cliquer sur Rechercher.

Dans la zone Rechercher, taper la valeur à rechercher.

Indiquer à l'aide de la liste déroulante où : si le texte recherché constitue le Champ entier ou une partie du champ (N'importe où dans le champ ou début de champ).

Indiquer le sens de la recherche : Haut, Bas ou Tout.

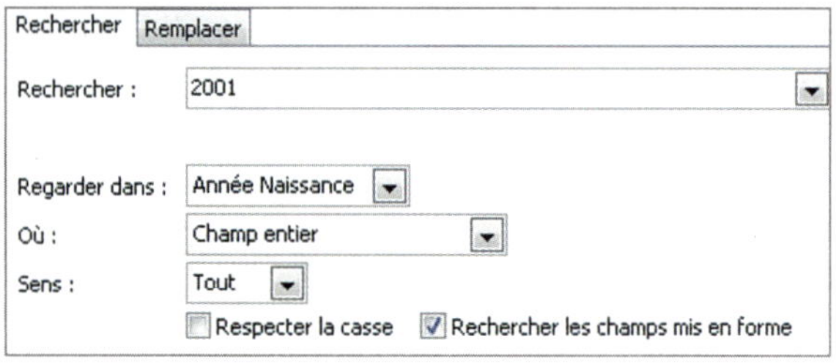

FICHE 6 Adapter l'impression aux données

Cliquer sur le bouton Office puis sur Imprimer, Aperçu avant impression.

Dans l'onglet Mise en page, cliquer sur Paysage ou Portrait.

Cliquer sur Marges pour régler les marges.

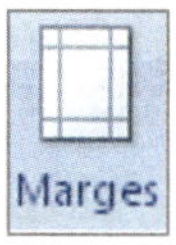

Établir des relations

OBJECTIFS

- Insérer des conditions de validité et des messages d'erreur
- Établir des relations
- Imprimer des relations

Situation professionnelle

Vous poursuivez votre période de formation au club de judo.
Votre tuteur vous demande de mettre en place le suivi des cotisations des adhérents qui se sont inscrits aux cours.

JUDO CLUB
LE CONQUÉRANT

rue du Maréchal Leclerc
27000 ÉVREUX
Tél : 02 32 48 10 81
Fax : 02 32 48 10 82

Association sportive loi 1901

Activités :
Éveil judo – Judo – Jujitsu

MISSION 1 Insérer des conditions de validité et des messages d'erreur

1. Créez la nouvelle table ***Cotisations*** (DOCUMENT 1) qui permettra d'enregistrer les cotisations payées par les adhérents.

2. Saisissez les règles de validité (DOCUMENTS 1 ET 2).

DOCUMENT 1 Mémo de Nicolas Berthon

Mémo

À : Stagiaire

De : Nicolas BERTHON

Il faudrait ajouter une table Cotisations à notre base de données afin d'enregistrer :
- le numéro d'adhérent ;
- le numéro de cotisation ;
- l'année de cotisation ;
- le montant du règlement ;
- le type de règlement ;
- la date du règlement.

Pour faciliter la saisie, pensez à intégrer quelques règles de validité :
- par défaut l'année de cotisation est l'année en cours ;
- le montant du règlement ne sera valide que s'il est inférieur au tarif le plus élevé. Indiquez le message «montant erroné» qui nous alertera en cas d'erreur de saisie (je vous laisse les tarifs du club) ;
- le type de règlement sera présenté sous forme de liste de choix (espèces, 1, 2 ou 3 chèques) ;
- Il faudrait également ajouter un champ de type Oui/Non pour enregistrer les règlements. Par défaut, tant que le paiement n'est pas effectué, on indiquera la valeur Non. Nous pourrons ainsi facilement relancer les adhérents qui n'auront pas versé leur cotisation.

Fiche 1
Insérer des conditions de validité et des messages d'erreur

DOCUMENT 2 Tarifs

TARIFS JUDO

Cours	Tarifs
Éveil Judo Enfants 4/6 ans	100 €
Enfants Ados Judo Enfants 6/14 ans	142 €
Adultes – Jujitsu	166 €

Les tarifs Judo et Jujitsu comprennent la licence, l'assurance (32 €) et la cotisation annuelle.

2e INSCRIPTION : 10 %
3e INSCRIPTION : 15 %
4e INSCRIPTION : 20 %
SUR LA COTISATION LA - CHÈRE

Il est possible de régler la cotisation en espèces ou par un, deux ou trois chèques (datés du jour de l'inscription et signés), ils doivent être donnés lors de l'inscription.

MISSION 2 Établir des relations

1. Établissez la relation (DOCUMENT 3) entre la table ***Adhérents*** et la table ***Cotisations*** à partir du numéro d'adhérent de la table ***Adhérents*** vers le numéro d'adhérent de la table ***Cotisations***.

2. Appliquez l'intégrité référentielle et mettez à jour en cascade les champs correspondants.

3. Imprimez le rapport des relations.

DOCUMENT 3 Mémo de Nicolas Berthon

Mémo

À : Stagiaire

De : Nicolas BERTHON

Afin que nous puissions par la suite obtenir des informations issues des tables Adhérents et Cotisations, pouvez-vous mettre les deux tables en relation en appliquant l'intégrité référentielle et en acceptant la mise à jour en cascade.

Je vous rappelle que les adhérents règlent une seule cotisation et que les cotisations sont payées par tous les adhérents.
Pensez à éditer le rapport des relations.

Fiche 2
Établir des relations

Fiche 3
Imprimer des relations

SYNTHÈSE Effectuer le suivi des cours du judo club

1. Créez la structure d'une nouvelle table ***Intervenants***, à partir de la fiche utilisée pour noter les renseignements concernant les professeurs du club **(DOCUMENT 4)**. Ajoutez un champ pour insérer le CV de l'intervenant en pièce jointe.

2. En vous aidant des règles de gestion **(DOCUMENT 5)** qu'a notées M. Berthon, établissez la relation entre les tables ***Adhérents***, ***Cours*** et ***Intervenants***.

DOCUMENT 4 Fiche de renseignements Intervenants

NOM : HARDY Nom de jeune fille : BAUDEROY Prénom : Cathy	Code : SHO DAN N° Immatriculation 2.65.06.76.517.192/21
Né(e) le : 21/06/65	
Adresse : 12 route de Louviers	
Code postal : 27800	Ville : BRIONNE
Tél : 02 32 54 56 10	Portable : 06 02 30 50 65
Ceinture :	Noire 1er dan

DOCUMENT 5 Règles de gestion

Règles de gestion

- un cours est suivi par plusieurs adhérents
- un adhérent suit un seul cours
- un cours est dispensé par un seul intervenant
- un intervenant peut dispenser plusieurs cours

FICHE 1 Insérer des conditions de validité et des messages d'erreur

Valeur par défaut

En Mode Création, cliquer dans le champ dont on veut saisir la propriété.

Cliquer dans la propriété Valeur par défaut. Entrer la valeur que l'on souhaite voir figurer par défaut.

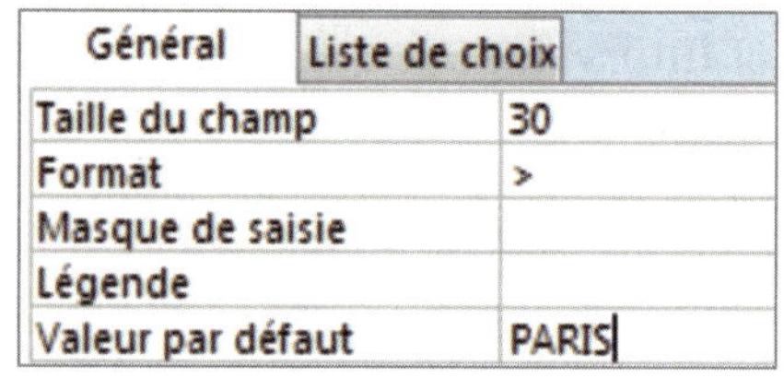

Valide si

Cliquer dans le champ dont on veut saisir la propriété.

Cliquer dans la propriété Valide si. Entrer la condition de validité que l'on souhaite attribuer au champ.

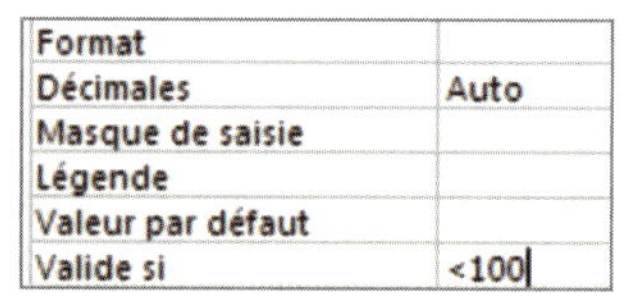

Message si erreur

Cliquer dans le champ dont on veut saisir la propriété.

Cliquer dans la propriété Message si erreur. Entrer le message que l'on souhaite voir s'afficher lorsque la condition de validité n'est pas remplie.

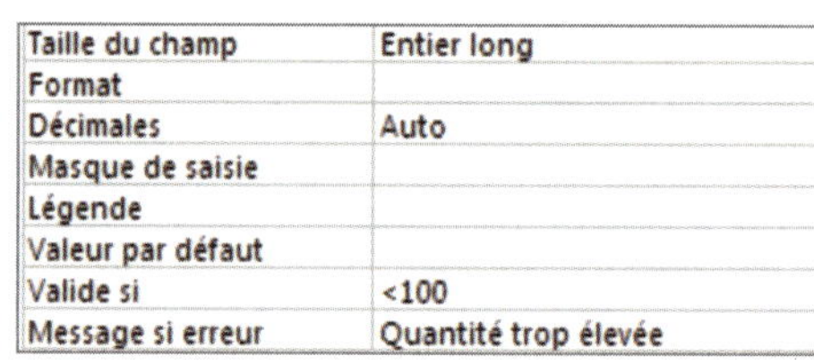

FICHE 2 Établir des relations

Créer une relation

Sous l'onglet Outils de base de données, dans le groupe Afficher/Masquer, cliquer sur Relations.

Comme les relations n'ont pas encore été définies, la boîte de dialogue Afficher la table s'affiche automatiquement.

Si ce n'est pas le cas, sous l'onglet Créer, dans le groupe Relations, cliquer sur Afficher la table.

Sélectionner les tables que l'on souhaite mettre en relation.

Cliquer sur Ajouter.

Cliquer sur Fermer, après avoir ajouté toutes les tables qui apparaissent alors dans la fenêtre.

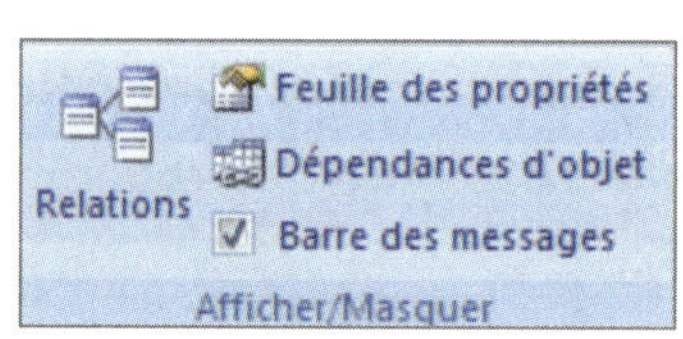

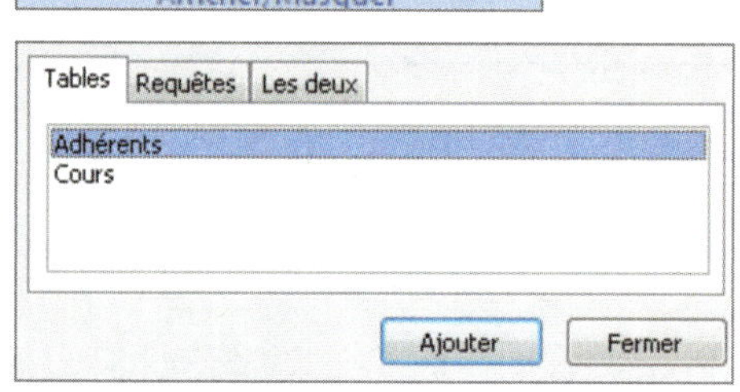

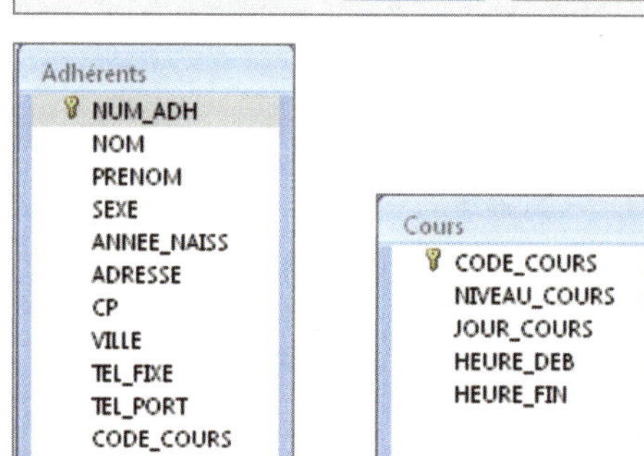

FICHE 2

Établir des relations (suite)

Pour établir la relation, faire glisser le champ commun aux deux tables, de la table primaire (ou table source) vers la table liée.

La boîte de dialogue **Modifier des relations** s'affiche.

Cliquer sur le bouton **Créer**.

La ligne de relation est tracée entre les deux tables.

Cette ligne est une ligne de jointure qui définit la relation entre les deux tables

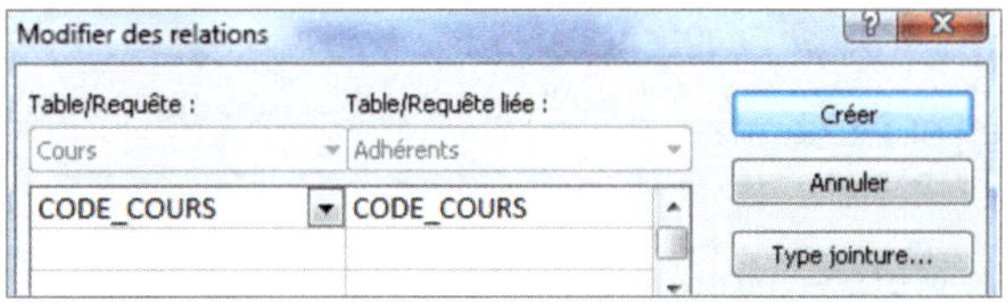

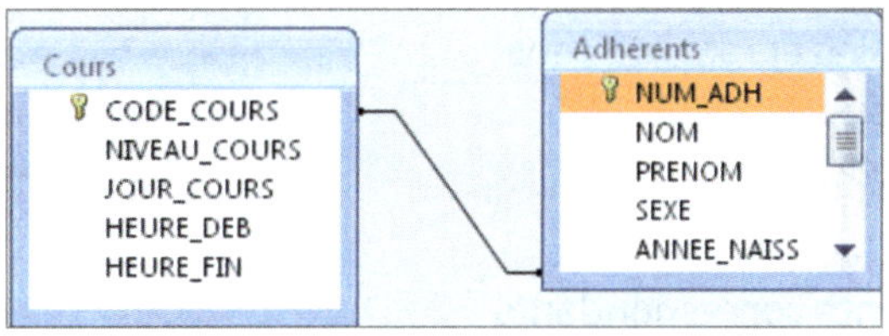

Appliquer l'intégrité référentielle

Pour qu'Access effectue des contrôles de compatibilité des données entre les deux tables, il faut appliquer l'intégrité référentielle.

Double-cliquer sur la ligne de relation.

Cocher l'option **Appliquer l'intégrité référentielle**.

La ligne de jointure définit une relation de un à plusieurs entre les deux tables.

La ligne de relation est tracée entre les deux tables.

Le trait s'épaissit à chaque extrémité.

Le chiffre 1 s'affiche sur la section épaisse du trait sur un côté de la relation.

Le symbole infini (∞) s'affiche au-dessus de la partie épaisse du trait de l'autre côté.

La table du côté (1) est appelée table mère.

La table du côté (∞) est appelée table fille.

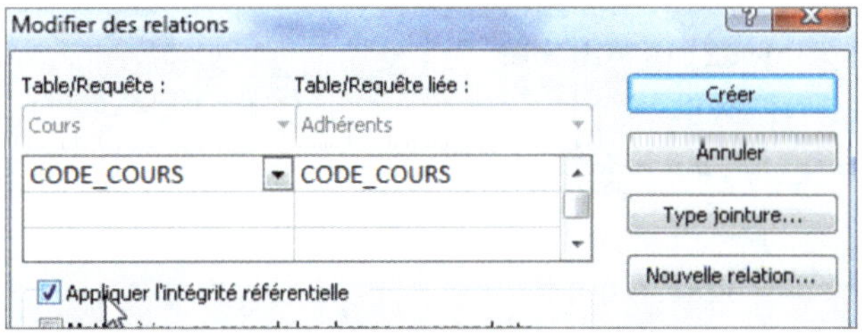

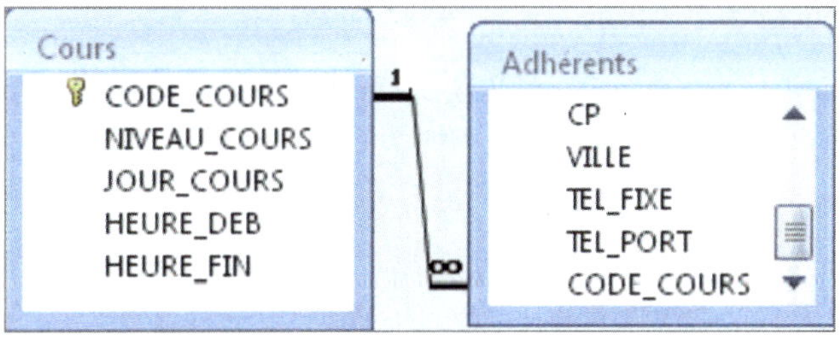

FICHE 2 Établir des relations (suite)

Définir les options en cascade

Double-cliquer sur la ligne de relation.

Cocher la case Mettre à jour en cascade les champs correspondants pour mettre à jour les enregistrements filles lors de la mise à jour d'un enregistrement mère.

Cocher la case Effacer en cascade les enregistrements correspondants pour supprimer les enregistrements filles lors de la suppression d'un enregistrement mère.

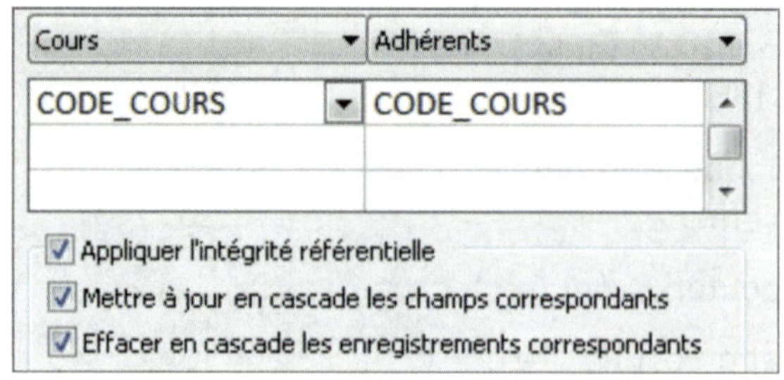

Supprimer une relation

Sous l'onglet Créer, dans le groupe Relations, cliquez sur Afficher toutes les relations.

Toutes les tables avec des relations sont affichées.

Cliquer avec le bouton droit sur la ligne de relation à supprimer, puis appuyer sur Suppr.

Cliquer sur Oui pour confirmer la suppression.

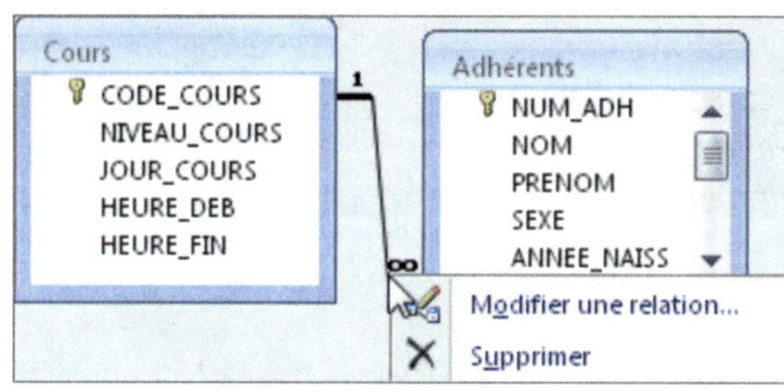

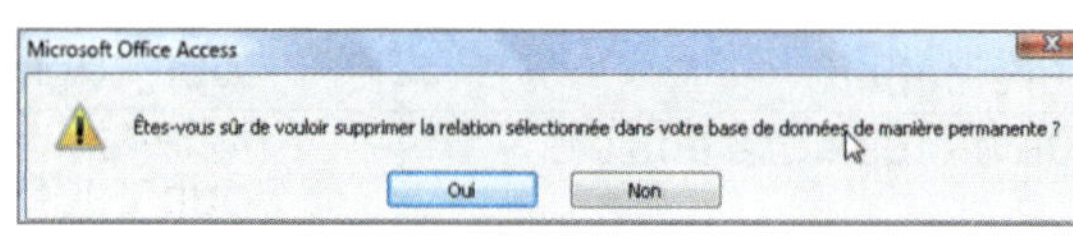

FICHE 3 Imprimer des relations

Sous l'onglet Outils de base de données, dans le groupe Afficher/Masquer, cliquer sur Relations.

Dans le groupe Outils, cliquer sur Rapport de relations.

Un état reprenant le schéma des relations est automatiquement généré.

Cliquer sur le bouton Imprimer.

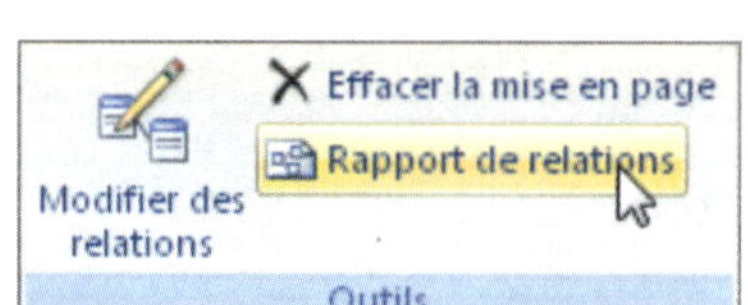

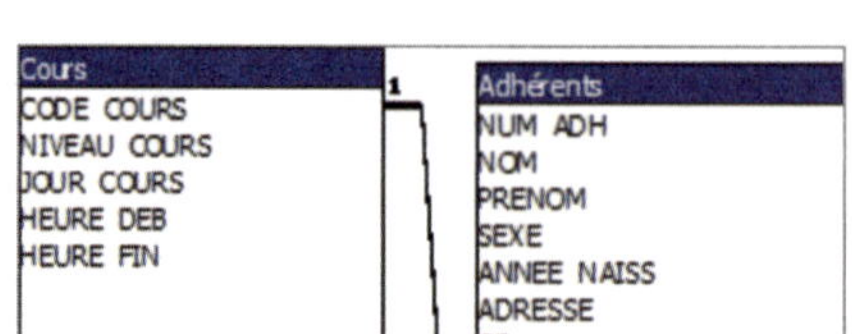

Créer et modifier des formulaires

OBJECTIFS

- Créer un formulaire instantané
- Utiliser un formulaire
- Saisir en mode formulaire
- Créer un formulaire avec assistant
- Modifier un formulaire
- Modifier les contrôles d'un formulaire
- Insérer une liste déroulante

Situation professionnelle

Vous poursuivez votre période de formation au club de judo.

Votre tuteur vous confie l'enregistrement des versements reçus pour les inscriptions et le suivi des intervenants du club.

JUDO CLUB
LE CONQUÉRANT

rue du Maréchal Leclerc
27000 ÉVREUX
Tél : 02 32 48 10 81
Fax : 02 32 48 10 82

Association sportive loi 1901

Activités :
Éveil judo – Judo – Jujitsu

MISSION 1 Enregistrer les versements

1. Réalisez un formulaire instantané à partir des consignes de votre tuteur (DOCUMENT 1).

2. Saisissez les versements qui ont déjà été effectués à partir du tableau de versement des cotisations (DOCUMENT 2).

DOCUMENT 1 Consignes de M. Berthon

Pouvez-vous enregistrer les règlements qui viennent d'être effectués par les adhérents dans un formulaire. Je vous laisse le tableau que le trésorier de l'association m'a remis.

Merci

N. Berthon

Fiche 1
Créer un formulaire instantané

DOCUMENT 2 Tableau de versement des cotisations

NOM Prénom	Montant	Date	Type
DONADIEU Amélie	166,00 €	15 septembre	1 chèque
FLEITH Quentin	142,00 €	18 septembre	3 chèques
WOURSIER Murielle	100,00 €	22 septembre	2 chèques
DELAFOSSE Baptiste	90,00 €	5 octobre	1 chèque
BOUTRY Marc	132,80 €	25 septembre	3 chèques
BARLOIS Paul	142,00 €	5 octobre	1 chèque
CALLOUET Guillaume	100,00 €	15 septembre	Espèces
DELAFOSSE Thomas	142,00 €	27 septembre	3 chèques

Fiche 2
Utiliser un formulaire

Fiche 3
Saisir en mode formulaire

MISSION 2 Suivre les nouvelles adhésions

1. Créez, à partir du mémo de Nicolas Berthon **(DOCUMENT 3)**, un formulaire avec assistant pour la saisie des adhérents.

2. Modifiez le formulaire pour obtenir la présentation souhaitée par votre tuteur **(DOCUMENT 4)**.

DOCUMENT 3 Mémo de Nicolas Berthon

Mémo

À : Stagiaire

De : Nicolas BERTHON

Pourriez-vous à l'aide de l'assistant créer un formulaire pour la mise à jour des adhérents. Je vous ai préparé le masque de saisie dont j'aimerais pouvoir disposer.

Profitez-en pour enregistrer deux nouveaux adhérents qui viennent de s'inscrire.

Merci

N. Berthon

Fiche 4
Créer un formulaire avec assistant

DOCUMENT 4 Masque de saisie pour le suivi des adhérents

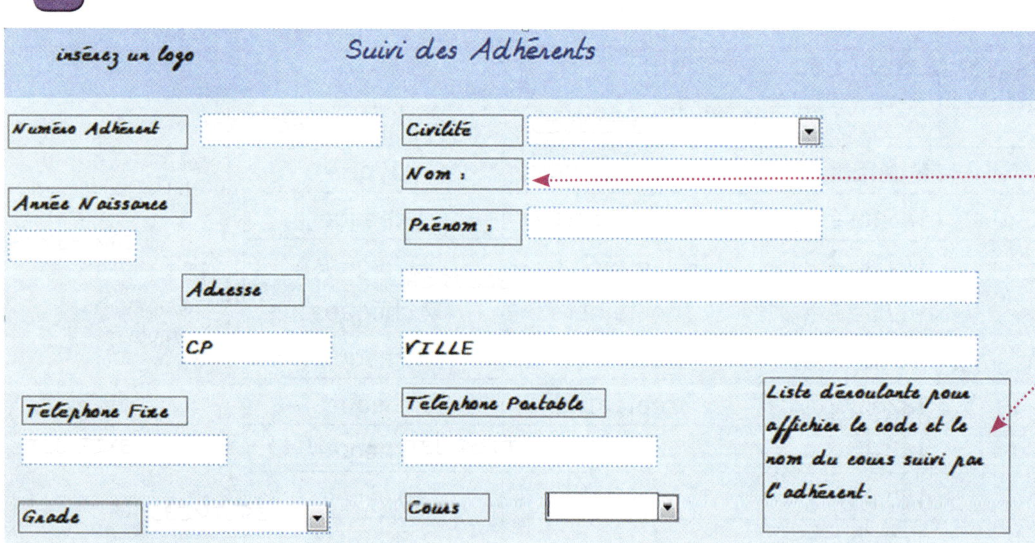

Fiche 5
Modifier un formulaire

Fiche 6
Modifier les contrôles d'un formulaire

Fiche 7
Insérer une liste déroulante

MISSION 3 Enregistrer les intervenants

1. Réalisez un formulaire à plusieurs éléments à partir des consignes de votre tuteur **(DOCUMENT 5)**.

2. Enregistrez les coordonnées des professeurs du club à partir de leurs fiches de renseignements **(DOCUMENT 6)**.

DOCUMENT 5 Consignes de M. Berthon

Pouvez-vous enregistrer les coordonnées de nos intervenants dans un formulaire.

J'ai déposé sur votre bureau les fiches de renseignements qu'ils ont déjà remplies.

Merci

N. Berthon

DOCUMENT 6 Fiches de renseignements Professeurs

NOM : HARDY Nom de jeune fille : BAUDEROY Prénom : Cathy	Code : SHO DAN N° Immatriculation 2.85.06.76.517.192/21
Né(e) le : 21/06/85	
Adresse : 12 route de Louviers Code postal : 27800 Tél : 02 32 54 56 10	 Ville : BRIONNE Portable : 06 02 30 50 65
Ceinture :	Noire 1er dan

NOM : HUYEN Nom de jeune fille : Prénom : Didier	Code : SAN DAN N° Immatriculation 1.52.04.75.427.114/81
Né(e) le : 10/04/52	
Adresse : 24 rue Saint-Exupéry Code postal : 27190 Tél : 02 32 67 25 10	 Ville : CONCHES Portable : 06 12 36 99 98
Ceinture :	Noire 3e dan

NOM : RICARDO Nom de jeune fille : Prénom : Jacques	Code : NI DAN N° Immatriculation 1.68.01.14.250.134/23
Né(e) le : 20/01/68	
Adresse : 6 route des Crêtes Code postal : 27930 Tél : 02 32 67 25 10	 Ville : GUICHAINVILLE Portable : 06 54 58 74 82
Ceinture :	Noire 2e dan

SYNTHÈSE Enregistrer de nouveaux adhérents et un nouvel intervenant

1. Saisissez dans le formulaire qui vient d'être créé les informations concernant les nouveaux adhérents **(DOCUMENT 7)**.

2. Modifiez le formulaire des intervenants en fonction des documents que vous a remis votre tuteur **(DOCUMENT 8)**.

3. Enregistrez le nouvel intervenant qui remplacera Mme Hardy pendant son congé maternité **(DOCUMENT 9)**.

DOCUMENT 7 Nouvelles inscriptions

N°	061	Nom	BILLARD
Prénom	Clément	Sexe	☒ H ☐ F
Année Naissance	1997		
Adresse	12 route de Louviers		
Code postal	27400	Ville	SURVILLE
Cours demandé	☐ MC1 ☐ MC4 ☐ SC1	☐ MC2 ☐ VC1 ☐ SC2	☒ MC3 ☐ VC2 ☐ SC3
N° Tél. fixe	02.32.40.70.73		
N° Tél. portable	06.73.58.54.13		

N°	062	Nom	CLOUTEAU
Prénom	Corentin	Sexe	☒ H ☐ F
Année Naissance	1997		
Adresse	5 rue Gustave Flaubert		
Code postal	27000	Ville	EVREUX
Cours demandé	☐ MC1 ☐ MC4 ☐ SC1	☐ MC2 ☐ VC1 ☐ SC2	☒ MC3 ☐ VC2 ☐ SC3
N° Tél. fixe	02.32.40.12.10		
N° Tél. portable	06.20.33.36.14		

N°	063	Nom	CALLEWAERT
Prénom	Antoine	Sexe	☒ H ☐ F
Année Naissance	1997		
Adresse	7 rue des Tisserands		
Code postal	27400	Ville	LOUVIERS
Cours demandé	☐ MC1 ☐ MC4 ☐ SC1	☐ MC2 ☐ VC1 ☐ SC2	☒ MC3 ☐ VC2 ☐ SC3
N° Tél. fixe	02.32.40.25.35		
N° Tél. portable			

N°	064	Nom	GAUTHIER
Prénom	Loïc	Sexe	☒ H ☐ F
Année Naissance	2002		
Adresse	12 rue des Forrières		
Code postal	27400	Ville	HONDOUVILLE
Cours demandé	☐ MC1 ☐ MC4 ☒ SC1	☐ MC2 ☐ VC1 ☐ SC2	☐ MC3 ☐ VC2 ☐ SC3
N° Tél. fixe	02.32.25.28.29		
N° Tél. portable	06.85.32.25.92		

DOCUMENT 8 Documents remis par Nicolas Berthon

Pouvez-vous créer un nouveau formulaire pour les intervenants car celui que vous aviez créé ne permet pas de visualiser les cours qu'ils dispensent.

Utilisez plutôt l'assistant. Je vous laisse un modèle de ce que j'aimerais.

Mme Hardy part en congé de maternité à la fin du mois : j'ai recruté un nouveau professeur. Je vous ai préparé sa fiche pour que vous puissiez l'enregistrer avec notre nouveau formulaire.

Merci

N. Berthon

DOCUMENT 8 Documents remis par Nicolas Berthon (suite)

INTERVENANTS CLUB DE JUDO LE CONQUERANT

Code

Nom

Prénom

Adresse

CP

Ville

Téléphone

Né(e) le :

CV

Cours

	Cours	Niveau	Jour	Début du cours	Fin du cours
*					

Enr : 1 sur 1 Aucun filtre Rechercher

DOCUMENT 9 Fiche de renseignements de la remplaçante de Mme Hardy

NOM : PALUEL Nom de jeune fille : Prénom : Julie	Code : ICHI DAN N° Immatriculation 2.88.05.27.224.114/58
Né(e) le : 14/05/88	
Adresse : 123 rue de la Forêt Code postal : 27120 Tél : 02 32 36 02 20	Ville : PACY-SUR-EURE
Ceinture :	Noire 1er dan

FICHE 1

Créer un formulaire instantané

Créer un formulaire à un élément unique

Dans le volet de navigation, cliquer sur la table qui contient les données que vous souhaitez faire figurer sur le formulaire.

Sous l'onglet **Créer**, dans le groupe **Formulaires**, cliquer sur **Formulaire**.

Access crée le formulaire et l'affiche en mode Page.

Il permet d'entrer des informations pour un enregistrement à la fois.

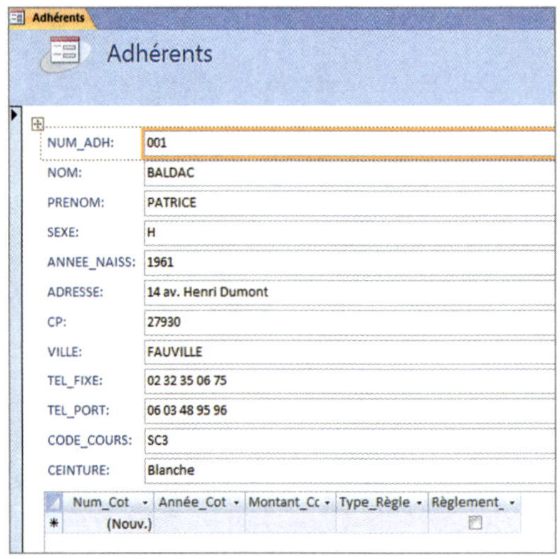

Si une table a une relation un-à-plusieurs avec la table qui a servi à la création du formulaire, Access ajoute une sous-feuille de données au formulaire.

Pour supprimer cette sous-feuille de données, basculer en **Mode Création**.

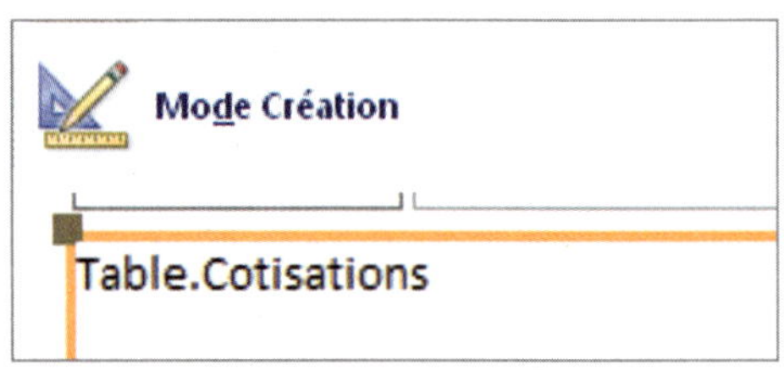

Sélectionner la feuille en cliquant sur le coin en haut à gauche.

Appuyer sur la touche **Suppr**.

Créer un formulaire à plusieurs éléments

Cliquer sur la table qui contient les données à faire figurer sur le formulaire.

Sous l'onglet **Créer**, dans le groupe **Formulaires**, cliquer sur **Plusieurs éléments**. 

Access crée le formulaire et l'affiche en mode Page.

Les données sont organisées en lignes et colonnes, et plusieurs enregistrements sont affichés à la fois.

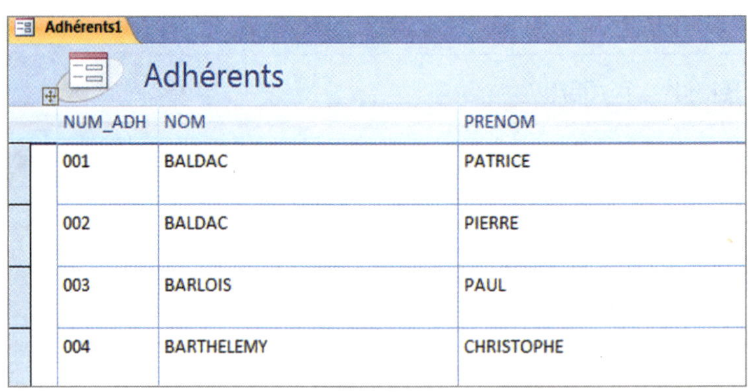

FICHE 2 Utiliser un formulaire

Dans le volet de navigation, sélectionner le formulaire à utiliser.

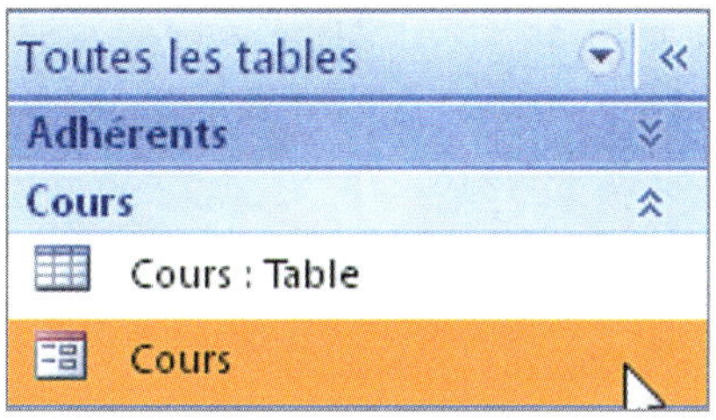

Double-cliquer sur le nom du formulaire.

Pour se déplacer parmi les enregistrements, on utilise les icônes fléchées en bas du formulaire.

Pour revenir sur l'enregistrement précédent, cliquer sur .

Pour retourner au premier enregistrement, cliquer sur .

Pour se déplacer vers l'enregistrement suivant, cliquer sur .

Pour créer un nouvel enregistrement, cliquer sur .

Pour rechercher des enregistrements, insérer le mot recherché dans la zone Rechercher.

FICHE 3 Saisir en mode formulaire

Cliquer sur le bouton dans la partie inférieure du formulaire.

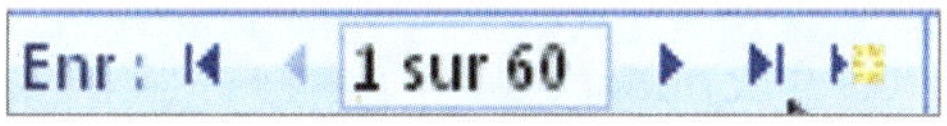

Ou cliquer sur le bouton Nouveau sous l'onglet Accueil, dans le groupe Enregistrements.

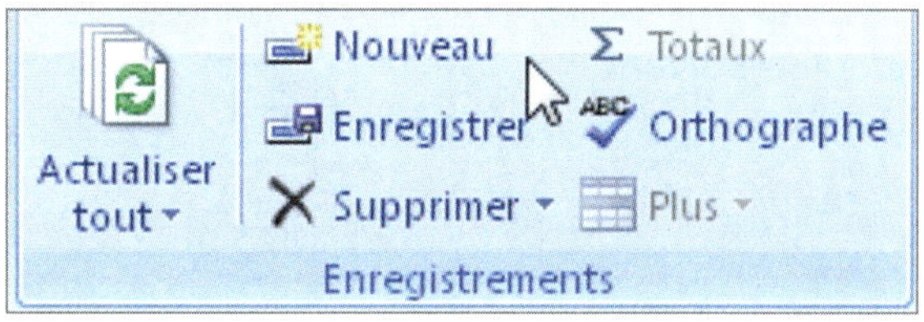

Pour chaque champ de l'enregistrement, saisir la donnée souhaitée ou la sélectionner à l'aide de la liste de choix ou du sélecteur de dates, si les données sont de type date/heure.

Dans le cas de données de type pièce jointe, faire un double-clic sur le trombone puis ajouter le ou les fichiers joints.

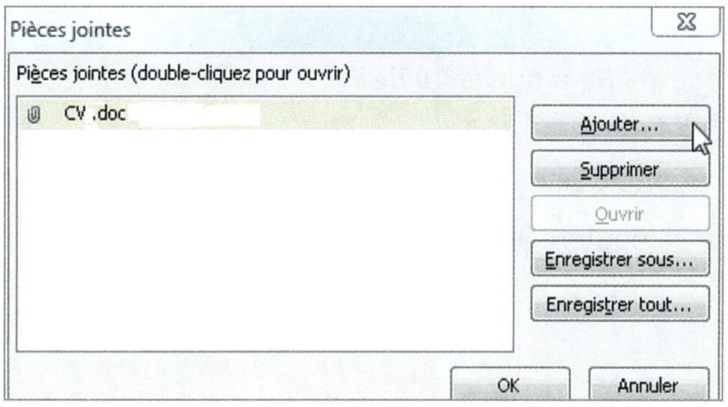

Cliquer sur OK.

Les informations qui vont être saisies ou modifiées dans le formulaire le seront dans la table associée à ce formulaire.

FICHE 4

Créer un formulaire avec assistant

Sous l'onglet **Créer**, dans le groupe **Formulaires**, cliquez sur **Plus de formulaires** puis sur **Assistant Formulaire**.

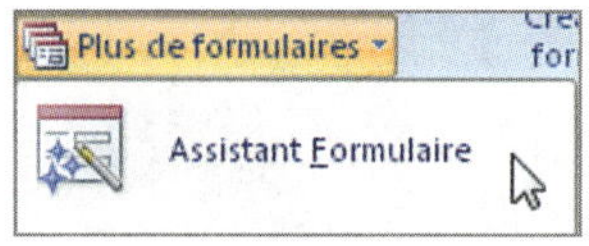

La fenêtre de l'assistant Formulaire s'affiche.

Sélectionner chaque champ à insérer dans la liste **Champs disponibles** puis cliquer sur le bouton [>].

Pour insérer tous les champs, cliquer sur [>>].

Sélectionner chaque champ à enlever dans la liste **Champs sélectionnés** puis cliquer sur le bouton [<].

Pour enlever tous les champs, cliquer sur [<<].

Cliquer sur le bouton **Suivant**.

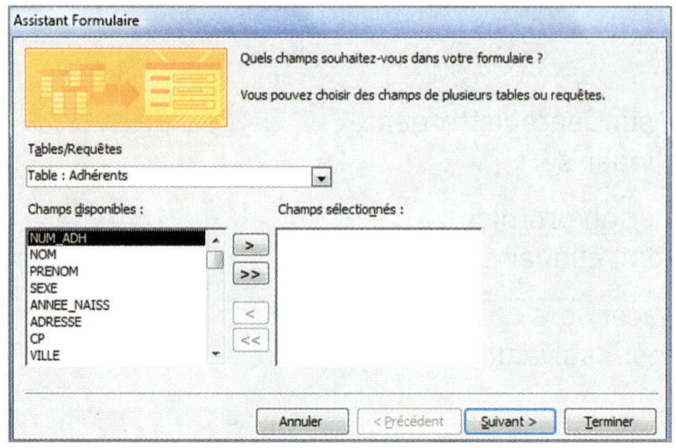

Choisir l'option correspondant au type de présentation.

Cliquer sur le bouton **Suivant**.

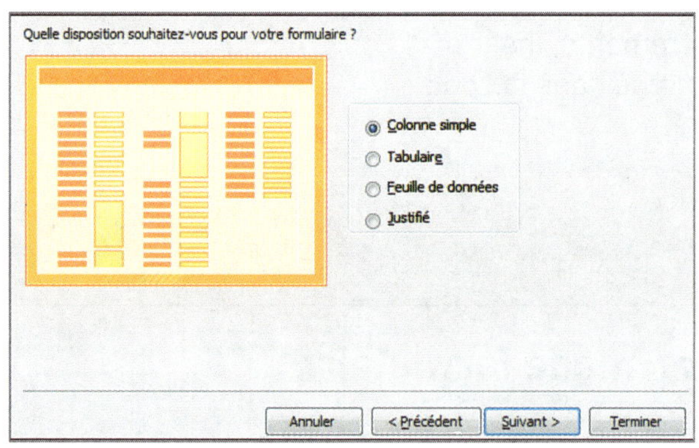

Sélectionner l'option correspondant au style.

Cliquer sur le bouton **Suivant**.

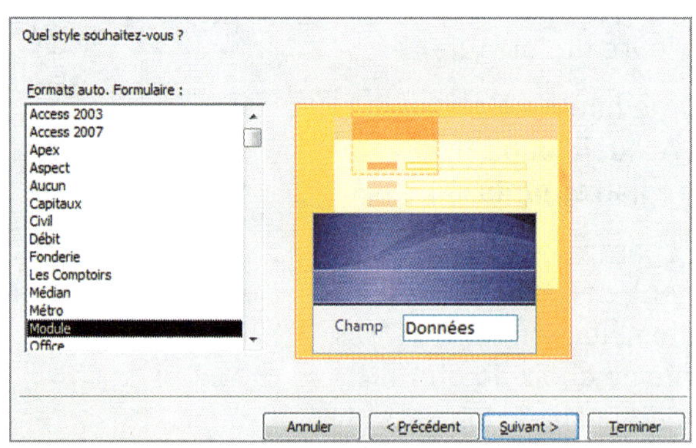

Saisir le nom d'enregistrement du formulaire. Par défaut, Access choisit le même nom que celui de la table utilisée.

Choisir l'option de visualisation.

Cliquer sur le bouton **Terminer**.

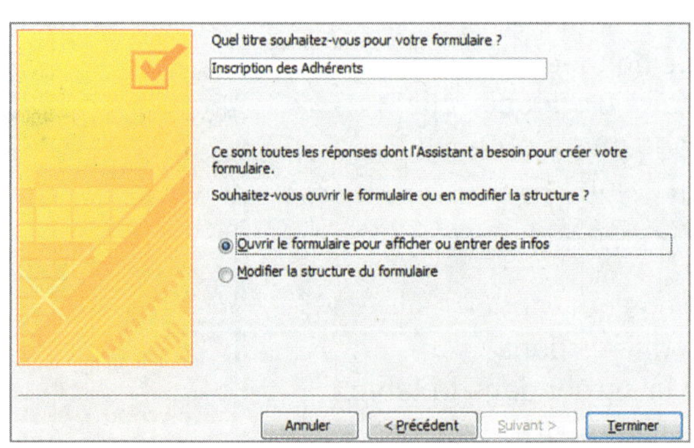

Modifier un formulaire

Maintenir la touche **Maj** enfoncée, puis cliquer sur les contrôles qui doivent être modifiés.

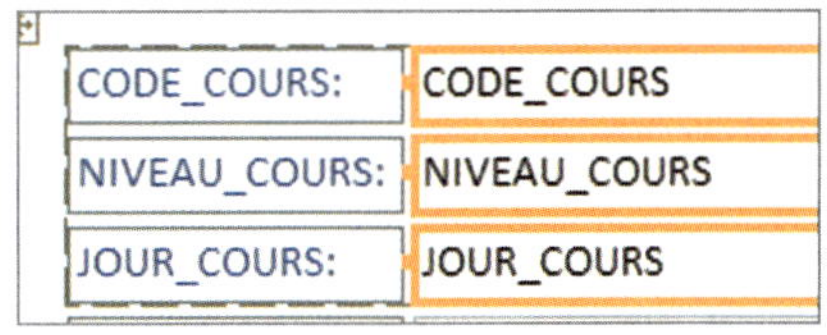

Sous l'onglet **Réorganiser**, dans le groupe **Mise en forme de contrôle**, cliquer sur le type de disposition souhaité pour la nouvelle disposition (**Tabulaire** ou **Empilé**).

Ou

Cliquer avec le bouton droit sur les contrôles sélectionnés, pointer sur **Disposition**, puis cliquer sur le type souhaité pour la nouvelle disposition.

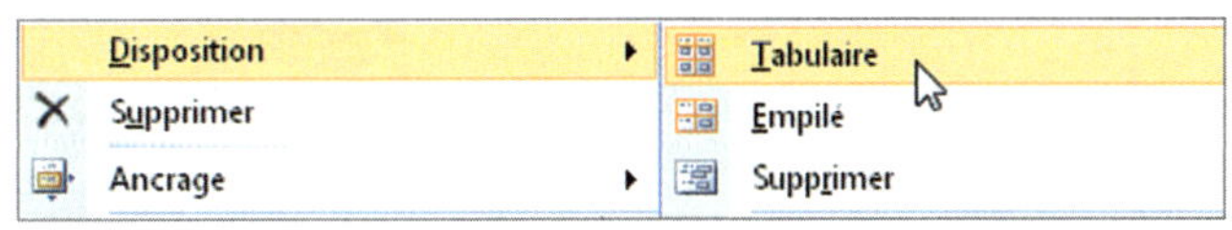

Il est ainsi possible de fractionner une disposition en deux : les deux dispositions « Tabulaire » et « Empilé » pouvant se chevaucher.

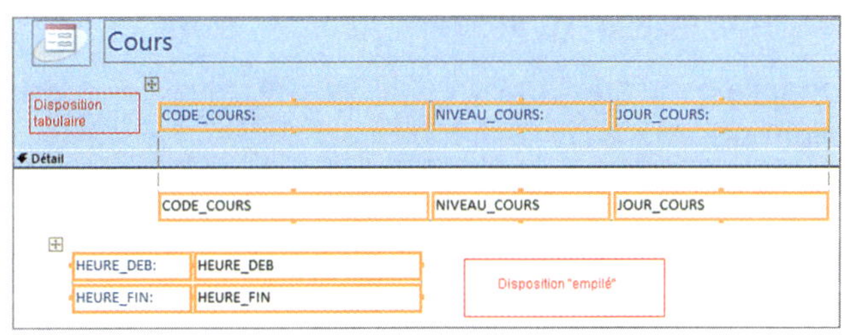

Supprimer une disposition tabulaire ou empilé

Pour supprimer l'une ou l'autre de ces dispositions et ainsi pouvoir déplacer les contrôles, maintenir la touche **Maj** enfoncée, puis cliquer sur les contrôles qui doivent être modifiés.

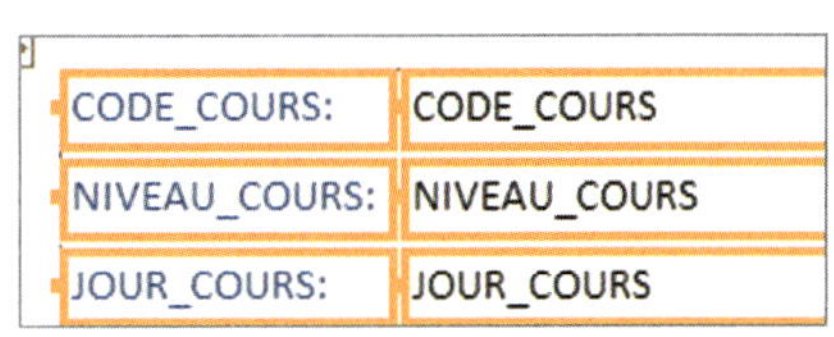

Sous l'onglet **Réorganiser**, dans le groupe **Mise en forme de contrôle**, cliquer sur **Supprimer**.

Ou

Cliquer avec le bouton droit sur l'un des contrôles sélectionnés, pointer sur **Disposition**, puis cliquer sur **Supprimer**.

Les contrôles sont maintenant libérés de la disposition et peuvent être facilement déplacés.

FICHE 6

Modifier les contrôles d'un formulaire

Déplacer des contrôles

Pour déplacer la zone de texte **et** l'étiquette.

Cliquer sur le contrôle (le pointeur devient une croix) et le faire glisser.

Pour déplacer la zone de texte **ou** l'étiquette.

Cliquer sur le coin en haut à gauche du contrôle (le pointeur devient une croix) et le faire glisser.

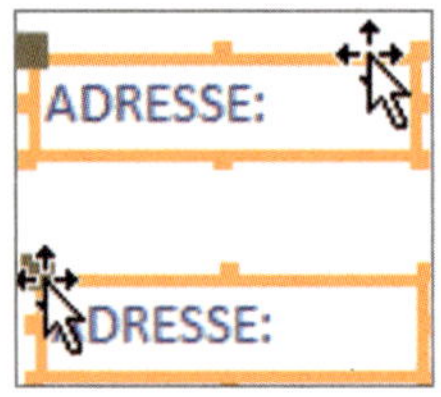

Supprimer des contrôles

Cliquer sur le contrôle et appuyer sur la touche Suppr.

La suppression d'une zone de texte n'entraîne pas la suppression du champ de la table ou de la requête source.

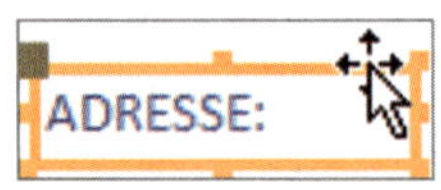

Dimensionner des contrôles

Sélectionner le contrôle à dimensionner.

Placer le pointeur de la souris sur une des poignées de redimensionnement.

Déplacer la poignée jusqu'à la taille voulue.

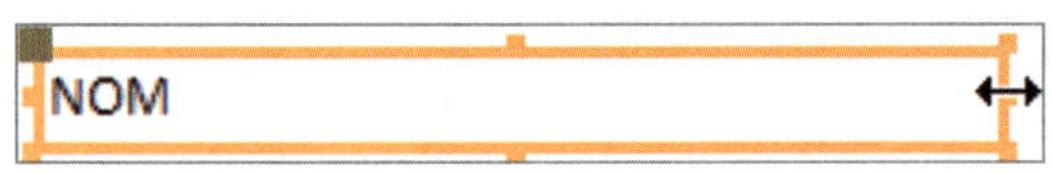

Ajouter des contrôles

Basculer en Mode Création pour ajouter un logo, un titre, des numéros de page, ou la date et l'heure au formulaire.

Sous l'onglet Création, utiliser les outils du groupe Contrôles.

Cliquer sur l'outil du contrôle souhaité, puis cliquer sur le formulaire à l'endroit où l'on veut le placer.

Pour ajouter un contrôle, utiliser les outils du groupe Contrôles sous l'onglet Création.

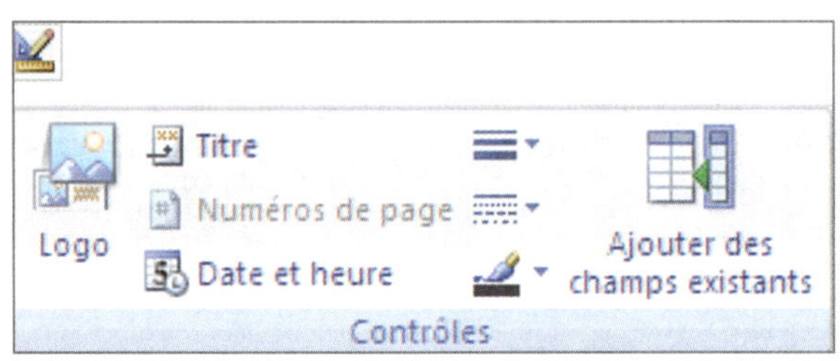

Aligner des contrôles

Dans l'onglet Réorganiser, cliquer sur l'un des boutons du groupe Alignement du contrôle.

FICHE 7

Insérer une liste déroulante

Ouvrir le formulaire en Mode Création.

Vérifier dans le groupe Contrôles de l'onglet Création que l'icône Utiliser les Assistants contrôle est bien activée.

Toujours dans l'onglet Création, cliquer sur l'icône Zone de liste déroulante.

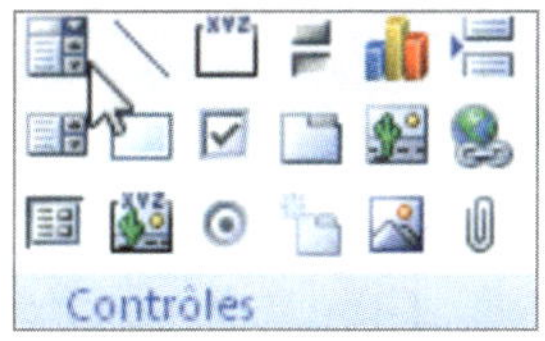

Cliquer sur l'emplacement du formulaire où l'on souhaite déposer la liste déroulante.

Access active l'Assistant Zone de liste déroulante.

Laisser active la première option afin que la recherche s'effectue sur les valeurs d'une table puis cliquer sur le bouton Suivant.

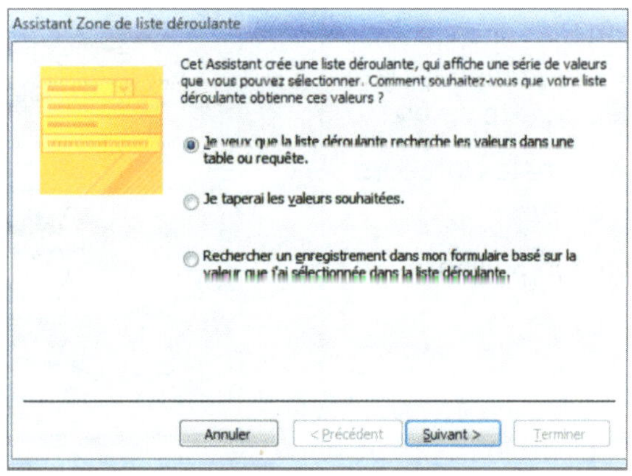

Sélectionner la table ou la requête qui contient les valeurs à insérer dans la liste puis cliquer sur Suivant.

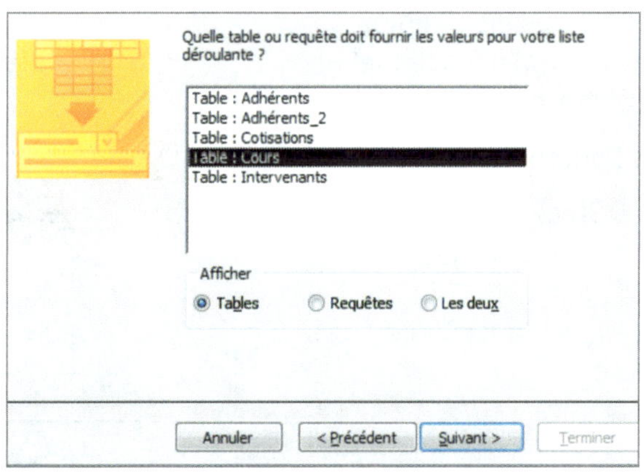

Sélectionner chaque champ dont les valeurs doivent apparaître dans la zone de liste dans Champs disponibles puis cliquer sur le bouton [>] pour les ajouter à la liste Champs sélectionnés.

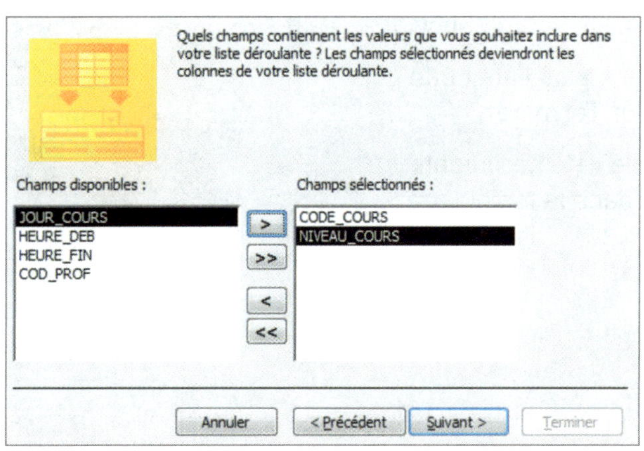

FICHE 7

Insérer une liste déroulante (suite)

Un des champs doit être commun à la table sélectionnée et à la source du formulaire actif.

Cliquer sur le bouton **Suivant**.

Indiquer l'ordre de tri utilisé pour la liste : pour chaque champ sur lequel on souhaite pratiquer un tri, ouvrir la première zone de liste vide, sélectionner le champ puis cliquer sur le bouton croissant.

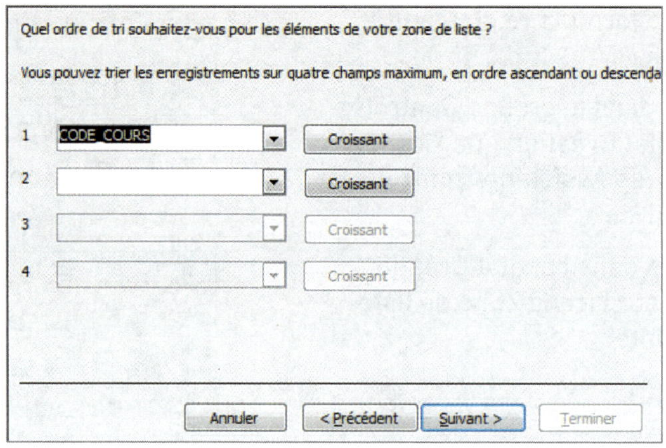

Cliquer sur le bouton **Suivant**.

Décocher l'option **Colonne clé cachée** si la colonne contenant les valeurs de la clé doit être visible.

Modifier si nécessaire les largeurs de colonnes de la liste.

Cliquer sur le bouton **Suivant**.

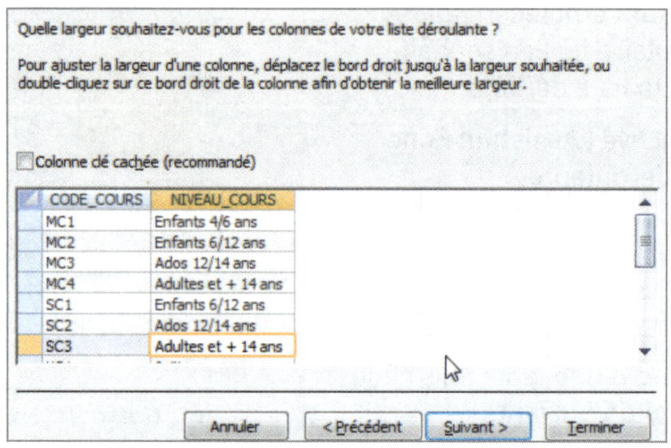

Dans la zone **Champs disponibles**, sélectionner le champ dans lequel la valeur doit être stockée.

Cliquer sur le bouton **Suivant**.

Activer l'option **Stocker la valeur dans ce champ**, puis sélectionner le champ de la source du formulaire dans lequel il faut stocker la valeur.

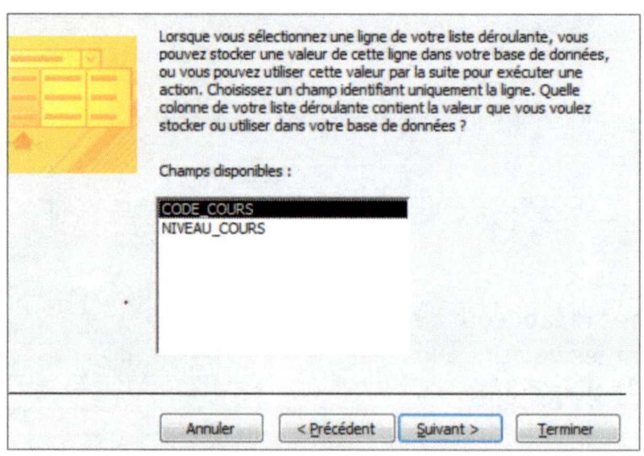

Cliquer sur le bouton **Suivant**.

Saisir le texte de l'étiquette puis cliquer sur **Terminer**.

La zone de liste déroulante s'affiche dans le formulaire.

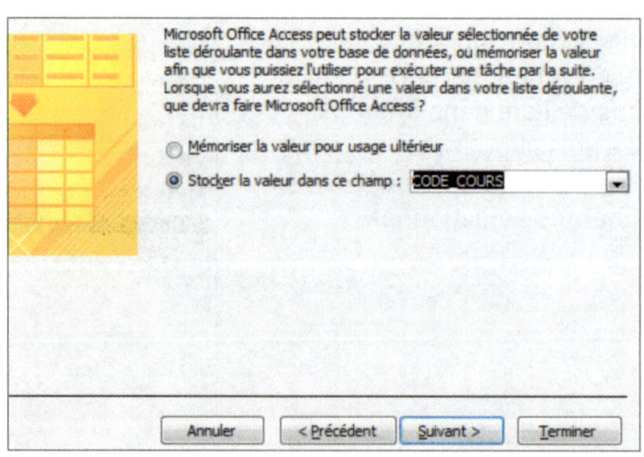

Interroger une base de données

OBJECTIFS

- Sélectionner des enregistrements à l'aide d'un filtre
- Trier des enregistrements
- Afficher/masquer des colonnes
- Créer une requête simple
- Créer une requête avancée
- Créer un champ calculé
- Créer une requête mise à jour

Situation professionnelle

Vous poursuivez votre période de formation au club de judo.

Votre tuteur vous confie la gestion des futures compétitions et la gestion des produits nouvellement proposés par le club.

JUDO CLUB LE CONQUÉRANT

rue du Maréchal Leclerc
27000 ÉVREUX
Tél : 02 32 48 10 81
Fax : 02 32 48 10 82

Association sportive loi 1901

Activités :
Éveil judo – Judo – Jujitsu

MISSION 1 Filtrer, trier des enregistrements

1. Appliquez un filtre pour répondre à l'appel téléphonique de votre tuteur (DOCUMENT 1).

2. Effectuez les tris et affichez les colonnes utiles à l'édition des documents demandés par M. Berthon (DOCUMENT 1).

DOCUMENT 1 Appel de Nicolas Berthon

Bonjour, Nicolas Berthon. Je suis à la fédération de judo. On me demande combien d'adhérents possèdent une ceinture blanche.
Pouvez-vous les rechercher dans la base et me dire combien ils sont ?

Pouvez-vous également m'envoyer par mail la liste alphabétique de nos adhérents.

Fiche 1 Sélectionner des enregistrements à l'aide d'un filtre

Fiche 2 Trier des enregistrements

Fiche 3 Afficher/masquer des colonnes

MISSION 2 Gérer les inscriptions aux compétitions

1. Réalisez puis enregistrez la requête demandée, à partir de la note de Nicolas Berthon **(DOCUMENT 2)** et du tableau des catégories de la fédération **(DOCUMENT 3)**.
2. Effectuez, à partir du calendrier des compétitions **(DOCUMENT 4)** adressé par la fédération et de l'affiche du tournoi de Normandie **(DOCUMENT 5)**, les requêtes demandées par votre tuteur **(DOCUMENT 6)**.

DOCUMENT 2 Note de M. Berthon

Le temps des compétitions arrive !
Il faudrait donc ajouter un nouveau champ Catégorie à la table des adhérents et le mettre à jour. Pour vous aider, j'ai déposé sur votre bureau le tableau des catégories de la fédération. Procédez à une requête pour éditer les noms et prénoms de nos adhérents classés par catégories et enregistrez-la.

Fiche 4
Créer une requête simple

DOCUMENT 3 Tableau des catégories

	Catégorie
Avant 1991	Senior
1992 1993 994	Junior
1995 1996	Cadet
1997 1998	Minime
1999 2000	Benjamin
2001 2002	Poussin
Après 2003	Pré-poussin

DOCUMENT 4 Calendrier des compétitions

COMPÉTITIONS NATIONALES

Lieu : Institut du judo, 21/25, avenue de la Porte-de-Châtillon 75680 PARIS

CHAMPIONNAT DE FRANCE INDIVIDUEL SENIORS FEMININ	09-janv
CHAMPIONNAT DE FRANCE INDIVIDUEL SENIORS MASCULIN	10-janv
CHAMPIONNAT INDIVIDUEL MINIMES MASCULIN	17-janv
CHAMPIONNAT INDIVIDUEL MINIMES FEMININ	17-janv
CHAMPIONNAT DE FRANCE JUNIORS PAR EQUIPES	08-févr
COUPE DE FRANCE INDIVIDUELLE CADETS	05-mars
COUPE DE FRANCE INDIVIDUELLE CADETTES	06-mars
OPEN NATIONAL JUJITSU	19-mars

DOCUMENT 5 Affiche du 4e Tournoi de Normandie

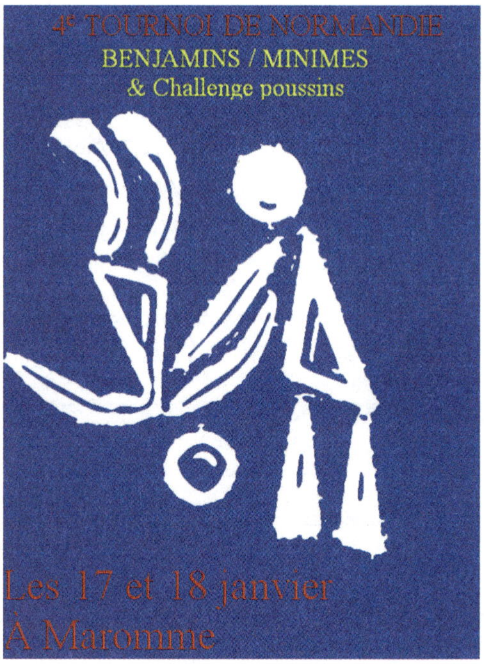

DOCUMENT 6 Mémo de Nicolas Berthon

Mémo

À : Stagiaire
De : Nicolas BERTHON

Nous venons de recevoir le calendrier des compétitions.
J'aurais donc besoin de la liste des adhérents (avec leurs adresses) :
- qui peuvent concourir pour l'open national de Paris ;
- qui peuvent s'inscrire au championnat de France du 9 janvier ;
- qui sont susceptibles de participer au tournoi de Maromme.

Fiche 5
Créer une requête avancée

MISSION 3 Gérer les produits de la boutique

1. Enregistrez les produits proposés par la boutique du club (DOCUMENT 7) dans une nouvelle table ***Produits***.
2. Créez, à partir des consignes de Nicolas Berthon (DOCUMENT 8), les requêtes qui permettront de créer les tarifs en vigueur à partir des fêtes de fin d'année.

DOCUMENT 7 Produits de la boutique

J271 ED Kimono éducatif pour débuter en toute tranquillité **18 €**	**J180 E** Kimono entraînement enfant **28 €**
J 800 Kimono entraînement adulte **90 €**	**J 930** Kimono professeurs et compétiteurs **110 €**

DOCUMENT 8 Note de Nicolas Berthon

Désormais, les adhérents pourront acquérir par l'intermédiaire du club des kimonos portant notre logo. Pouvez-vous les enregistrer dans une nouvelle table Produits. Indiquez la référence, la marque, le prix et le descriptif.

Pour le lancement, nous les proposerons avec une remise de 15%. Il faudra donc ajouter par une requête calculée le tarif soldé.

Merci

Fiche 6
Créer un champ calculé

Fiche 7
Créer une requête mise à jour

SYNTHÈSE Gérer les adhésions

1. Effectuez les requêtes demandées par Nicolas Berthon (DOCUMENT 9).

2. Éditez les coordonnées des adhérents de la commune à partir du courriel envoyé par la mairie d'Évreux (DOCUMENT 10).

DOCUMENT 9 Note de Nicolas Berthon

Pouvez-vous m'éditer la liste des adhérents qui disposent d'une adresse électronique afin que nous leur envoyions le calendrier des compétitions.

Il me faudrait également la liste des adhérents qui n'ont pas encore réglé leurs cotisations afin que je puisse les relancer par téléphone.

Pouvez-vous, par une requête calculée, ajouter dans la table cours un tarif réduit (–20%) pour les étudiants et les sans-emploi.

DOCUMENT 10 Demande de subvention

Sujet : Demande de subvention
De : cab.maire@evreux.fr
Date : 17:46
Pour : judo-conquerant@hotmail.fr

Monsieur,

Nous avons bien reçu votre demande de subvention pour le financement du club de judo le Conquérant.
Afin de pouvoir traiter votre demande, pourriez-vous nous faire parvenir la liste des adhérents de la commune d'Évreux qui participent aux activités du club.

Avec nos remerciements
Cordialement

François BLIER
Directeur Général Adjoint des Services

FICHE 1

Sélectionner des enregistrements à l'aide d'un filtre

Filtrer sur les valeurs du champ

Les filtres permettent de limiter, de façon temporaire, les enregistrements affichés dans la feuille de données.

Afficher les données de la table en Mode Feuille de données, cliquer sur le bouton ▾, visible à droite du nom du champ sur lequel le filtre doit porter.

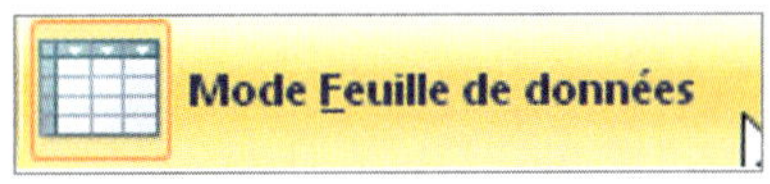

Ou

Se placer sur une valeur quelconque du champ à filtrer.

Sous l'onglet Trier et Filtrer, dans le groupe Accueil, cliquer sur Filtrer.

Décocher l'option Sélectionner tout et cocher uniquement les valeurs concernées par le filtre.

Cliquer sur le bouton OK.

Appliquer un filtre spécifique

Afficher les données de la table.

Cliquer sur le bouton ▾ visible à droite du nom du champ sur lequel le filtre doit porter.

Pointer, selon le type de données, l'option Filtres de texte, de dates ou de chiffres.

Cliquer sur l'option correspondant au filtre que vous souhaitez appliquer (est égal, est différent de, commence par…).

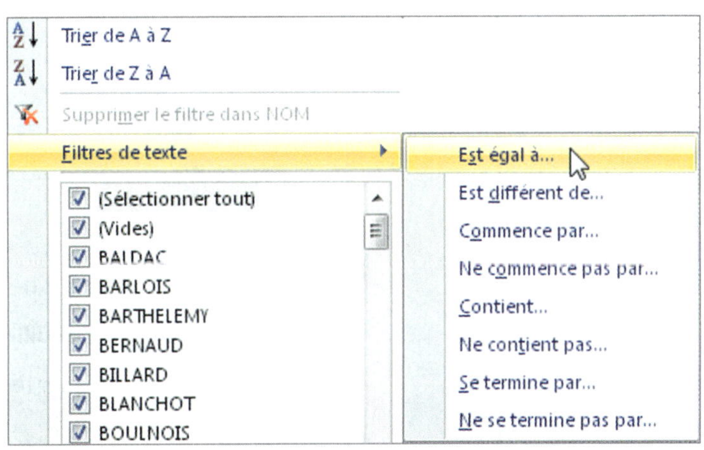

Indiquer le critère souhaité pour le filtre.

Cliquer sur OK.

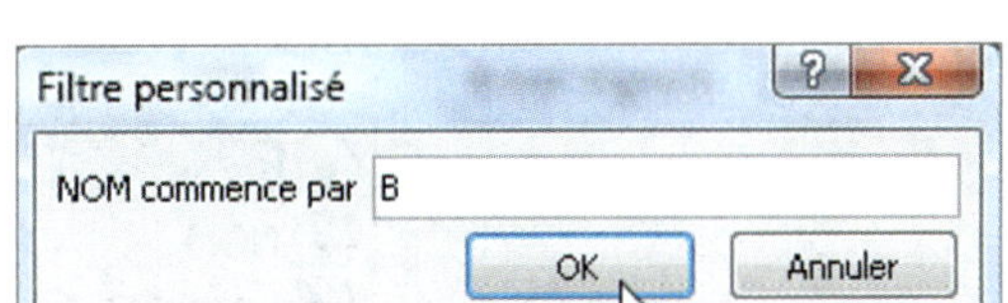

FICHE 2 Trier des enregistrements

Effectuer un tri

Cliquer sur le bouton visible à droite du nom du champ qui doit être trié.

Cliquer sur l'option de tri désirée

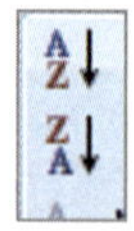

Supprimer un tri

Pour supprimer un tri et retrouver l'ordre de tri, sous l'onglet Trier et Filtrer, dans le groupe Accueil, cliquer sur Effacer tous les tris.

FICHE 3 Afficher/masquer des colonnes

Afficher la table en Mode Feuille de données.

Sous l'onglet Enregistrements, dans le groupe Accueil, cliquer sur Plus.

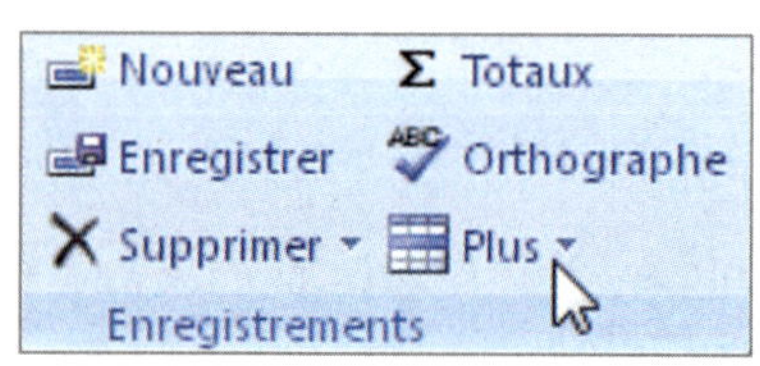

Cliquer sur l'option Afficher les colonnes.

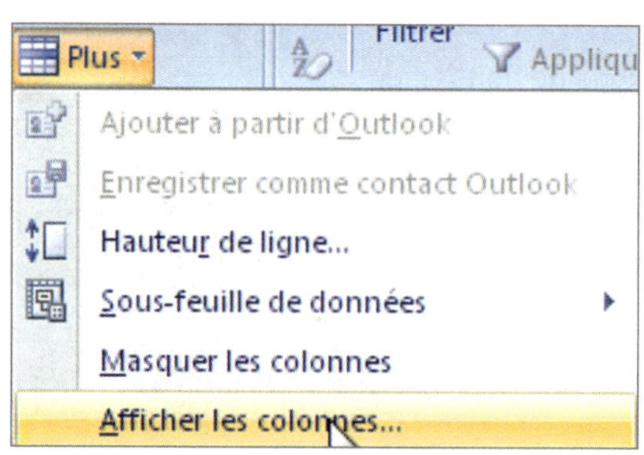

Cocher les cases associées aux colonnes à afficher et décocher celles qui ne doivent pas être affichées.

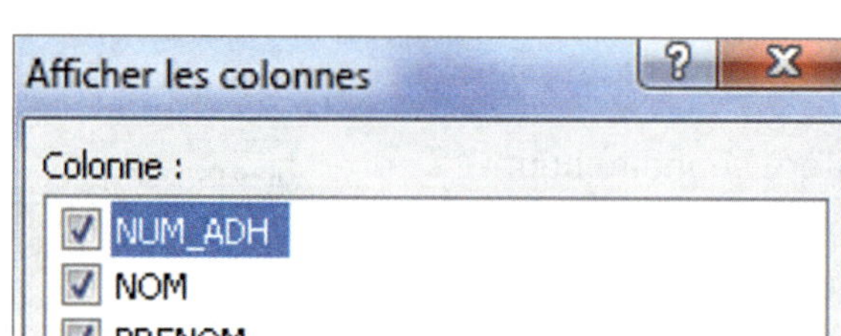

FICHE 4

Créer une requête simple

Sous l'onglet **Créer**, dans le groupe **Autre**, cliquer sur **Création de requête**.

Dans la fenêtre **Afficher la table**, cliquer sur l'onglet **Tables**.

Choisir une à une, en cliquant sur leur nom, les tables et/ou les requêtes.

Cliquer sur **Ajouter**.

N'ajouter que la ou les tables nécessaires, sinon cela risquerait de modifier le résultat de la requête.

Cliquer sur **Fermer**.

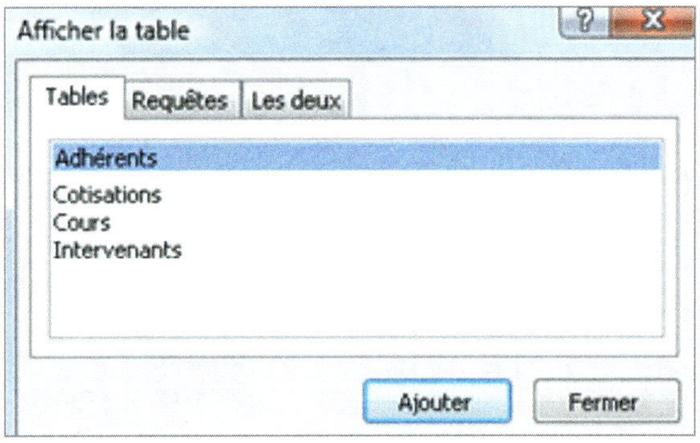

Une fenêtre nommée **Requête1** s'ouvre.

La partie supérieure de la fenêtre affiche la liste des champs de la table.

La partie inférieure, appelée **Grille d'interrogation** permet d'interroger la table.

Pour insérer dans la grille les champs qui doivent apparaître, faire un double-clic sur le nom du champ

ou

faire glisser le champ dans la première cellule vide de la ligne **Champ** de la grille

ou

cliquer dans la première cellule vide de la ligne **Champ**, ouvrir la liste correspondante, puis cliquer sur le nom du champ à ajouter.

Cette opération s'appelle la Projection.

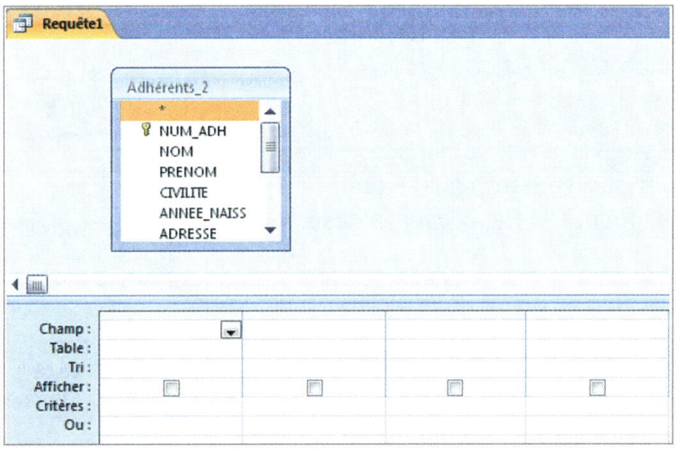

Les cases de la ligne **Afficher** sont automatiquement cochées.

Le nom des tables apparaît dans la ligne **Table** de la grille.

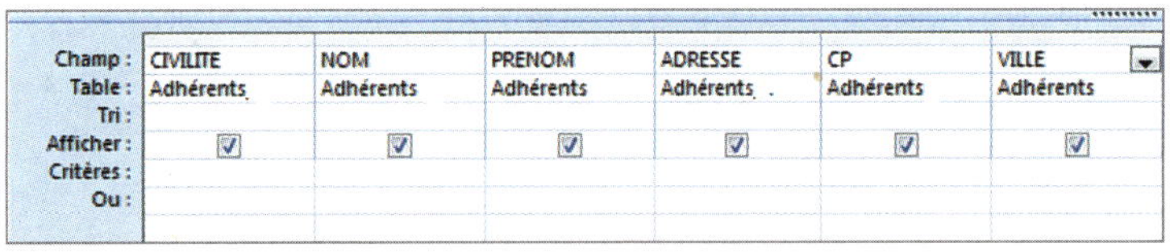

FICHE 4

Créer une requête simple (suite)

Définir un critère de tri

Cliquer sur la ligne **Tri** de la colonne correspondant au champ à trier.

Sélectionner l'option **Croissant** ou **Décroissant**.

Définir un critère de sélection simple

Cliquer sur la ligne **Critères** de la colonne correspondant au champ sur lequel porte le critère.

Saisir le critère de sélection.

Cette opération s'appelle la Sélection.

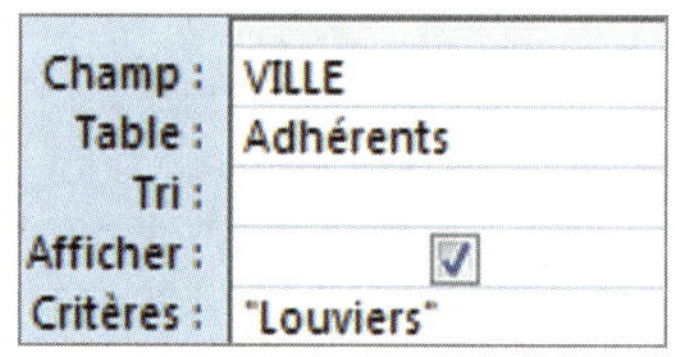

Afficher les champs

À l'exécution d'une requête, tous les champs sélectionnés sont affichés.

Pour supprimer cet affichage, cliquer sur le champ qui ne doit pas s'afficher et désactiver la case.

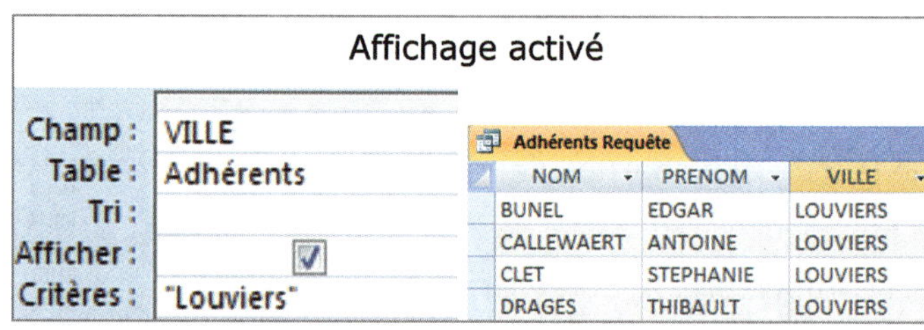

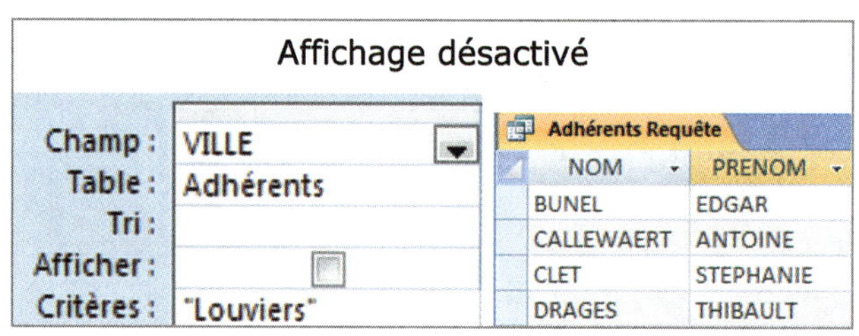

Exécuter une requête

Sous l'onglet **Créer**, dans le groupe **Résultats**, cliquer sur **Exécuter** ou sur le bouton **Affichage**.

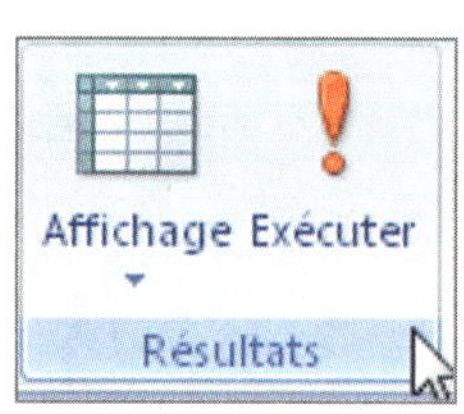

Enregistrer une requête

Cliquer sur l'outil **Enregistrer**.

Saisir le nom de la requête.

Cliquer sur le bouton **OK**.

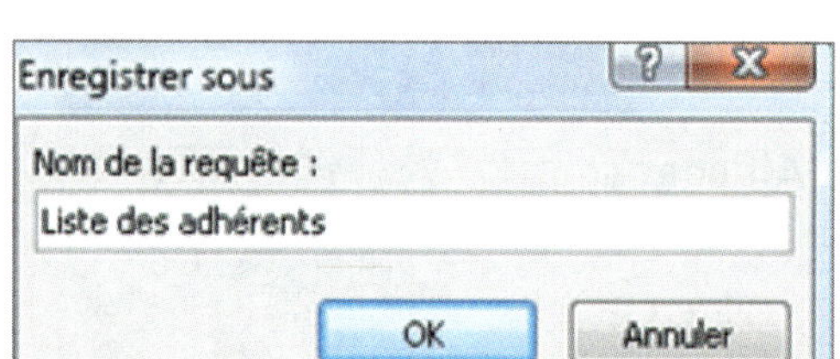

FICHE 5

Créer une requête avancée

Utiliser des opérateurs, des symboles, des expressions

Cliquer sur la ligne **Critères**.

Saisir devant le critère un opérateur tel que :

< (inférieur à), **< =** (inférieur ou égal à), **>** (supérieur), **> =** (supérieur ou égal à), **<>** (différent de), **Pas, Entre... Et..., Comme**.

Critères :	Pas "Evreux"

Sélection des enregistrements pour lesquels la ville n'est pas Évreux

Critères :	Entre 100 Et 200

Sélection des enregistrements dont le montant de la cotisation se situe entre 100 et 200 €

Le symbole * est utilisé pour remplacer un ensemble de caractères.

Le symbole **?** ne remplace qu'un seul caractère.

S*

Critères :	Comme "S*"

Permet de sélectionner tous les noms commençant par « S »

DUPONT?

Critères :	Comme "DUPON?"

Permet de sélectionner tous les DUPONT, DUPOND

L'expression **Pas Null** est utilisée pour sélectionner les champs qui ne sont pas vides.

Contrairement à l'expression **Null** qui permet de sélectionner les champs qui sont vides.

Champ :	CEINTURE
Critères :	Est Pas Null

Permet de sélectionner les adhérents qui possèdent une ceinture

Critères reliés par ET : lorsque les critères doivent être vérifiés simultanément

Saisir chaque critère sur la même ligne **Critères** dans les colonnes correspondant à chacun des champs.

Champ :	NOM	PRENOM	ANNEE_NAISS	VILLE
Table :	Adhérents	Adhérents	Adhérents	Adhérents
Tri :				
Afficher :	☑	☑	☑	☐
Critères :			>"2000"	"Louviers"

Critères reliés par OU : lorsque l'un ou l'autre des critères doit être vérifié

Saisir chaque critère sur une ligne différente dans les colonnes correspondant à chacun des champs.

Champ :	NOM	ANNEE_NAISS	VILLE
Table :	Adhérents	Adhérents	Adhérents
Tri :			
Afficher :	☑	☑	☑
Critères :		>"2000"	"Louviers"
Ou :		>"2000"	"Evreux"

FICHE 6 Créer un champ calculé

Cliquer dans la première cellule vide de la ligne Champ.

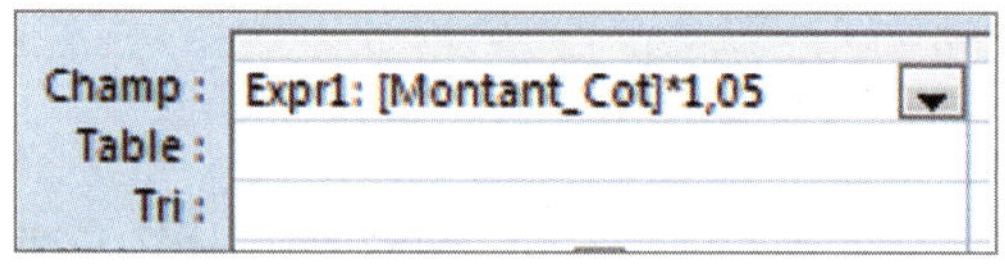

Indiquer la formule de calcul qu'Access doit effectuer, en indiquant les noms de champ entre crochets.

Il n'est pas nécessaire de préciser le nom de champ calculé : Access lui attribue un nom sous la forme Expr1 après validation de la formule.

Remplacer Expr1 par un nom plus explicite.

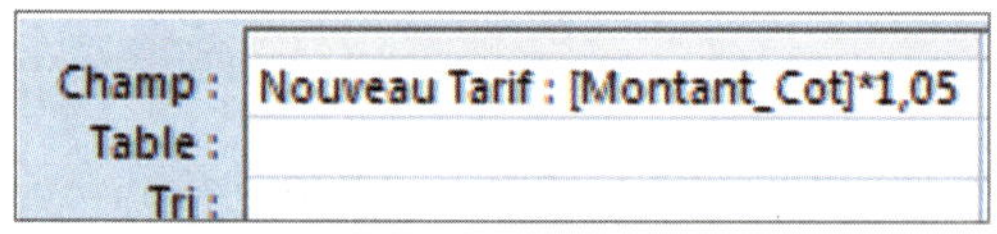

Cliquer sur le bouton Exécuter du groupe Résultats pour exécuter la requête et ainsi visualiser le résultat.

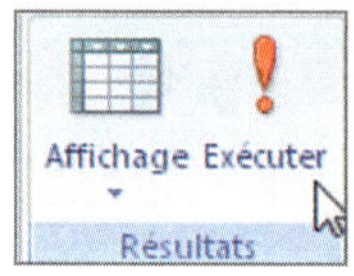

FICHE 7 Créer une requête mise à jour

Pour transformer une requête Sélection en requête Mise à jour, sous l'onglet Créer, dans le groupe Type de requête, cliquer sur Mise à jour.

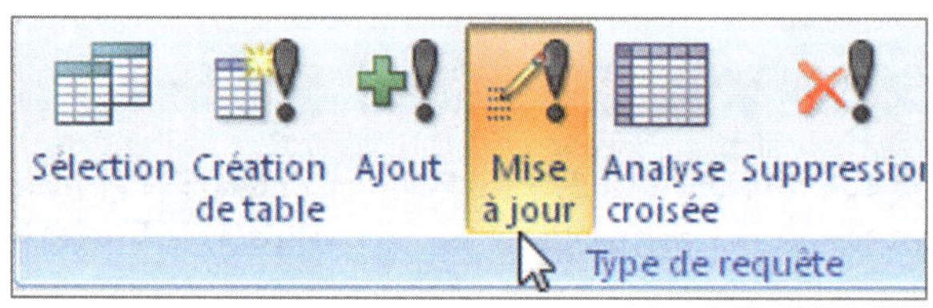

Une ligne Mise à jour apparaît à la place de la ligne Afficher.

Sur la ligne Mise à jour dans la colonne correspondant au champ dont il faut modifier les valeurs, saisir l'expression qui va permettre la mise à jour.

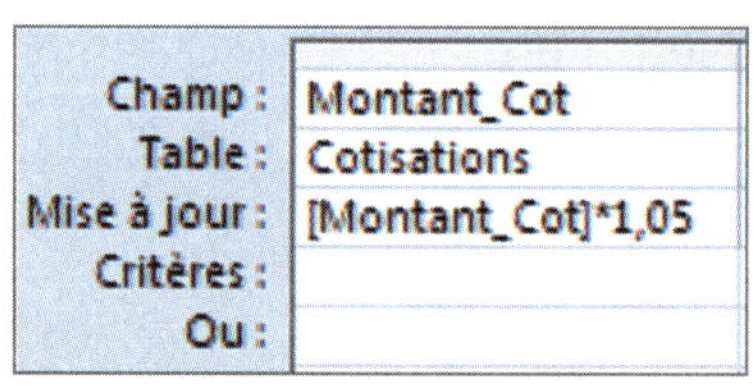

Cliquer sur le bouton Exécuter du groupe Résultats, sous l'onglet Créer.

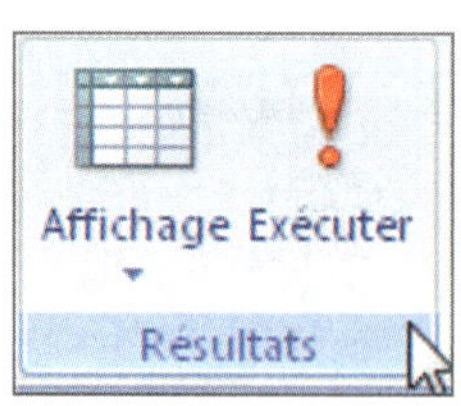

Cliquer sur le bouton Oui du message indiquant qu'une requête mise à jour s'exécute.

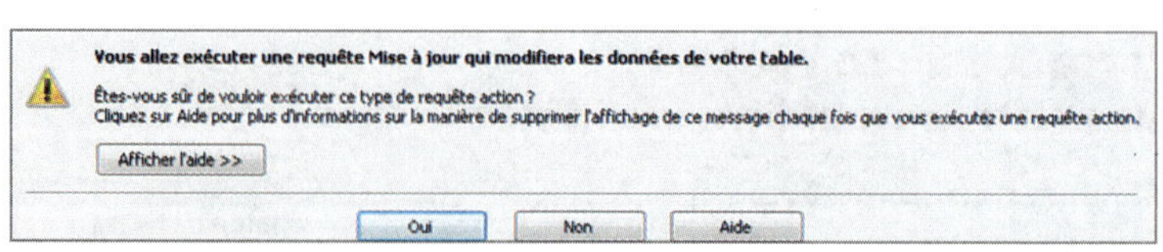

Cliquer sur le bouton Oui pour confirmer la mise à jour des enregistrements.

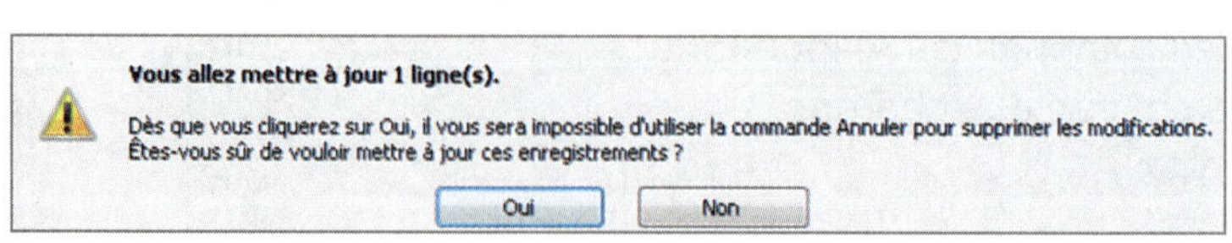

Créer des états

OBJECTIFS

- Créer un état simple avec l'assistant
- Créer un état avec l'option tri et/ou de regroupement
- Créer un ordre de tri et de regroupement sans assistant
- Modifier un ordre de tri et de regroupement

Situation professionnelle

Vous poursuivez votre période de formation au club de judo.

Votre tuteur vous confie l'exploitation de la base de données Conquérants.

JUDO CLUB LE CONQUÉRANT
rue du Maréchal Leclerc
27000 ÉVREUX
Tél : 02 32 48 10 81
Fax : 02 32 48 10 82
Association sportive loi 1901

MISSION 1 Présenter un état des intervenants

Créez un état à partir du mémo de Nicolas Berthon (DOCUMENT 1).

DOCUMENT 1 Mémo de Nicolas Berthon

Mémo

À : Stagiaire

De : Nicolas BERTHON

Pouvez-vous me présenter un état, sous forme de fiches, des renseignements concernant les intervenants du club ?

Merci.

Fiche 1 Créer un état simple avec l'assistant

MISSION 2 Éditer une liste triée des adhérents

1. Suivez les consignes de Nicolas Berthon (DOCUMENT 2) pour éditer la liste des adhérents.
2. Modifiez la liste obtenue pour obtenir le nouveau classement souhaité (DOCUMENT 3).

DOCUMENT 2 Mail de Nicolas Berthon

Objet : Liste des adhérents

J'aimerais pouvoir disposer de la liste des adhérents du club, regroupés par commune et triés par nom, avec leurs adresses et dates de naissance, afin de solliciter les communes avoisinantes pour l'obtention d'une subvention.

Merci de vous en occuper.

N. Berthon

Fiche 2 Créer un état avec l'option tri et/ou de regroupement

Fiche 3 Créer un ordre de tri et de regroupement sans assistant

DOCUMENT 3 **Nouveau mémo de Nicolas Berthon**

Mémo

À : Stagiaire

De : Nicolas BERTHON

Merci pour les travaux réalisés.

Pouvez-vous maintenant éditer une liste alphabétique des adhérents, regroupés par année de naissance ?

Merci

Fiche 4
Modifier un ordre de tri et de regroupement

SYNTHÈSE Gérer le paiement des cotisations

Réalisez les états demandés, à partir des consignes du trésorier **(DOCUMENT 4)**.

DOCUMENT 4 **Consignes du trésorier**

Il me faudrait la liste alphabétique des adhérents, regroupés par niveau de cours, avec le montant de leur cotisation et le type de règlement utilisé.

Pouvez-vous m'éditer un état faisant apparaître le montant total des cotisations perçues par le club ?

FICHE 1 Créer un état simple avec l'assistant

Sous l'onglet Créer, dans le groupe États, cliquer sur Assistant État.

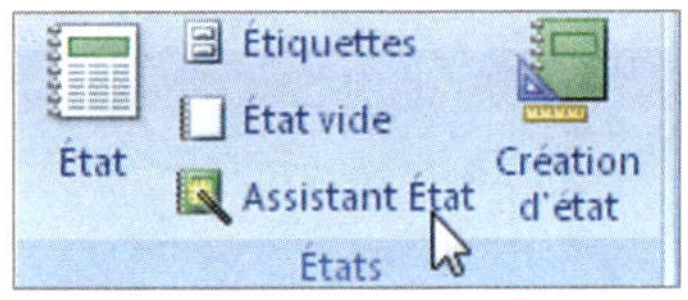

Choisir la table sur laquelle votre état est basé puis indiquer les champs à insérer.

Cliquer sur le bouton Suivant.

Passer les étapes du regroupement et du tri (Fiche n° 2) en cliquant sur le bouton Suivant.

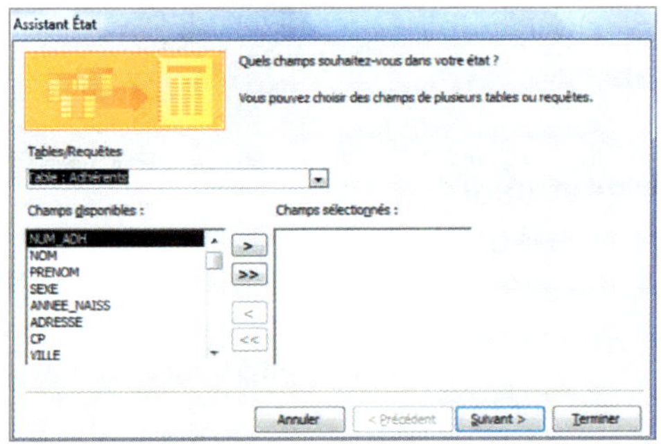

Indiquer comment doit être présenté l'état.

Cocher l'option Ajuster la taille des champs afin que chaque enregistrement soit imprimé sur une seule ligne.

Sélectionner l'orientation souhaitée : Portrait ou Paysage.

Sélectionner l'option correspondant au style à attribuer.

Saisir le nom d'enregistrement qui sera aussi le titre de votre état.

Cliquer sur le bouton Terminer.

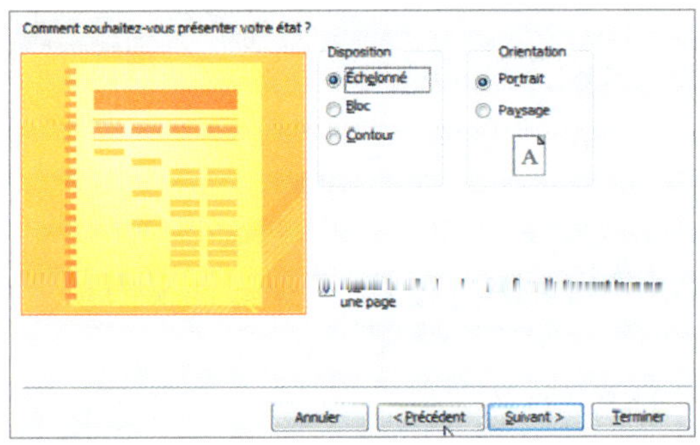

FICHE 2 Créer un état avec l'option tri et/ou de regroupement de l'assistant

Reprendre la première étape de la création de l'état avec assistant.

Cliquer sur le bouton Suivant.

Pour regrouper les enregistrements, sélectionner le champ en fonction duquel il faut effectuer le regroupement et cliquer sur [>].

Le champ sur lequel est établi le regroupement s'affiche en bleu au-dessus des autres champs.

Cliquer sur le bouton Suivant.

Sélectionner le champ puis le type de tri pour indiquer l'ordre de tri.

Cliquer sur le bouton Suivant.

Reprendre les étapes de la création de l'état avec assistant.

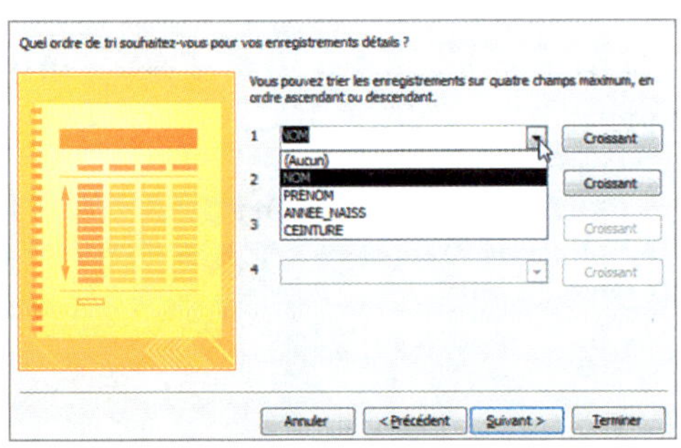

FICHE 3 Créer un ordre de tri et de regroupement sans assistant

Créer un ordre de tri et de regroupement

Ouvrir l'état à modifier en Mode Création.

Sous l'onglet Créer, dans le groupe Regroupement et totaux, cliquer sur Regrouper et trier.

Le volet Regrouper, trier et total s'affiche dans la partie inférieure de la fenêtre.

Pour ajouter un nouveau regroupement, cliquer sur Ajouter un groupe.

Pour ajouter un nouveau tri, cliquer sur Ajouter un tri.

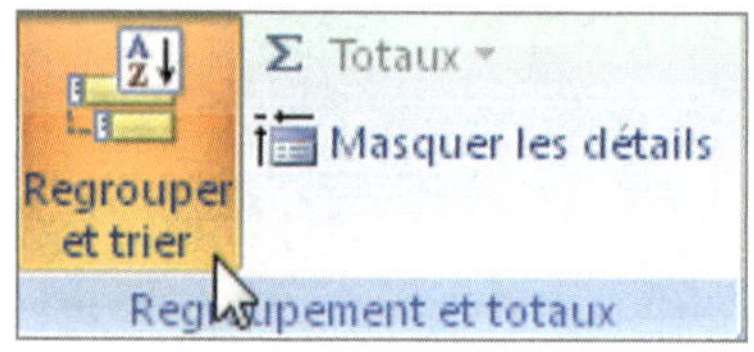

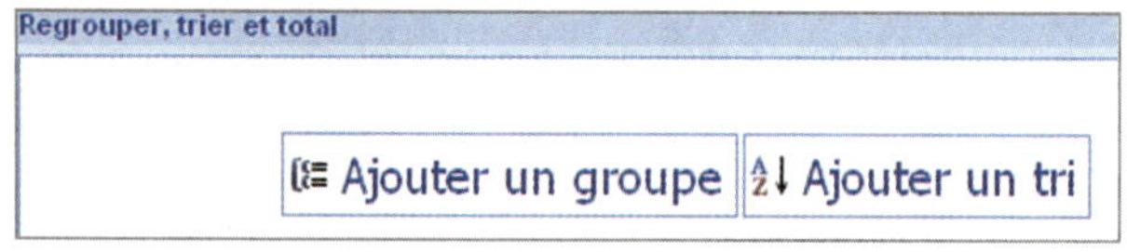

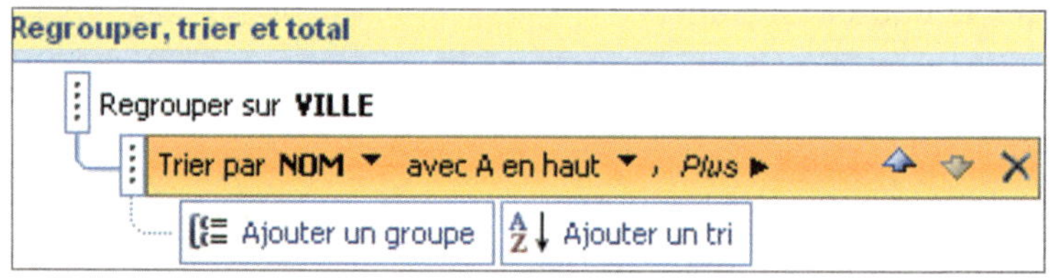

FICHE 4 Modifier un ordre de tri et de regroupement

Modifier un ordre de tri et de regroupement

Pour modifier la position cliquer à la fin de la ligne sur le bouton monter ou descendre.

Pour supprimer un niveau de tri ou de regroupement cliquer sur le bouton à la fin de la ligne.

Pour modifier le regroupement, ouvrir la liste Regrouper sur puis sélectionner un autre champ.

Pour modifier l'ordre de tri, ouvrir la seconde liste et cliquer sur la flèche.

Cliquer sur l'option avec A en haut pour un tri croissant ou avec Z en haut pour un tri décroissant.

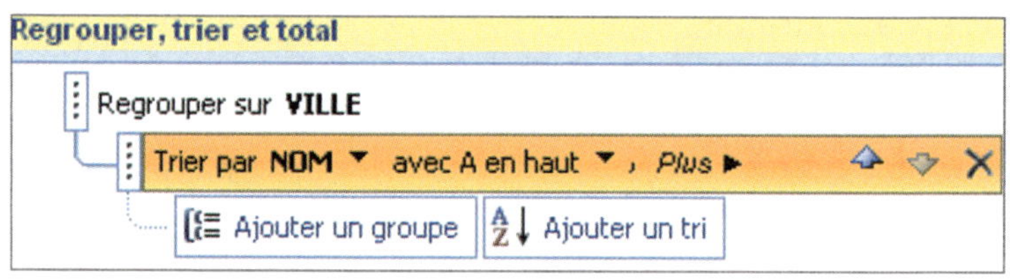

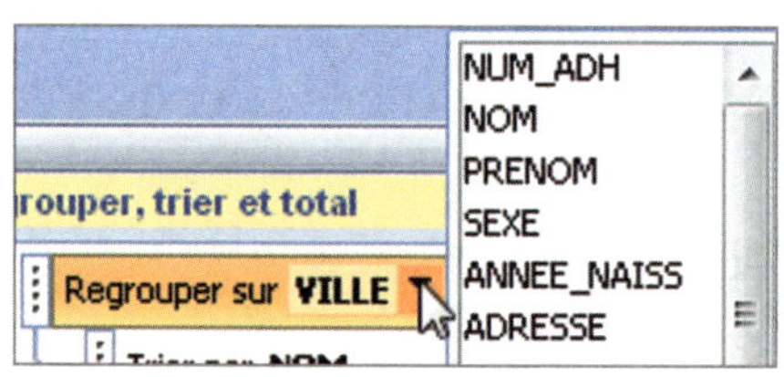

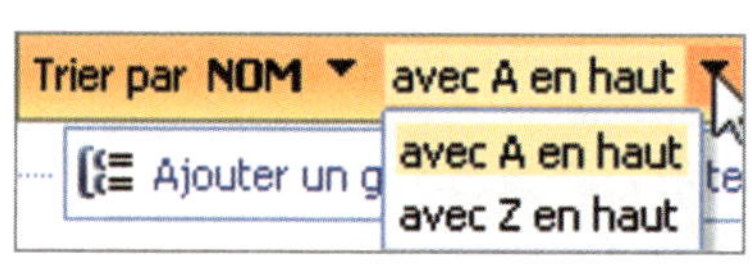

Ajouter un regroupement Total

Pour ajouter un total, sélectionner le champ sur lequel le calcul doit être effectué dans la liste Total sur puis choisir le Type de calcul à réaliser.

Cocher ensuite les options correspondant à l'endroit où les totaux doivent apparaître dans l'état.

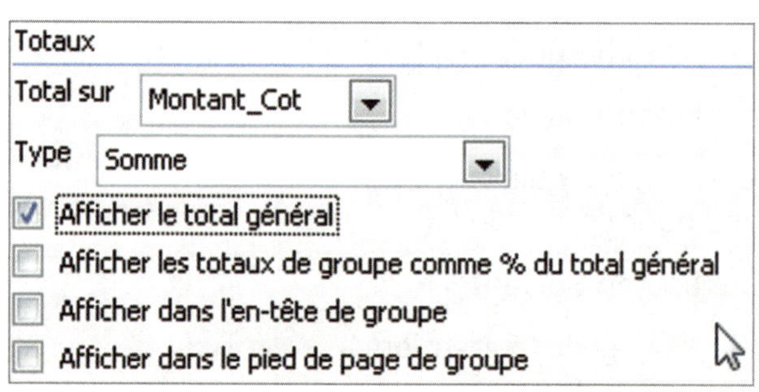

Importer et exporter des données

OBJECTIFS

- Exporter des données vers Excel
- Attacher des données à un document de publipostage
- Importer des données issues d'Excel

Situation professionnelle

Vous poursuivez votre période de formation au club de judo.

Votre tuteur vous confie le suivi des stages et la préparation de la remise des récompenses.

JUDO CLUB
LE CONQUÉRANT

rue du Maréchal Leclerc
27000 ÉVREUX
Tél : 02 32 48 10 81
Fax : 02 32 48 10 82

Association sportive loi 1901

Activités :
Éveil judo – Judo – Jujitsu

MISSION 1 Annoncer les stages

1. Réalisez, à partir de l'affiche du stage de jujitsu (DOCUMENT 1), la requête qui vous permettra de sélectionner les adhérents concernés par le stage.

2. Exportez les données de la requête vers un fichier **Inscription_Stage.xlsx**.

DOCUMENT 1 Affiche Stage jujitsu

Fiche 1
Exporter des données vers Excel

MISSION 2 Préparer la lettre d'invitation au stage

1. Saisissez et présentez sous Word la lettre d'invitation au stage de jujitsu qu'a préparée Nicolas Berthon **(DOCUMENT 2)**.

2. Utilisez les données de votre requête comme source de données pour effectuer votre publipostage.

DOCUMENT 2 Lettre pour la proposition du stage de jujitsu

Cher(e) adhérent(e), (à personnaliser)

J'ai le plaisir de vous informer qu'un stage de jujitsu se déroulera à

L'Institut des sports
11 avenue Winston Churchill
69381 Lyon

du 10 au 17 avril.

Ce stage sera dirigé par Jacques Dumiez, arbitre international.

Le quota de participants étant limité à 20 stagiaires, merci de retourner le bulletin joint avant le 15 mars.

Meilleures salutations

Fiche 2
Attacher des données à un document de publipostage

MISSION 3 Gérer les autorisations

1. Importez les données présentes dans le fichier **Autorisations.xlsx** vers une table ***Autorisations*** dans Access.

2. Mettez la table ***Autorisations*** en relation avec la table ***Adhérents*** de votre base de données **Conquérant** à partir de la clé primaire Num_Adh **(DOCUMENT 3)**.

DOCUMENT 3 Note de Nicolas Berthon

J'avais créé un fichier sur Excel pour assurer le suivi des autorisations que doivent nous remettre les familles. Pouvez-vous l'importer vers Access et mettre cette nouvelle table en relation avec celle des adhérents à partir de leur clé primaire respective : Numéro d'adhérent.

Fiche 3
Importer des données issues d'Excel

SYNTHÈSE Préparer la remise des récompenses

1. Préparez, à partir de la note de Nicolas Berthon (DOCUMENT 4), la lettre type pour inviter les adhérents (DOCUMENT 5) ainsi que les étiquettes de publipostage.

2. Réalisez le publipostage et éditez la lettre et l'étiquette personnalisées à envoyer à M. Barlois.

3. Créez la requête demandée et exportez cette requête vers un nouveau fichier Excel, à partir de la note de Nicolas Berthon. Vous l'appellerez ***Récompenses.xlsx*** (DOCUMENT 4).

DOCUMENT 4 Note de Nicolas Berthon

Note

Pouvez-vous réaliser une lettre type ainsi que les étiquettes pour inviter tous les adhérents à la remise des récompenses et à la traditionnelle galette des rois ?

Je vous ai préparé le texte de la lettre. Pour tester le fichier, éditez le document à envoyer à M. Barlois.

Le trésorier n'a pas Access sur son PC, pouvez-vous lui préparer au format Excel un fichier avec les noms des personnes qui ont une ceinture, pour effectuer les commandes de cadeaux pour la remise des récompenses ?

Merci

Nicolas Berthon

DOCUMENT 5 Lettre d'invitation

Cher(e) adhérent(e),

En ce début d'année, nous avons le plaisir de vous inviter à la remise des récompenses qui se déroulera au dojo

le samedi 20 janvier à 15 heures.

N'oubliez pas de venir en kimono pour la remise des grades.

À l'issue de cette cérémonie, nous partagerons la traditionnelle galette des rois.

Salutations sportives,

FICHE 1

Exporter des données vers Excel

Ouvrir la base de données source.

Dans le volet de navigation, sélectionner la table ou la requête à exporter.

Sous l'onglet **Données externes**, dans le groupe **Exporter**, cliquer sur le bouton **Excel**.

Dans la zone **Nom de fichier**, modifier éventuellement le chemin d'accès ainsi que le nom du fichier de destination.

Par défaut, le nom de l'objet est repris comme nom de fichier.

Cocher les options d'exportation désirées.

Cliquer sur le bouton **OK**.

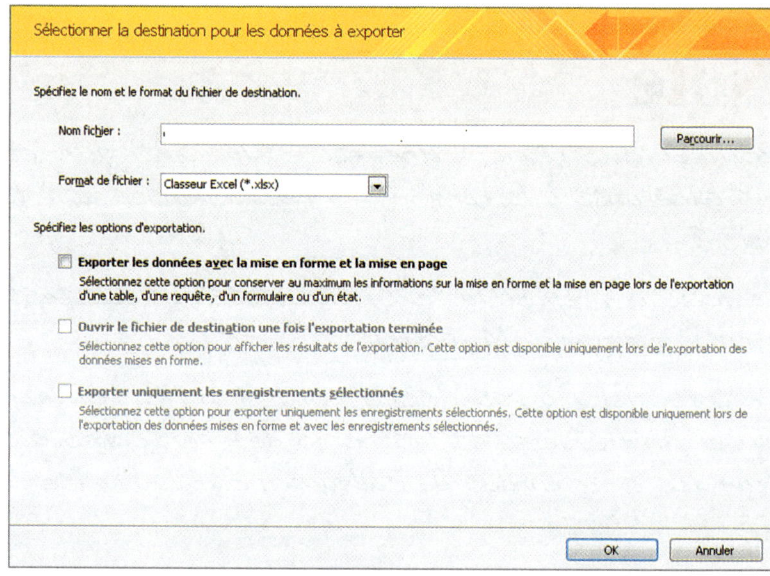

Cocher éventuellement l'option **Enregistrer les étapes d'exportation**, pour pouvoir répéter ultérieurement cette opération sans utiliser l'assistant.

Cliquer sur **Fermer**.

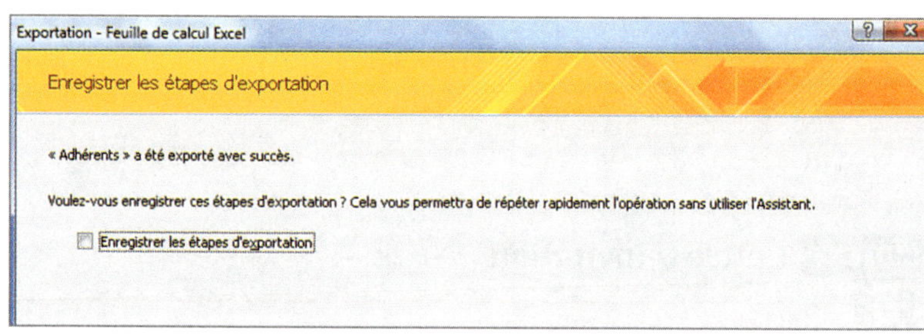

FICHE 2

Attacher des données à un document de publipostage

Ouvrir la base de données source.

Dans le volet de navigation, sélectionnez la table ou la requête à utiliser comme source des données de fusion.

Sous l'onglet Données externes, dans le groupe Exporter, cliquer sur le bouton Plus puis sur Fusion avec Microsoft Office Word.

L'Assistant Fusion et publipostage MS Word démarre.

Indiquer si les données doivent être attachées à un document existant ou à un nouveau document, puis cliquer sur OK.

Si le lien doit être créé vers un document existant, sélectionner dans la boîte de dialogue le document Word puis cliquer sur Ouvrir.

Réaliser toutes les opérations demandées par l'assistant Fusion et publipostage de Word jusqu'à la fin de la fusion.

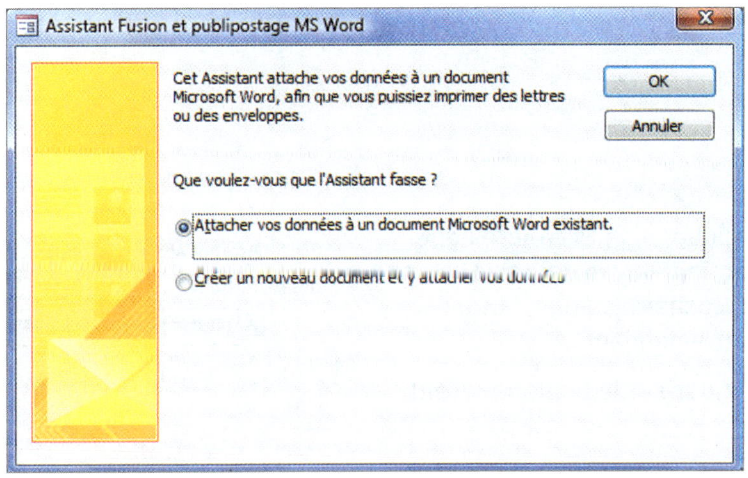

FICHE 3

Importer des données issues d'Excel

Ouvrir la base de données dans laquelle les données doivent être importées.

Sous l'onglet Données externes, dans le groupe Importer, cliquer sur le bouton Excel.

Dans la zone Nom fichier, cliquer sur le bouton Parcourir pour sélectionner le fichier à importer.

Spécifier la façon dont les données doivent être stockées. Importer les données sources dans une nouvelle table de la base de données permet de stocker les données dans une nouvelle table.

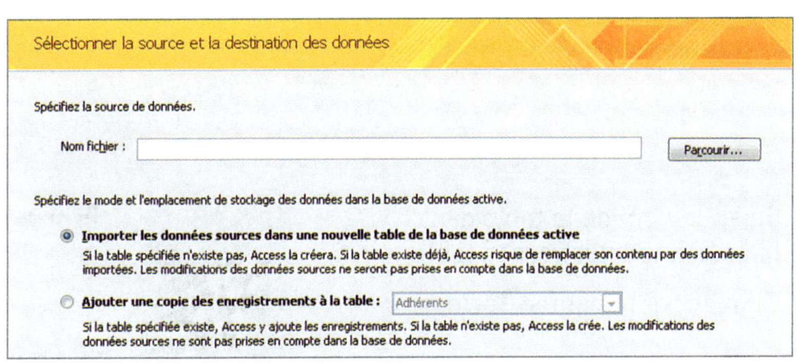

FICHE 3

Importer des données issues d'Excel (suite)

Activer l'option **Afficher les feuilles de données**.

Cliquer sur le bouton **Suivant**.

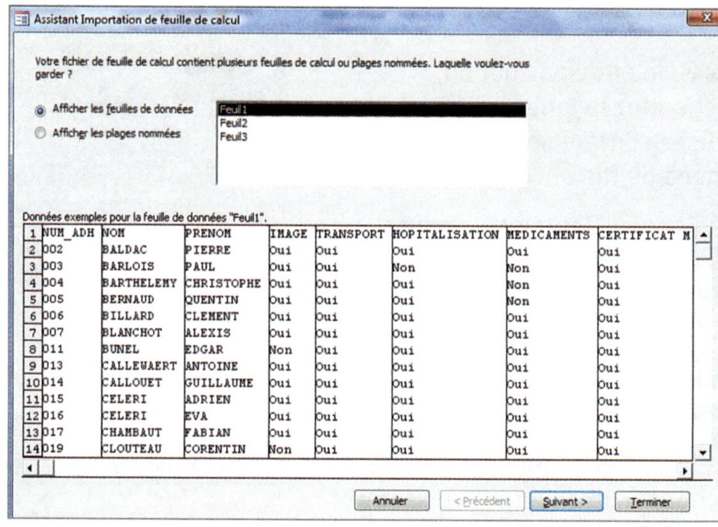

Indiquer si la **Première ligne contient les en-têtes de colonnes** en cochant, ou non, la case correspondante.

Cliquer sur le bouton **Suivant**.

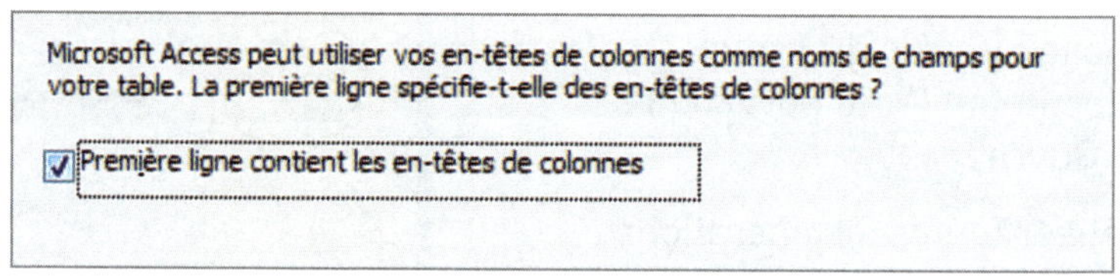

Définir les **Options des champs** à importer.

Cliquer sur le bouton **Suivant**.

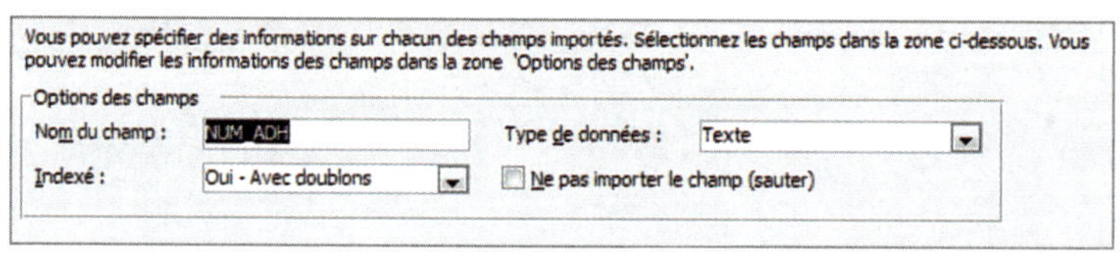

Activer la seconde option, pour **Choisir la clé primaire**.

Cliquer sur le bouton **Suivant**.

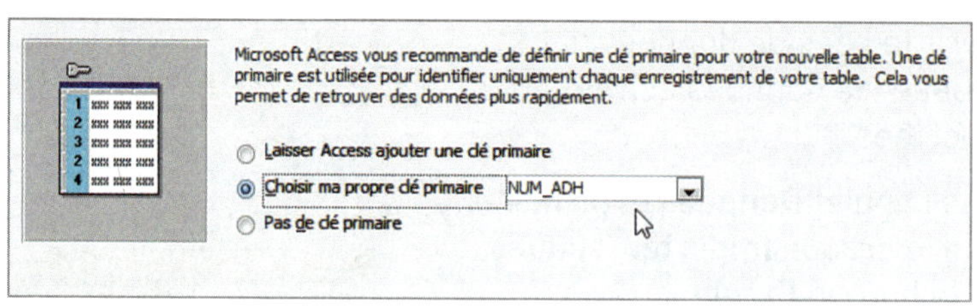

Saisir le nom de la table dans la zone **Importer vers la table**.

Cliquer sur le bouton **Terminer**.

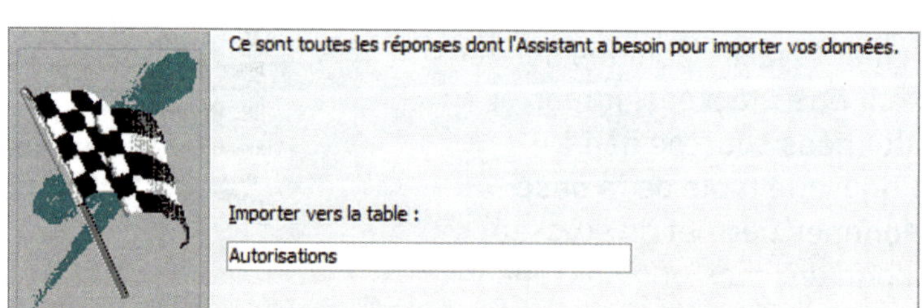

Entraînement

OBJECTIFS

- Créer la structure d'une table
- Définir des relations
- Saisir des données dans une table
- Créer des formulaires
- Formuler des requêtes
- Créer, imprimer des états
- Exporter des données

Situation professionnelle

Vous effectuez votre période de formation à la direction des ressources humaines de la société NOX.

Votre responsable, M. Paul, vient d'acquérir un logiciel de gestion de base de données relationnelle. Il vous confie la création et le suivi administratif du personnel.

NOX
12 rue de Coubertin
76000 Rouen
tél : 02 32 25 68 76
Conception et réalisation d'accès sécurisés et de mobiliers en acier, inox et aluminium.

MISSION 1 Créer la structure des tables et définir les relations

1. Créez la base de données ***Salariés_Nox***.
2. Implantez les tables (DOCUMENTS 1 ET 2).
3. Créez les relations (DOCUMENT 3).

MISSION 2 Saisir des tables

1. Saisissez les données dans la table ***Services*** (DOCUMENT 4).
2. Saisissez les données dans la table ***Catégories*** (DOCUMENT 4).

MISSION 3 Créer des formulaires

1. Préparez un formulaire instantané pour la saisie des accidents du travail.
2. Enregistrez un accident du travail à partir de ce formulaire (DOCUMENT 5).
3. Créez le formulaire demandé pour la saisie des salariés (DOCUMENT 6).
4. Enregistrez les informations concernant les salariés (DOCUMENT 7).

MISSION 4 Formuler des requêtes

1. Créez une requête Sélection (DOCUMENT 8).
2. Créez une requête Sélection avancée (DOCUMENT 9).
3. Mettez à jour la prime de fin d'année (DOCUMENT 10).

MISSION 5 Créer et imprimer des états

1. Créez et imprimez un état pour chacune des requêtes.
2. Créez et imprimez un état avec regroupement total pour le calcul des primes (DOCUMENT 10).
3. Créez et imprimez un état pour répondre à la demande de l'Urssaf (DOCUMENT 11).

MISSION 6 Exporter des données

1. Créez la lettre type d'invitation au tournoi de bowling (DOCUMENT 12).
2. Fusionnez le document type avec la table ***Salariés*** et imprimez les lettres destinées aux salariés de la direction.

DOCUMENT 1 Consignes de M. Paul

Création de la base de données Salariés_Nox.accdb

→ Insérez des règles de validité :
- la prime n'excède pas 500 € ;
- sexe = H ou F ;
- par défaut la nationalité est française.

→ Utilisez des masques pour faciliter votre saisie :
- numéro de téléphone, numéro de Sécurité sociale, code postal.

→ Utilisez une liste de choix pour la situation familiale du salarié.

→ Il existe deux types d'accidents :
- les ATRAJ : accidents de trajet ;
- les ATRAV : accidents de travail.

DOCUMENT 2 Dictionnaire de données

Base de données : Salariés_Nox.accdb				
Tables	**Nom du Champ**	**Description**	**Type**	**Taille**
SALARIÉS	Cod_Sal	Code salarié	Texte	3
	Num_Secu	Numéro de Sécurité sociale	Texte	
	Nom_Sal	Nom du salarié	Texte	
	Pren_Sal	Prénom du salarié	Texte	
	Sex_Sal	Sexe	Texte	
	Dat_Naiss	Date de naissance	Date	
	Nat_Sal	Nationalité	Texte	
	Adr_Sal	Adresse	Texte	
	CP_Sal	Code postal	Texte	
	Vil_Sal	Ville	Texte	
	Tel_Sal	Téléphone	Texte	
	Sit_Fam	Situation familiale	Texte	
	Nb_Enf	Nombre d'enfants	Numérique	
	Qual_Sal	Qualification du salarié	Texte	
CATÉGORIES	Cod_Cat	Code catégorie	Texte	1
	Nom_Cat	Catégorie socioprofessionnelle	Texte	
	Prim_Cat	Prime	Monétaire	
SERVICES	Cod_Serv	Code du service	Texte	5
	Nom_Serv	Nom du service	Texte	
ACCIDENTS	Typ_AT	Type d'accident	Texte	5
	Dat_AT	Date de l'accident	Date	
	Circ_AT	Circonstances de l'accident	Mémo	
	Lieu_AT	Lieu de l'accident	Texte	
	Heur_AT	Heure de l'accident	Date/Heure	
	Typ_Lesion	Type de lésion	Texte	
	Arret_AT	Accident avec arrêt	Oui/Non	

DOCUMENT 3 Règles de gestion

Règles de gestion

→ Un salarié travaille dans un seul service mais un service accueille plusieurs salariés

→ Un salarié appartient à une seule catégorie, mais une catégorie concerne plusieurs salariés

→ Un salarié peut avoir plusieurs accidents mais un accident ne concerne qu'un seul salarié

DOCUMENT 4 Catégories et Services

Catégories		
Code	**Libellé**	**Prime**
1	Cadre	800 €
2	Agent de maîtrise	500 €
3	Technicien	350 €
4	Ouvrier	200 €
5	Employé	200 €

Services	
Code	**Libellé**
DGALE	Direction générale
PROD	Direction Production
DADMF	Direction administrative et financière
DCOMM	Direction commerciale
DRH	Direction des ressources humaines

DOCUMENT 5 Compte-rendu Accident du travail

ACCIDENT de M. ROSSIGNOL

Le 4/04, à 16 h 45, M. Jean ROSSIGNOL (Code 018) a été victime d'un accident du travail dans l'atelier.

Circonstances de l'accident
Alors que M. Rossignol déplaçait des palettes avec son chariot élévateur, il a voulu vérifier la stabilité de la pile depuis son chariot. Déséquilibré, le chariot s'est renversé.

Conséquences de l'accident
- Fracture du pied droit.
- Arrêt de travail de 15 jours.

DOCUMENT 6 Formulaire des salariés de l'entreprise

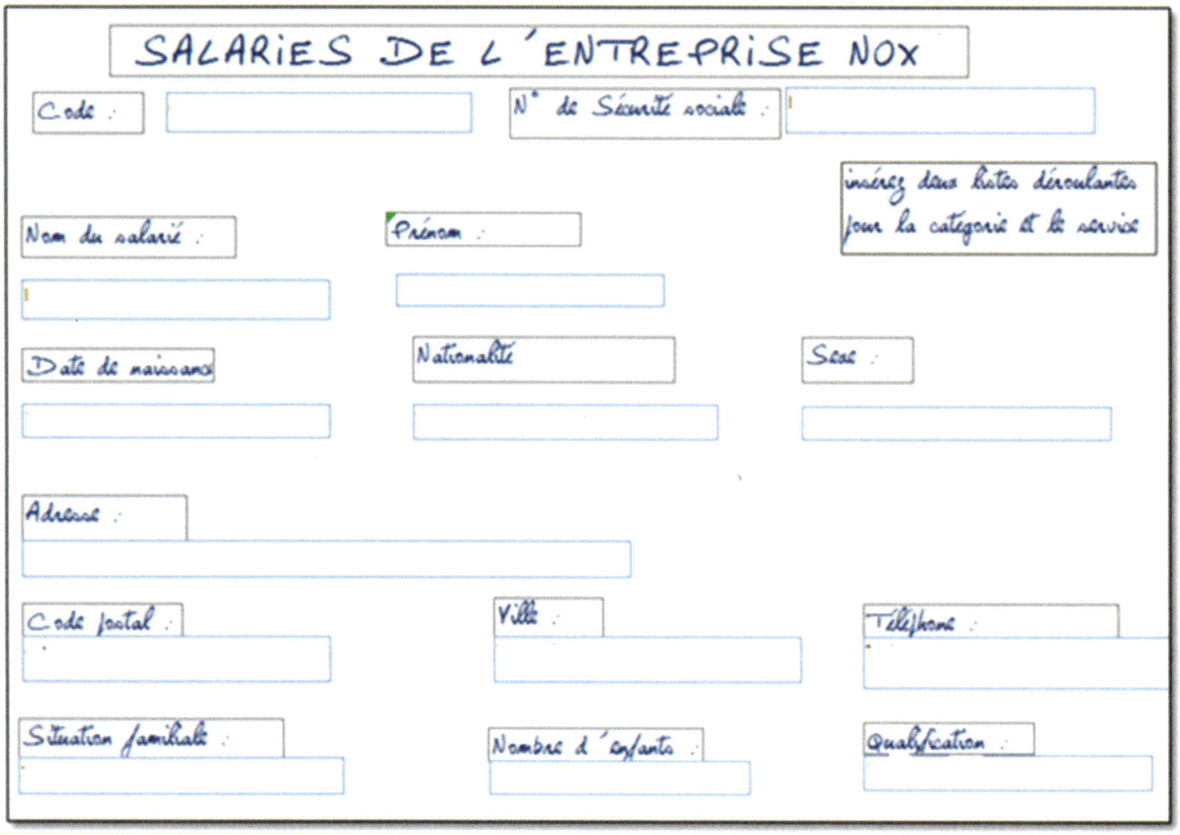

DOCUMENT 7 Fichier des salariés

Code	001	Code	002
Nom	Fresnay	Nom	Rémy
Prénom	Jean	Prénom	Paul
Qualification	Directeur général	Qualification	DRH
N° Sécurité sociale	1.58.03.12.312.123.16	N° Sécurité sociale	1.63.06.76.210.145.22
Date de naissance	31/03/1958	Date de naissance	12/06/1963
Situation	Marié	Situation	Marié
Enfants	2	Enfants	2
Tél.	02 32 80 12 32	Tél.	02 32 12 50 65
Adresse	rue de la Pie 76000 Rouen	Adresse	14 rue des Martyrs 76420 Bihorel
Service	DGALE	Service	DRH
Catégorie	Cadre	Catégorie	Cadre
Code	003	Code	004
Nom	Gresi	Nom	Alaire
Prénom	Irène	Prénom	Marc
Qualification	Assistante de direction	Qualification	DAF
N° Sécurité sociale	2.61.06.22.112.234.94	N° Sécurité sociale	1.56.04.76.532.489.12
Date de naissance	24/06/1961	Date de naissance	18/04/1956
Situation	Mariée	Situation	Marié
Enfants	3	Enfants	1
Tél.	02 35 78 15 22	Tél.	02 35 22 34 15
Adresse	81 rue Jean-Ango 76230 Bois-Guillaume	Adresse	5 rue des Bons-Enfants 76000 Rouen
Service	DGALE	Service	DADMF
Catégorie	Agent de maîtrise	Catégorie	Cadre

DOCUMENT 7 Fichier des salariés (suite)

Code	005	Code	006
Nom	Marchand	Nom	Vanderpool
Prénom	Laëtitia	Prénom	Alois
Qualification	Comptable	Qualification	Technicien Maintenance
N° Sécurité sociale	2.80.01.27.625.110.27	N° Sécurité sociale	1.54.03.75.546.203.34
Date de naissance	20/01/1980	Date de naissance	02/03/1954
Situation	Célibataire	Situation	Marié
Enfants	0	Enfants	0
Tél.	02 35 16 47 82	Tél.	02 32 14 15 77
Adresse	12 place de l'Église 76160 Epreville	Adresse	125 route de Paris 76240 Bonsecours
Service	DADMF	Service	PROD
Catégorie	Employé	Catégorie	Technicien
Code	007	Code	008
Nom	Terreau	Nom	Mire
Prénom	Serge	Prénom	Sophie
Qualification	Mécanicien	Qualification	Directrice commerciale
N° Sécurité sociale	1.65.09.59.512.104.34	N° Sécurité sociale	2.64.04.76.310.245.25
Date de naissance	16/09/1965	Date de naissance	10/04/1964
Situation	Marié	Situation	Célibataire
Enfants	2	Enfants	0
Tél.	02,35,80,38,88	Tél.	06 70 80 88 33
Adresse	32 cité Cachin 76240 Bonsecours	Adresse	1 rue de la République 76420 Bihorel
Service	PROD	Service	DCOMM
Catégorie	Ouvrier	Catégorie	Cadre
Code	009	Code	010
Nom	Harrault	Nom	Leglannec
Prénom	Karl	Prénom	Jérôme
Qualification	Emboutisseur	Qualification	Commercial
N° Sécurité sociale	1.82.12.29.213.101.36	N° Sécurité sociale	1.73.07.35.320.122.77
Date de naissance	12/12/1982	Date de naissance	27/07/1973
Situation	Célibataire	Situation	Marié
Enfants	0	Enfants	0
Tél.	02.32.81,60.80	Tél.	02 35 80 62 31
Adresse	78 rue Guynemer 76140 Petit-Quevilly	Adresse	55 rue de la Source 76160 Darnétal
Service	PROD	Service	DCOMM
Catégorie	Ouvrier	Catégorie	Agent de maîtrise
Code	011	Code	012
Nom	Forestier	Nom	Legros
Prénom	Marie	Prénom	Mickaël
Qualification	Secrétaire RH	Qualification	Plieur
N° Sécurité sociale	2.72.08.14.220.422.61	N° Sécurité sociale	1.60.05.76.120.321.41
Date de naissance	18/08/1972	Date de naissance	17/05/1960
Situation	Mariée	Situation	Marié
Enfants	2	Enfants	2
Tél.	02 35 24 28 59	Tél.	02 35 78 32 60
Adresse	18 rue du Verger 76000 Rouen	Adresse	66 allée des Pommiers 76160 Bois-L'évêque
Service	DRH	Service	PROD
Catégorie	Employé	Catégorie	Ouvrier

DOCUMENT 7 Fichier des salariés (suite)

Code	013	Code	014
Nom	Dildaut	Nom	Deschamps
Prénom	Jérôme	Prénom	Sylvie
Qualification	Soudeur	Qualification	Commercial
N° Sécurité sociale	1.71.12.61.098.211.13	N° Sécurité sociale	2.66.10.76.230.513.68
Date de naissance	28/12/1971	Date de naissance	22/10/1966
Situation	Célibataire	Situation	Mariée
Enfants	0	Enfants	3
Tél.	02 35 80 34 61	Tél.	02 32 18 56 59
Adresse	125 rue Anatole-France 76000 Rouen	Adresse	63 allée Duchamp 76520 Montmain
Service	PROD	Service	DCOMM
Catégorie	Ouvrier	Catégorie	Agent de maîtrise
Code	015	Code	016
Nom	Barois	Nom	Poncin
Prénom	Jean	Prénom	Antoine
Qualification	Directeur Production	Qualification	Chef d'atelier
N° Sécurité sociale	1.76.04.76.130.305.24	N° Sécurité sociale	1.80.10.76.212.108.24
Date de naissance	06/04/1976	Date de naissance	13/10/1985
Situation	Marié	Situation	Célibataire
Enfants	1	Enfants	0
Tél.	02 35 80 12 21	Tél.	02 35 72 28 13
Adresse	78 square des Lilas 76240 Bonsecours	Adresse	66 allée Aux-Ours 76000 Rouen
Service	PROD	Service	PROD
Catégorie	Cadre	Catégorie	Agent de maîtrise
Code	017	Code	018
Nom	Rossignol	Nom	Rodrigues
Prénom	Jean	Prénom	Fernando
Qualification	Emboutisseur	Qualification	Emboutisseur
N° Sécurité sociale	1.68.03.76.212.111.32	N° Sécurité sociale	1.68.02.76.133.341.14
Date de naissance	28/03/1968	Date de naissance	24/02/1968
Situation	Célibataire	Situation	Marié
Enfants	0	Enfants	3
Tél.	02 35 14 18 66	Tél.	02 32 66 85 47
Adresse	12 rue de l'Avenir 76200 Dieppe	Adresse	15 rue de la Gare 76150 Maromme
Service	PROD	Service	PROD
Catégorie	Ouvrier	Catégorie	Ouvrier
Code	019	Code	020
Nom	Vignon	Nom	Lemaire
Prénom	Lucien	Prénom	Hugues
Qualification	Ouvrier spécialisé	Qualification	Mécanicien
N° Sécurité sociale	1.45.11.75.227.101.35	N° Sécurité sociale	1.55.06.76.312.133.15
Date de naissance	30/11/1945	Date de naissance	16/06/1955
Situation	Marié	Situation	Marié
Enfants	3	Enfants	4
Tél.	02 35 46 54 13	Tél.	02 35 71 45 51
Adresse	72 bd Gustave-Flaubert 76000 Rouen	Adresse	71 rue Benoît-Frachon 76160 Darnétal
Service	PROD	Service	PROD
Catégorie	Ouvrier	Catégorie	Ouvrier

DOCUMENT 7 Fichier des salariés (suite)

Code Nom Prénom Qualification N° Sécurité sociale Date de naissance Situation Enfants Tél. Adresse Service Catégorie	021 Nottin Hugues Technicien 1.76.05.76.205.155.74 30/12/05/1976 Marié 2 02 35 70 17 59 55 route de Paris 76240 Bonsecours PROD Ouvrier	Code Nom Prénom Qualification N° Sécurité sociale Date de naissance Situation Enfants Tél. Adresse Service Catégorie	022 Mougin Hervé Ouvrier 1.56.06.76.300.125.93 18/06/1956 Divorcé 3 02 35 99 56 10 26 allée des Peupliers 76160 Epreville PROD Ouvrier
Code Nom Prénom Qualification N° Sécurité sociale Date de naissance Situation Enfants Tél. Adresse Service Catégorie	023 Demerville Pierre Cariste 1.78.02.27.210.152.81 22/02/78 Concubinage 2 02 32 65 20 13 14 rue de la gare 76500 Elbeuf PROD Ouvrier	Code Nom Prénom Qualification N° Sécurité sociale Date de naissance Situation Enfants Tél. Adresse Service Catégorie	024 Briffard Jean Ouvrier 1.65.12.76.101.412.32 22/12/65 Concubinage 1 02 32 25 60 12 220 cours Carnot 76000 Rouen PROD Ouvrier

DOCUMENT 8 Mémo de M. Paul

La direction aimerait proposer aux personnes qui ont des enfants un séjour à Eurodisney pour les fêtes de fin d'année. Pouvez-vous me dresser la liste des personnes concernées classée par service.

DOCUMENT 9 Courriel de Médiavélite Formation Paris

Bonjour,
Je vous confirme la venue d'un de nos intervenants, Paul Dupontel, pour animer un stage sur « Le suivi des clients » au sein de votre entreprise, le lundi 14 novembre.
Dans le cadre de cette formation, destinée à votre service administratif et financier ainsi qu'à votre service commercial, nous vous prions de bien vouloir nous faire parvenir une liste des salariés concernés (Nom – Prénom – date de naissance – qualification – service).
Cordialement,
Pierre Munaten

DOCUMENT 10 Prime de fin d'année

Cette année, au vu des bénéfices réalisés, la direction accorde une augmentation des primes de fin d'année de 5%. Pouvez-vous mettre à jour la prime dans notre base de données.

Présentez la liste du personnel regroupée par service, faisant apparaître le montant total des primes par service.

DOCUMENT 11 Appel téléphonique

Date 10/10/ **Heure** : 10 H
A l'attention de : P. Rémy

En votre absence

M. ALAN
URSSAF ROUEN
Téléphone 02 67 42 89 18

☒ A TÉLÉPHONÉ	☐ MERCI D'APPELER
☐ EST PASSÉ VOUS VOIR	☐ VOUS RAPPELLERA
☐ DEMANDE UN ENTRETIEN	☐ URGENT

Message :

Adresser la liste des salariés par catégorie de personnel avec leur qualification et leur date de naissance

DOCUMENT 12 Lettre d'invitation

Merci de saisir et présenter le courrier d'invitation que nous adresserons aux salariés.
Dans un premier temps, éditez les courriers adressés aux salariés de la direction.
Notre société organise son tournoi de bowling et nous vous invitons cordialement à y participer.
Il aura lieu :

Samedi 6 mars à 16 heures
Au Star Bowling Club
15 avenue Charles-de-Gaulle - Rouen

Ce tournoi est ouvert à tous les membres de la société et à leurs familles.
Les vainqueurs de chaque catégorie recevront un trophée lors du pot de l'amitié qui clôturera cette journée.
Nous vous invitons à vous inscrire auprès du secrétariat des ressources humaines.
Au plaisir de vous accueillir en grand nombre.

Créer le dossier de l'entreprise

OBJECTIFS

- Créer le dossier et les paramètres de l'entreprise
- Créer les journaux de l'entreprise
- Créer les comptes de l'entreprise
- Saisir la balance d'ouverture de l'entreprise
- Imprimer le brouillard des A-nouveaux

Situation professionnelle

Vous effectuez votre période de formation au service comptable de l'entreprise Roue Libre. Votre chef de service, Mme Virade, vient d'acquérir un logiciel de comptabilité et vous confie la création du dossier de la société.

Roue libre
44 rue des Oliviers
13002 MARSEILLE
Tél. : 04 74 80 90 00
Cycles

MISSION 1 Créer un dossier entreprise et ses paramètres

Créez le dossier et les paramètres de l'entreprise Roue Libre à l'aide de la fiche entreprise (DOCUMENT 1).

DOCUMENT 1 Fiche entreprise

ROUE LIBRE
EURL au capital de 25 000 €
44 rue des Oliviers
13002 MARSEILLE
☎ 04 74 80 90 00 📠 04 74 82 92 02
Courriel : rouelibre@orange.fr
Site Internet : www.rouelibre.com
Activité : Vente et location de cycles
SIRET : 333 444 555 00010; RCS : 333 444 555 MARSEILLE
Code NAF : 4259 C
Code NII : TVA intracommunautaire : FR 31 333 444 555
Gérante : Mme VIRADE Nicky
Banque : Banque populaire – Agence Sud de Marseille
RIB : 30050 65380 00468579000 18
Comptes fixes : 6 caractères
Exercice comptable : Du 01/01/N au 31/12/N
TVA : 19,6 % ; régime du réel normal avec option sur les débits pour les ventes de services

Fiche 1
Créer le dossier et les paramètres de l'entreprise (sous Ciel ou EBP Comptabilité)

MISSION 2 Créer les journaux et les comptes de l'entreprise

Créez les journaux nécessaires (DOCUMENT 2) et les comptes spécifiques (DOCUMENT 3) de l'entreprise.

DOCUMENT 2 Journaux de l'entreprise

Journal des A-nouveaux : code AN
Journal des achats : code HA
Journal des ventes : code VT
Journal de banque : code BQ
Journal de caisse : code CA
Journal des opérations diverses : code OD

Fiche 2
Créer les journaux de l'entreprise (sous Ciel ou EBP Comptabilité)

DOCUMENT 3 Comptes spécifiques de l'entreprise

205000	Concessions, droits et logiciels
207000	Fonds commercial
215000	Matériel et outillage
218200	Matériel de transport
218300	Matériel de bureau et informatique
218400	Mobilier
281500	Amortissement matériel et outillage
281820	Amortissement matériel de transport
281830	Amortissement matériel bureau et informatique
281840	Amortissement mobilier
401001	Fournisseur ATOUT VÉLOS
401002	Fournisseur POUR LES CYCLES
403000	Frs. Effets à payer
405000	Frs. d'immobilisations Effets à payer
411001	Client ASSO CYCLISME
411002	Client CYCLO RANDO
413000	Clts. Effets à recevoir
512001	Banque populaire

Fiche 3
Créer les comptes de l'entreprise (sous Ciel ou EBP Comptabilité)

MISSION 3 Saisir la balance d'ouverture de l'entreprise

1. Saisissez la reprise des soldes de la balance d'ouverture dans le brouillard des A-nouveaux au 01/01/N (DOCUMENT 4). Imprimez le brouillard des A-nouveaux.

DOCUMENT 4 Balance d'ouverture au 01/01/N

Numéro	Intitulé du compte	Solde débiteur	Solde créditeur
101000	Capital		25 000,00
164000	Emprunts		3 000,00
205000	Concessions, droits et logiciels	1 600,00	
207000	Fonds commercial	8 200,00	
215000	Matériel et outillage	1 460,00	
218200	Matériel de transport	9 700,00	
218300	Matériel de bureau et informatique	1 800,00	
218400	Mobilier	1 350,00	
281500	Amortissement matériel et outillage		620,00
281820	Amortissement matériel transport		3 630,00
281830	Amortissement matériel bureau et		940,00
	informatique		270,00
281840	Amortissement mobilier		
370000	Stock de marchandises	7 388,00	
401001	Fournisseur ATOUT VÉLOS		3 528,50
401002	Fournisseur POUR LES CYCLES		2 786,60
401000	Fournisseurs divers		2 239,20
404000	Fournisseurs d'immobilisations		3 433,40
403000	Fournisseurs – Effets à payer		2 542,30
405000	Frs. d'immobilisations – Effets à payer		2 000,00
411001	Client ASSO CYCLISME	2 072,70	
411002	Client CYCLO RANDO	1 036,20	
411000	Clients divers	378,10	
413000	Clients – Effets à recevoir	1 600,00	
445510	TVA à décaisser		1 482,00
512001	Banque populaire	14 501,66	
530000	Caisse	385,34	
	TOTAUX	51 472,00	51 472,00

Fiche 4
Saisir la balance d'ouverture de l'entreprise (sous Ciel ou EBP Comptabilité)

Fiche 5
Imprimer le brouillard des A-nouveaux (sous Ciel ou EBP Comptabilité)

FICHE 1

Créer le dossier et les paramètres de l'entreprise

Dans le menu **Dossier**, cliquer sur **Nouveau...**

Dans la fenêtre **Création**, cliquer sur **Créer une nouvelle société nommée :** et saisir le nom de l'entreprise puis cliquer sur **Créer**.

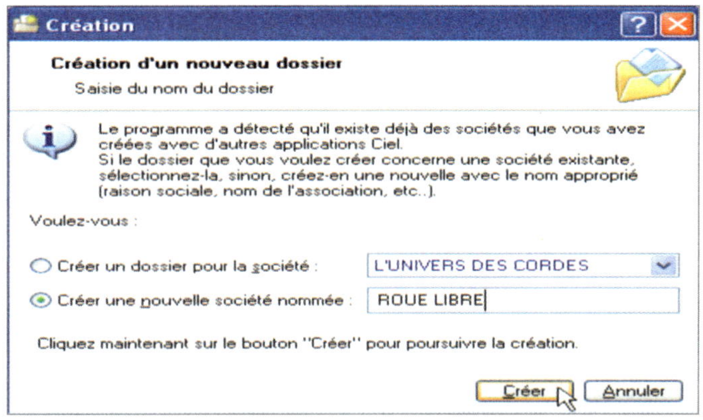

Dans la nouvelle fenêtre **Création**, sélectionner le **Plan comptable simplifié** puis cliquer sur **Créer**.

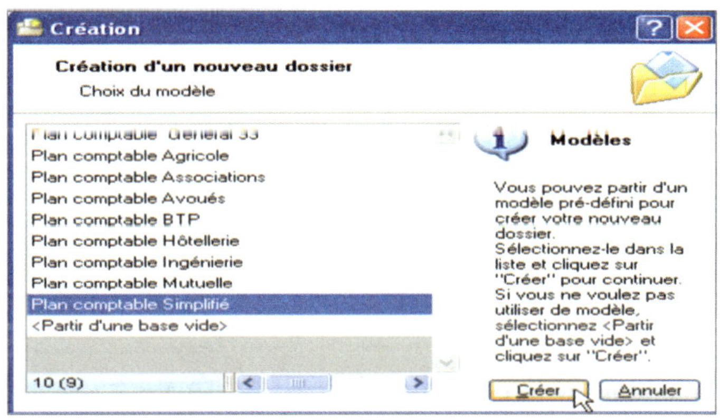

Dans la fenêtre **Top départ**, cliquer sur **Suivant** pour utiliser le mode Standard.

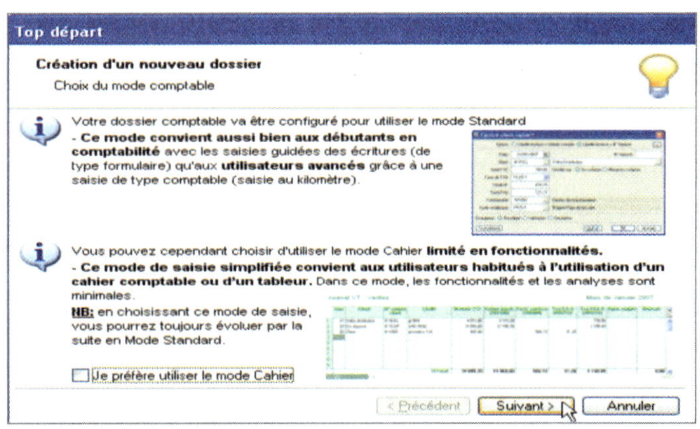

Dans la nouvelle fenêtre **Top départ**, cliquer sur **Suivant** pour valider les paramètres par défaut.

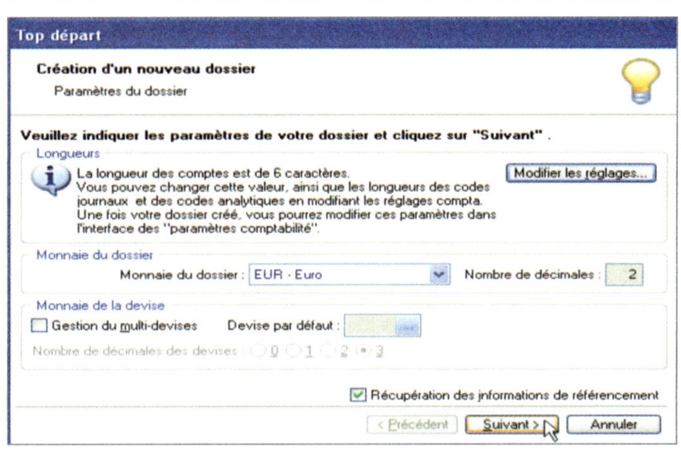

FICHE 1 Créer le dossier et les paramètres de l'entreprise (suite)

Dans la nouvelle fenêtre **Top départ**, sélectionner le **Mode de création rapide (3 étapes)** et cliquer sur **Suivant**.

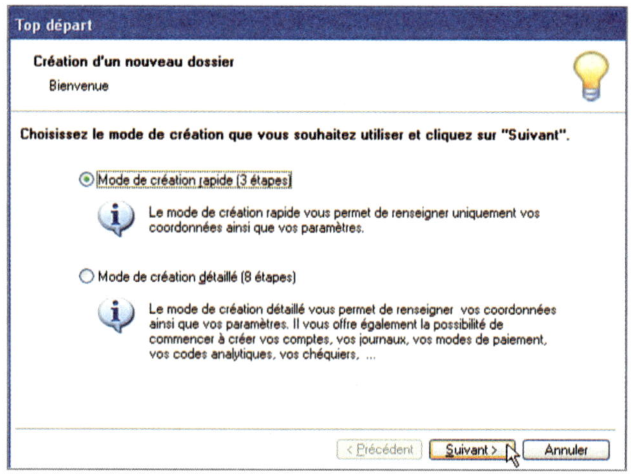

Dans la nouvelle fenêtre **Top départ**, saisir les paramètres de l'entreprise et cliquer sur **Suivant**.

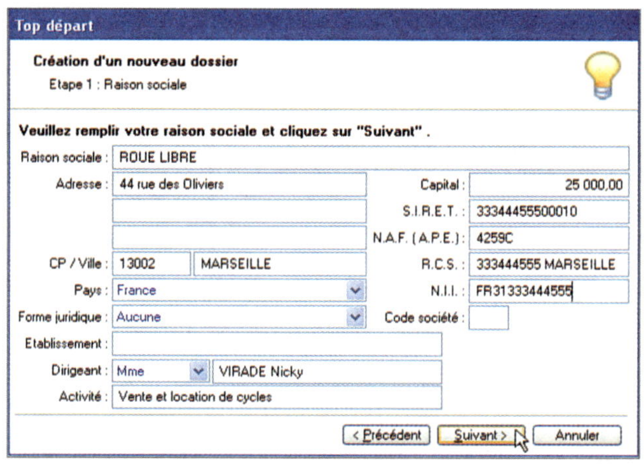

Dans la nouvelle fenêtre **Top départ**, saisir les coordonnées de l'entreprise et la période de l'exercice puis cliquer sur **Suivant**.

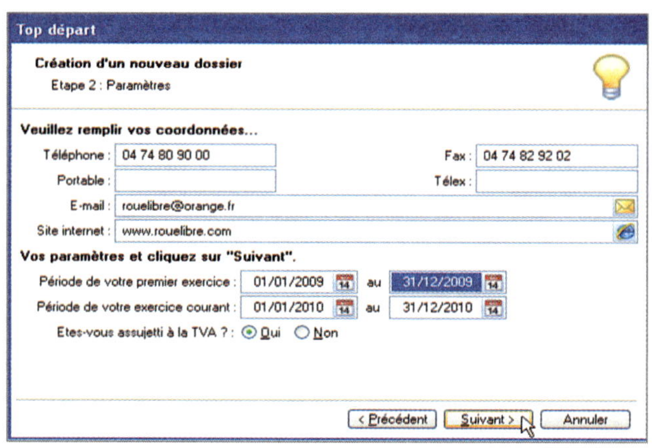

Dans la dernière fenêtre **Top départ**, décocher **Au démarrage de l'application...** et **Exécuter la démonstration rapide** puis cocher **Ne rien faire**.

Cliquer sur **Terminer** lorsque tous les paramètres ont été saisis.

La société est créée.

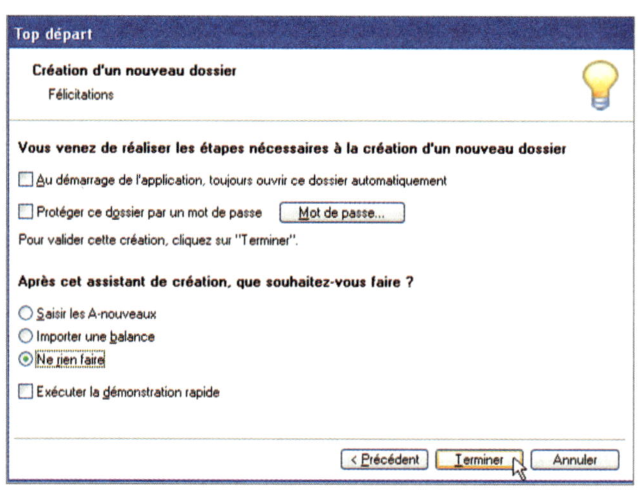

FICHE 2 Créer les journaux de l'entreprise

Dans le menu Listes, cliquer sur Journaux…

Ou

Cliquer sur l'icône Liste des journaux.

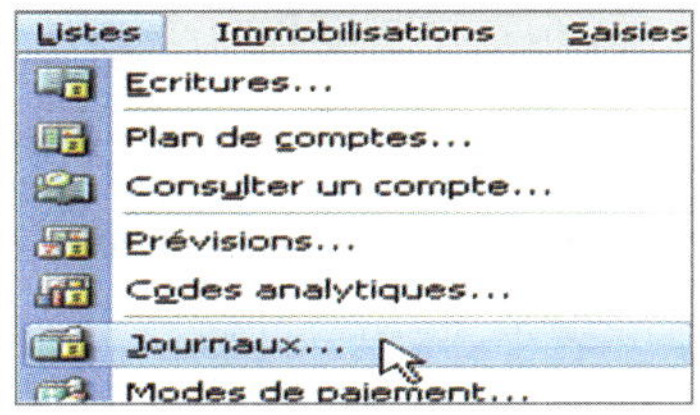

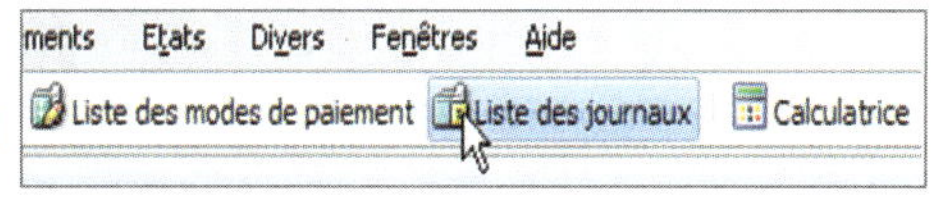

Dans la fenêtre Liste des journaux, cliquer sur Créer…

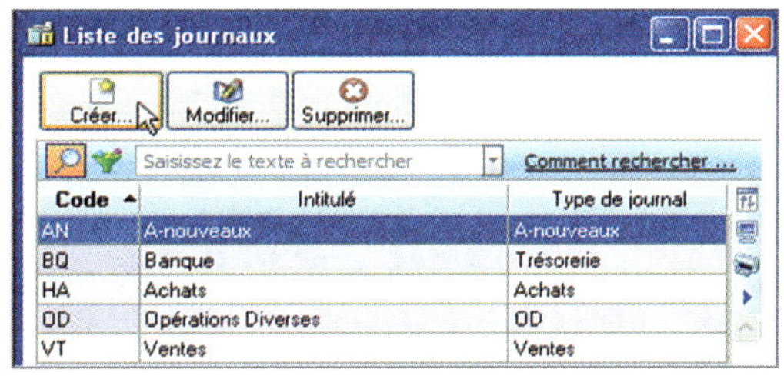

Dans la fenêtre Nouveau journal, saisir le code, l'intitulé et le type du journal puis cliquer sur OK.

Le journal est créé.

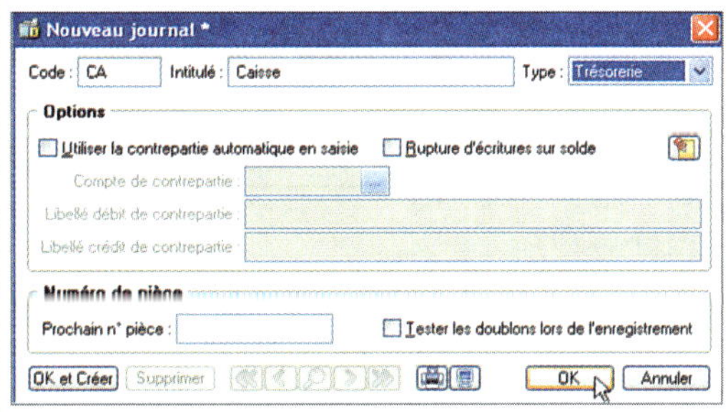

FICHE 3 Créer les comptes de l'entreprise

Dans le menu Listes, cliquer sur Plan de comptes…

Ou

Cliquer sur l'icône Plan de comptes.

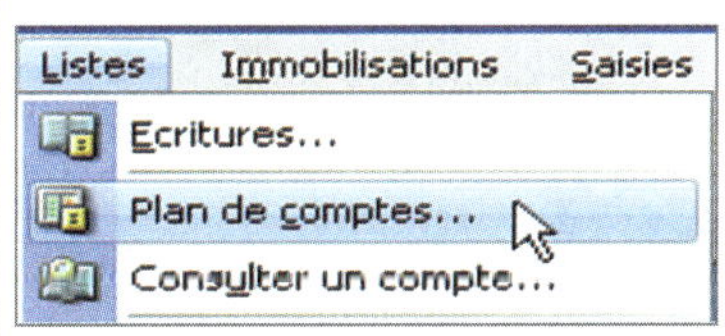

Dans la fenêtre Plan de comptes, cliquer sur Créer…

Dans la fenêtre Nouveau compte, saisir le code et l'intitulé du compte puis cocher Lettrable pour les comptes fournisseurs et clients et cliquer sur OK.

Le compte est créé.

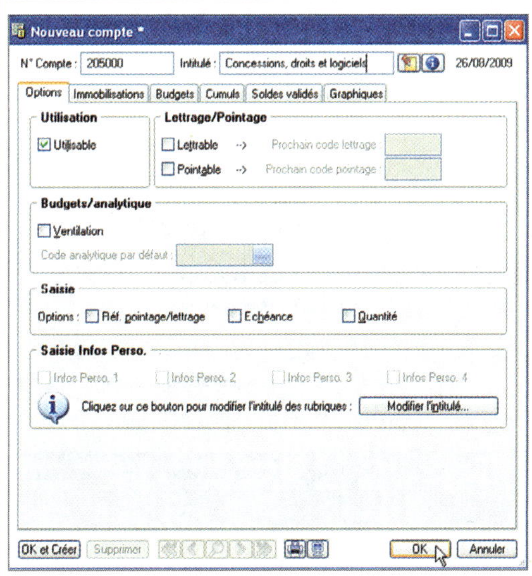

FICHE 4 Saisir la balance d'ouverture de l'entreprise

Dans le menu **Saisies**, cliquer sur **Saisie standard...**

Dans la fenêtre **Saisie standard**, saisir en brouillard le code du journal, la date, le libellé, le numéro de compte et le montant au débit ou au crédit, en cliquant dans la zone à saisir.

À la fin de la saisie, cliquer sur **Enregistrer** puis **Fermer**.

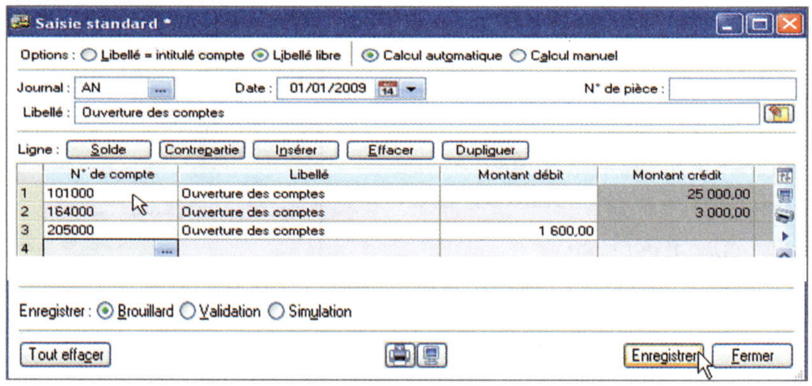

FICHE 5 Imprimer le brouillard des A-nouveaux de l'entreprise

Dans le menu **États**, cliquer sur **Brouillard...**

Dans la fenêtre **Brouillard**, cliquer sur **Imprimante**.

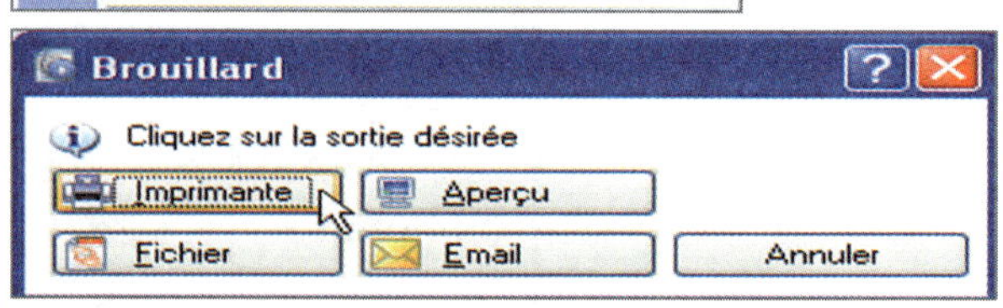

Dans la nouvelle fenêtre **Brouillard**, saisir la période puis cliquer sur **Le journal** et sélectionner le journal voulu.

Cliquer sur **OK**.

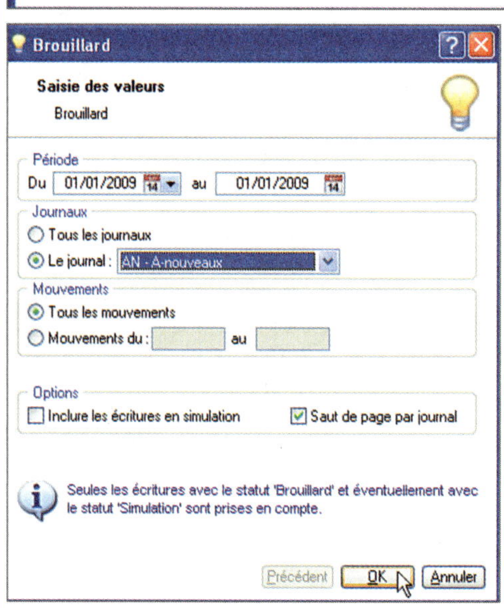

FICHE 1

Créer le dossier et les paramètres de l'entreprise

Dans le menu **Dossier**, cliquer sur **Nouveau**.

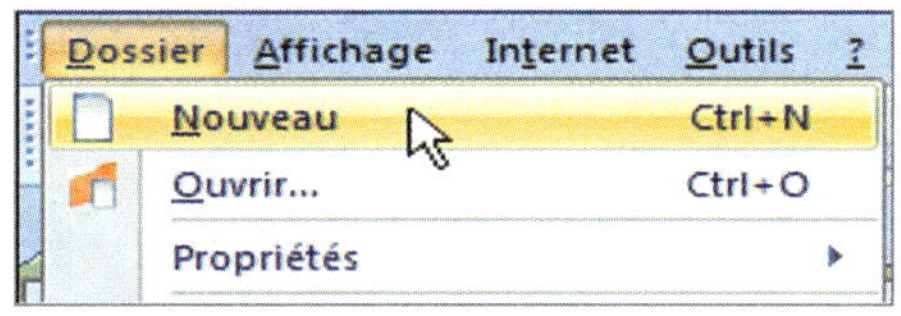

Dans la fenêtre **Création d'un dossier**, cliquer sur **Suivant**.

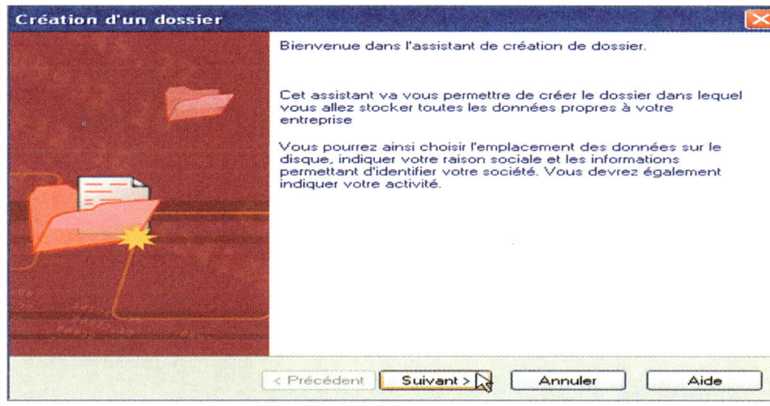

Dans la fenêtre **Nom et emplacement**, saisir la raison sociale de l'entreprise et sélectionner le répertoire de travail dans lequel on veut placer l'entreprise puis cliquer sur **Suivant**.

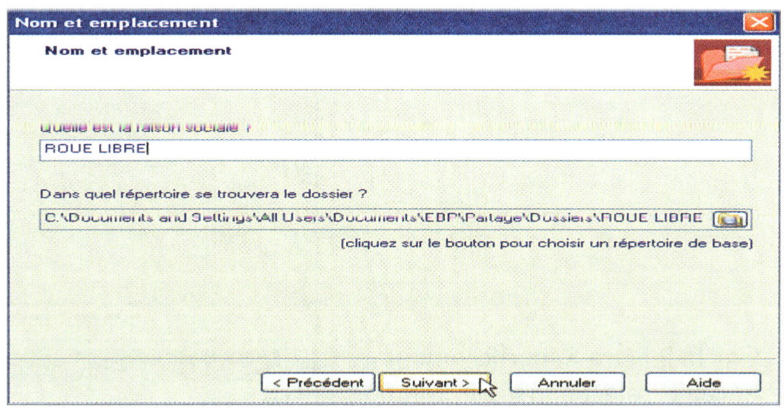

Dans la fenêtre **Identification**, saisir les informations légales de l'entreprise et cliquer sur **Suivant**.

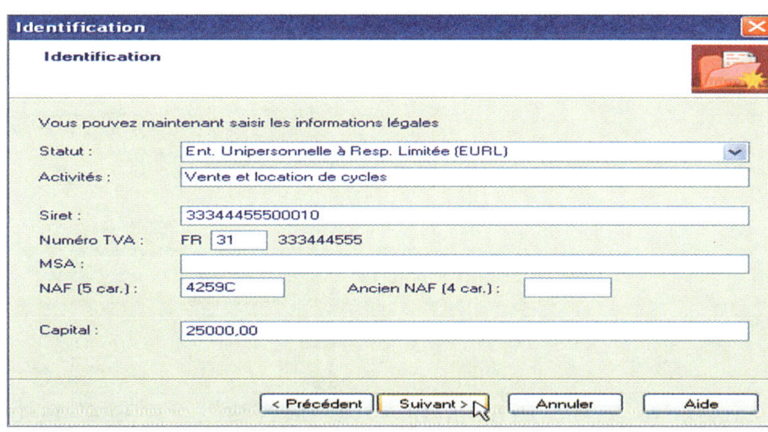

Dans la fenêtre **Adresse**, saisir l'adresse de l'entreprise et cliquer sur **Suivant**.

FICHE 1

Créer le dossier et les paramètres de l'entreprise (suite)

Dans la fenêtre **Contact**, saisir les coordonnées du responsable et cliquer sur **Suivant**.

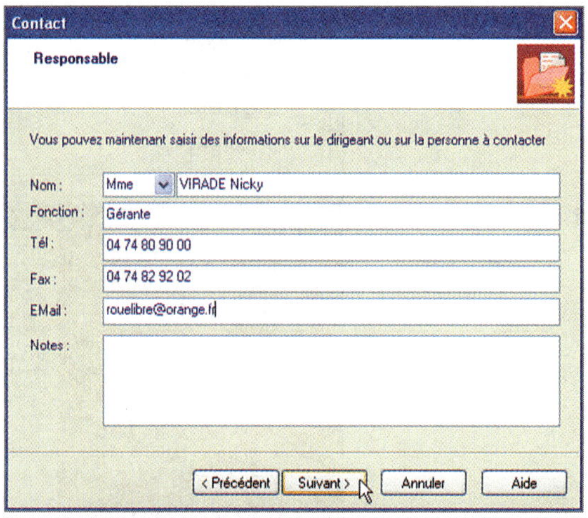

Dans la fenêtre **Dates d'exercice**, saisir les dates de début et de fin d'exercice et cliquer sur **Suivant**.

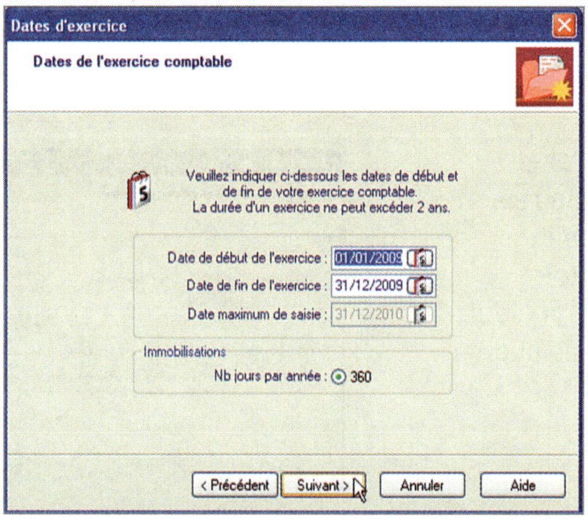

Dans la fenêtre **Rapprochement bancaire**, sélectionner **par Comptes** et cliquer sur **Suivant**.

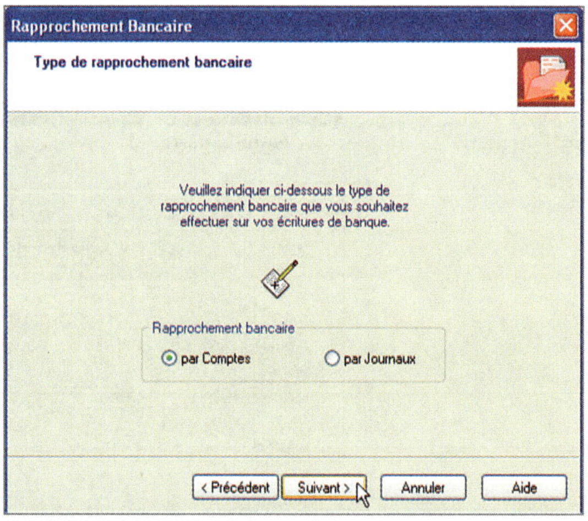

Dans la fenêtre **Plan comptable**, choisir le **type de plan comptable** : **de base** puis cliquer sur **Terminer**.

La société est créée.

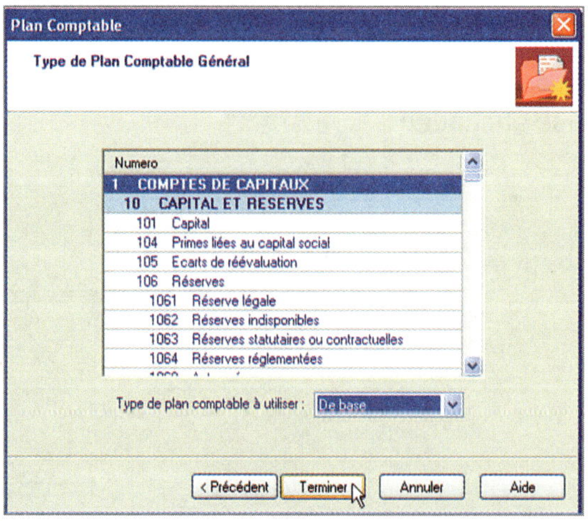

FICHE 2 Créer les journaux de l'entreprise

Dans le menu **Données**, cliquer sur **Journaux**, puis cliquer sur **Nouveau**.

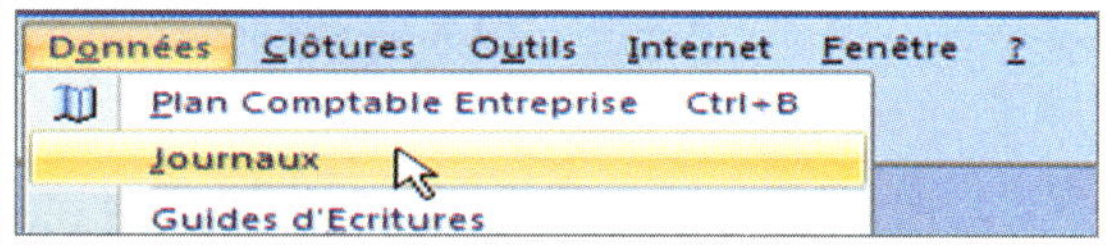

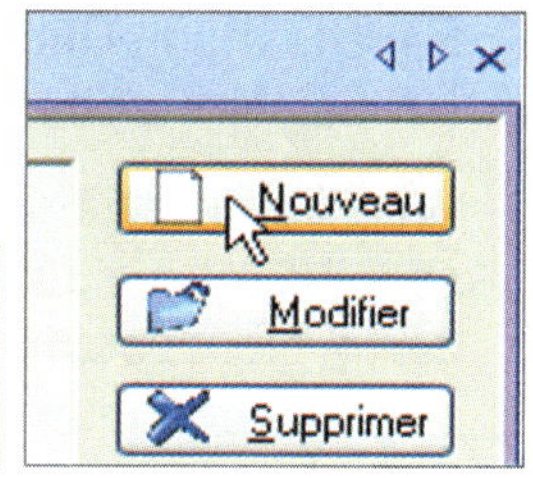

Dans la fenêtre **Gestion des journaux**, saisir le code, le type, le libellé du journal et la devise puis cocher **Libellé de la première écriture** et cliquer sur **OK**.

(Supprimer les autres journaux inscrits par défaut).

Le journal est créé.

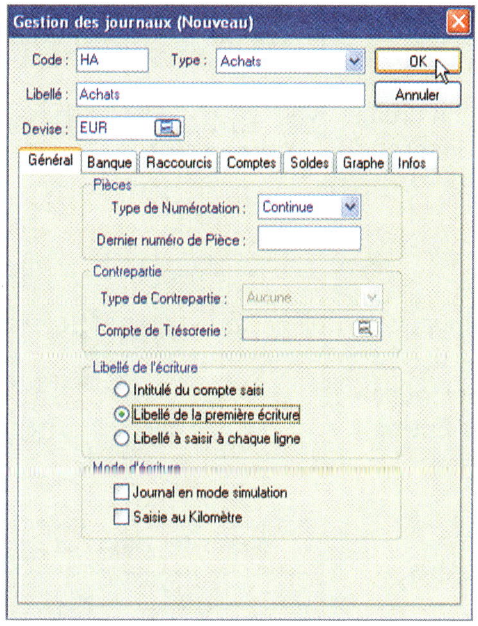

FICHE 3 Créer les comptes de l'entreprise

Dans le menu **Données**, cliquer sur **Plan Comptable Entreprise**, puis cliquer sur **Nouveau**.

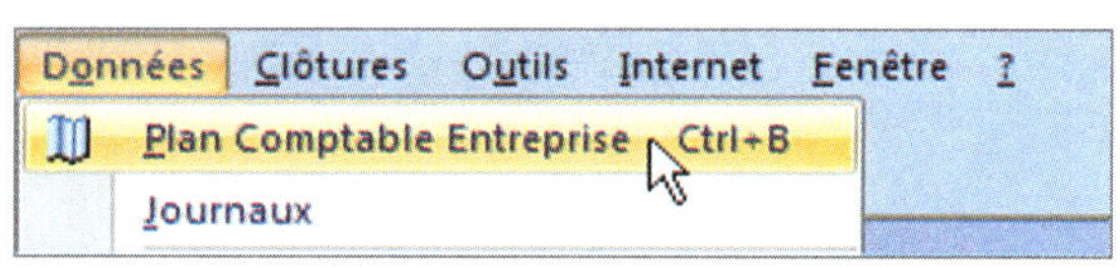

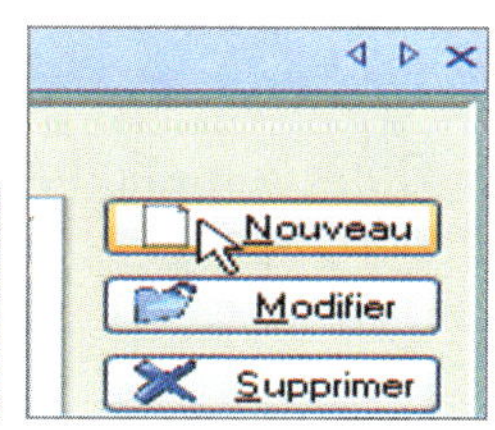

Dans la fenêtre **Gestion des comptes**, saisir le numéro et le libellé du compte puis décocher éventuellement le lettrage et cliquer sur **OK**.

Le compte est créé.

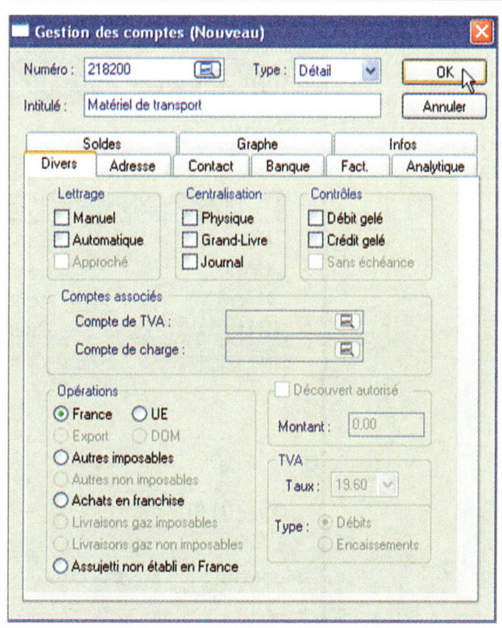

FICHE 4 Saisir la balance d'ouverture de l'entreprise

Dans le menu **Quotidien**, cliquer sur **Saisie Standard**.

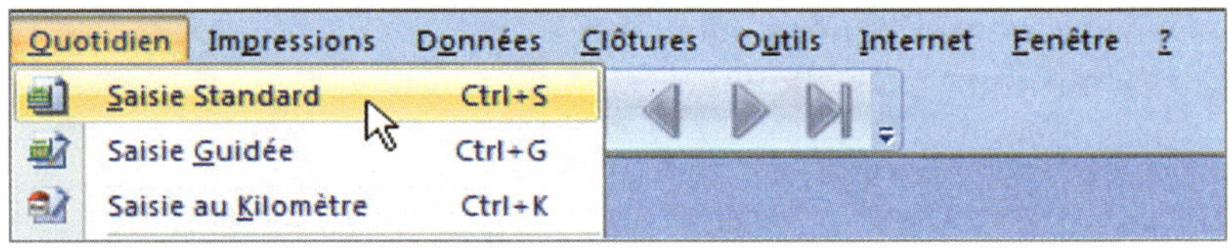

Dans l'onglet **Saisie des écritures**, sélectionner le **Journal des A-Nouveaux** et cliquer sur **OK** puis choisir la période.

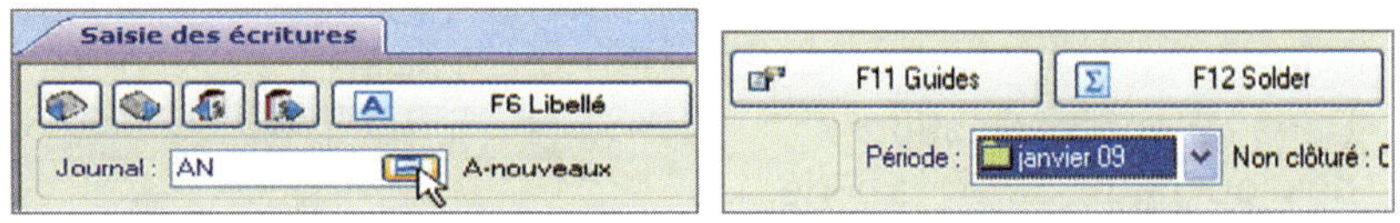

Cliquer ensuite sur le bouton droit de la souris et cliquer sur **Insérer une écriture**.

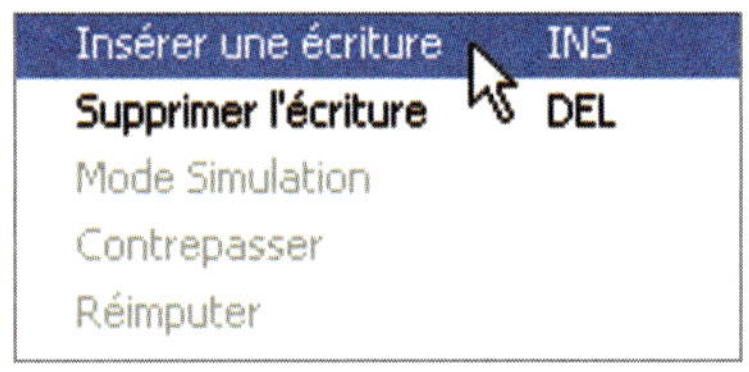

Taper sur **Entrée** pour le **Jour** et la **Pièce** puis saisir le N° de compte, le libellé et le montant de débit ou crédit et taper sur **Entrée** pour saisir la deuxième ligne.

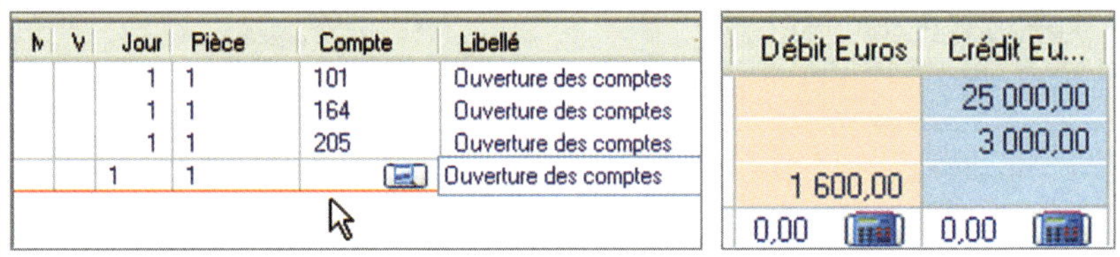

À la fin des enregistrements, fermer la saisie des écritures.

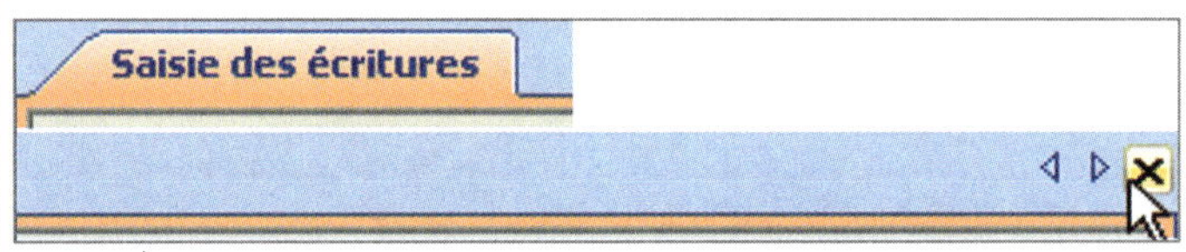

FICHE 5 Imprimer le brouillard des A-nouveaux

Dans le menu **Impressions**, cliquer sur **Journaux**.

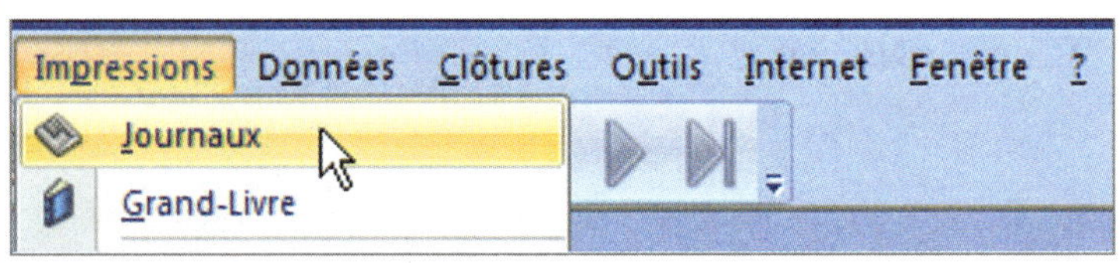

Dans la fenêtre **Impression des journaux**, sélectionner le journal des A-Nouveaux puis saisir la période et cliquer sur **Imprimer**.

Créer le dossier de l'entreprise et le paramétrer

OBJECTIFS

- Imprimer une fiche
- Imprimer une liste

Situation professionnelle
Vous poursuivez votre période de formation au service commercial de l'entreprise Roue Libre. Votre chef de service, M. Fasko Victor, vient d'acquérir un logiciel de gestion commerciale et vous confie la création du dossier de la société.

Roue libre
44 rue des Oliviers
13002 MARSEILLE
Tél. : 04 74 80 90 00
Cycles

MISSION 1 Créer un dossier entreprise et ses paramètres

Créez le dossier et les paramètres de l'entreprise Roue Libre à l'aide de la fiche entreprise (DOCUMENT 1).

DOCUMENT 1 Fiche entreprise

ROUE LIBRE
EURL au capital de 25 000 €
44 rue des Oliviers
13002 MARSEILLE
☎ 04 74 80 90 00
📠 04 74 82 92 02
Courriel : rouelibre@orange.fr
Site Internet : www.rouelibre.com

Activité : Vente et location de cycles
SIRET : 333 444 555 00010
RCS : 333 444 555 MARSEILLE
Code NAF : 4259 C
Code NII : TVA intracommunautaire : FR 31 333 444 555
Gérante : Mme VIRADE Nicky

Banque : Banque populaire – Agence Sud de Marseille
RIB : 30050 65380 00468579000 18

Comptes fixes : 6 caractères
Exercice comptable : Du 01/01/N au 31/12/N
TVA : 19,6 % ; régime du réel normal avec option sur les débits pour les ventes de services

MISSION 2 Créer les fichiers de base de l'entreprise

1. Créez le fichier des fournisseurs (DOCUMENT 2), le fichier des clients (DOCUMENT 3), le fichier des familles d'articles (DOCUMENT 4) et le fichier des articles (DOCUMENT 5) de l'entreprise.

2. Imprimez les fiches des fournisseurs et celles des clients et la liste des familles d'articles et celle des articles.

DOCUMENT 2 Fichier des fournisseurs

Code :	FR001	FR002	FR000
Nom :	ATOUT VÉLOS (SA)	POUR LES CYCLES (SA)	Fournisseurs divers
Adresse :	12 rue de la Prairie 13400 AUBAGNE	25 rue du Soleil 13200 ARLES	– –
Tél. :	04 78 79 68 69	04 74 84 94 54	–
Fax :	04 78 70 68 60	04 70 80 90 50	–
Courriel :	atoutvelos@free.fr	pourlescycles@aol.fr	–
Contact :	Mme CARTEL	M. POMIS	–
Fonction :	Commerciale	Commercial	–
Remise :	25 %	15 %	–
N° de Compte :	401 001	401 002	401 000

Fiche 1
Imprimer une fiche (sous Ciel ou EBP Gestion commerciale)

DOCUMENT 3 Fichier des clients

Code :	CT001	CT002	CT003
Nom :	ASSO CYCLISME	CYCLO RANDO	A. S. C. M.
Adresse :	32 rue Descartes 13260 CASSIS	44 rue des Mimosas 13370 MALLEMORT	7 rue Courbet 13005 MARSEILLE
Tél. :	04 72 53 66 67	04 76 28 30 32	04 70 80 75 85
Fax :	04 72 55 66 69	04 76 24 22 30	04 70 80 82 92
Contact :	Mme VALIM	M. DUMAY	Mme GISOR
Fonction :	Présidente	Secrétaire	Présidente
Remise :	10 %	5 %	10 %
N° de compte :	411 001	411 002	411 003
Code :	CT004	CT005	CT000
Nom :	AMICALE DU VÉLO	LES DEUX ROUES	Clients divers
Adresse :	65 rue de la Vigne 13140 MIRAMAS	31 rue du Port 13008 MARSEILLE	– –
Tél. :	04 71 72 73 74	04 71 72 61 62	–
Fax :	04 61 62 63 64	04 76 56 46 36	–
Contact :	M. COUSI	Mme MADIN	–
Fonction :	Trésorier	Secrétaire	–
Remise :	15 %	10 %	–
N° de compte :	411 004	411 005	411 000

DOCUMENT 4 Fichier des familles d'articles

Code :	FAC	FAE	FAL
Libellé :	Cycles	Équipements	Location
TVA :	19,6 %	19,6 %	19,6 %
Coefficient :	2,8	3,2	–
Fournisseur :	FR001	FR002	–
N° Cpte Achats :	607 100	607 200	–
N° Cpte Ventes :	707 100	707 200	706 000

Fiche 2
Imprimer une liste (sous Ciel ou EBP Gestion commerciale)

DOCUMENT 5 Fichier des articles

Code :	ART001	ART002	ART003
Libellé :	Location Heure	Location Journée	Location Semaine
Famille :	FAL	FAL	FAL
Prix Location HT :	6,00 €	40,00 €	180,00 €
Code :	ART010	ART011	ART012
Libellé :	Vélo Course	Vélo Route	Vélo VTT
Famille :	FAC	FAC	FAC
Stock réel ou quantité initiale :	6	5	4
Stock mini :	2	2	2
(sauf pour EBP) Stock maxi :	10	10	10
Prix d'achat HT :	292,00 €	216,30 €	178,50 €
Code :	ART013	ART014	ART020
Libellé :	Vélo Femme	Vélo Enfant	Porte-vélos sur attelage
Famille :	FAC	FAC	FAE
Stock réel ou quantité initiale :	3	7	8
Stock mini :	2	2	5
(sauf pour EBP) Stock maxi :	10	15	15
Prix d'achat HT :	197,60 €	85,40 €	32,10 €
Code :	ART021	ART022	ART023
Libellé :	Porte-vélos à sangles	Porte-vélos basculant	Casque vélo route
Famille :	FAE	FAE	FAE
Stock réel ou quantité initiale :	10	6	15
Stock mini :	5	5	10
(sauf pour EBP) Stock maxi :	15	15	20
Prix d'achat HT :	26,90 €	45,70 €	27,20 €
Code :	ART024	ART025	ART026
Libellé :	Casque vélo VTT	Compteur vélo	Lunettes vélo
Famille :	FAE	FAE	FAE
Stock réel ou quantité initiale :	12	7	9
Stock mini :	10	6	6
(sauf pour EBP) Stock maxi :	20	12	12
Prix d'achat HT :	20,80 €	12,30 €	8,60 €

Fiche 2
Imprimer une liste (sous Ciel ou EBP Gestion commerciale)

SYNTHÈSE Gérer les fichiers de base

1. Votre responsable de service, Mme Virade, vous demande de créer une nouvelle fiche fournisseur (DOCUMENT 6), afin d'étendre les ventes à quelques vêtements spécifiques pour le cyclisme.

2. Créez la nouvelle famille d'articles (DOCUMENT 7) et les nouveaux articles (DOCUMENT 8) relatifs à ce fournisseur.

3. Imprimez la fiche du nouveau fournisseur et les nouvelles listes modifiées.

DOCUMENT 6 Fiche fournisseur

Code :	FR003
Nom :	VÊTISPORTS
Adresse :	36 rue Marcel Pagnol 13004 MARSEILLE
Tél. :	04 71 73 75 77
Fax :	04 70 72 74 76
Courriel :	vetisports@alice.fr
Contact :	Mme POHER
Fonction :	Commerciale
Remise :	20 %
N° de Compte :	401 003

DOCUMENT 7 Fiche famille d'articles

Code :	FAV
Libellé :	Vêtements
TVA :	19,6 %
Coefficient :	3,5
Fournisseur :	FR003
N° Cpte Achats :	607 300
N° Cpte Ventes :	707 300

DOCUMENT 8 Fiche articles

Code :	ART030	ART031	ART032
Libellé :	Maillot	Cuissard	Casquette
Famille :	FAV	FAV	FAV
Stock réel ou quantité initiale :	12	8	14
Stock mini : *(sauf pour EBP)*	10	5	10
Stock maxi :	20	10	20
Prix d'achat HT :	32,60 €	28,40 €	9,20 €

FICHE 1 Imprimer une fiche

Dans le menu Listes, cliquer sur Fournisseurs...

Dans la fenêtre Liste des fournisseurs, sélectionner la liste avec la souris et cliquer sur l'icône de l'imprimante.

Dans la fenêtre État « Fournisseurs », cliquer sur Fiche fournisseur et décocher La sélection seulement et Voir le commentaire et la vignette puis cliquer sur Imprimer.

Procéder de la même manière pour les fiches des clients.

FICHE 2 Imprimer une liste

Dans le menu Listes, cliquer sur Famille des articles...

Dans la fenêtre Liste des familles d'articles, sélectionner la liste avec la souris et cliquer sur l'icône Propriétés de la liste.

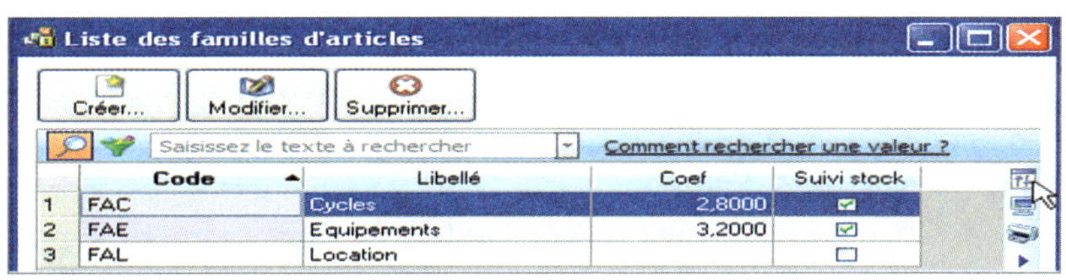

Dans la fenêtre Propriétés de la liste, cliquer sur Colonnes affichées.

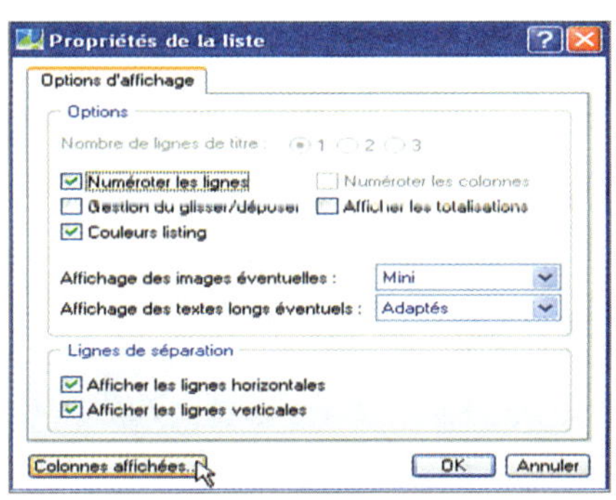

Dans la fenêtre Colonnes affichées, et dans la partie Rubriques, cliquer sur la colonne voulue puis sur Ajouter >> : la colonne s'inscrit dans la partie Colonnes visibles.

Après ajout de toutes les colonnes voulues, cliquer sur OK puis encore sur OK et enfin sur l'icône Imprimer.

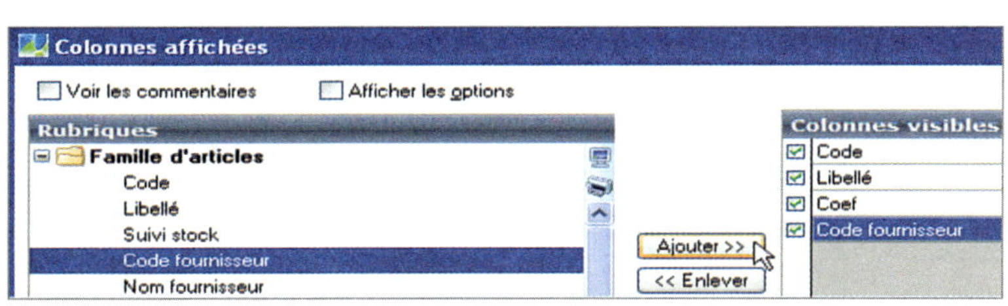

Procéder de la même manière pour la liste des articles.

FICHE 1 Imprimer une fiche

Dans le menu **Données**, pointer **Tiers** et cliquer sur **Fournisseurs** puis cliquer sur l'icône de l'**imprimante** du menu.

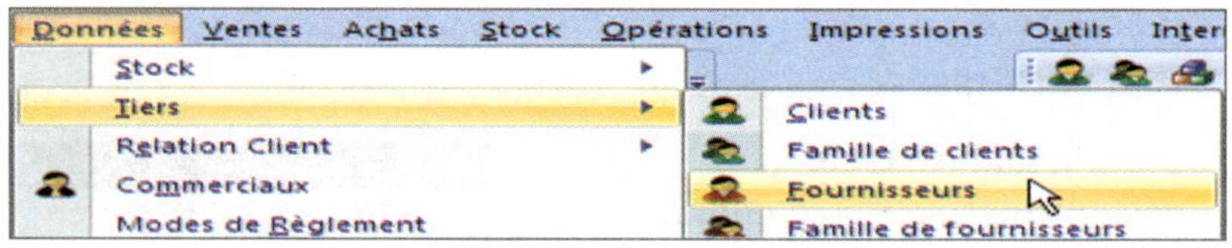

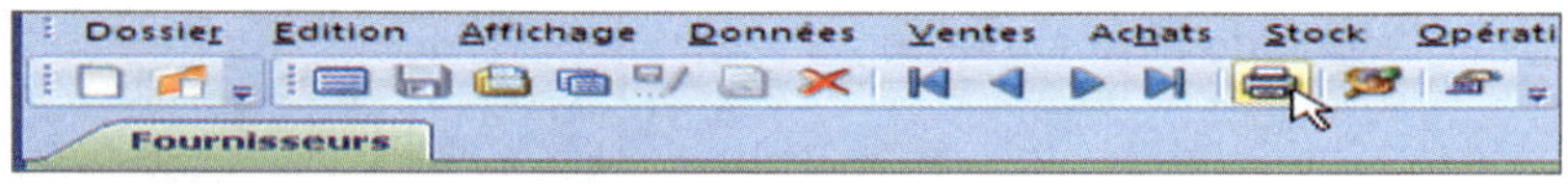

Dans la fenêtre **Impression de la liste des fournisseurs**, sélectionner le **Modèle d'impression Fiche** puis ouvrir la fenêtre **Aperçu** et cliquer sur **Imprimante**.

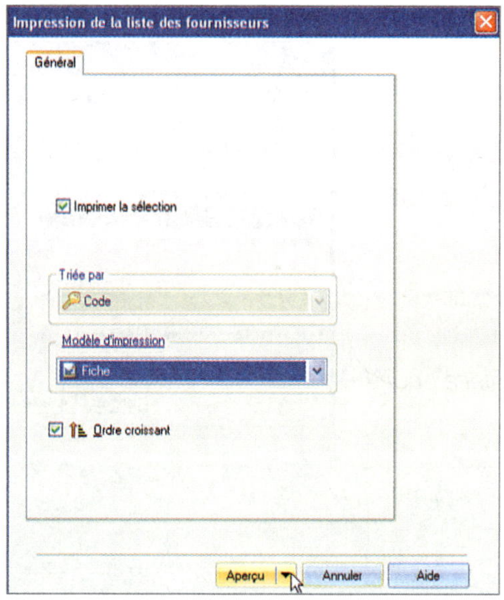

Procéder de la même manière pour chaque fournisseur et pour les fiches des clients.

FICHE 2 Imprimer une liste

Dans le menu **Données**, pointer **Stock** et cliquer sur **Famille d'articles** puis cliquer sur l'icône de l'**imprimante** du menu.

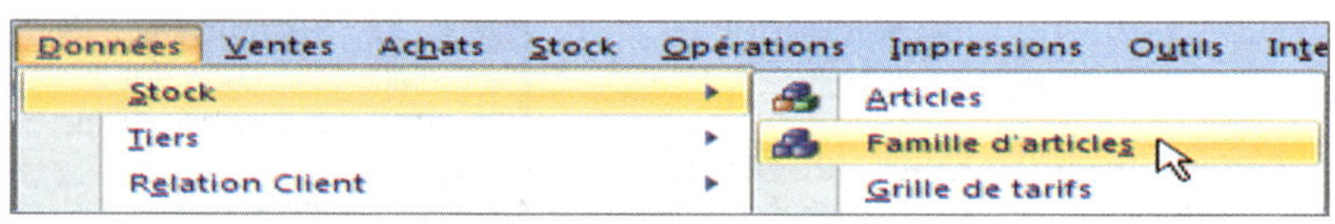

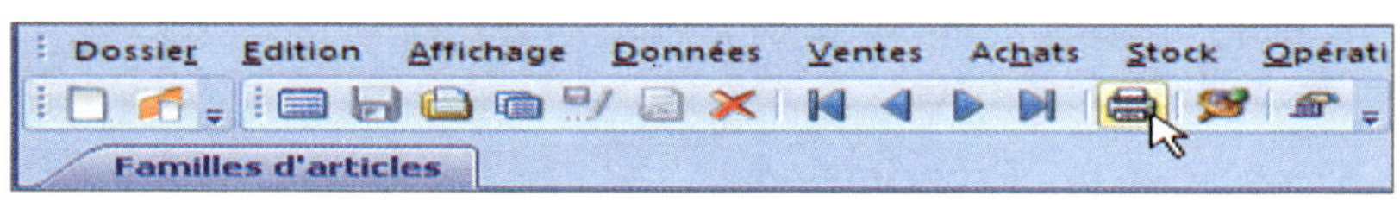

Dans la fenêtre **Impression Liste des familles d'articles**, décocher **Imprimer la sélection** et choisir le **Modèle d'impression Liste** puis ouvrir la fenêtre **Aperçu** et cliquer sur **Imprimante**.

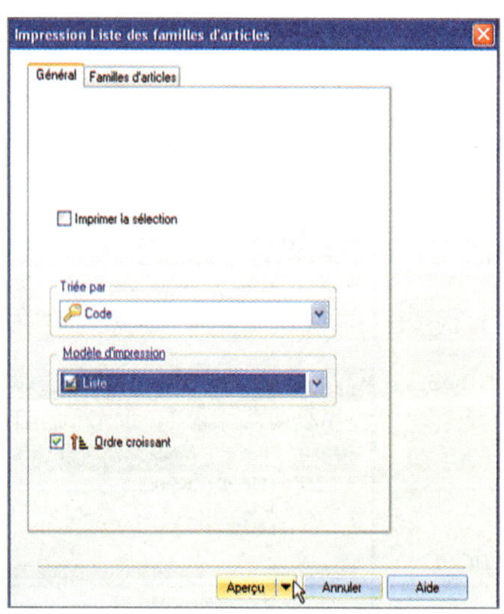

Saisir les achats et règlements de l'entreprise

OBJECTIFS

- Saisir une écriture d'achat
- Créer un compte en cours de saisie
- Saisir une écriture de règlement
- Imprimer un compte

Situation professionnelle

Vous poursuivez votre période de formation au service comptable de l'entreprise Roue Libre. Votre chef de service, Mme Virade, vous demande de saisir les écritures comptables relatives aux achats et à leur règlement puis d'imprimer les documents nécessaires.

Roue libre
44 rue des Oliviers
13002 MARSEILLE
Tél. : 04 74 80 90 00
Cycles

MISSION 1 Saisir les achats de l'entreprise

Saisissez le bordereau des achats de l'entreprise Roue Libre et créez, si nécessaire, des comptes en cours de saisie (DOCUMENT 1). Imprimez ensuite le brouillard des achats du 01/01/N au 15/01/N.

DOCUMENT 1 Bordereau des achats du 01/01/N au 15/01/N

Bordereau de saisie des achats				Mois : Janvier N	
Jour	**Code journal**	**Libellé des écritures**	**Numéro de compte**	**Débit**	**Crédit**
03	HA	Facture A001 – BURINF *(Pour EBP : compte TVA N° 445620)*	218300 445624 404000	620,00 121,52	 741,52
04	HA	Facture A002 – TOTAL *(Pour EBP : compte TVA N° 445661)*	606000 445664 401000	52,00 10,19	 62,19
05	HA	Facture A003 – POUR LES CYCLES *(Pour EBP : compte TVA N° 445661)*	607200 445664 401002	1 340,00 262,64	 1 602,64
06	HA	Facture A004 – TÉLÉCOMS *(Pour EBP : compte TVA N° 445661)*	626000 445664 401000	246,80 48,37	 295,17
08	HA	Facture A005 – G.R.T. *(Pour EBP : compte TVA N° 445661)*	615000 445664 401000	408,30 80,03	 488,33
09	HA	Avoir AV01 – ATOUT VÉLOS *(Pour EBP : compte TVA N° 445661)*	401001 607100 445664	76,60	 64,05 12,55
10	HA	Facture A006 – LOCAMA *(Pour EBP : compte TVA N° 445661)*	613000 445664 401000	166,00 32,54	 198,54
11	HA	Facture A007 – ASSURE	616000 401000	318,00	 318,00
12	HA	Avoir AV02 – POUR LES CYCLES *(Pour EBP : compte TVA N° 445661)*	401002 609000 445664	41,86	 35,00 6,86
14	HA	Facture A008 – EDF *(Pour EBP : compte TVA N° 445661)*	606000 445664 401000	104,50 20,48	 124,98
15	HA	Facture A009 – VÊTISPORTS *(Pour EBP : compte TVA N° 445661)*	607300 445664 401003	597,76 117,16	 714,92

Fiche 1
Saisir une écriture d'achat (sous Ciel ou EBP Comptabilité)

Fiche 2
Créer un compte en cours de saisie (sous Ciel ou EBP Comptabilité)

MISSION 2 Saisir les règlements de l'entreprise

1. Saisissez le bordereau des règlements de l'entreprise Roue Libre **(DOCUMENT 2)**.
2. Imprimez les brouillards de banque, de caisse et celui des opérations diverses du 01/01/N au 15/01/N.
3. Imprimez les comptes banque et caisse du 01/01/N au 15/01/N.

DOCUMENT 2 Bordereau des règlements du 01/01/N au 15/01/N

Bordereau de saisie des achats				Mois : Janvier N	
Jour	**Code journal**	**Libellé des écritures**	**Numéro de compte**	**Débit**	**Crédit**
02	CA	Pièce de caisse 001 – LA POSTE	626000 530000	27,00	 27,00
04	BQ	Chèque 001 – ATOUT VÉLOS	401001 512001	1 500,00	 1 500,00
05	BQ	Avis de débit – Effets domiciliés	403000 512001	2 542,30	 2 542,30
07	BQ	Virement TÉLÉCOM	401000 512001	295,17	 295,17
10	CA	Pièce de caisse 002 – LOCAMA	401000 530000 765000	198,54	 194,57 3,97
10	BQ	Chèque 002 – TRÉSOR PUBLIC	445510 512001	1 482,00	 1 482,00
11	CA	Pièce de caisse 003 – TOTAL	401000 530000	62,19	 62,19
12	OD	Traite 001 – BURINF	404000 405000	741,52	 741,52
12	BQ	Virement ASSURE	401000 512001	318,00	 318,00
14	OD	Traite 002 – POUR LES CYCLES	401002 403000	1 560,78	 1 560,78
14	BQ	Chèque 003 – G.R.T.	401000 512001 765000	488,33	 478,56 9,77
15	OD	Traite 003 – ATOUT VÉLOS	401001 403000	1 500,00	 1 500,00
15	OD	Traite 004 – BATISUD	401000 403000	2 000,00	 2 000,00
15	BQ	Chèque 004 – BATISUD	401000 512001	239,20	 239,20

Fiche 3
Saisir une écriture de règlement (sous Ciel ou EBP Comptabilité)

Fiche 4
Imprimer un compte (sous Ciel ou EBP Comptabilité)

SYNTHÈSE Saisir les achats et les règlements de l'entreprise

1. Saisissez le bordereau des achats de l'entreprise Roue Libre puis imprimez le brouillard correspondant **(DOCUMENT 3)**.

2. Saisissez le bordereau des règlements de l'entreprise Roue Libre puis imprimez les brouillards correspondants **(DOCUMENT 4)**.

3. Imprimez les comptes de trésorerie du 01/01/N au 31/01/N.

DOCUMENT 3 Bordereau des achats du 16/01/N au 31/01/N

Bordereau de saisie des achats				Mois : Janvier N	
Jour	**Code journal**	**Libellé des écritures**	**Numéro de compte**	**Débit**	**Crédit**
16	HA	Facture A010 – POUR LES CYCLES *(Pour EBP : compte TVA N° 445620)*	607200 445624 401002	532,40 104,35	 636,75
17	HA	Facture A011 – GARAGE SUD *(Pour EBP : compte TVA N° 445661)*	615000 445664 401000	105,00 20,58	 125,58
18	HA	Facture A012 – MARQUE PAGE *(Pour EBP : compte TVA N° 445661)*	606000 445664 401000	190,00 37,24	 227,24
19	HA	Facture A013 – VÊTISPORTS *(Pour EBP : compte TVA N° 445661)*	607300 445664 401003	298,24 58,46	 356,70
20	HA	Facture A014 – LOGIPLUS *(Pour EBP : compte TVA N° 445620)*	205000 445624 404000	520,00 101,92	 621,92
21	HA	Avoir AV03 – VÊTISPORTS *(Pour EBP : compte TVA N° 445661)*	401003 607300 445664	44,01	 36,80 7,21
24	HA	Facture A015 – ATOUT VÉLOS *(Pour EBP : compte TVA N° 445661)*	607100 445664 401001	754,43 147,87	 902,30
25	HA	Avoir AV04 – POUR LES CYCLES *(Pour EBP : compte TVA N° 445661)*	401002 765000 445664	22,84	 19,10 3,74
26	HA	Facture A016 – BP *(Pour EBP : compte TVA N° 445661)*	606000 445664 401000	42,00 8,23	 50,23
28	HA	Facture A017 – ATOUT VÉLOS *(Pour EBP : compte TVA N° 445661)*	607100 445664 401001	1 145,40 224,50	 1369,90
30	HA	Facture A018 – MOBILO *(Pour EBP : compte TVA N° 445620)*	218400 445624 404000	650,00 127,40	 777,40
31	HA	Avoir AV05 – ATOUT VÉLOS *(Pour EBP : compte TVA N° 445661)*	401001 609000 445664	119,60	 100,00 19,60

DOCUMENT 4 Bordereau des règlements 16/01/N au 31/01/N

Bordereau de saisie des achats				Mois : Janvier N	
Jour	**Code journal**	**Libellé des écritures**	**Numéro de compte**	**Débit**	**Crédit**
16	CA	Pièce de caisse 004 – Dépôt d'espèces	530000 580000	200,00	 200,00
16	BQ	Chèque 005 – Retrait d'espèces	580000 512001	200,00	 200,00
20	BQ	Avis de débit – Effets domiciliés	405000 512001	2000,00	 2000,00
22	BQ	Virement EDF	401000 512001	124,98	 124,98
24	BQ	Chèque 006 – ATOUT VÉLOS	401001 512001	451,90	 451,90
25	OD	Traite 005 – POUR LES CYCLES	401002 403000	2786,30	 2786,30
26	CA	Pièce de caisse 005 – BP	401000 530000	50,23	 50,23
27	BQ	Chèque 007 – POUR LES CYCLES	401000 512001	613,91	 613,91
28	BQ	Virement VÊTISPORTS	401003 512001 765000	714,92	 693,47 21,45
28	OD	Traite 006 – ATOUT VÉLOS	401001 403000	500,00	 500,00
29	OD	Traite 007 – LOGIPLUS	404000 405000	621,92	 621,92
30	CA	Pièce de caisse 006 – LA POSTE	626000 530000	38,00	 38,00
30	OD	Traite 008 – MOBILO	404000 405000	777,40	 777,40
31	BQ	Chèque 008 – MARQUE PAGE	401000 512001 765000	227,24	 220,42 6,82
31	CA	Pièce de caisse 007 – GARAGE SUD	401000 530000 765000	125,58	 120,00 5,58

FICHE 1

Saisir une écriture d'achat

Dans le menu Saisies, cliquer sur Saisie standard...

Dans la fenêtre Saisie standard, cocher les options Libellé libre et Calcul automatique puis saisir en brouillard le code du journal voulu, la date, le libellé, le numéro de compte et le montant, au débit ou au crédit, en cliquant dans la zone à saisir.

À la fin de la saisie, cliquer sur Enregistrer puis Fermer.

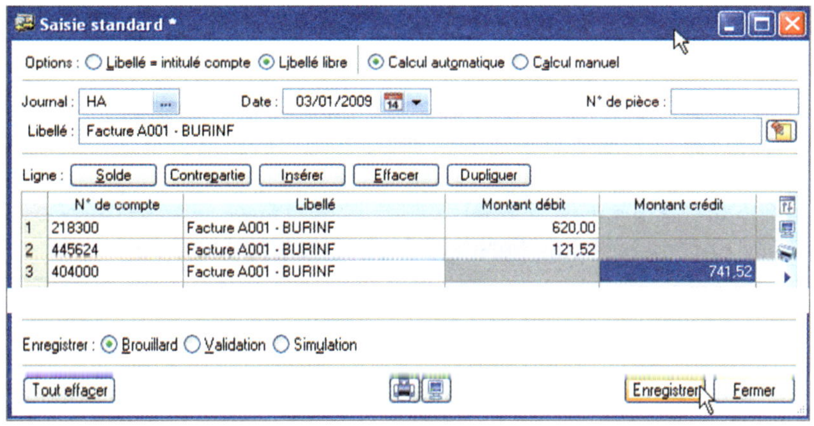

FICHE 2

Créer un compte en cours de saisie

À la saisie d'un compte qui n'existe pas, cliquer sur Oui à la question posée.

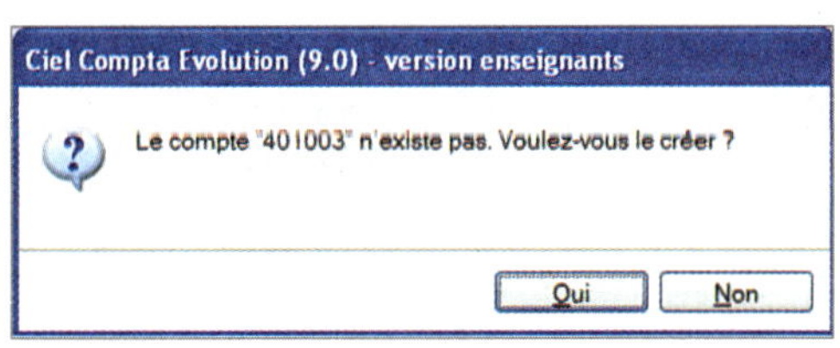

Dans la fenêtre Nouveau compte, saisir l'intitulé du compte et cliquer sur OK.

Le nouveau compte est créé.

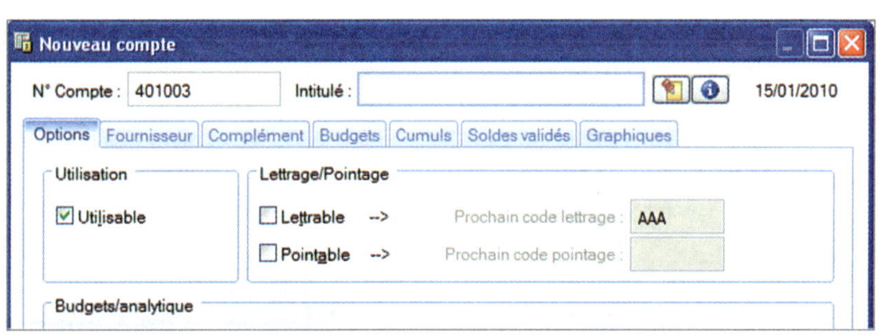

FICHE 3 Saisir une écriture de règlement

Dans le menu **Saisies**, cliquer sur **Saisie standard...**

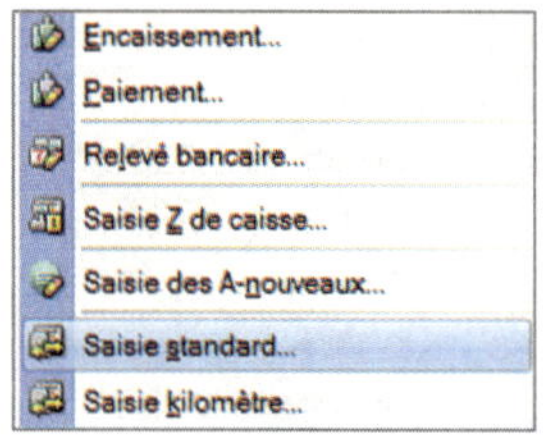

Dans la fenêtre **Saisie standard**, cocher les options **Libellé libre** et **Calcul automatique** puis saisir en brouillard le code du journal voulu, la date, le libellé, le numéro de compte et le montant, au débit ou au crédit, en cliquant dans la zone à saisir.

À la fin de la saisie, cliquer sur **Enregistrer** puis **Fermer**.

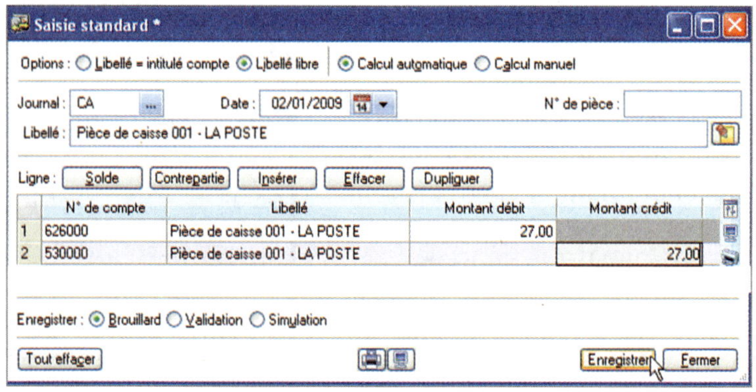

FICHE 4 Imprimer un compte

Dans le menu **États**, cliquer sur **Grand Livre...**

Dans la fenêtre **Grand livre**, cliquer sur **Imprimante**.

Dans la nouvelle fenêtre **Grand livre**, saisir la période.

Dans la partie **Comptes** pointer **La classe**, sélectionner la classe voulue puis cliquer sur **OK**.

Avant de lancer l'impression vérifier, dans la partie **Journal** que **Tous les journaux** soit coché et dans la partie **Ecritures**, que **Ecritures en brouillard** soit coché.

FICHE 1

Saisir une écriture d'achat

Dans le menu Quotidien, cliquer sur Saisie Standard.

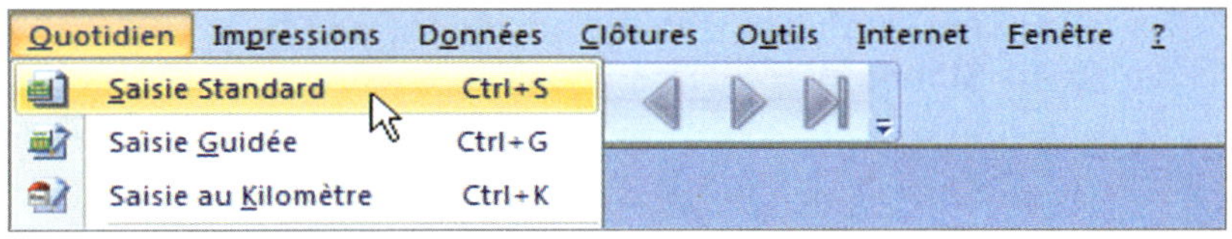

Dans l'onglet Saisie des écritures, sélectionner le Journal des Achats et cliquer sur OK puis choisir la période.

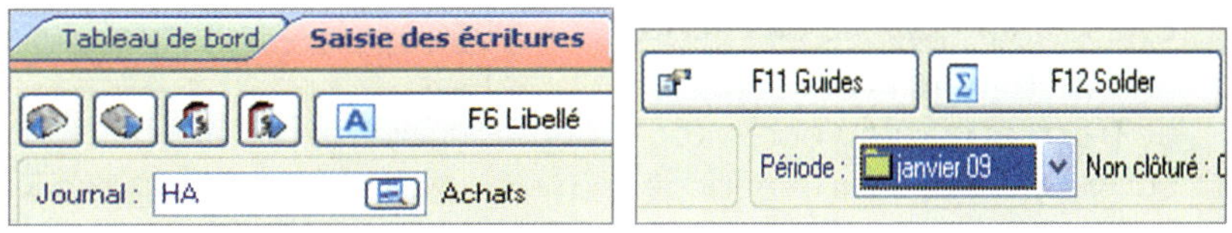

Cliquer ensuite sur le bouton droit de la souris et cliquer sur Insérer une écriture.

Taper sur Entrée pour le Jour et la Pièce puis saisir le numéro de compte, le libellé et le montant au débit ou au crédit et taper sur Entrée pour saisir la deuxième ligne.

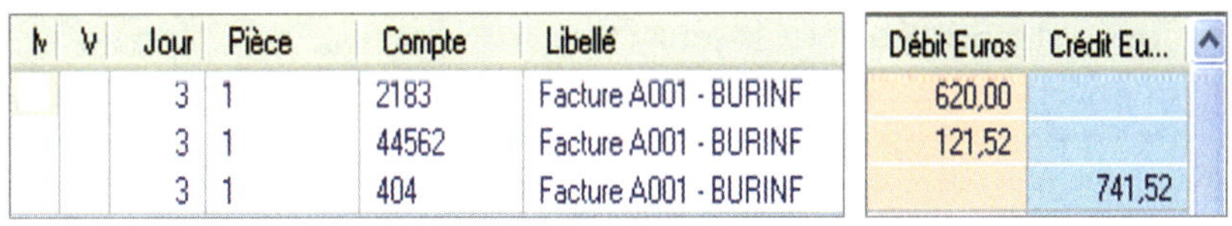

À la fin des enregistrements, fermer la saisie des écritures.

FICHE 2

Créer un compte en cours de saisie

À la saisie d'un compte qui n'existe pas, cliquer sur Oui à la question posée.

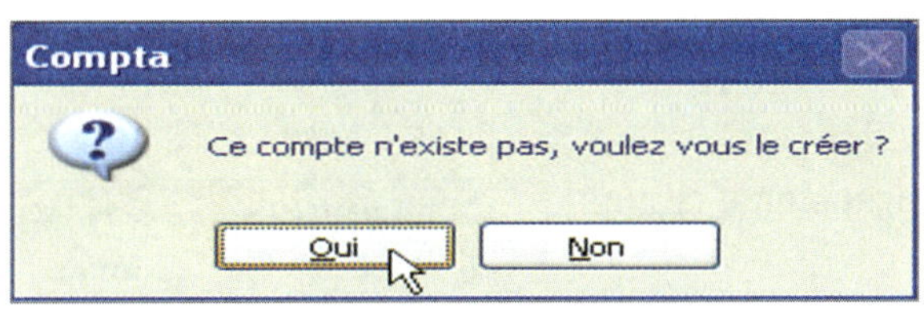

Dans la fenêtre Gestion des comptes (Nouveau), saisir l'intitulé du compte et cliquer sur OK.

Le nouveau compte est créé.

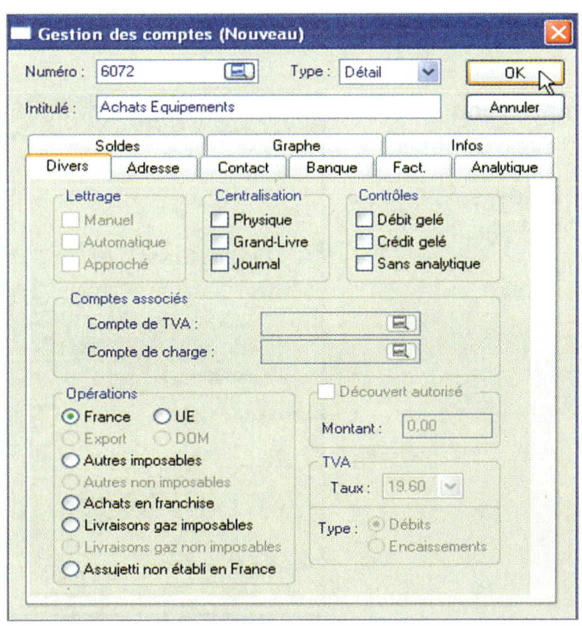

FICHE 3 Saisir une écriture de règlement

Dans le menu Quotidien, cliquer sur Saisie Standard.

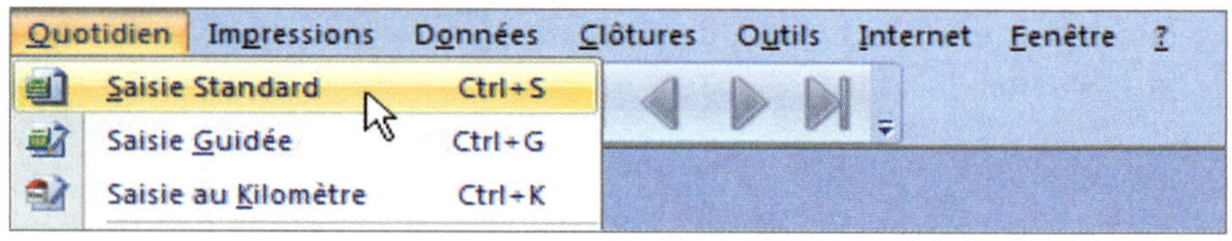

Dans l'onglet Saisie des écritures, sélectionner le journal de trésorerie voulu et cliquer sur OK puis choisir la période.

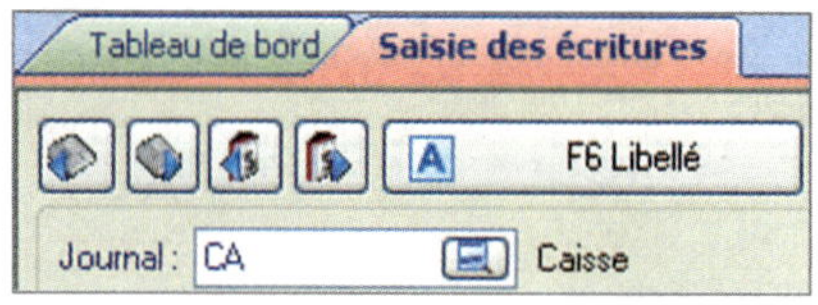

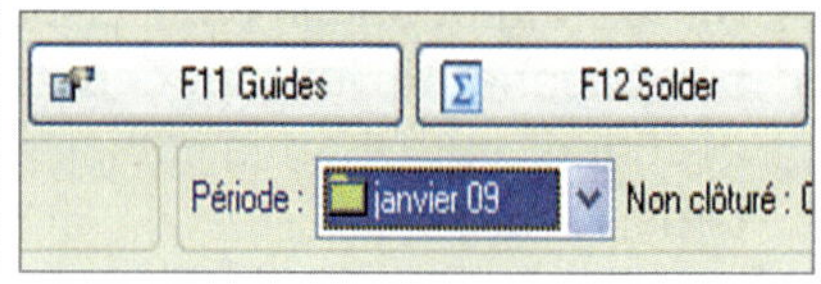

Cliquer ensuite sur le bouton droit de la souris puis sur Insérer une écriture.

Taper sur Entrée pour le jour et la pièce puis saisir le numéro de compte, le libellé et le montant au débit ou au crédit et taper sur Entrée pour saisir la deuxième ligne.

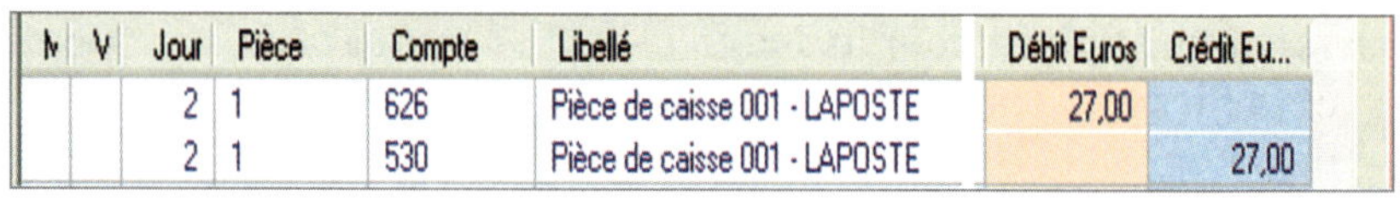

À la fin des enregistrements, fermer la saisie des écritures.

FICHE 4 Imprimer un compte

Dans le menu Impressions, cliquer sur Grand-Livre.

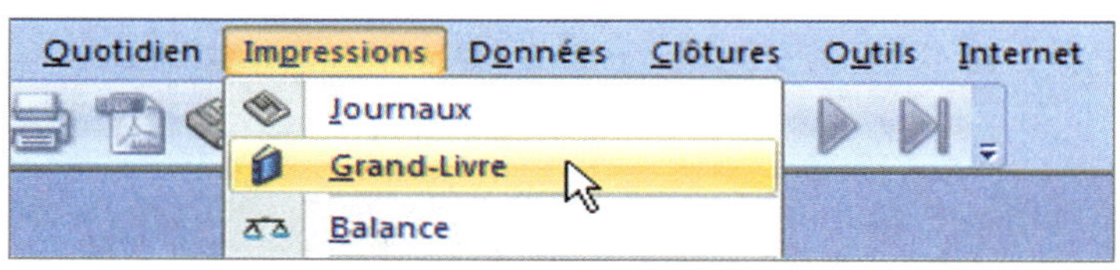

Dans la fenêtre Impression du Grand-Livre, choisir Général.

Dans la partie Comptes, saisir les comptes voulus et saisir la période puis cliquer sur Imprimer.

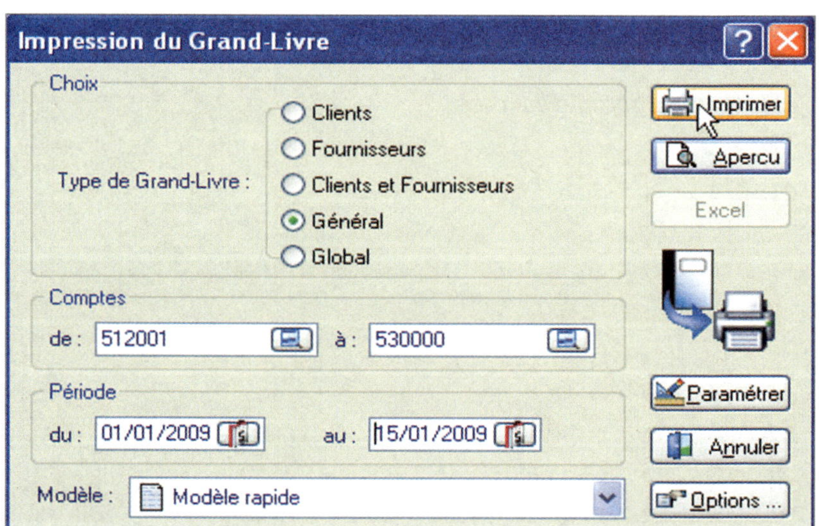

Gérer les ventes de l'entreprise

OBJECTIFS

- Créer et imprimer une facture
- Créer et imprimer un avoir
- Transférer les pièces de ventes en comptabilité

Situation professionnelle
Vous poursuivez votre période de formation au service commercial de l'entreprise Roue Libre. Votre chef de service, M. Victor Fasko, vous confie la gestion des ventes de la société.

Roue libre
44 rue des Oliviers
13002 MARSEILLE
Tél. : 04 74 80 90 00
Cycles

MISSION 1 Préparer les livraisons aux clients

1. Créez les bons de livraison du 06/01/N aux clients concernés à partir des commandes des clients (DOCUMENTS 1 ET 2).
2. Imprimez-les.

DOCUMENT 1 Courriel reçu

De : amicaleduvelo@yahoo.fr
Date : 05/01/N 09 :32 :44
A : rouelibre@orange.fr
Objet : Commande

Je souhaite commander les articles suivants pour une livraison dès demain :
- 3 casques vélo VTT
- 2 porte-vélos à sangles
- 5 maillots.

Je vous en remercie,
Bien cordialement,
M. COUSI

DOCUMENT 2 Courriel reçu

De : cyclorando@free.fr
Date : 05/01/N 10 :50 :12
A : rouelibre@orange.fr
Objet : Commande

Je souhaite passer commande des articles suivants (livraison le 06/01/N) :
- 2 vélos route
- 3 porte-vélos sur attelage
- 6 casquettes.

Avec mes remerciements,
Cordialement,
M. DUMAY

> *Accordez une remise supplémentaire de 5% sur les casquettes.*
> *M. Fasko*

MISSION 2 Préparer les factures aux clients

1. Transférez les bons de livraison du 06/01/N en factures selon les consignes de votre tuteur **(DOCUMENT 3)**.
2. Créez les factures des clients de passage en tenant compte de la note de votre tuteur **(DOCUMENT 4)**.
3. Imprimez les factures de la semaine.

DOCUMENT 3 Note de travail

NOTE

Date : 07/01/N

Je vous remercie de bien vouloir préparer les 2 factures des 2 clients livrés le 06/01/N.

M. Fasko

DOCUMENT 4 Note de travail

NOTE

Date : 09/01/N

Je vous remercie de bien vouloir préparer les factures aux clients de passage suivants :

Madame RIVET – 34 rue des Bleuets – 13006 MARSEILLE
- 1 vélo enfant
- 1 casque vélo VTT
- 1 compteur vélo

} Escompte 2 %

Monsieur PILARD – 88 rue du Viaduc – 13005 MARSEILLE
- 1 vélo course
- 1 maillot
- 1 cuissard
- 1 porte-vélos basculant avec une remise de 10 %

Monsieur SABLON – 26 rue des Aviateurs – 13008 MARSEILLE
- 3 journées de location d'un vélo
- 1 casquette

Monsieur et Madame CARMIN – 52 rue du Parc – 13001 MARSEILLE
- 5 heures de location de 2 vélos

M. Fasko

Fiche 1
Créer et imprimer une facture (sous Ciel ou EBP Gestion commerciale)

MISSION 3 Préparer les avoirs aux clients

1. Créez les avoirs des clients concernés en tenant compte des consignes de votre tuteur (DOCUMENT 5).
2. Imprimez-les.

DOCUMENT 5 Note de travail

NOTE

Date : 12/01/N

Je vous remercie de bien vouloir préparer les avoirs aux clients suivants :

- CYCLO RANDO pour une remise supplémentaire de 8 % sur les 3 porte-vélos sur attelage.
- AMICALE DU VÉLO pour le retour d'un porte-vélos à sangles défectueux.

M. Fasko

Fiche 2
Créer et imprimer un avoir (sous Ciel ou EBP Gestion commerciale)

MISSION 4 Transférer les pièces de ventes en comptabilité

1. Validez les factures et les avoirs de la quinzaine.
2. Transférez-les dans le logiciel de comptabilité en tenant compte des consignes de votre tuteur (DOCUMENT 6).

DOCUMENT 6 Note de travail

NOTE

Date : 15/01/N

Je vous remercie de bien vouloir contrôler les factures et les avoirs envoyés aux clients pour la première quinzaine de janvier puis les valider.

Vous les transférerez ensuite dans le logiciel de comptabilité pour la période du 01/01/N au 15/01/N.

M. Fasko

Fiche 3
Transférer les pièces de ventes dans le logiciel de comptabilité (sous Ciel ou EBP Gestion commerciale)

SYNTHÈSE Gérer les ventes

M. Fasko vous demande de réaliser toutes les opérations qu'il vous a planifiées (DOCUMENT 7).

DOCUMENT 7 Activités à réaliser

Dates	Activités
18/01/N	Créer et imprimer les bons de livraison suivants : Commande du client ASSO CYCLISME • 1 vélo femme • 2 vélos enfant • 3 casques route Commande du client LES DEUX ROUES • 3 VTT • 5 lunettes vélo — Remise supplémentaire de 10% sur les lunettes Commande du client A. S. C. M. • 2 cuissards • 2 maillots • 3 compteurs vélo } Escompte de 2 %
20/01/N	Préparer les 3 factures des 3 clients livrés le 18/01/N
22/01/N	Préparer les factures aux clients de passage suivants : Madame PRADO – 62 rue Camille Claudel – 13009 MARSEILLE • Location de 3 vélos pendant 4 heures Monsieur VOISIN – 44 rue Paul Éluard – 13006 MARSEILLE • 1 journée de location de 2 vélos • 2 journées de location d'1 vélo Monsieur LOSEY – 19 rue André Gide – 13002 MARSEILLE • Location de 4 vélos pendant 6 heures • 1 porte-vélos à sangles sur lequel une remise de 12 % a été accordée
25/01/N	Préparer les avoirs aux clients suivants : • LES DEUX ROUES pour le retour d'un VTT défectueux • ASSO CYCLISME pour un rabais de 6 % sur les 3 casques route • A. S. C. M. pour le retour d'1 compteur vélo défectueux et pour un rabais de 5 % sur les 2 compteurs vélo conservés
31/01/N	Contrôler les factures et les avoirs envoyés aux clients pour la deuxième quinzaine de janvier puis les valider Les transférer dans le logiciel de comptabilité pour la période du 16/01/N au 31/01/N

FICHE 1

Créer et imprimer une facture

Dans le menu Ventes, cliquer sur Factures...

Dans la fenêtre Liste des factures clients, cliquer sur Créer...

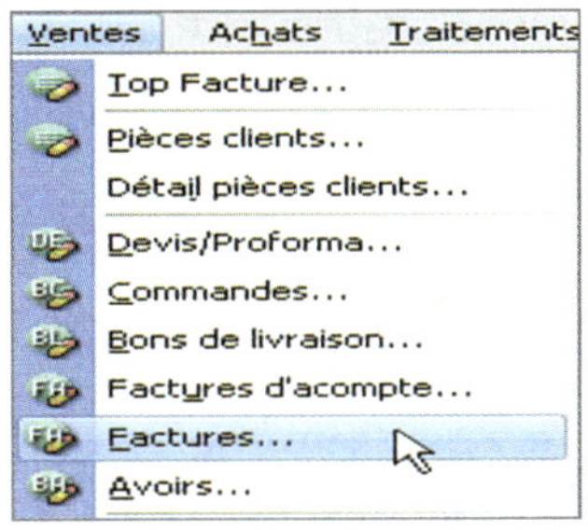

Dans la fenêtre Nouvelle facture, sélectionner le client concerné et saisir la date.

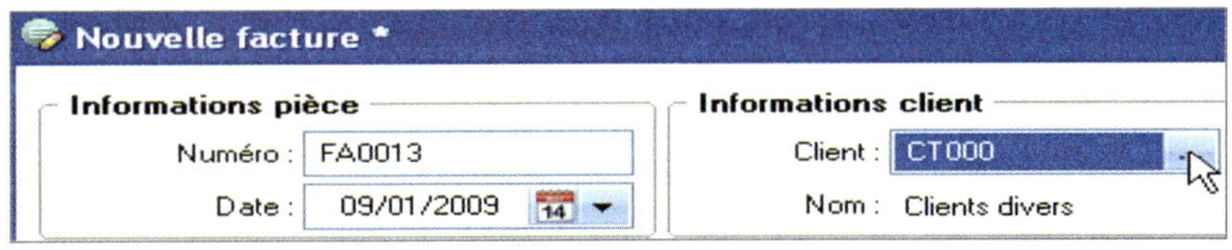

Cliquer sur l'onglet Lignes, puis cliquer dans la colonne Article et sélectionner le code de l'article.

Dans la colonne Quantité, saisir la quantité puis éventuellement, dans la colonne Tx Remise, saisir le taux de remise accordé.

Cliquer sur Ajouter pour saisir un autre article.

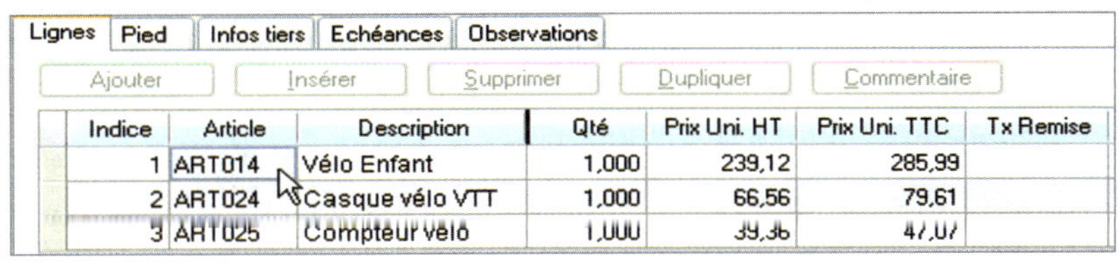

Dans l'onglet Pied, contrôler le calcul puis éventuellement saisir le taux de remise globale ou/et le taux d'escompte.

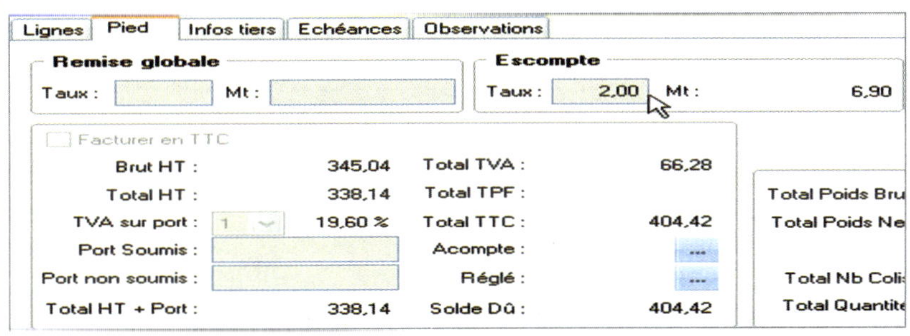

Dans l'onglet Infos tiers, saisir les coordonnées du client de passage.

Cliquer sur l'icône de l'imprimante situé en bas du document pour imprimer la pièce commerciale.

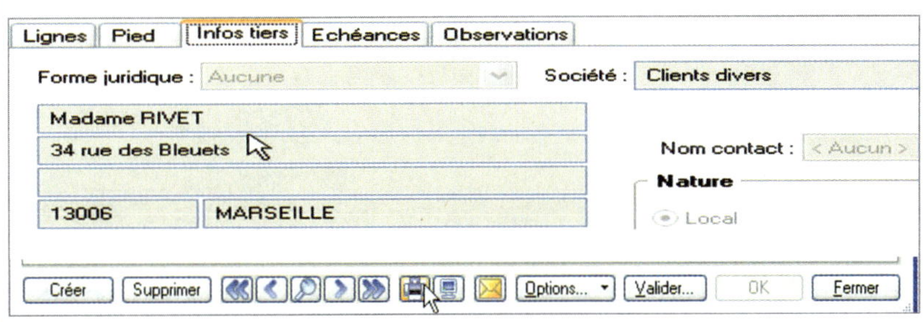

Dans la fenêtre États « Dessin pièces clients », sélectionner le Format A4 puis cliquer sur OK.

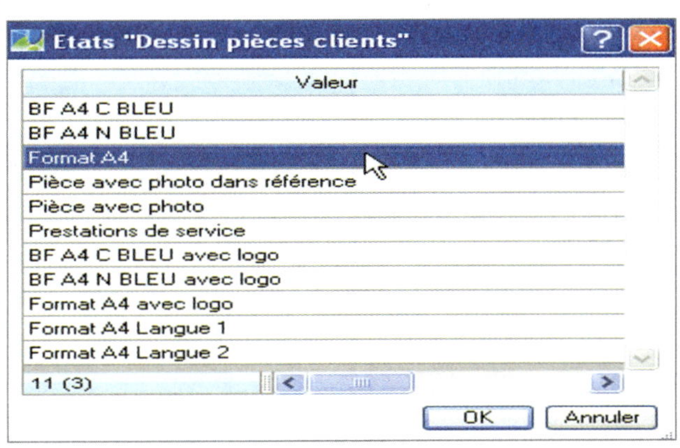

FICHE 2

Créer et imprimer un avoir

Dans le menu Ventes, cliquer sur Avoirs...

Dans la fenêtre Liste des avoirs clients, cliquer sur Créer...

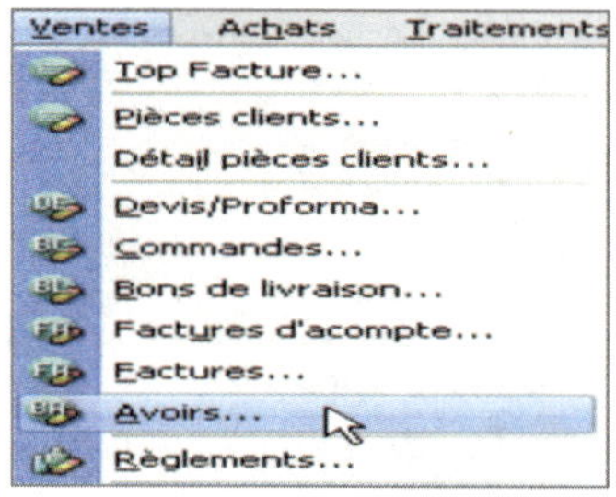

Dans la fenêtre Nouvel avoir, sélectionner le client concerné et saisir la date.

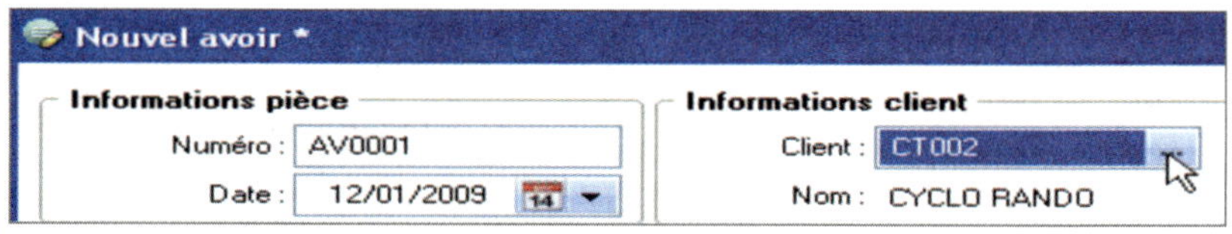

Cliquer sur l'onglet Lignes puis cliquer dans la colonne Description et saisir le motif de l'avoir puis cliquer sur le petit icône Valider.

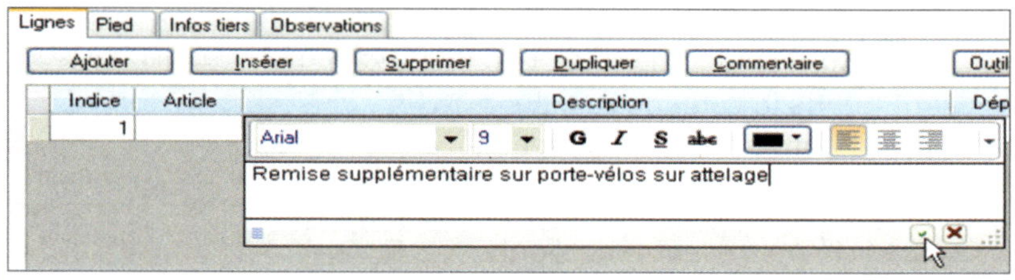

Cliquer ensuite dans la colonne Quantité et saisir le taux de remise en décimales.

Cliquer dans la colonne Prix Uni. HT et saisir le montant sur lequel porte la remise.

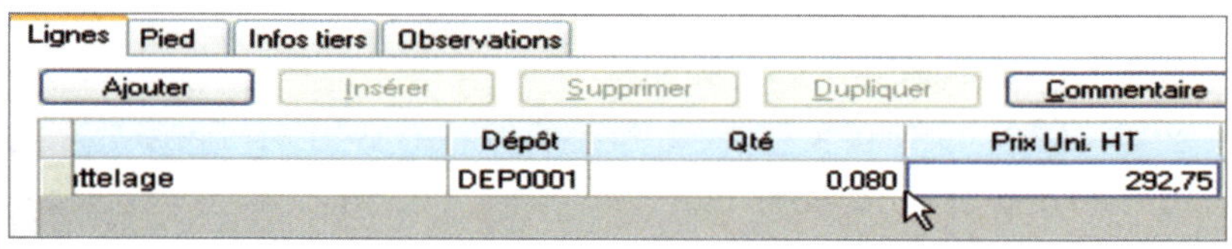

Cliquer sur l'onglet Pied, contrôler le calcul et supprimer (éventuellement) le taux de remise global habituel.

Cliquer sur l'icône de l'imprimante situé en bas du document pour imprimer la pièce commerciale.

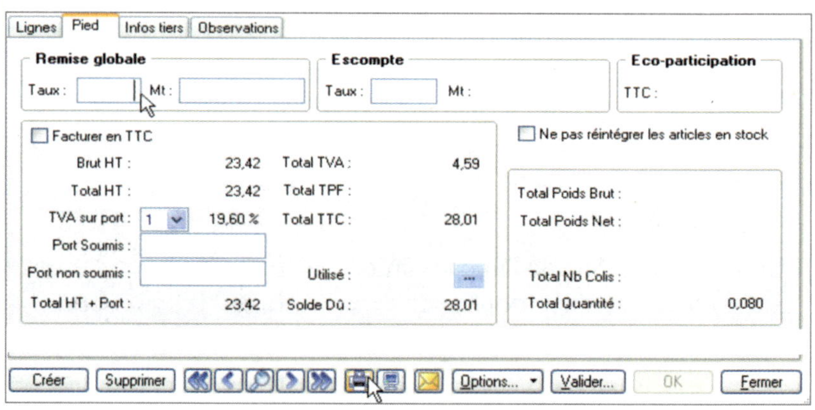

Dans la fenêtre États « Dessin pièces clients », sélectionner le Format A4 puis cliquer sur OK.

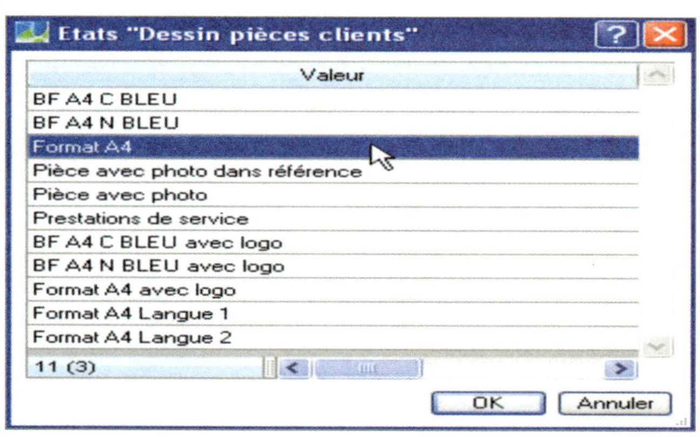

FICHE 3

Transférer les pièces de ventes en comptabilité

Dans le menu Traitements, cliquer sur Liaison comptable…

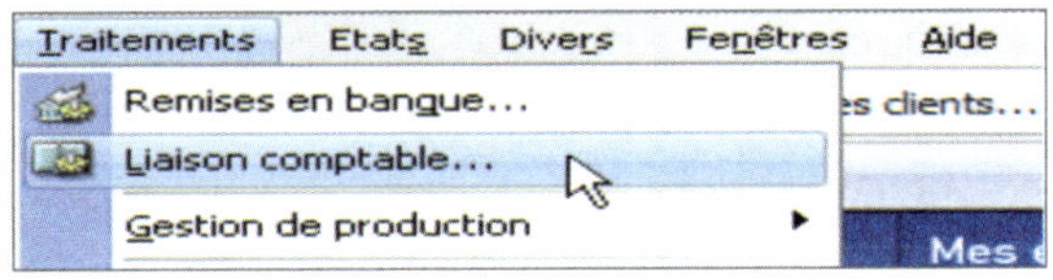

Dans la fenêtre Liaison comptable, saisir la période et cocher les pièces de ventes à exporter puis cliquer sur Suivant.

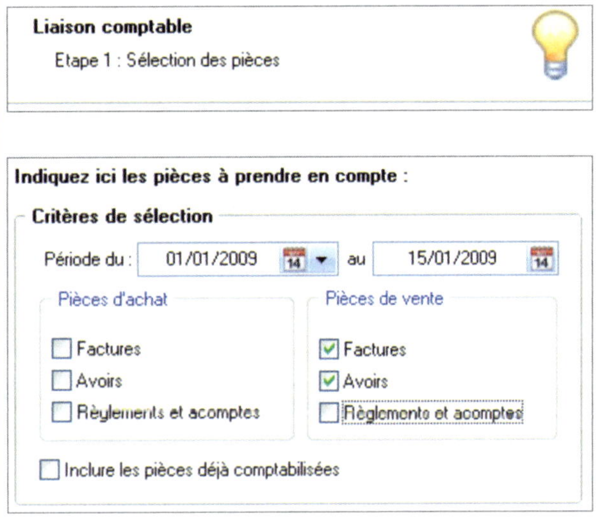

Dans la nouvelle fenêtre Liaison comptable, vérifier que rien ne soit coché puis cliquer sur Suivant.

Dans la dernière fenêtre Liaison comptable, cliquer sur Terminer.

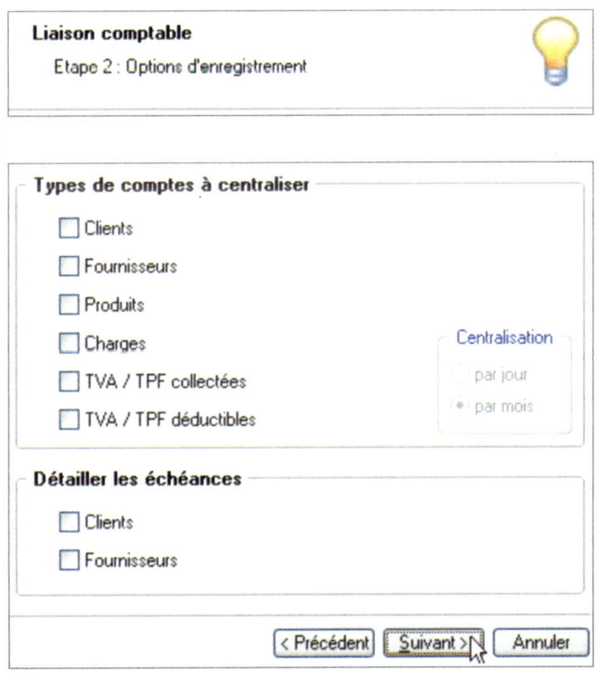

Dans la fenêtre Écritures à transférer, vérifier les écritures générées (éventuellement les modifier) puis cliquer sur Continuer.

Les écritures sont transférées automatiquement dans le logiciel de comptabilité.

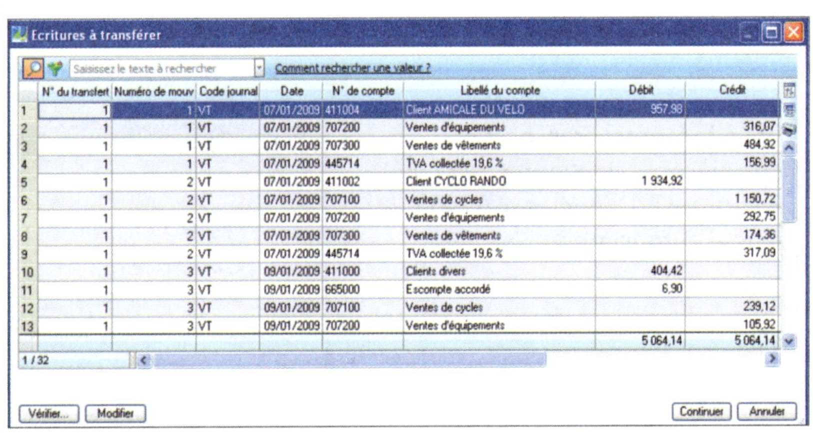

	N° du transfert	Numéro de mouv	Code journal	Date	N° de compte	Libellé du compte	Débit	Crédit
1	1	1	VT	07/01/2009	411004	Client AMICALE DU VELO	957,98	
2	1	1	VT	07/01/2009	707200	Ventes d'équipements		316,07
3	1	1	VT	07/01/2009	707300	Ventes de vêtements		484,92
4	1	1	VT	07/01/2009	445714	TVA collectée 19,6 %		156,99
5	1	2	VT	07/01/2009	411002	Client CYCLO RANDO	1 934,92	
6	1	2	VT	07/01/2009	707100	Ventes de cycles		1 150,72
7	1	2	VT	07/01/2009	707200	Ventes d'équipements		292,75
8	1	2	VT	07/01/2009	707300	Ventes de vêtements		174,36
9	1	2	VT	07/01/2009	445714	TVA collectée 19,6 %		317,09
10	1	3	VT	09/01/2009	411000	Clients divers	404,42	
11	1	3	VT	09/01/2009	665000	Escompte accordé	6,90	
12	1	3	VT	09/01/2009	707100	Ventes de cycles		239,12
13	1	3	VT	09/01/2009	707200	Ventes d'équipements		105,92
							5 064,14	5 064,14

FICHE 1

Créer et imprimer une facture

Dans le menu **Ventes**, cliquer sur **Factures**.

Dans la fenêtre **Pièces de vente**, cliquer sur l'icône **Nouveau**.

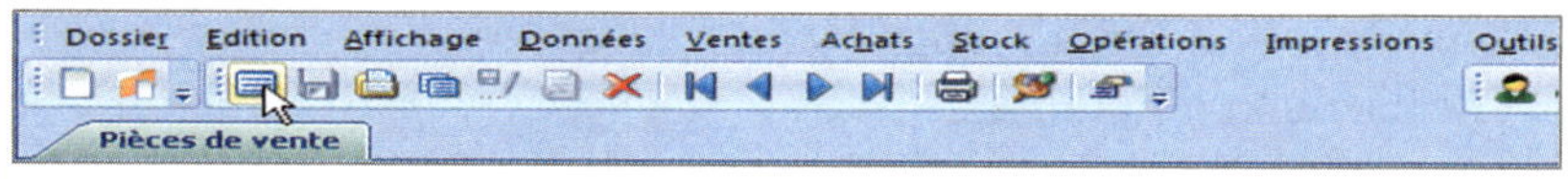

Cliquer sur l'onglet **Entête** (situé en bas de la fenêtre), sélectionner le code du client et saisir ses coordonnées puis appuyer sur la touche **Entrée**. Saisir la date de la pièce.

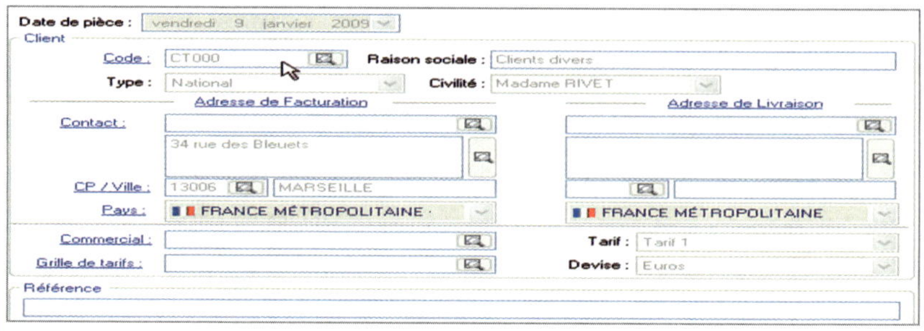

Cliquer sur l'onglet **Corps** (situé en bas de la fenêtre), puis ouvrir la fenêtre **Code article**.

Sélectionner l'article voulu dans la liste qui s'affiche puis appuyer sur **Entrée**. Cliquer ensuite dans la colonne **Quantité** et saisir la quantité. Cliquer sur **Ajouter** (à droite de la fenêtre) pour saisir un autre article.

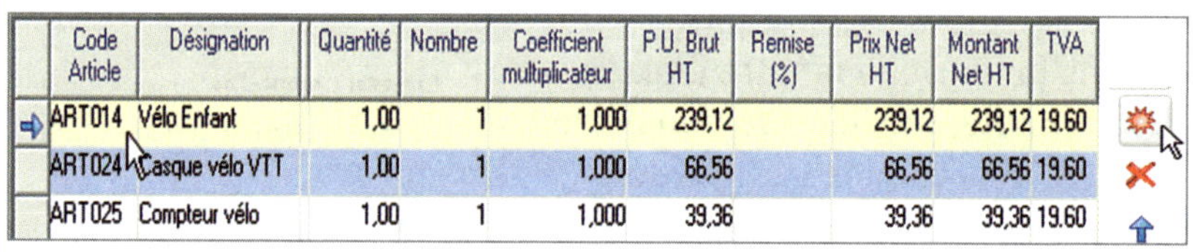

Cliquer sur l'onglet **Pied** (situé en bas de la fenêtre), contrôler le calcul puis (éventuellement) saisir le taux de remise ou/et le taux d'escompte.

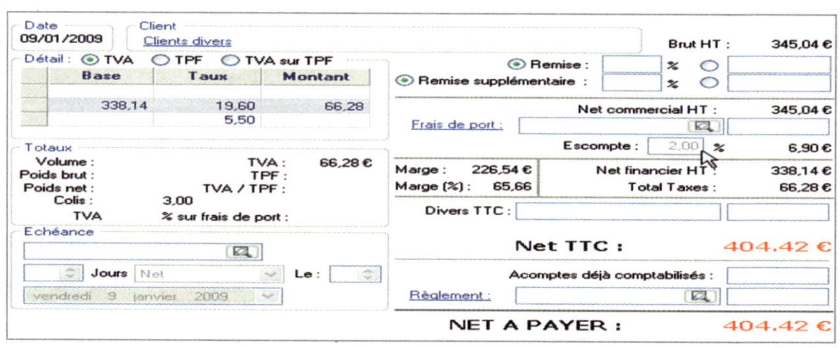

Cliquer sur l'icône de l'imprimante situé dans la barre d'outils supérieure pour imprimer la pièce commerciale.

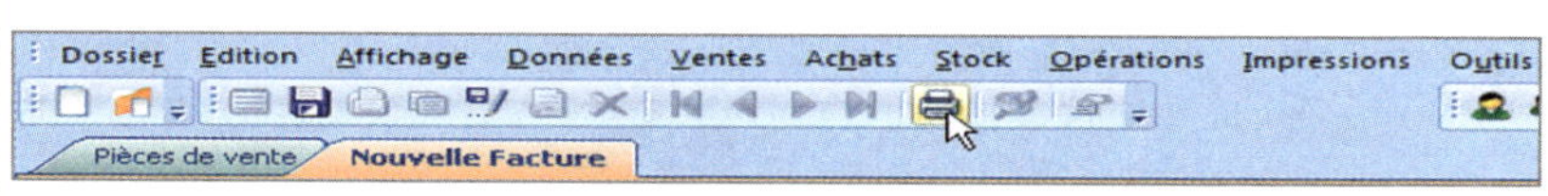

Dans la fenêtre **Impression des pièces**, sélectionner le modèle **Facture HT**. Cliquer sur **Aperçu** puis sur **Imprimer**.

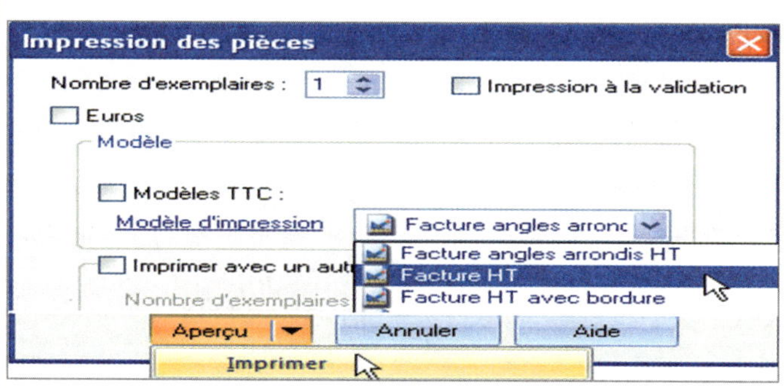

FICHE 2

Créer et imprimer un avoir

Dans le menu **Ventes**, cliquer sur **Factures**.

Dans la fenêtre **Pièce de vente**, cliquer sur l'icône **Nouveau**.

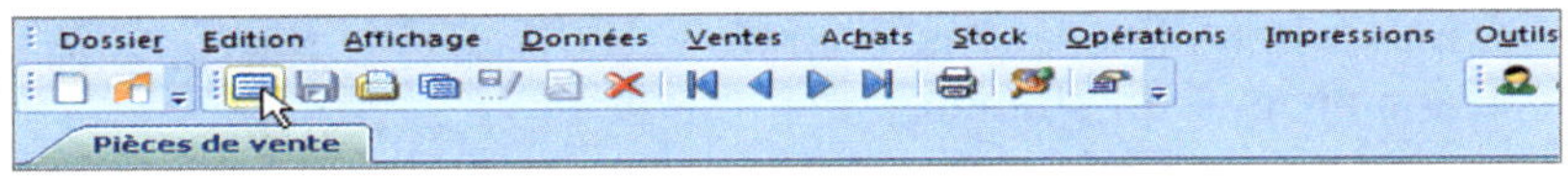

Cliquer sur l'onglet **Entête** (situé en bas de la fenêtre), sélectionner le code du client puis appuyer sur la touche **Entrée**.
Saisir la date de la pièce.

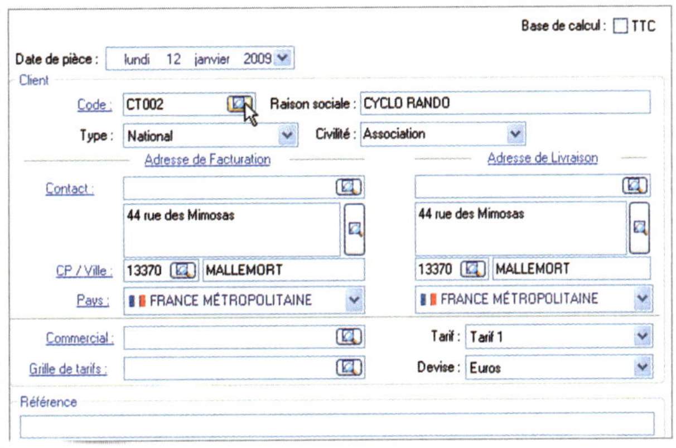

Cliquer sur l'onglet **Corps** (situé en bas de la fenêtre), puis ouvrir la fenêtre **Code article**. Sélectionner l'article voulu dans la liste qui s'affiche puis appuyer sur **Entrée**.

Cliquer dans la colonne **Description longue** et saisir le motif de l'avoir. Cliquer ensuite dans la colonne **Quantité** et saisir **en négatif (signe –)** le taux de remise en décimales et le répéter (en négatif) dans le **Nombre** et le **Coefficient multiplicateur**.

Saisir ensuite (en positif) le montant sur lequel porte la remise (vérifier que le montant net HT soit négatif).

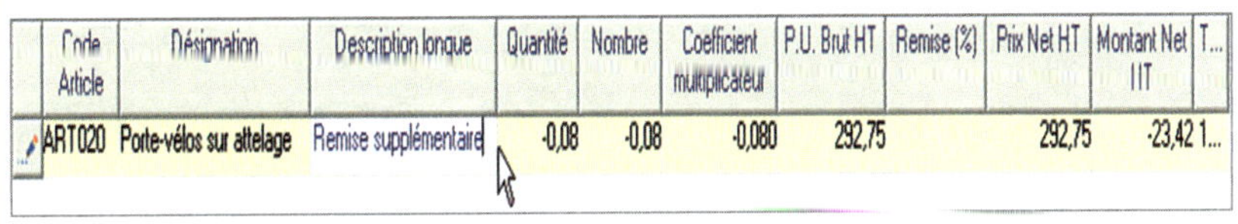

Cliquer sur l'onglet **Pied** (situé en bas de la fenêtre).

Contrôler le calcul et supprimer (éventuellement) le taux de remise habituel.

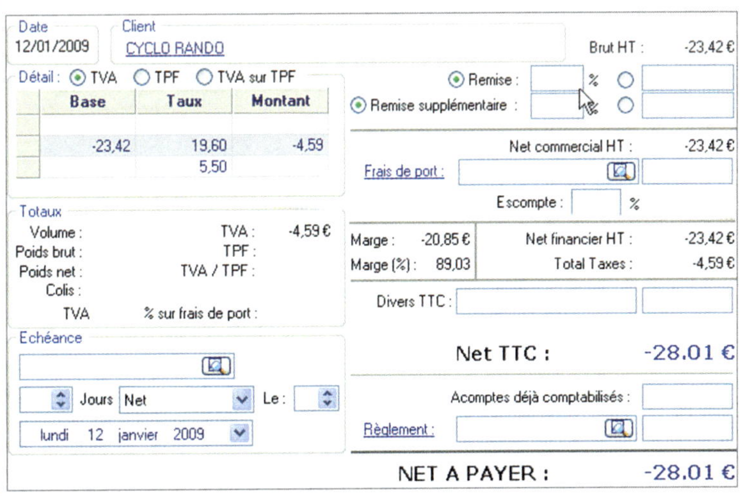

Cliquer sur l'icône de l'imprimante situé dans la barre d'outils supérieure pour imprimer la pièce commerciale.

Dans la fenêtre **Impression des pièces**, sélectionner le modèle **Facture HT**.

Cliquer sur **Aperçu** puis sur **Imprimer**.

FICHE 3

Transférer les pièces de ventes en comptabilité

Dans le menu **Opérations**, pointer **Transfert en Comptabilité** et cliquer sur **EBP Comptabilité...**

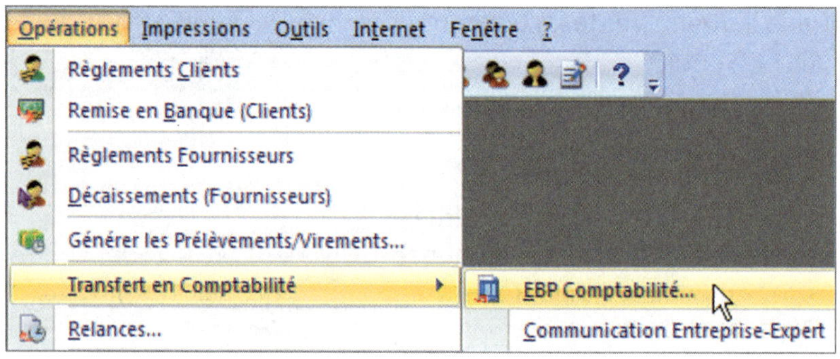

Dans la fenêtre **Transfert des pièces vers EBP Comptabilité**, Sélectionner la période et dans la partie **Comptabiliser les**, cocher **Ventes** et cliquer sur **OK**.

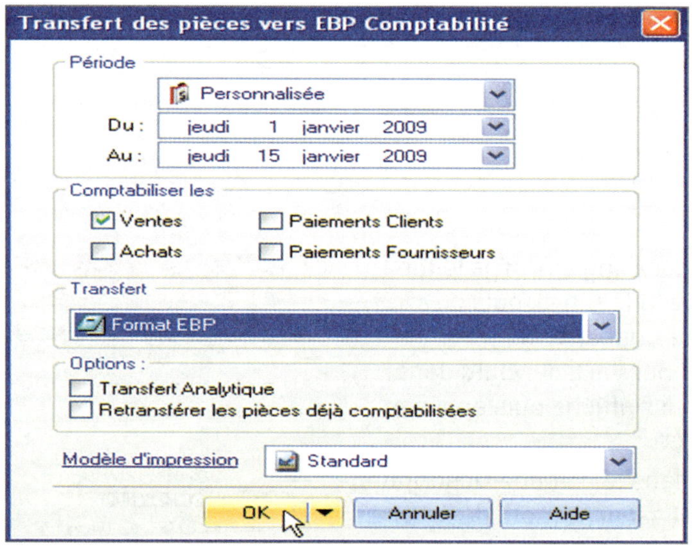

Cliquer sur **Aperçu** puis sur **Imprimer**.

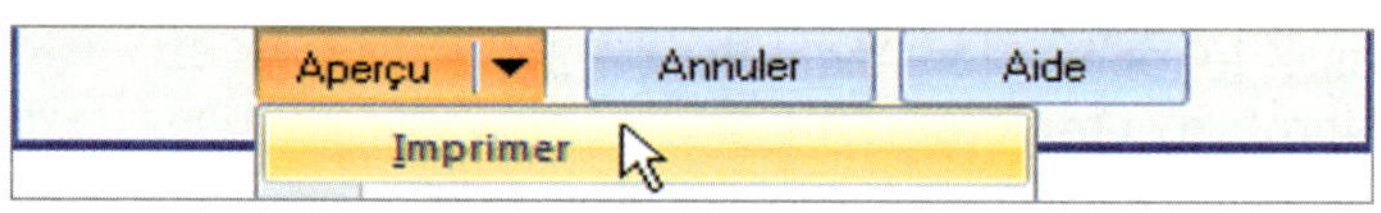

Dans la fenêtre **Enregistrer sous**, sélectionner le dossier de travail, contrôler et relever le nom du fichier **« TransfertComptaNomEntreprise.txt »** puis cliquer sur **Enregistrer**.

Les écritures sont transférées automatiquement dans le logiciel de comptabilité.

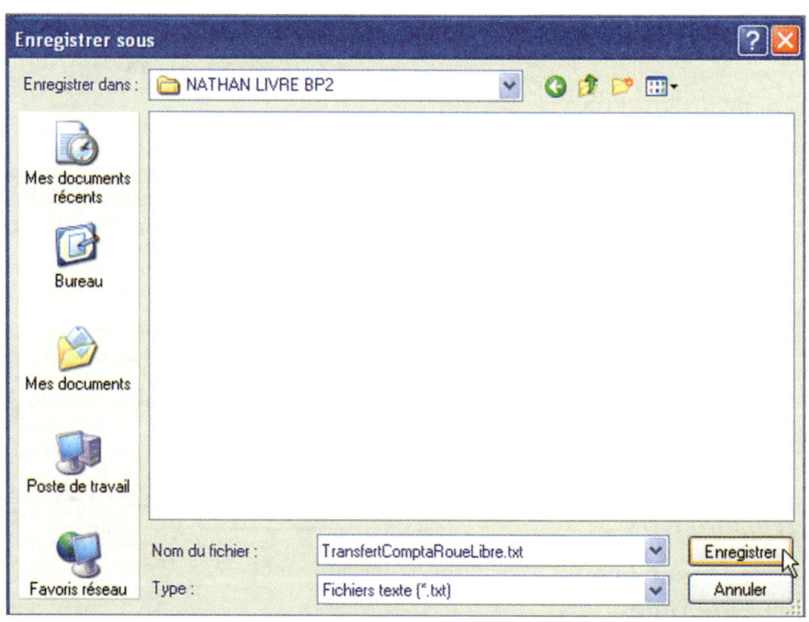

Importer les écritures et saisir les règlements des clients

OBJECTIFS

- Importer les écritures de ventes

Situation professionnelle

Vous poursuivez votre période de formation au service comptable de l'entreprise Roue Libre. Votre chef de service, Mme Virade, vous demande d'importer les écritures relatives aux ventes et de saisir les règlements des clients puis d'imprimer les documents nécessaires.

Roue libre
44 rue des Oliviers
13002 MARSEILLE
Tél. : 04 74 80 90 00
Cycles

MISSION 1 Importer les écritures de ventes

1. Importez les écritures de ventes du logiciel de gestion commerciale de l'entreprise Roue Libre à partir de la note de votre tuteur **(DOCUMENT 1)**.

2. Imprimez le brouillard des ventes du 01/01/N au 31/01/N.

DOCUMENT 1 Note de travail

NOTE

Date : 31/01/N

Au lancement du logiciel de comptabilité, je vous remercie de bien vouloir faire le nécessaire pour importer les écritures de ventes du logiciel de gestion commerciale.

Vous contrôlerez les comptes créés puis les écritures enregistrées dans le brouillard des ventes que vous imprimerez.

Mme Virade

Fiche 1
Importer les écritures de ventes du logiciel de gestion commerciale (sous Ciel ou EBP Comptabilité)

MISSION 2 Saisir les règlements des clients

1. Saisissez le bordereau des règlements des clients de l'entreprise Roue Libre (DOCUMENT 2).
2. Imprimez les brouillards de banque, de caisse et celui des opérations diverses du 01/01/N au 15/01/N.
3. Imprimez les comptes banque et caisse du 01/01/N au 15/01/N.

DOCUMENT 2 Bordereau des règlements du 01/01/N au 15/01/N

Bordereau de saisie des règlements				Mois : Janvier N	
Jour	**Code journal**	**Libellé des écritures**	**Numéro de compte**	**Débit**	**Crédit**
09	BQ	Carte bancaire – Mme RIVET	512001 411000	404,42	 404,42
09	BQ	Carte bancaire – M. PILARD	512001 411000	1 390,61	 1 390,61
09	BQ	Chèque 2065 – M. SABLON	512001 411000	182,03	 182,03
09	CA	Pièce de caisse 008 – M. CARMIN	530000 411000	71,76	 71,76
10	OD	Traite 009 – CYCLO RANDO	413000 411002	1 500,00	 1 500,00
14	BQ	Chèque 0186 – AMICALE DU VÉLO	512001 665000 411004	853,06 17,41	 870,47

SYNTHÈSE Saisir les règlements des clients

1. Saisissez le bordereau des règlements des clients de l'entreprise Roue Libre (DOCUMENT 3).
2. Imprimez les brouillards correspondants du 16/01/N au 31/01/N.
3. Imprimez les comptes de trésorerie du 01/01/N au 31/01/N.

DOCUMENT 3 Bordereau des règlements du 16/01/N au 31/01/N

Bordereau de saisie des règlements				Mois : Janvier N	
Jour	**Code journal**	**Libellé des écritures**	**Numéro de compte**	**Débit**	**Crédit**
20	BQ	Chèque 1804 – A.S.C.M.	512001 411003	528,39	 528,39
22	CA	Pièce de caisse 009 – Mme PRADO	530000 411000	86,11	 86,11
22	BQ	Carte bancaire – M. VOISIN	512001 411000	191,36	 191,36
22	BQ	Chèque 0472 – M. LOSEY	512001 665000 411000	257,56 5,26	 262,82
30	OD	Traite 010 – LES DEUX ROUES	413000 411005	800,00	 800,00
31	OD	Traite 011 – ASSO CYCLISME	413000 411001	1 000,00	 1 000,00

FICHE 1

Importer les écritures de ventes

Au lancement du logiciel de comptabilité, une fenêtre s'ouvre pour vous demander de confirmer l'importation des écritures qui ont été reconnues : Cliquer sur **Oui** pour importer les écritures détectées en attente.

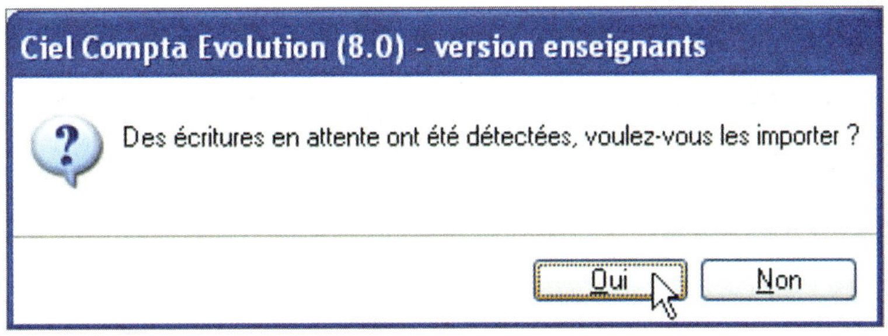

Une nouvelle fenêtre s'ouvre pour vous informer que l'importation s'est déroulée avec succès : contrôler les comptes créés et la dernière ligne du commentaire : **Les écritures ont été importées avec succès**.
Cliquer sur **Fermer**.

Les écritures sont enregistrées dans le brouillard des ventes.

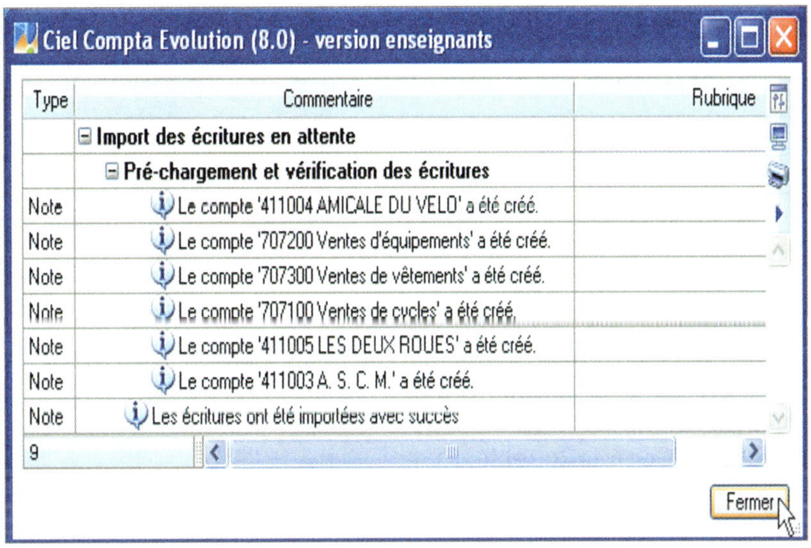

FICHE 1

Importer les écritures de ventes

Dans le menu **Outils**, pointer **Import de données** et cliquer sur **Import Écritures**.

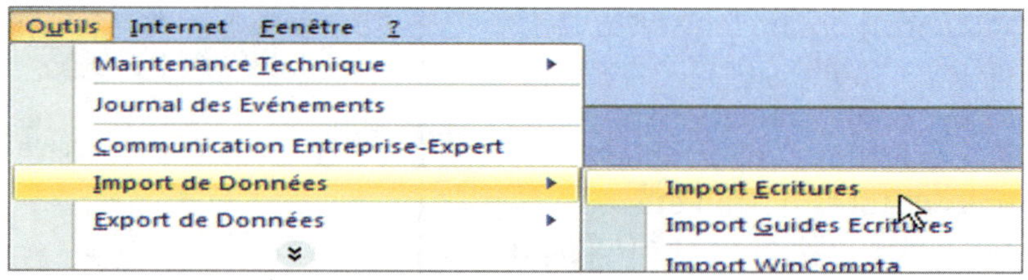

Dans la fenêtre **Importer des écritures**, vérifier que le chemin d'accès : **Fichiers au format EBPV3 pour Windows** est sélectionné puis cliquer sur **Suivant**.

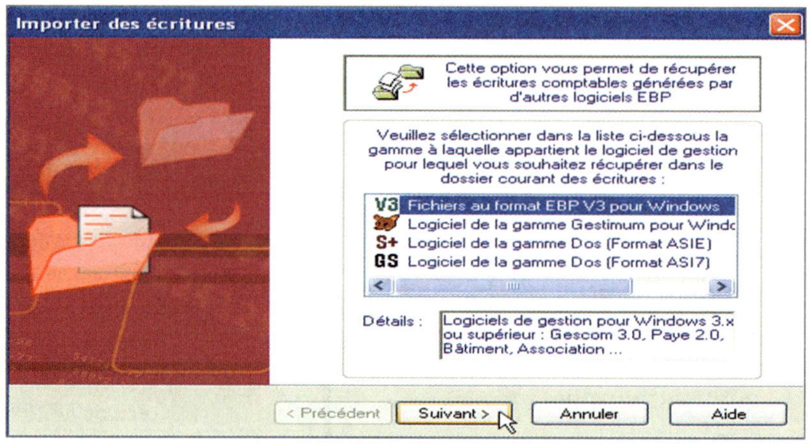

Dans la fenêtre **Import d'écritures de la gamme V3**, vérifier le chemin d'accès : **TransfertComptaRoueLibre.txt** et cliquer sur **Terminer**.

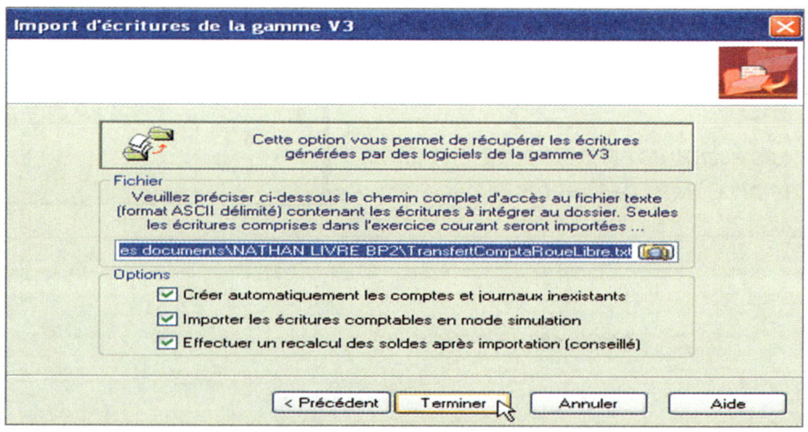

Dans la fenêtre **Justification de l'événement**, saisir : **Transfert des factures et des avoirs de ventes du logiciel de gestion commerciale** puis cliquer sur **OK**.

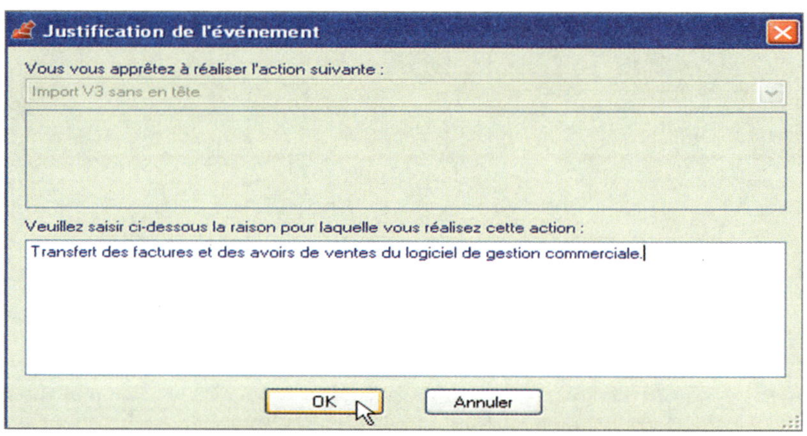

Dans la fenêtre **Compta**, à la question : **Souhaitez-vous supprimer le fichier qui vient d'être importé ?**, cliquer sur **Oui**.

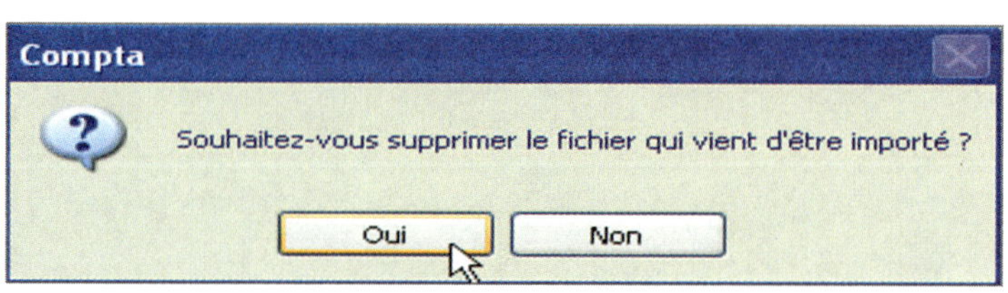

Les écritures sont enregistrées dans le journal provisoire des ventes.

Gérer les fichiers de base et les stocks de l'entreprise

OBJECTIFS

- Mettre à jour les fichiers clients, fournisseurs ou articles

Situation professionnelle

Vous poursuivez votre période de formation au service commercial de l'entreprise Roue Libre. Votre chef de service, M. Fasko Victor, vous confie la gestion des fichiers de base et des stocks puis vous demande de passer des commandes aux fournisseurs.

Roue libre
44 rue des Oliviers
13002 MARSEILLE
Tél. : 04 74 80 90 00
Cycles

MISSION 1 Mettre à jour les fichiers de base

1. Modifiez les fichiers de base selon les consignes de votre tuteur (DOCUMENT 1).
2. Imprimez les fiches modifiées du client et du fournisseur.
3. Imprimez la liste modifiée du fichier des articles.

DOCUMENT 1 Note de travail

NOTE

Date : 31/01/N

Je vous remercie de bien vouloir apporter les modifications nécessaires sur les fichiers de base concernés :
- le client CYCLO RANDO a déménagé, enregistrez sa nouvelle adresse : 26 rue des Alouettes – 13200 ARLES ;
- le fournisseur POUR LES CYCLES a désigné un nouveau commercial, M. PALET, auprès de qui nous avons obtenu une remise habituelle de 20 % (au lieu de 15 %) ;
- diminuer de 5,00 € le prix H. T. de location de la journée et de 10,00 € celui de location de la semaine pour faire face à la concurrence.

M. Fasko

Fiche 1
Mettre à jour les fichiers clients, fournisseurs ou articles (sous Ciel ou EBP Gestion commerciale)

MISSION 2 Éditer l'état des stocks et des réapprovisionnements

1. Éditez l'inventaire des articles selon les consignes de votre tuteur (DOCUMENT 2).
2. Éditez l'état des réapprovisionnements au 31/01/N.

DOCUMENT 2 Note de travail

NOTE

Date : 31/01/N

Je vous remercie de bien vouloir éditer l'inventaire des articles, classés par familles d'articles, au 31/01/N puis l'état des réapprovisionnements.

M. Fasko

MISSION 3 Passer commande aux fournisseurs

1. Déterminez les quantités à commander aux fournisseurs à partir de l'état des réapprovisionnements et selon les consignes de votre tuteur (DOCUMENT 3).

2. Créez les bons de commande aux fournisseurs concernés.

DOCUMENT 3 Note de travail

NOTE

Date : 31/01/N

Je vous remercie de bien vouloir préparer les commandes aux fournisseurs concernés par l'état des réapprovisionnements édités au 31/01/N en appliquant la formule suivante :

Quantité à commander = Stock maximum – Stock réel.

Livraison sous 5 jours.

M. Fasko

SYNTHÈSE Gérer les fichiers de base et passer commande

1. Modifiez les fichiers de base selon les consignes de votre tuteur (DOCUMENT 4).

2. Imprimez la fiche modifiée du client et la nouvelle liste du fichier des articles.

3. Créez le bon de commande selon les consignes de votre tuteur.

4. Imprimez le bon de commande.

DOCUMENT 4 Note de travail

NOTE

Date : 31/01/N

D'une part, je vous remercie de bien vouloir modifier l'adresse du client A. S. C. M., qui s'est transféré au 62 rue du Théâtre à MARSEILLE 8e, et porter la remise habituelle accordée à 15 % (au lieu de 10 %).

D'autre part, veuillez enregistrer les nouveaux articles suivants :

Code	ART033	ART034	ART035
Libellé	Combinaison	Veste	Gants
Famille	FAV	FAV	FAV
Stock mini	5	5	5
Stock maxi (sauf EBP)	10	10	10
Prix d'achat H. T.	45,00 €	36,00 €	7,00 €

Vous passerez commande au fournisseur VÊTISPORTS à raison de 10 produits pour chacun de ces 3 nouveaux articles et pour une livraison sous 8 jours.

M. Fasko

FICHE 1 Mettre à jour les fichiers clients, fournisseurs ou articles

Dans le menu **Listes**, cliquer sur **Clients...** ou sur **Fournisseurs...**

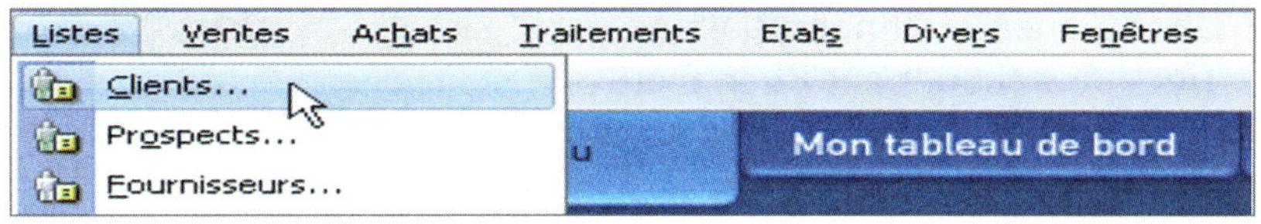

Dans la fenêtre **Liste des clients** ou **Liste des fournisseurs**, sélectionner le client ou le fournisseur à modifier et cliquer sur l'icône **Modifier** ou bien double-cliquer sur la ligne.

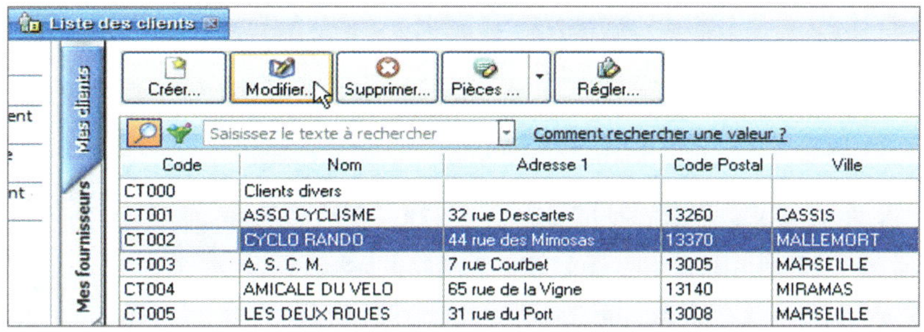

Dans la fenêtre du client ou du fournisseur à modifier, saisir les modifications à apporter dans les différents onglets (Adresse, Livraison...) puis cliquer sur **OK**.

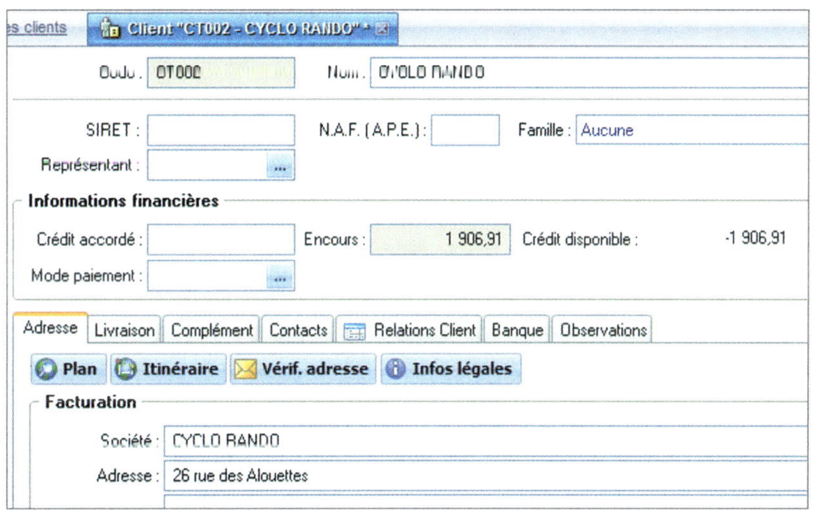

La procédure est identique pour le fichier des articles.

FICHE 1

Mettre à jour les fichiers clients, fournisseurs ou articles

Dans le menu **Données**, pointer **Tiers** puis cliquer sur **Clients** ou sur **Fournisseurs**.

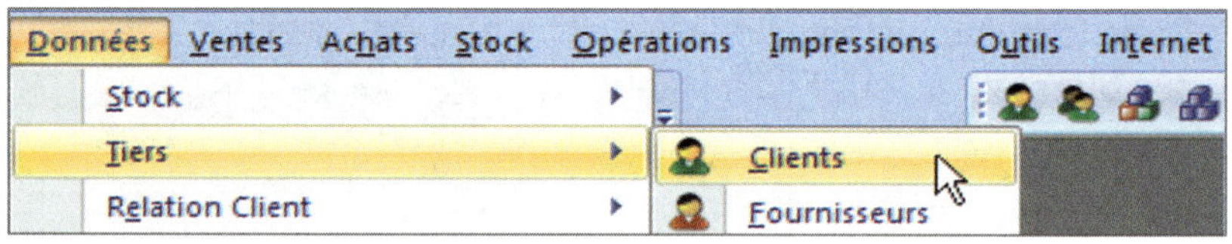

Dans la fenêtre **Clients** ou **Fournisseurs**, sélectionner le client ou le fournisseur à modifier et cliquer sur l'icône **Modifier** ou bien double-cliquer sur la ligne.

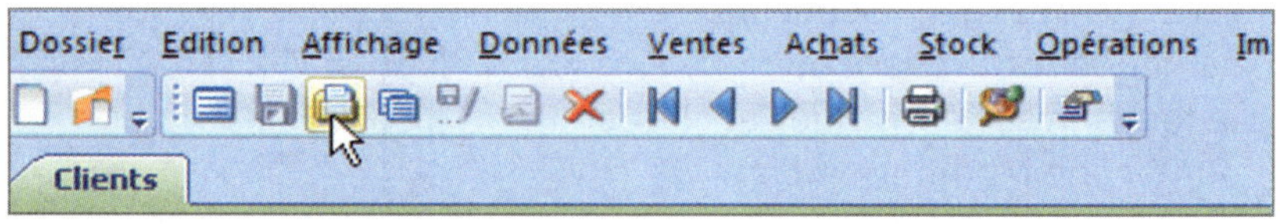

Code

Code	Raison Sociale	Adresse de facturation	Code Postal (Adresse de facturation)	Ville (Adresse de facturation)
CT000	Clients divers			
CT001	ASSO CYCLISME	32 rue Descartes	13260	CASSIS
CT002	CYCLO RANDO	44 rue des Mimosas	13370	MALLEMORT
CT003	A. S. C. M.	7 rue Courbet	13005	MARSEILLE
CT004	AMICALE DU VELO	65 rue de la Vigne	13140	MIRAMAS
CT005	LES DEUX ROUES	31 rue du Port	13008	MARSEILLE

Dans la fenêtre du client ou du fournisseur à modifier, saisir les modifications à apporter dans les différentes rubriques (Adresses, Contacts...) puis cliquer sur l'icône **Enregistrer**.

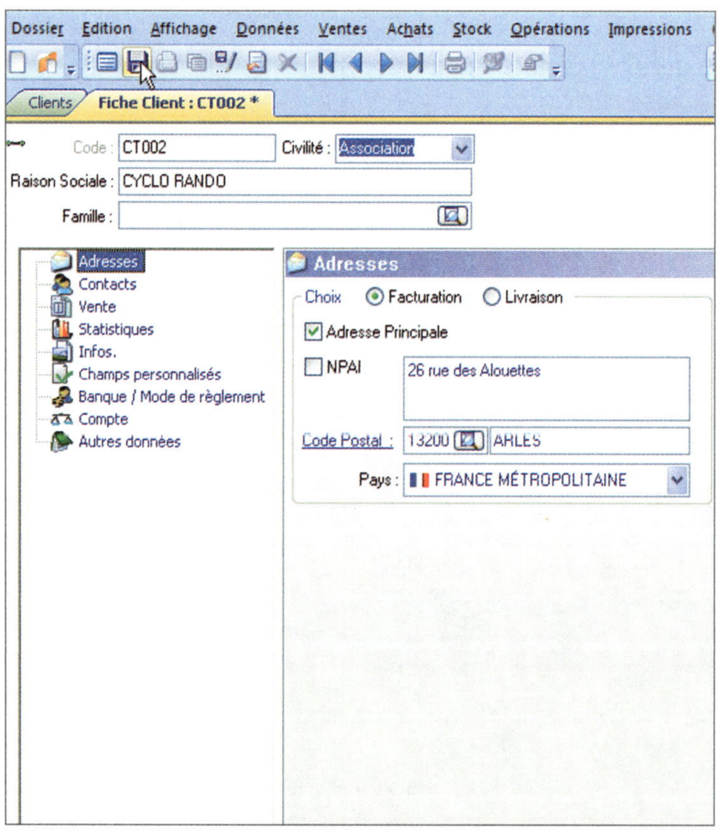

La procédure est identique pour le fichier des articles.

Gérer les traitements de fin de mois

OBJECTIFS

- Préparer et imprimer la déclaration de TVA
- Valider la TVA et générer son écriture
- Lettrer automatiquement les comptes de tiers
- Imprimer les comptes de tiers lettrés
- Imprimer la balance générale

Situation professionnelle

Vous poursuivez votre période de formation au service comptable de l'entreprise Roue Libre. Votre chef de service, Mme Virade, vous demande de réaliser les traitements de fin de mois afin d'avoir un aperçu de la situation des comptes de la société.

Roue libre
44 rue des Oliviers
13002 MARSEILLE
Tél. : 04 74 80 90 00
Cycles

MISSION 1 Établir la déclaration de TVA et générer l'écriture

1. Imprimez la déclaration de TVA de janvier N de l'entreprise Roue Libre en suivant les consignes de votre tuteur **(DOCUMENT 1)**.

2. Pour Ciel Comptabilité uniquement, validez la TVA de janvier N et générez son écriture **(DOCUMENT 2)**.
Pour EBP Comptabilité uniquement, saisissez l'écriture de liquidation de la TVA de janvier N **(DOCUMENT 2)**.

3. Imprimez l'écriture de TVA du brouillard des OD **(DOCUMENT 2)**.

DOCUMENT 1 Déclaration de TVA

NOTE

Date : 31/01/N

Je vous remercie de bien vouloir préparer et imprimer la déclaration de TVA de janvier N, selon le régime du réel normal.

Pour EBP Comptabilité uniquement : Coordonnées du Trésor public à saisir : Centre des impôts – Place Montaigne – 13002 MARSEILLE
Recette : 1234567 – N° dossier : 154564 – Clé : 45 – CDI : 45 – Code service : 454 – Régime : RS – Statut : Autres sociétés (Sarl...).

Fiche 1
Préparer et imprimer la déclaration de TVA (sous Ciel ou EBP Comptabilité)

DOCUMENT 2 Écriture de TVA

NOTE

Date : 31/01/N

Pour Ciel Comptabilité uniquement :
Je vous remercie de bien vouloir valider la déclaration de TVA de janvier N afin de générer son écriture dans le brouillard des OD que vous imprimerez.

Pour EBP Comptabilité uniquement :
Je vous remercie de bien vouloir saisir l'écriture de liquidation de la TVA de janvier N, à partir des soldes des comptes de TVA, dans le journal provisoire des OD que vous imprimerez.

Fiche 2
Valider la TVA et générer son écriture (sous Ciel Comptabilité)

MISSION 2 Lettrer les comptes de tiers

Lettrez automatiquement les comptes de tiers au 31/01/N de l'entreprise Roue Libre (DOCUMENT 3).

DOCUMENT 3 Lettrage

NOTE

Date : 31/01/N

Je vous remercie de bien vouloir lettrer automatiquement les comptes clients et fournisseurs, à partir de leurs montants, du 01/01/N au 31/01/N.

Mme Virade

Fiche 3 Ciel

Fiche 2 EBP
Lettrer automatiquement les comptes de tiers (sous Ciel ou EBP Comptabilité)

MISSION 3 Imprimer les comptes de tiers et la balance

1. Imprimez les comptes de tiers lettrés au 31/01/N (DOCUMENT 4).
2. Imprimez la balance générale au 31/01/N (DOCUMENT 5).

DOCUMENT 4 Édition des comptes de tiers

NOTE

Date : 31/01/N

Je vous remercie de bien vouloir imprimer les comptes clients et fournisseurs lettrés du 01/01/N au 31/01/N.

Mme Virade

Fiche 4 Ciel

Fiche 3 EBP
Imprimer les comptes de tiers lettrés (sous Ciel ou EBP Comptabilité)

DOCUMENT 5 Édition de la balance

NOTE

Date : 31/01/N

Je vous remercie de bien vouloir imprimer la balance générale du mois de janvier N.

Mme Virade

Fiche 5 Ciel

Fiche 4 EBP
Imprimer la balance générale (sous Ciel ou EBP Comptabilité)

SYNTHÈSE Gérer les opérations de février N

1. Saisissez le bordereau des achats de février N dans le brouillard correspondant (DOCUMENT 6).
2. Saisissez le bordereau des ventes de février N dans le brouillard correspondant (DOCUMENT 7).
3. Saisissez le bordereau des règlements de février N dans les brouillards correspondants (DOCUMENT 8).
4. Imprimez les brouillards du 01/02/N au 28/02/N.
5. Réalisez toutes les opérations planifiées par votre tuteur (DOCUMENT 9).

DOCUMENT 6 Bordereau des achats de février N

Bordereau de saisie des achats				Mois : Février N	
Jour	**Code journal**	**Libellé des écritures**	**N° de compte**	**Débit**	**Crédit**
03	HA	Facture A019 – POUR LES CYCLES *(Pour EBP : compte TVA N° 445661)*	607100 445664 401002	333,44 65,35	 398,79
04	HA	Facture A20 – VÊTISPORTS *(Pour EBP : compte TVA N° 445661)*	607300 445664 401003	512,96 100,54	 613,50
12	HA	Avoir AV06 – ATOUT VÉLOS *(Pour EBP : compte TVA N° 445661)*	401001 609000 445664	71,76	 60,00 11,76
16	HA	Facture A21 – VÊTISPORTS *(Pour EBP : compte TVA N° 445661)*	607300 445664 401003	704,00 137,98	 841,98
17	HA	Facture A22 – POUR LES CYCLES *(Pour EBP : compte TVA N° 445661)*	607200 445664 401002	259,93 50,95	 310,88
21	HA	Facture A23 – INFOLOG *(Pour EBP : compte TVA N° 445620)*	205000 445624 404000	560,00 109,76	 669,76

DOCUMENT 7 Bordereau des ventes de février N

Bordereau de saisie des ventes				Mois : Février N	
Jour	**Code journal**	**Libellé des écritures**	**N° de compte**	**Débit**	**Crédit**
01	VT	Facture FA0013 – Mme SITO *(Pour EBP : compte TVA N° 445711)*	411000 706000 445714	83,72	 70,00 13,72
02	VT	Facture FA0014 – M. ROBIN *(Pour EBP : compte TVA N° 445711)*	411000 706000 445714	35,88	 30,00 5,88
11	VT	Facture FA0015 – LES DEUX ROUES *(Pour EBP : compte TVA N° 445711)*	411005 707100 445714	1 805,24	 1 509,40 295,84
18	VT	Facture FA0016 – M. CAREX *(Pour EBP : compte TVA N° 445711)*	411000 706000 445714	418,60	 350,00 68,60
18	VT	Facture FA0017 – CYCLO RANDO *(Pour EBP : compte TVA N° 445711)*	411002 707200 445714	385,44	 322,27 63,17
22	VT	Avoir AV0006 – CYCLO RANDO *(Pour EBP : compte TVA N° 445711)*	709000 445714 411002	40,00 7,84	 47,84
23	VT	Facture FA0018 – A.S.C.M. *(Pour EBP : compte TVA N° 445711)*	411003 707300 445714	350,90	 293,39 57,51
24	VT	Facture FA0019 – AMICALE DU VÉLO *(Pour EBP : compte TVA N° 445711)*	411004 707100 445714	1 416,54	 1 184,40 232,14
24	VT	Facture FA0020 – Mme SIREL *(Pour EBP : compte TVA N° 445711)*	411000 706000 445714	251,16	 210,00 41,16

DOCUMENT 8 Bordereau de saisie des règlements de février N

Bordereau de saisie des règlements				Mois : Février N	
Jour	**Code journal**	**Libellé des écritures**	**N° de compte**	**Débit**	**Crédit**
05	BQ	Chèque 009 – VÊTISPORTS	401003 512001	312,69	 312,69
08	BQ	Chèque 1016 – M. ROBIN	512001 411000	83,72	 83,72
09	CA	Pièce de caisse 010 – Mme SITO	530000 411000	35,88	 35,88
10	CA	Pièce de caisse 011 – LA POSTE	626000 530000	26,50	 26,50
15	OD	Traite 012 – S.C.G.	404000 405000	3433,40	 3433,40
15	OD	Arrondi – POUR LES CYCLES	401002 758000	0,30	 0,30
21	CA	Pièce de caisse 012 – SNCF	625000 530000	36,00	 36,00
22	BQ	Chèque 011 – ATOUT VÉLOS	401001 512001	80,84	 80,84
23	BQ	Carte bancaire – M. CAREX	512001 411000	418,60	 418,60
25	OD	Traite 013 – ASSO CYCLISME	413000 411001	1000,00	 1000,00
25	OD	Traite 014 – ATOUT VÉLOS	401001 403000	1500,00	 1500,00
26	BQ	Chèque 1324 – Mme SIREL	512001 411000	251,16	 251,16

DOCUMENT 9 Activités à réaliser

Dates	Activités
28/02/N	• Imprimer le formulaire de déclaration de TVA de février N ; • Générer l'écriture de TVA de février N dans le brouillard des OD (uniquement pour Ciel Comptabilité) ; • Saisir l'écriture de liquidation de la TVA de février N dans le journal provisoire des OD (uniquement pour EBP Comptabilité) ; • Imprimer l'écriture de TVA du 28/02/N ;
28/02/N	• Lettrer automatiquement les comptes clients et fournisseurs au 28/02/N, à partir de leurs montants ; • Imprimer les comptes de tiers lettrés du 01/01/N au 28/02/N ;
28/02/N	• Imprimer les comptes de trésorerie du 01/01/N au 28/02/N ; • Imprimer la balance générale du 01/01/N au 28/02/N.

FICHE 1

Préparer et imprimer la déclaration de TVA

Dans le menu **États**, pointer **Déclaration de TVA** puis cliquer sur **Assistant...**

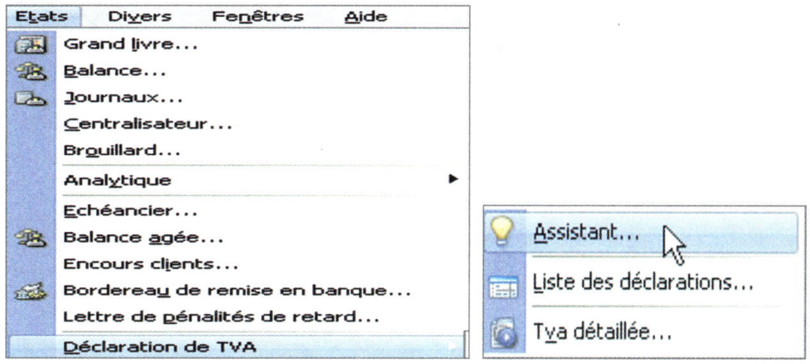

Dans la fenêtre **Déclaration de TVA**, cocher **Créer une déclaration de TVA** et cliquer sur **OK**.

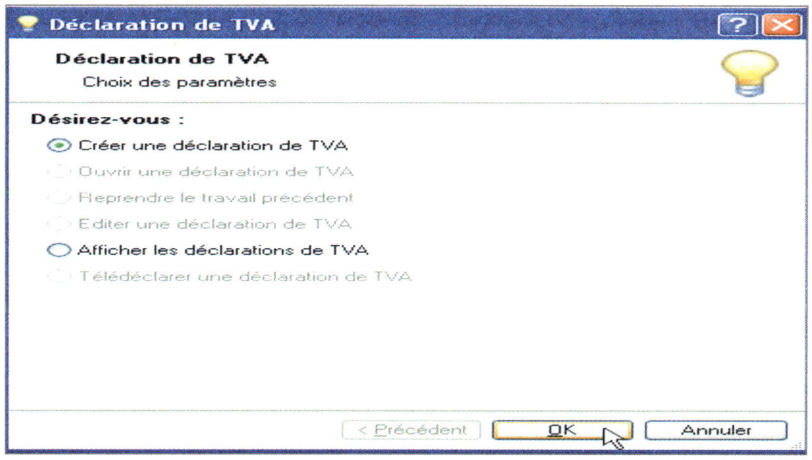

Dans la nouvelle fenêtre **Déclaration de TVA**, sélectionner le mois et cocher **Inclure les écritures en brouillard** puis cliquer sur **OK**.

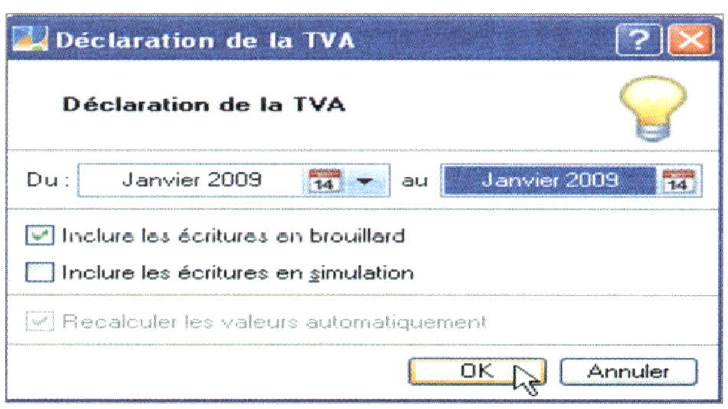

Dans la fenêtre **Régime réel**, l'État préparatoire du formulaire apparaît à l'écran, cliquer sur **OK**.

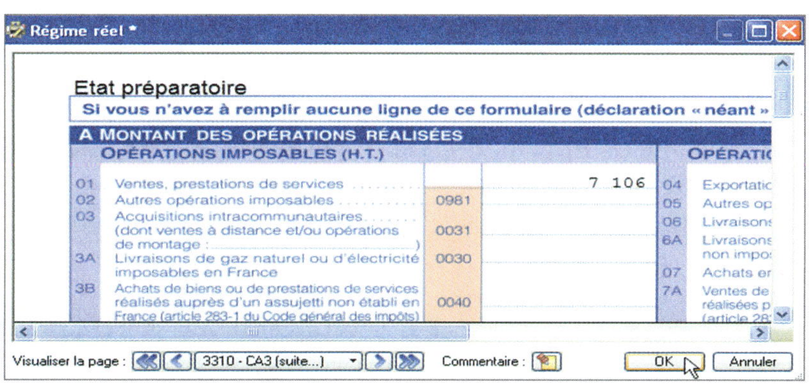

Dans la dernière fenêtre : cliquer sur **Impression** pour lancer l'impression.

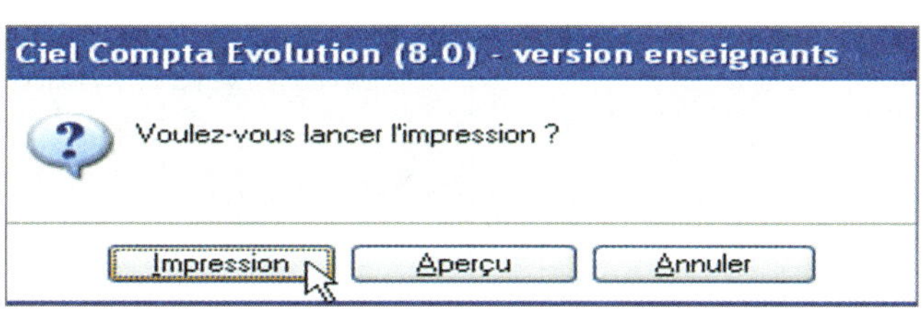

FICHE 2

Valider la TVA et générer son écriture

Dans le menu **États**, pointer **Déclaration de TVA** puis cliquer sur **Liste des déclarations...**

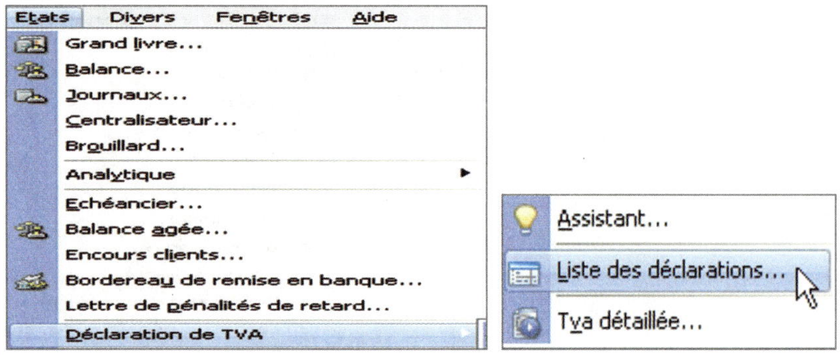

Dans la fenêtre **Déclarations de TVA**, sélectionner la déclaration à valider puis cliquer sur l'icône **Valider...**

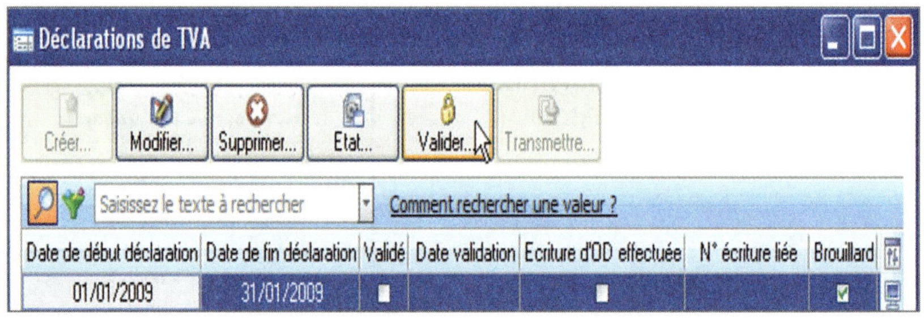

Répondre **Oui** à la question pour valider la TVA.

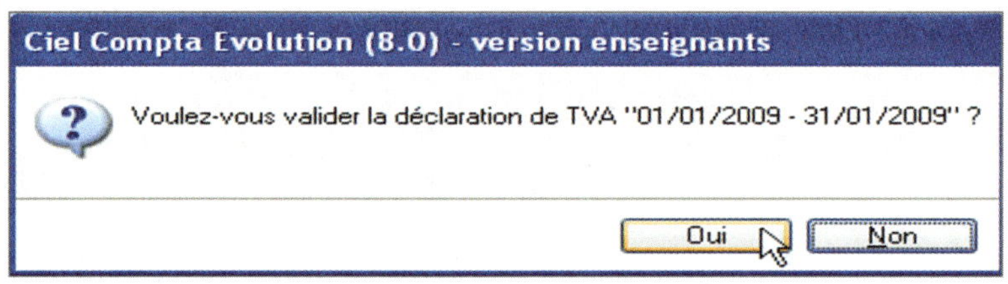

Répondre **Oui** à la question pour passer l'écriture d'OD puis cliquer sur **OK**.

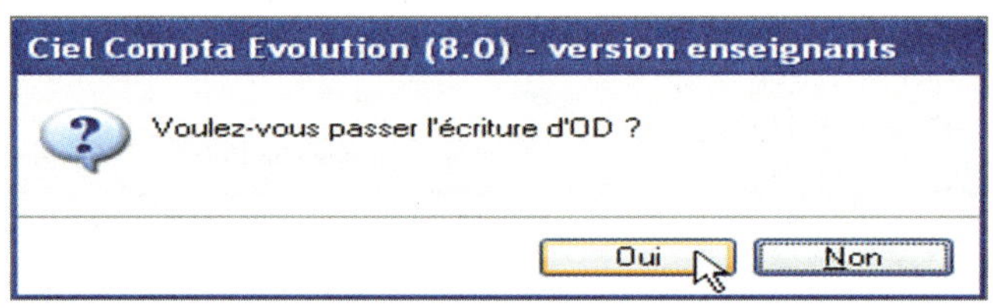

Dans le menu **États**, cliquer sur **Brouillard** puis sur l'icône **Imprimante**.

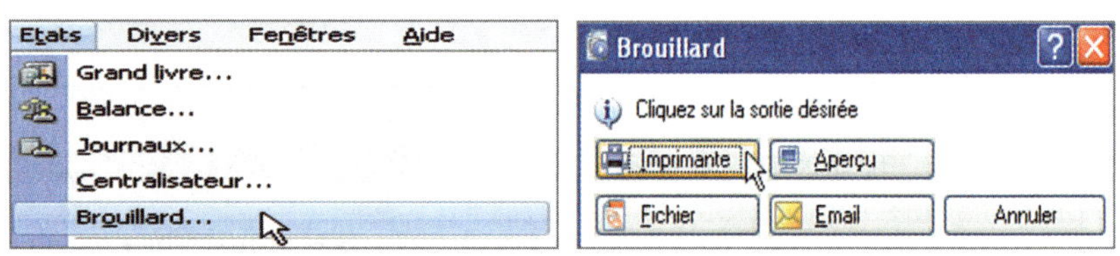

Dans la fenêtre **Brouillard**, saisir la période et sélectionner **Le journal des OD** puis cliquer sur **OK**.

FICHE 3

Lettrer automatiquement les comptes de tiers

Dans le menu Traitements, cliquer sur Lettrage automatique...

Dans la fenêtre Lettrage automatique, saisir la période.

Dans l'onglet Sélection, saisir la fourchette des comptes clients ou fournisseurs.

Dans la partie Options, cocher Par montant.

Dans la partie Écritures, cocher Écritures en brouillard.

Cliquer sur OK.

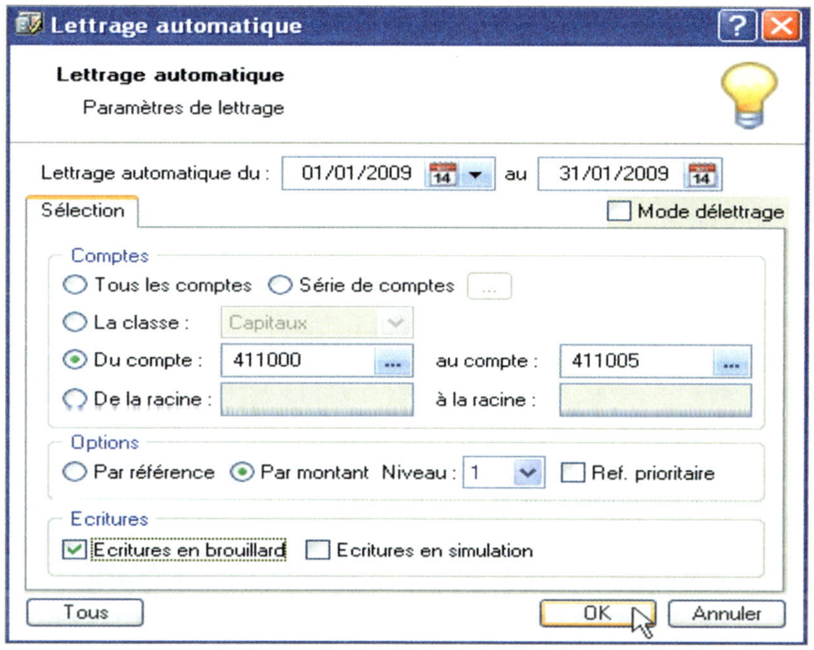

Répondre Oui pour confirmer l'exécution du lettrage.

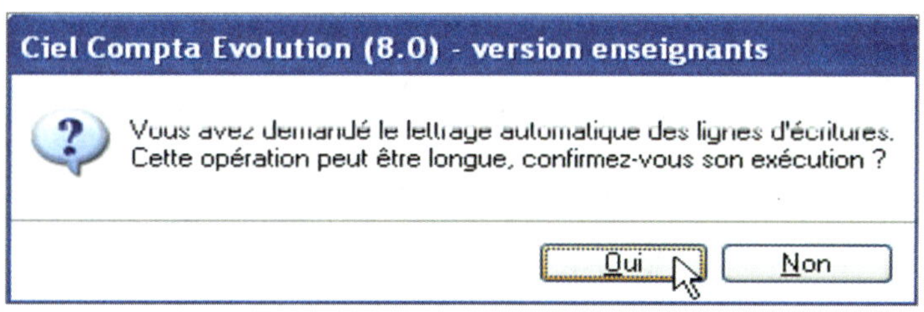

Dans la fenêtre Compte-rendu de la préparation du lettrage automatique, cliquer sur Continuer.

Dans la dernière fenêtre d'informations, cliquer sur OK.

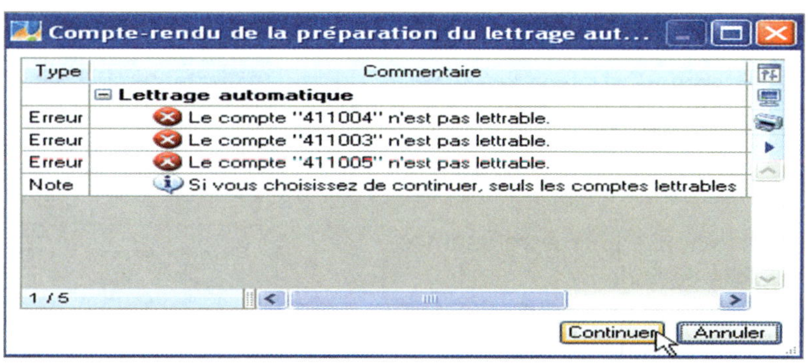

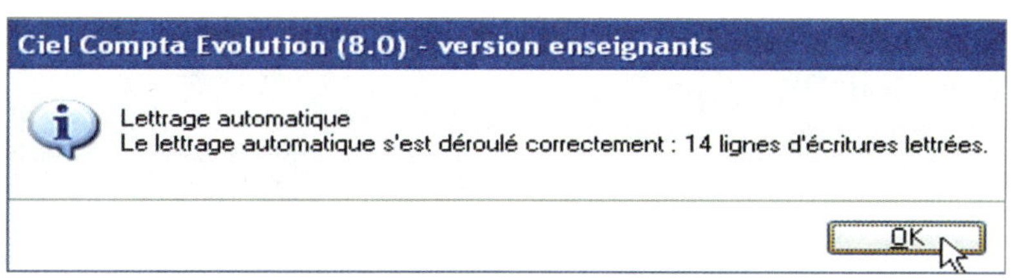

Les comptes ont été lettrés automatiquement.

FICHE 4 Imprimer les comptes de tiers lettrés

Dans le menu **États**, cliquer sur **Grand livre...**

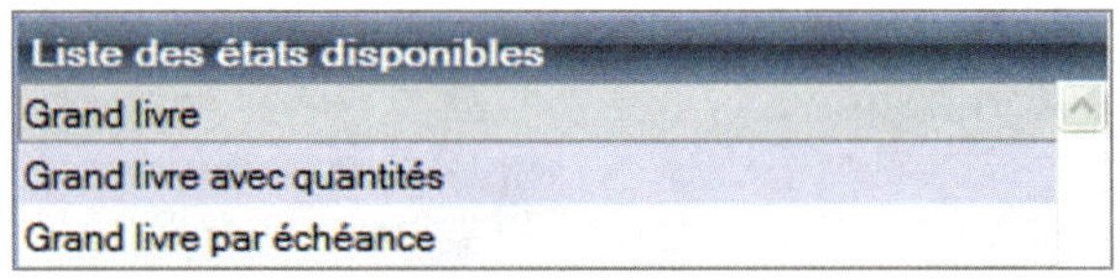

Dans la fenêtre **Grand livre**, sélectionner **Grand livre** et cliquer sur **Imprimante**.

Dans la nouvelle fenêtre **Grand livre**, saisir la période.
Dans l'onglet **Sélection**, saisir la fourchette des comptes clients ou fournisseurs, cocher **Tous les journaux** et cocher **Écritures en brouillard**.

Cliquer ensuite sur l'onglet **+ de critères**.

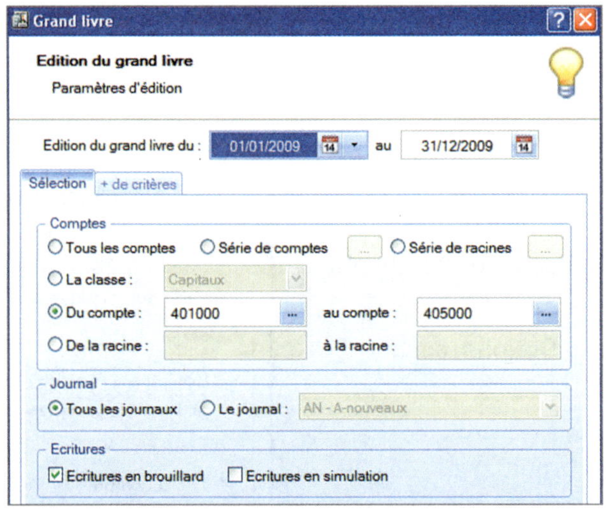

Dans la partie **Écritures**, cocher **Les deux**.

Cliquer sur **OK**.

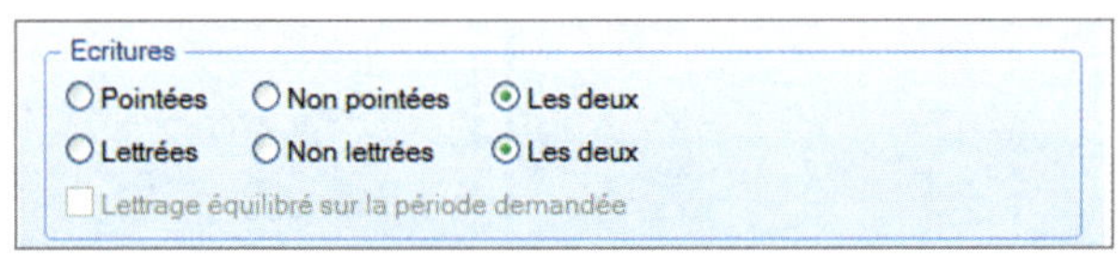

FICHE 5 Imprimer la balance générale

Dans le menu **États**, cliquer sur **Balance...**

Dans la fenêtre **Balance**, sélectionner **Balance** et cliquer sur **Imprimante**.

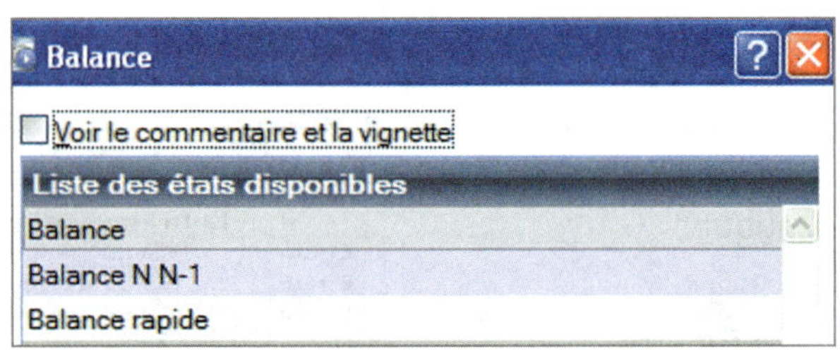

Dans la nouvelle fenêtre **Balance**, saisir la période.
Dans l'onglet **Sélection**, cocher **Tous les comptes**, cocher **Tous les journaux** et cocher **Écritures en brouillard**.

Cliquer sur **OK**.

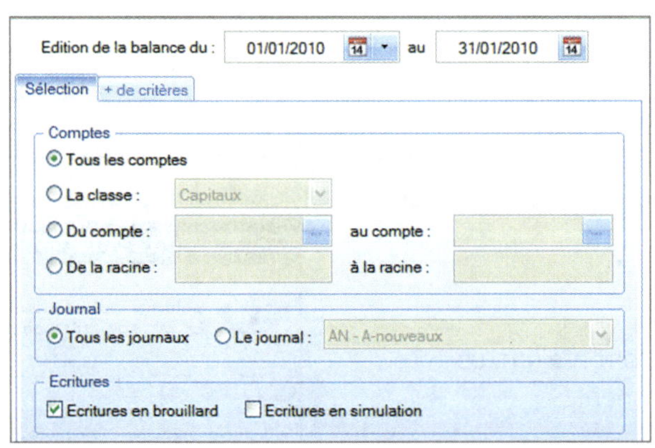

FICHE 1

Préparer et imprimer la déclaration de TVA

Dans le menu **Dossier**, pointer **Propriétés** et cliquer sur **Coordonnées**.

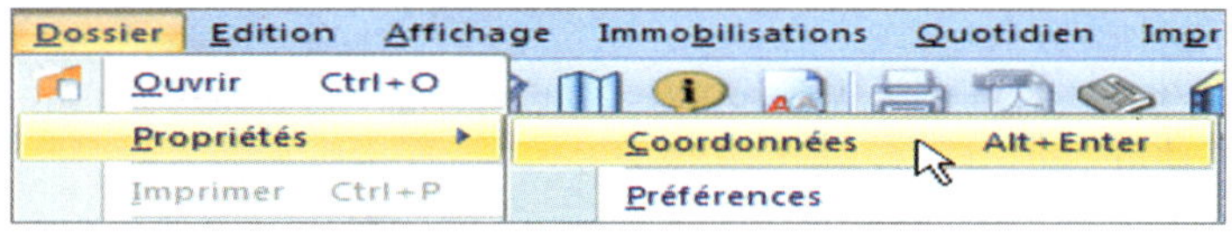

Dans la fenêtre **Propriétés du dossier (Modification)**, cliquer sur l'onglet **Trésor Public** et saisir ses coordonnées puis cliquer sur **OK**.

(Pour saisir la 2e ligne de l'adresse, appuyer sur les touches ***Ctrl*** *et* ***Entrée****.)*

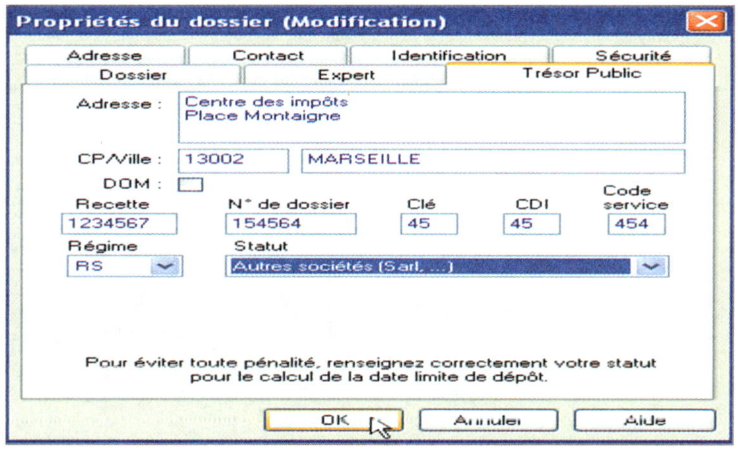

Dans le menu **Quotidien**, pointer **Déclaration de TVA** et cliquer sur **Régime Normal – Imprimé CA3**.

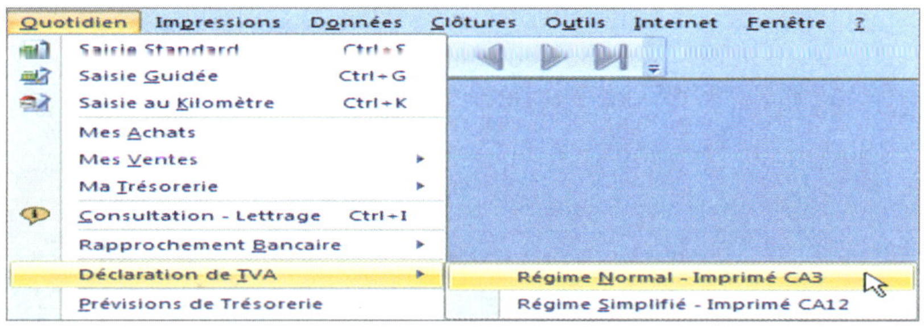

Dans la fenêtre **Déclaration de TVA CA3**, cliquer sur **Nouveau**.

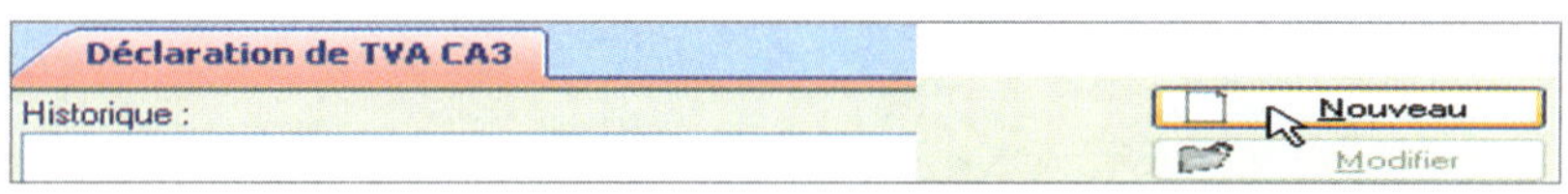

Dans la fenêtre **Déclaration de TVA** et dans la partie **Options du dossier de déclaration de TVA**, cocher **Générer votre déclaration de TVA en mode provisoire**.
Dans la partie **Périodicité**, sélectionner le mois voulu puis cliquer sur **Préparer**.

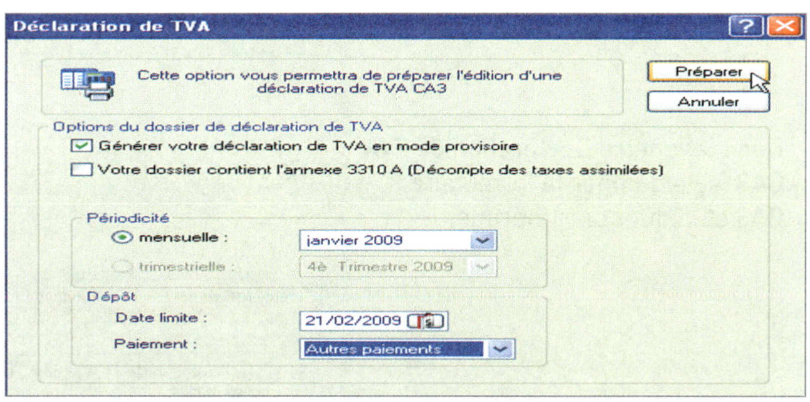

Dans la fenêtre **Déclaration de TVA – 3310 CA3**, cliquer sur **Suivant**.

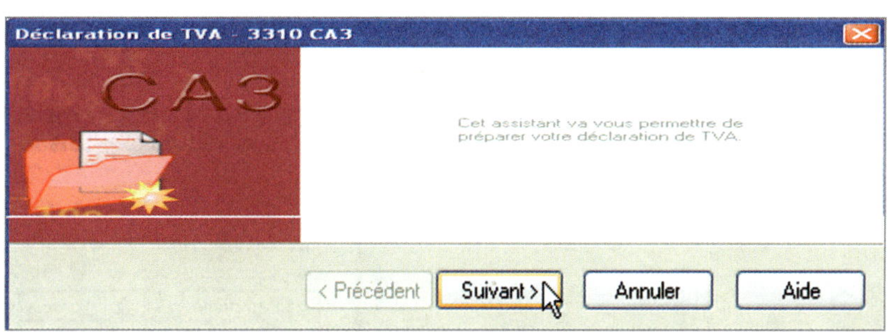

FICHE 1 Préparer et imprimer la déclaration de TVA (suite)

Dans la nouvelle fenêtre **Déclaration de TVA – 3310 CA3 : Montant des opérations réalisées**, cliquer sur **Suivant**.

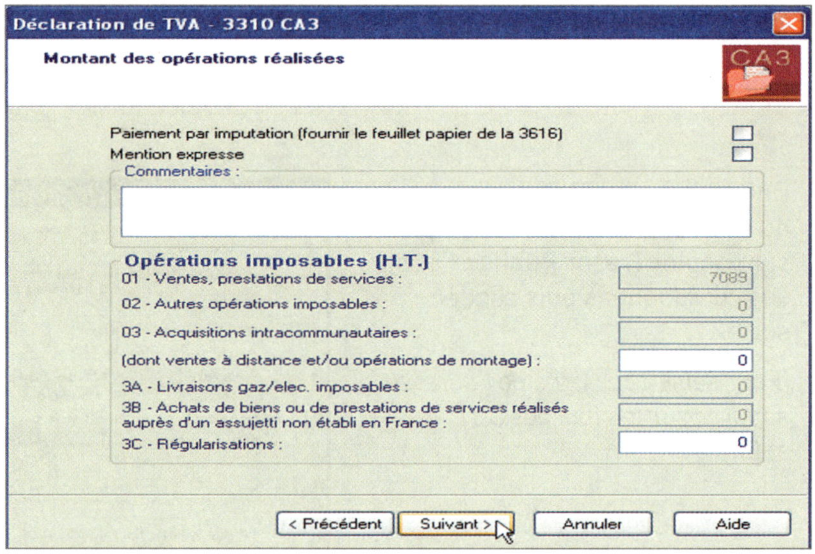

Cliquer encore **4 fois** sur **Suivant** jusqu'à la dernière fenêtre **Déclaration de TVA – 3310 CA3 : Crédit de TVA et Taxe à payer**.

Cliquer sur **Terminer**.

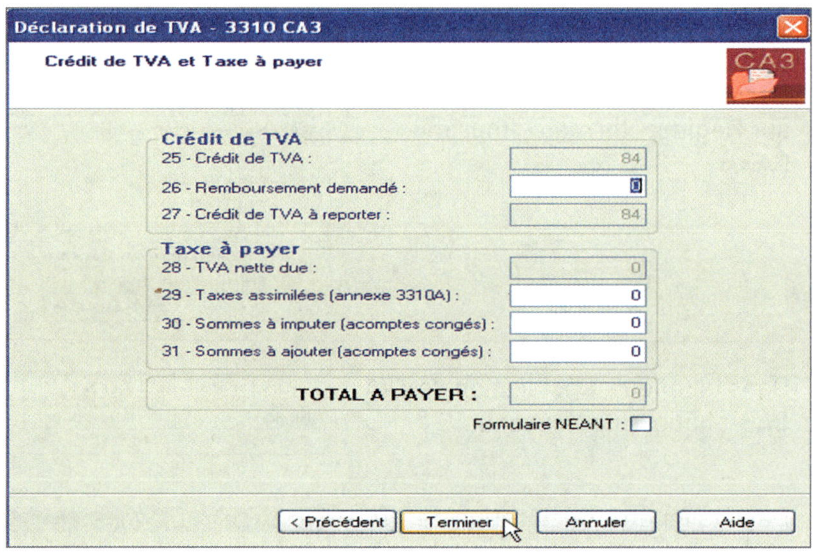

Dans la fenêtre **Déclaration de TVA CA3**, sélectionner le formulaire **CA3** et cliquer sur **Imprimer**.

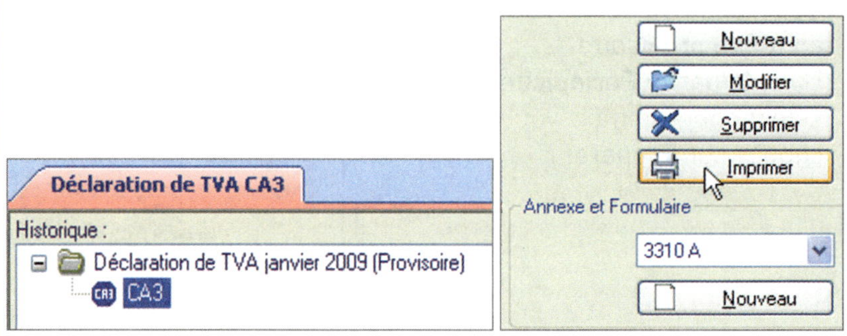

Dans la fenêtre **Impression du formulaire CA3**, cliquer sur **Imprimer**.

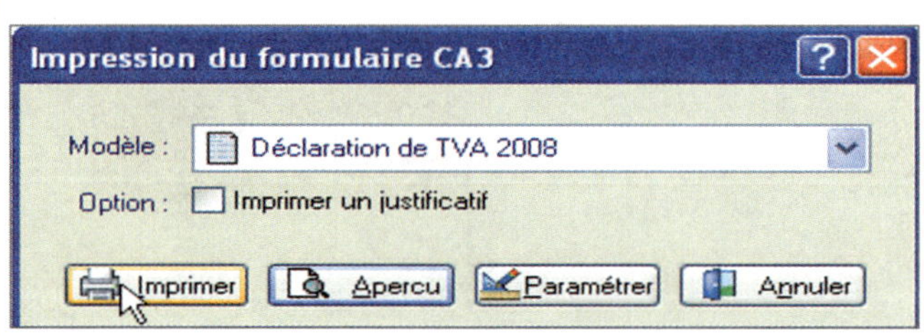

FICHE 2 Lettrer automatiquement les comptes de tiers

Dans le menu **Quotidien**, cliquer sur **Lettrage automatique**.

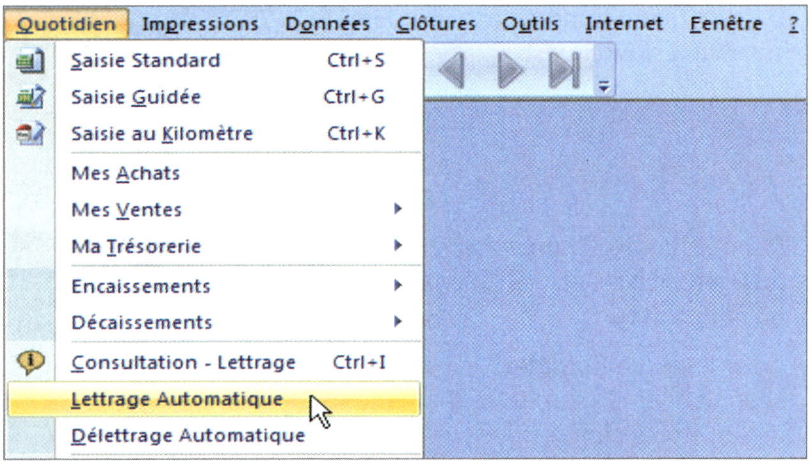

Dans la fenêtre **Lettrage automatique** et dans la partie **Comptes**, sélectionner la fourchette des comptes clients ou fournisseurs puis sélectionner la période.
Dans la partie **Type**, cocher **Lettrage automatique par montants**.
Dans la partie **Options du lettrage par montants**, cocher **Lettrage sur solde progressif nul**.
Cliquer sur **OK**.

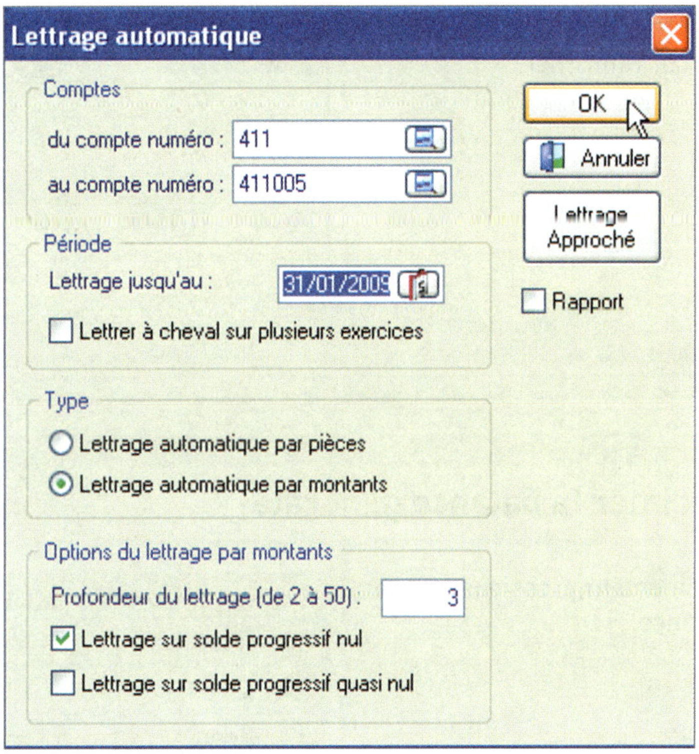

Les comptes ont été lettrés automatiquement.

FICHE 3 Imprimer les comptes de tiers lettrés

Dans le menu Impressions, cliquer sur Grand-Livre.

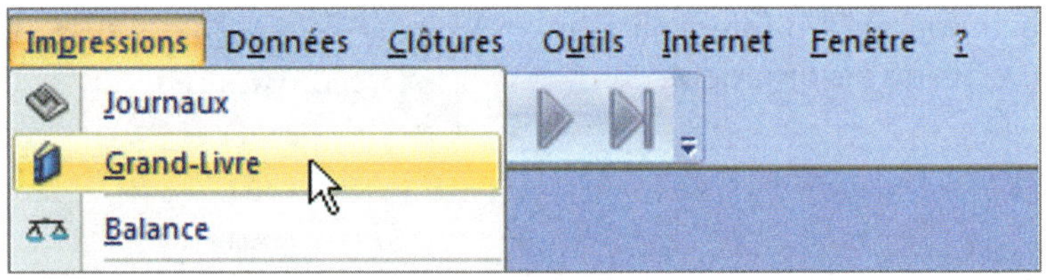

Dans la fenêtre Impression du Grand-Livre, cocher Clients ou Fournisseurs.

Dans la partie Comptes, sélectionner la fourchette des comptes clients ou fournisseurs et sélectionner la période.

Cliquer sur Imprimer.

FICHE 4 Imprimer la balance générale

Dans le menu Impressions, cliquer sur Balance.

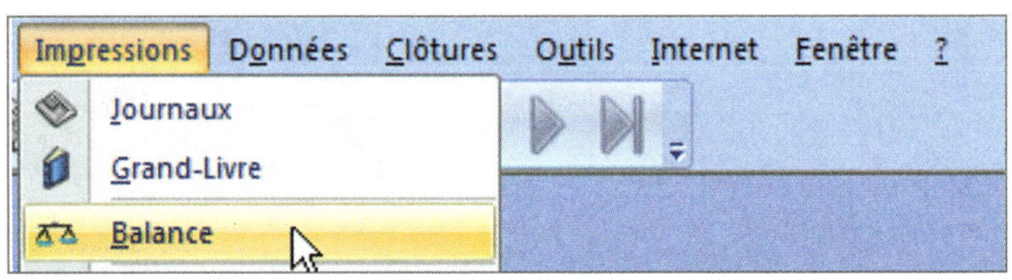

Dans la fenêtre Impression de la Balance, cocher Générale et sélectionner la période.

Cliquer sur Imprimer.

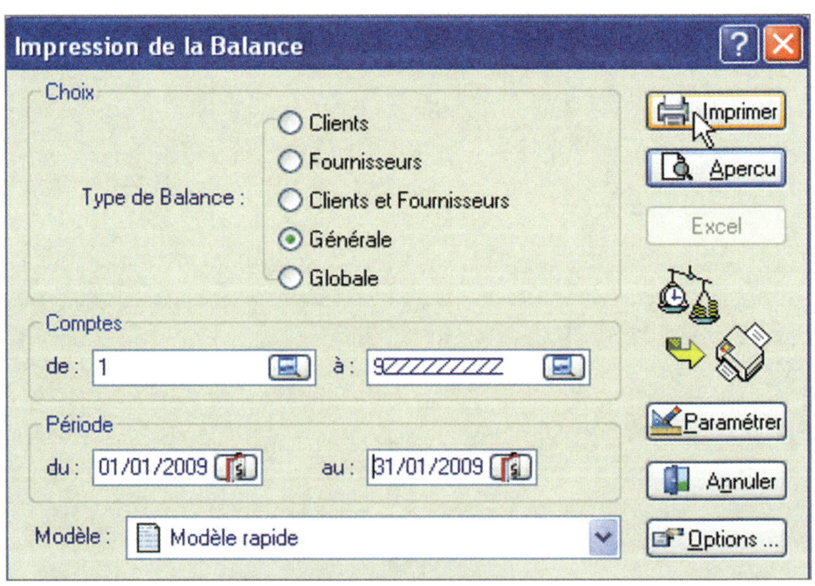

Entraînement

OBJECTIFS

- Créer le dossier et les paramètres de l'entreprise
- Créer les fichiers de base
- Créer les journaux et les comptes
- Saisir la balance d'ouverture
- Saisir les opérations d'achats
- Gérer les ventes et les stocks
- Saisir les règlements
- Gérer les traitements de fin de mois

Situation professionnelle

Vous effectuez votre période de formation au service commercial et au service comptable de la société Igloo.

Votre responsable, M. Pagani, vient d'acquérir un logiciel de gestion commerciale et un logiciel de comptabilité. Il vous confie la création et la gestion du dossier de l'entreprise.

igloo
12 rue des Sources
54000 NANCY
Tél : 03 72 74 76 78
Grossiste en crèmes glacées biologiques

MISSION 1 Créer le dossier de l'entreprise

1. Créez le dossier de l'entreprise en comptabilité et en gestion commerciale (DOCUMENT 1).
2. Saisissez les paramètres de la société en comptabilité et en gestion commerciale (DOCUMENT 1).

MISSION 2 Créer les fichiers de base

1. Créez le fichier des fournisseurs (DOCUMENT 2).
2. Créez le fichier des clients (DOCUMENT 3).
3. Créez le fichier des familles d'articles (DOCUMENT 4).
4. Créez le fichier des articles (DOCUMENT 5).

MISSION 3 Créer les journaux et les comptes

1. Créez les journaux nécessaires (DOCUMENT 6).
2. Créez les comptes spécifiques (DOCUMENT 7).

MISSION 4 Saisir la balance d'ouverture

1. Saisissez la reprise des soldes de la balance d'ouverture dans le brouillard des A-nouveaux au 01/01/N (DOCUMENT 8).
2. Imprimez le brouillard des A-nouveaux.

MISSION 5 Saisir les opérations d'achats

1. Saisissez bordereau des achats et créez, si nécessaire, les comptes en cours de saisie (DOCUMENT 9).
2. Imprimez le brouillard des achats du 01/01/N au 31/01/N.

MISSION 6 Gérer les ventes

1. Créez puis imprimez les bons de livraison, suite aux commandes reçues des clients (DOCUMENT 10).
2. Le 15/01/N, transférez les bons de livraison en factures et imprimez les factures.
3. Créez puis imprimez les avoirs aux clients concernés (DOCUMENT 11).
4. Transférez les pièces de ventes en comptabilité, après les avoir validées.
5. Imprimez le brouillard des ventes importé en comptabilité.

MISSION 7 Gérer les stocks

1. Imprimez l'inventaire des articles au 31/01/N.
2. Imprimez l'état des réapprovisionnements au 31/01/N et passez commande aux fournisseurs concernés afin d'avoir un stock de 20 litres au-dessus du stock minimum.

MISSION 8 Saisir les règlements

1. Saisissez bordereau des règlements (DOCUMENT 12).
2. Imprimez les brouillards correspondants du 01/01/N au 31/01/N.
3. Imprimez les comptes de trésorerie du 01/01/N au 31/01/N.

MISSION 9 Gérer les traitements de fin de mois

1. Préparez et imprimez la déclaration de TVA de janvier N.
2. Générez son écriture et imprimez le brouillard des OD.
3. Lettrez automatiquement les comptes de tiers.
4. Imprimez les comptes de tiers lettrés au 31/01/N.
5. Imprimez la balance générale au 31/01/N.

DOCUMENT 1 Paramètres de la société

IGLOO
SARL au capital de 12 000 €
12 rue des Sources
54000 NANCY

☎ 03 72 74 76 78
03 72 74 70 72

Site Internet : igloo@yahoo.fr

Activité : Grossiste en crèmes glacées biologiques

SIRET : 555 444 333 222 00010

RCS : NANCY B 555 444 333

Code NAF : 2842F

Code NII : TVA intracommunautaire : FR 31 555 444 333

Gérant : M. PAGANI Dimitri
Courriel : pagani.dimitri@yahoo.fr

Banque : Crédit agricole – Agence de NANCY

RIB : 30200 65940 0041082156 45

Comptes fixes : 6 caractères

Exercice comptable : du 01/01/N au 31/12/N

TVA : 5,5 % – Régime du réel normal

Trésor public *(Pour EBP)* :
Centre des impôts – Place Stanislas – 54000 NANCY
Recette : 2345678 – N° dossier : 254564 – Clé : 45 – Code service : 454
Régime statut : RS : Autres sociétés

DOCUMENT 2 Fichier des fournisseurs

Code :	FR001	FR002
Nom :	FRAÎCHEUR ESTIVALE	FABRIQUE AROMA
Adresse :	24 rue des Ormes 54880 THIL	36 rue des Tilleuls 54800 JAMY
Tél. :	03 70 75 80 85	03 72 78 52 58
Fax :	03 75 80 85 90	03 70 76 50 56
Courriel :	Mme SIBERT	M. CHAPY
Remise :	30 %	25 %
N° de Compte :	401010	401011

DOCUMENT 3 Fichier des clients

Code :	CL001	CL002	CL003	CL004
Nom :	BIO MAG	DAME NATURE	VERTE BOUTIQUE	NATURISSIMO
Adresse :	9 rue Lamartine 54120 BACCARAT	4 rue Prévert 54200 TOUL	12 rue Desnos 54910 VALLEROY	18 rue Apollinaire 54400 LONGWY
Tél. :	03 71 72 73 74	03 75 40 41 42	03 76 60 62 64	03 77 79 87 89
Fax :	03 70 71 72 73	03 75 40 43 44	03 76 60 64 66	03 70 75 80 85
Contact :	Mme CRISTAL	M. PLUTIN	Mme DEREY	M. NODOT
Remise :	20 %	15 %	15 %	20 %
N° de Compte :	411010	411011	411012	411013

DOCUMENT 4 Fichier des familles d'articles

Code :	FAM001	FAM002
Libellé :	Arômes Europe	Arômes Monde
TVA :	5,5 %	5,5 %
Coefficient :	3,2	3,6
Fournisseur :	FR001	FR002
N° de Compte Achats	607100	607200
N° de Compte Ventes	707100	707200

DOCUMENT 5 Fichier des articles

Code :	ART001	ART002	ART003	ART004
Libellé :	Noix du Périgord	Marron des Cévennes	Pistache d'Italie	Noisette d'Espagne
Famille :	FAM001	FAM001	FAM001	FAM001
Stock réel	68 litres	82 litres	125 litres	104 litres
Stock mini :	50 litres	50 litres	100 litres	50 litres
Prix d'achat HT :	3,20 €	3,70 €	3,40 €	2,90 €

Code :	ART005	ART006	ART007	ART008
Libellé :	Amande de Grèce	Vanille de Madagascar	Menthe du Maroc	Cannelle de Ceylan
Famille :	FAM001	FAM002	FAM002	FAM002
Stock réel	96 litres	157 litres	73 litres	51 litres
Stock mini :	50 litres	100 litres	50 litres	30 litres
Prix d'achat HT :	3,85 €	2,30 €	2,45 €	4,50 €

Code :	ART009	ART010	ART011	ART012
Libellé :	Anis du Vietnam	Cacao des Caraïbes	Café du Brésil	Gingembre du Japon
Famille :	FAM002	FAM002	FAM002	FAM002
Stock réel	36 litres	186 litres	132 litres	49 litres
Stock mini :	30 litres	100 litres	100 litres	30 litres
Prix d'achat HT :	4,10 €	2,45 €	2,80 €	5,60 €

DOCUMENT 6 Journaux de l'entreprise

Journal des A-nouveaux : code AN
Journal des achats : code AC
Journal des ventes : code VE
Journal de banque : code BQ
Journal de caisse : code CA
Journal des opérations diverses : code OD

DOCUMENT 7 Comptes spécifiques de l'entreprise

205000 Concessions, droits et logiciels
218200 Matériel de transport
218300 Matériel de bureau et informatique
218400 Mobilier
281820 Amortissement matériel de transport
281830 Amortissement matériel de bureau et informatique
281840 Amortissement mobilier
401010 Fournisseur FRAÎCHEUR ESTIVALE
401011 Fournisseur FABRIQUE AROMA
403000 Frs. – Effets à payer
405000 Frs. d'immobilisations – Effets à payer
411010 Client BIO MAG
411011 Client DAME NATURE
411012 Client VERTE BOUTIQUE
411013 Client NATURISSIMO

413000 Clts. – Effets à recevoir
512010 Crédit agricole
531000 Caisse
607100 Achats Arômes Europe
607200 Achats Arômes Monde
707100 Ventes Arômes Europe
707200 Ventes Arômes Monde

DOCUMENT 8 Balance d'ouverture au 01/01/N

Numéro	Intitulé du compte	Solde débiteur	Solde créditeur
101000	Capital		12 000,00
205000	Concessions, droits et logiciels	900,00	
218200	Matériel de transport	6 700,00	
218300	Matériel de bureau et informatique	2 460,00	
218400	Mobilier	1 280,00	
281820	Amortissement matériel de transport		2 920,00
281830	Amortissement matériel de bureau et informatique		1 180,00
281840	Amortissement mobilier		470,00
370000	Stock de marchandises	3 216,00	
401000	Fournisseurs divers		138,20
401010	Fournisseur FRAÎCHEUR ESTIVALE		1 565,50
401011	Fournisseur FABRIQUE AROMA		2 742,60
404000	Fournisseurs d'immobilisations		1 578,40
403000	Fournisseurs – Effets à payer		1 591,30
405000	Frs d'immobilisations – Effets à payer		850,00
411000	Clients divers	192,00	
411010	Client BIO MAG	1 962,70	
411011	Client DAME NATURE	725,20	
411012	Client VERTE BOUTIQUE	1 357,10	
411013	Client NATURISSIMO	396,00	
413000	Clients – Effets à recevoir	1 480,00	
445510	TVA à décaisser		628,00
512010	Crédit agricole	4 362,60	
531000	Caisse	632,40	
	TOTAUX	25 664,00	25 664,00

DOCUMENT 9 Bordereau des achats du 01/01/N au 31/01/N

Bordereau de saisie des achats				Mois : Janvier N	
Jour	**Code journal**	**Libellé des écritures**	**N° de compte**	**Débit**	**Crédit**
05	HA	Facture A001 – MOBIDIX *(Pour EBP : compte TVA N° 445620)*	218400 445624 404000	542,60 106,35	 648,95
09	HA	Facture A002 – LE PAPETIER *(Pour EBP : compte TVA N° 445661)*	606400 445664 401000	96,00 18,82	 114,82
10	HA	Facture A003 – FRAÎCHEUR ESTIVALE *(Pour EBP : compte TVA N° 445661)*	607100 445664 401010	640,00 35,20	 675,20
12	HA	Facture A004 – TELECO *(Pour EBP : compte TVA N° 445661)*	626000 445664 401000	68,00 13,33	 81,33
18	HA	Facture A005 – TOUNETT *(Pour EBP : compte TVA N° 445661)*	615000 445664 401000	125,00 24,50	 149,50
25	HA	Avoir AV01 – FRAÎCHEUR ESTIVALE *(Pour EBP : compte TVA N° 445661)*	401010 607100 445664	168,80	 160,00 8,80
28	HA	Facture A006 – LOCAUTO *(Pour EBP : compte TVA N° 445661)*	613000 445664 401000	205,00 40,18	 245,18
31	HA	Facture A007 – EST ASSURANCES	616000 401000	654,30	 654,30

DOCUMENT 10 Commandes reçues des clients

NOTE

Date : 10/01/N

Je vous remercie de bien vouloir préparer les bons de livraison aux clients suivants :

NATURISSIMO :
- 12 litres de marron des Cévennes
- 30 litres de pistache d'Italie
- 45 litres de vanille de Madagascar
- 64 litres de cacao des Caraïbes

DAME NATURE :
- 16 litres de noix du Périgord
- 24 litres de noisette d'Espagne
- 30 litres de menthe du Maroc

BIO MAG :
- 50 litres de café du Brésil
- 25 litres de cannelle de Ceylan
- 18 litres de gingembre du Japon

Accorder un escompte de 2 %

VERTE BOUTIQUE :
- 80 litres de cacao des Caraïbes
- 16 litres d'amande de Grèce
- 12 litres d'anis du Vietnam
- 45 litres de pistache d'Italie

Accorder un rabais supplémentaire de 5 % sur le cacao

M. Pagani

DOCUMENT 11 Note du 25/01/N

NOTE

Date : 25/01/N

Je vous remercie de bien vouloir préparer les avoirs aux clients suivants :

BIO MAG : retour de 8 litres de café du Brésil endommagés ;

DAME NATURE : rabais accordé de 50,00 € H. T.

M. Pagani

DOCUMENT 12 Bordereau de trésorerie 01/01/N au 31/01/N

Bordereau de saisie de trésorerie				Mois : Janvier N	
Jour	Code journal	Libellé des écritures	N° de compte	Débit	Crédit
06	CA	Pièce de caisse 001 – LA POSTE	626000 531000	22,00	 22,00
10	BQ	Chèque 001 – TRÉSOR PUBLIC	445510 512010	628,00	 628,00
10	BQ	Chèque 208 – DAME NATURE	512010 411011	725,20	 725,20
12	BQ	Virement EDF	401000 512010	187,20	 187,20
16	CA	Pièce de caisse 002 – PRIMAT	401000 531000	138,20	 138,20
17	BQ	Chèque 002 – FABRIQUE AROMA	401011 512010	242,60	 242,60
18	CA	Pièce de caisse 003 – M. REDA	531000 411000	192,00	 192,00
22	OD	Traite 001 – Garage DUPLEIX	404000 405000	1 578,40	 1 578,40
25	BQ	Chèque 514 – NATURISSIMO	512010 411013	396,00	 396,00
26	OD	Traite 002 – FABRIQUE AROMA	401011 403000	2 500,00	 2 500,00
28	OD	Traite 003 – BIO MAG	413000 411010	1 962,70	 1 962,70
30	BQ	Avis de débit – Effets domiciliés	405000 512010	850,00	 850,00
31	BQ	Chèque 632 – VERTE BOUTIQUE	512010 665000 411012	153,96 3,14	 157,10
31	OD	Traite 004 – VERTE BOUTIQUE	413000 411012	1 200,00	 1 200,00

Créer le dossier de l'entreprise

OBJECTIFS

- Créer le dossier la société
- Mettre à jour les caisses
- Mettre à jour les cotisations
- Mettre à jour le plafond de la Sécurité sociale et le SMIC
- Mettre à jour un profil

Situation professionnelle

Vous effectuez votre période de formation au service du personnel de l'entreprise Clim'Bastide.

L'entreprise vient d'acquérir un logiciel de paye et Mme Fougert, votre responsable, vous charge de gérer l'informatisation de la paie de la société.

clim'BASTIDE
ZAC Maladière
21200 BEAUNE

MISSION 1 Créer l'entreprise

Créez le dossier de l'entreprise Clim'Bastide à l'aide de sa fiche d'identité **(DOCUMENT 1)**.

DOCUMENT 1 Fiche d'identité

Clim'Bastide

Activité : Installation de climatisation

Adresse : ZAC Maladière – 21200 BEAUNE

Téléphone : 03 80 34 23 42 Fax : 03 80 34 23 40

E-mail : clim-bastide@orange.fr

Forme juridique : SARL au capital de 12 000 €

SIRET : 345 876 912 00012

Code NAF : 4322B

Convention collective : 1412 Convention collective nationale des entreprises d'installation sans fabrication, y compris entretien, réparation, dépannage de matériel aéraulique, thermique, frigorifique

Exercice comptable : du 1er janvier au 31 décembre

Effectifs : 5 personnes

Banque : Banque populaire Bourgogne Franche-Comté

2 place Carnot – 21200 BEAUNE

Code Banque : 13567 Code guichet : 00673

N° compte : 06453988521

Code comptable : 51210000 BPBFC

1er mois de paye : janvier N

Fiche 1
Créer le dossier de la société (sous Ciel ou EBP Paye)

MISSION 2 Mettre à jour les informations concernant les organismes sociaux

Mettez à jour les coordonnées des organismes sociaux (DOCUMENT 2).

DOCUMENT 2 Organismes sociaux partenaires de Clim'Bastide

Organisme	Adresse	Compte Part salariale/Part patronale (Tiers)	Compte Charge patronale (Charge)
URSSAF	8 bd Clemenceau 21000 Dijon	431000	645100
Pôle emploi	ZAC porte de Beaune 7 bis rue Buffon 21200 Beaune	437400	645400
ARRCO	21 av. Foch 21000 Dijon	437310	645310
AGIRC	21 av. Foch 21000 Dijon	437320	645320

Fiche 2
Mettre à jour les caisses (sous Ciel ou EBP Paye)

MISSION 3 Mettre à jour les taux, le plafond de la Sécurité sociale et le SMIC

Mme Fougert vous a laissé une note. Suivez ses instructions (DOCUMENT 3).

DOCUMENT 3 Instructions de Mme Fougert

Merci de vérifier que les informations suivantes sont bien à jour :
- taux de cotisation patronale AGS : 0,40 % ;
- plafond de la Sécurité sociale : 2 885 € ;
- SMIC au 1er janvier : 8,86 €.

Ne tenir compte que des cotisations codifiées C suivi de 3 chiffres.

Fiche 3
Mettre à jour les cotisations

Fiche 4
Mettre à jour le plafond de la Sécurité sociale et le SMIC

MISSION 4 Mettre à jour les profils

Mettez à jour le profil Commercial, qui cotise selon le régime des cadres (DOCUMENT 4).
Vérifiez les profils cadres et non cadres.

DOCUMENT 4 Cotisations ou rubriques à modifier dans les profils

Pour le logiciel CIEL :
Liste des cotisations retraite à ajouter dans le profil du commercial :
- retraite cadre TA et TB, AGFF TA et TB, CET, APEC, prévoyance cadre.

Liste des cotisations retraite à supprimer dans le profil du commercial :
- Retraite non-cadre TA et TB, AGFF non cadre TA et TB.

Insérer la rubrique Heures d'absence dans les profils cadre et non-cadre.

Pour le logiciel EBP :
Ajouter la rubrique GPCA « Prime sur le chiffre d'affaires ».

Fiche 5
Mettre à jour un profil (sous Ciel ou EBP Paye)

FICHE 1

Créer le dossier de la société

Dans le menu Dossier, cliquer sur Nouveau…

Dans la fenêtre Création d'un dossier, saisir le nom de la société puis cliquer sur OK.

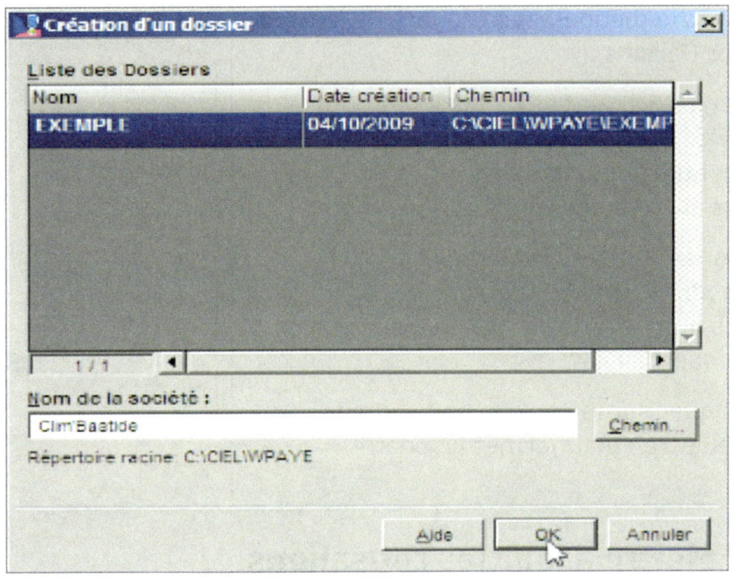

Dans la fenêtre Top Départ, choisir le Mode simplifié et décocher Récupération des informations de référencement, puis cliquer sur Suivant.

Dans la fenêtre Coordonnées du dossier, renseigner les champs puis cliquer sur Suivant.

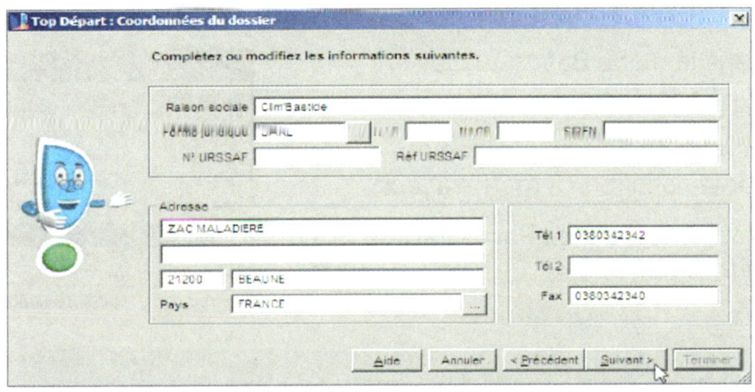

Dans la fenêtre Paramètre du dossier, sélectionner le 1er mois de l'exercice de paye.

Accepter toutes les informations proposées par défaut par le logiciel pour les fenêtres suivantes.

Dans la fenêtre Liste de contrôle, décocher Je désire faire un tour rapide du logiciel puis cliquer sur Terminer.

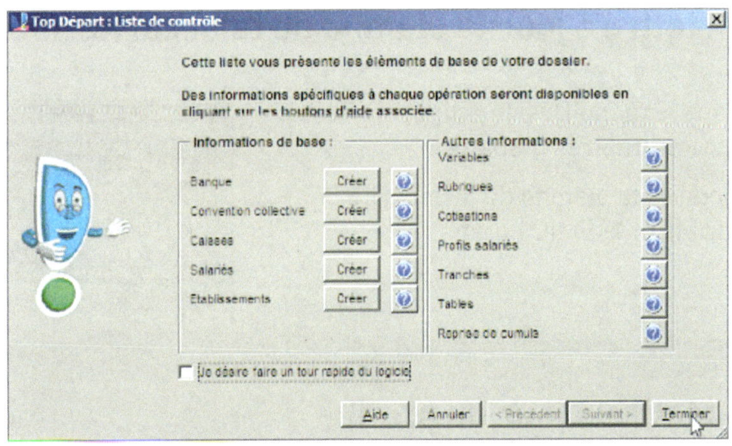

Dans la fenêtre Top bulletin, cliquer sur Annuler.

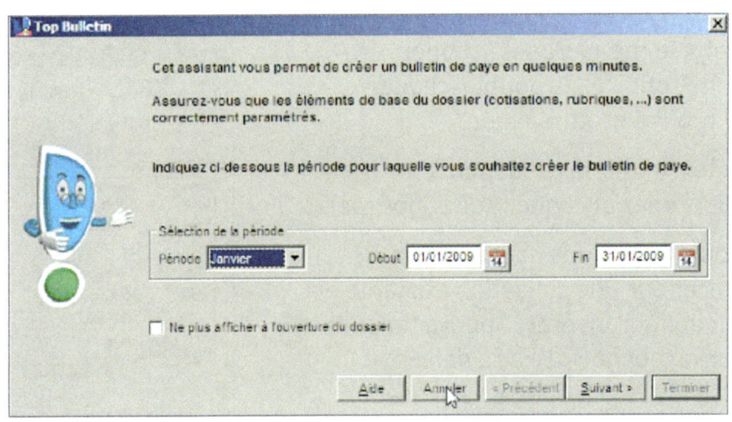

FICHE 2 Mettre à jour les caisses

Dans le menu Bases cliquer sur Caisses...

Double-cliquer devant la ligne URSSAF puis, dans l'onglet Identification, modifier les coordonnées de la caisse.

Dans l'onglet Complément, modifier, éventuellement, les numéros de comptes puis cliquer sur OK.

Cliquer sur la croix en haut à droite de l'écran pour fermer la fenêtre.

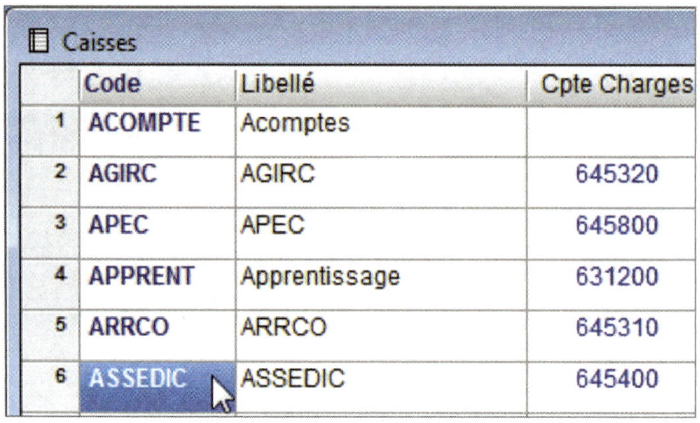

FICHE 3 Mettre à jour les cotisations

Dans le menu Bases cliquer sur Cotisations...

Double-cliquer, si nécessaire, sur la cotisation à mettre à jour.

Modifier les zones Part salariale et Part patronale.

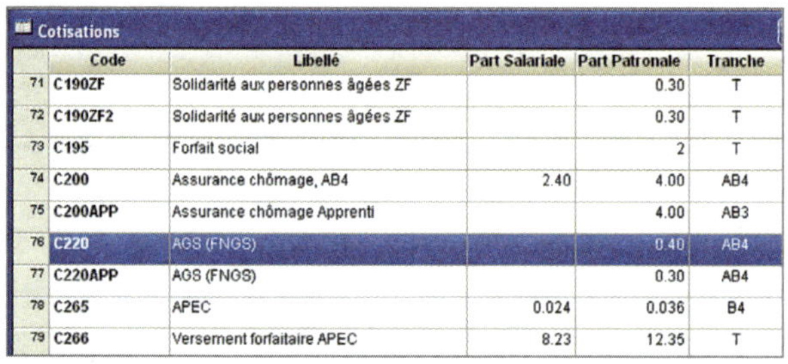

FICHE 4 Mettre à jour le plafond de la Sécurité sociale et le SMIC

Dans le menu Dossier cliquer sur Paramètres globaux...

Modifier le plafond de la Sécurité sociale et le SMIC horaire.

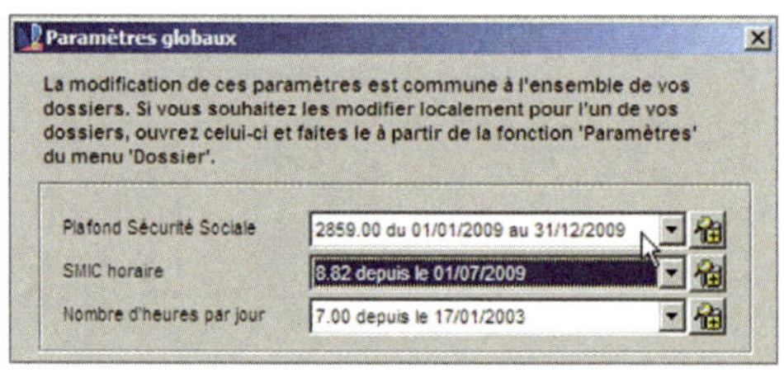

FICHE 5 Mettre à jour un profil

Dans le menu Bases, cliquer sur Profil... Puis double-cliquer le profil à mettre à jour.

Sélectionner la cotisation à supprimer et cliquer sur Supprimer.

Pour ajouter une cotisation, se placer sur une cotisation existante et cliquer sur Insérer. Appuyer ensuite sur la touche [...]. Faire défiler la liste jusqu'à obtenir la cotisation choisie puis la double-cliquer.

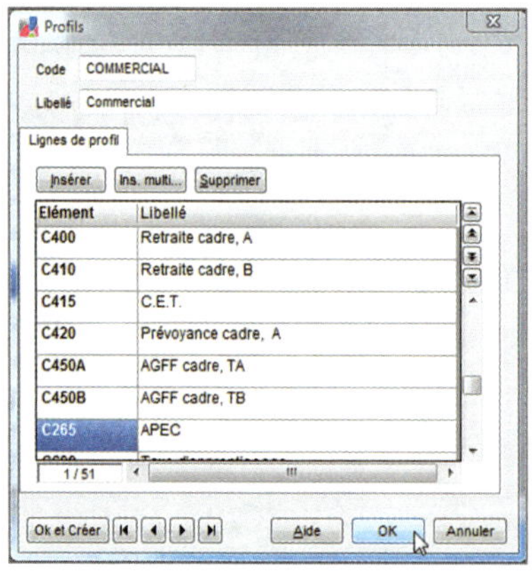

FICHE 1 Créer le dossier de la société

Après ouverture du logiciel, cliquer sur **Créer un nouveau dossier**. Suivre ensuite les instructions de l'assistant en cliquant sur **Suivant** à chaque étape.

Dans la boîte de dialogue **Nom et emplacement**, saisir la raison sociale.

Dans la boîte de dialogue **Identification**, saisir les informations légales.

Dans la boîte de dialogue **Adresse**, saisir les coordonnées de l'entreprise.

Dans la boîte de dialogue **Responsable**, saisir éventuellement le nom et les coordonnées du référent.

Dans la boîte de dialogue **Paramétrage du dossier**, choisir **Standard**.

Dans la boîte de dialogue **Exercice courant**, saisir le mois de la première paye.

Dans la boîte de dialogue **Informations**, rechercher la convention collective par son numéro.

Dans la boîte de dialogue **Congés payés**, cliquer sur **6 jours ouvrables par semaine**.

Dans la boîte de dialogue **Banque**, saisir les coordonnées de la banque de l'entreprise.

Cliquer sur **Terminer**.

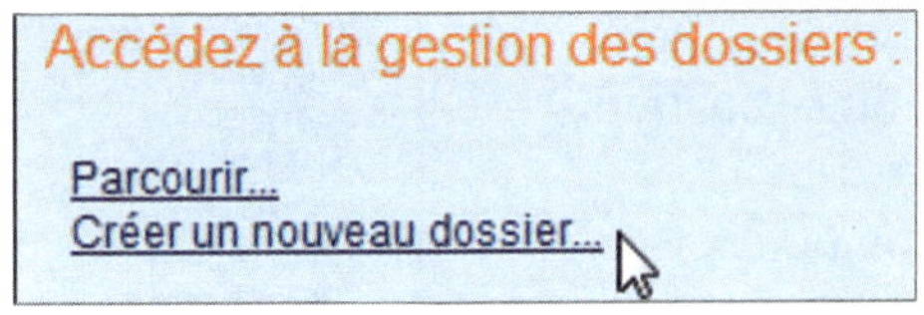

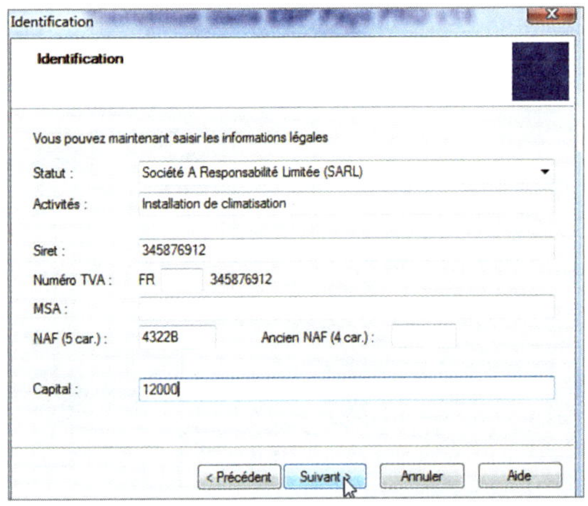

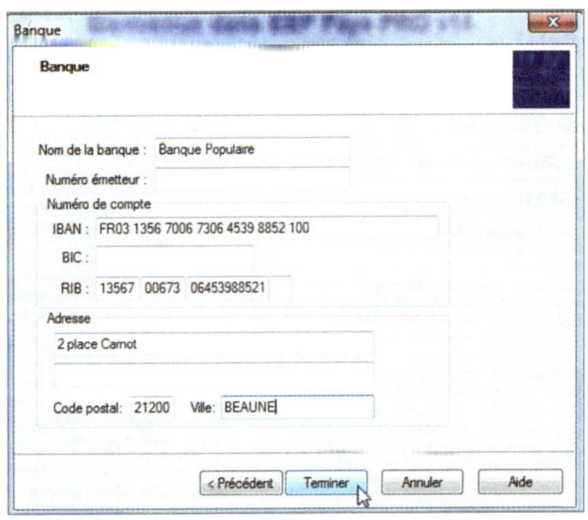

FICHE 2 Mettre à jour les caisses

Dans le menu de gauche, développer le dossier **Organismes** puis double-cliquer sur la caisse concernée.

Renseigner les différents champs de la fiche.

Appliquer la même procédure pour les autres caisses.

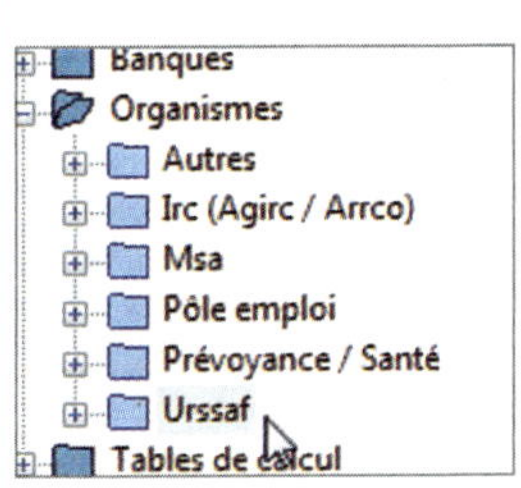

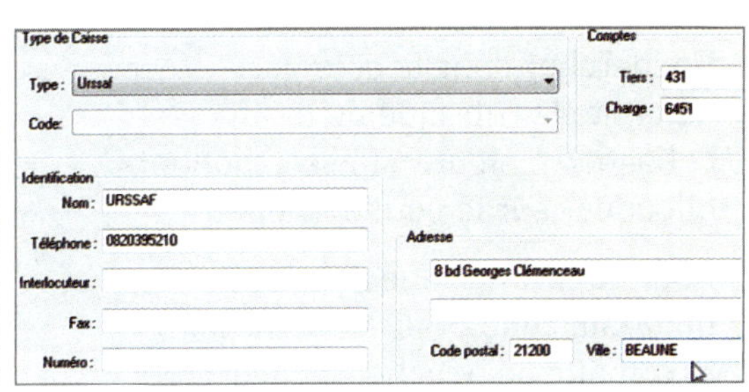

FICHE 3 Mettre à jour les cotisations

Dans le menu de gauche, développer **Rubriques de cotisation** puis cliquer sur le nom de l'organisme concerné puis cliquer sur la cotisation.

Modifier les zones **Tx sa =** et **Tx pat =**.

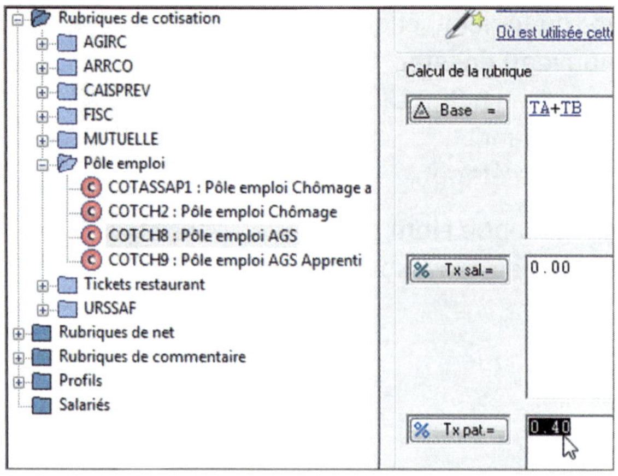

FICHE 4 Mettre à jour le plafond de la Sécurité sociale et le SMIC

Dans le menu de gauche, développer le dossier **Variables**, cliquer sur **Constantes** puis sur **PLAFASS : Plafond Tr A**.

Modifier, si nécessaire, le plafond de la Sécurité sociale.

Cliquer sur **SMIC** et le modifier si nécessaire.

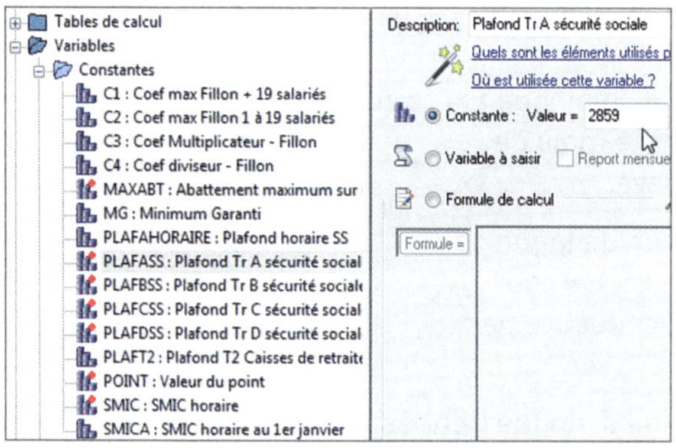

FICHE 5 Mettre à jour un profil

Dans le menu de gauche, développer le dossier **Profils** puis cliquer sur **Cadre** deux fois.

Rechercher dans la colonne de droite la rubrique ou la cotisation à ajouter, la sélectionner et cliquer sur le bouton **Ajouter**.

Pour supprimer une rubrique dans un profil, cliquer sur celle-ci dans la colonne de gauche. Cliquer sur le bouton **Retirer**.

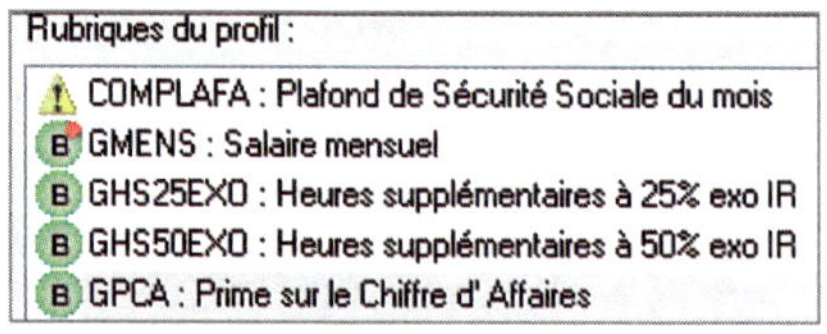

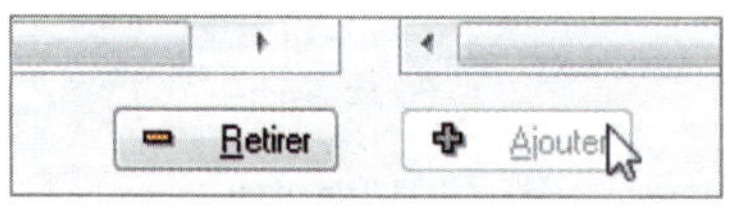

Créer les salariés

OBJECTIFS

- Créer une fiche Salarié

Situation professionnelle

Vous effectuez votre période de formation au service du personnel de l'entreprise Clim'Bastide.

Mme Fougert souhaite que vous renseigniez le fichier des salariés sur le logiciel de paye.

Les payes sont réglées par virement le 28.

clim'BASTIDE
ZAC Maladière
21200 BEAUNE

MISSION Créer le fichier des salariés

Votre responsable vous fournit la fiche de chacun des salariés de Clim'Bastide (DOCUMENT 1). Créez le fichier des salariés dans le logiciel de paye à partir des renseignements y figurant.

DOCUMENT 1 Fichier du personnel

Matricule : 0001
Nom du salarié : BALLANGER Cyril
Nom de jeune fille :
Né(e) le 15/02/1965 à Toulouse (31000)
N° sécurité sociale : 1650231555369
Nationalité : française
Situation familiale : marié, 3 enfants
Adresse : 10 av. Charles Gaffelin – 21200 Beaune
Emploi occupé : directeur général
Statut : cadre
Date d'entrée : 01/07/N-5
Type de contrat : CDI
Banque : Crédit mutuel
RIB : 36002 01259 00891268221
Salaire de base pour 151,67 heures : 3 510 €

Matricule : 0002
Nom du salarié : VILQUIN Pierre
Nom de jeune fille :
Né(e) le 03/12/1970 à Dijon (21000)
N° sécurité sociale : 1701221231687
Nationalité : française
Situation familiale : marié, 2 enfants
Adresse : 3, route de Challanges – 21200 Beaune
Emploi occupé : technicien
Statut : non-cadre ou mensuel 35
Date d'entrée : 01/07/N-5
Type de contrat : CDI
Banque : Crédit agricole
RIB : 01584 00025 00564525221
Salaire de base pour 151,67 heures : 2 770 €

Fiche 1
Créer une fiche Salarié (sous Ciel ou EBP Paye)

DOCUMENT 1 Fichier du personnel (suite)

Matricule : 0003 **Nom du salarié :** MASSARA Édith
Nom de jeune fille : BEUNOL
Né(e) le 18/04/1974 à Chalon s/Saône (71100) **N° sécurité sociale :** 2740471076211
Nationalité : française **Situation familiale :** marié, 1 enfant
Adresse : 101 av. Charles de Gaulle – 21200 Beaune
Emploi occupé : comptable **Statut :** cadre
Date d'entrée : 01/02/N-3 **Type de contrat :** CDI
Banque : BNP Paribas **RIB :** 25400 05420 00061268221
Salaire de base pour 151,67 heures : 3 000 €

Matricule : 0004 **Nom du salarié :** PALAVANT Bernard
Nom de jeune fille :
Né(e) le 25/09/1978 à Paris (75000) **N° sécurité sociale :** 1780975109369
Nationalité : française **Situation familiale :** divorcé, 2 enfants
Adresse : 35 rue du Colombier – 21200 Vignoles
Emploi occupé : commercial **Statut :** commercial ou cadre
Date d'entrée : 01/09/N-3 **Type de contrat :** CDI
Banque : Crédit agricole **RIB :** 36002 01259 00891447968
Salaire de base pour 151,67 heures : 1 300 €

Matricule : 0005 **Nom du salarié :** LOUISON Thomas
Nom de jeune fille :
Né(e) le 14/10/1980 à Dijon (21000) **N° sécurité sociale :** 1801021231091
Nationalité : française **Situation familiale :** célibataire
Adresse : 40 rue Eulalie Flon – 21420 Savigny-Les-Beaune
Emploi occupé : technicien **Statut :** non-cadre ou mensuel 35
Date d'entrée : 01/10/N-1 **Type de contrat :** CDI
Banque : CIC Lyonnaise de banque **RIB :** 63421 0058 00359855477
Salaire de base pour 151,67 heures : 1 725 €

FICHE 1

Créer une fiche Salarié

Dans le menu Bases, cliquer sur Salariés. Faites un clic droit dans la fenêtre Salariés puis cliquer sur Créer.

Saisir les coordonnées du salarié puis cliquer sur l'onglet Affectation.

Pour créer un emploi, cliquer sur ... de la zone Emploi. Cliquer ensuite sur Créer et saisir l'intitulé de l'emploi. Valider en cliquant sur OK deux fois.
Ne pas oublier de sélectionner le profil, la date de début et la date d'entrée.

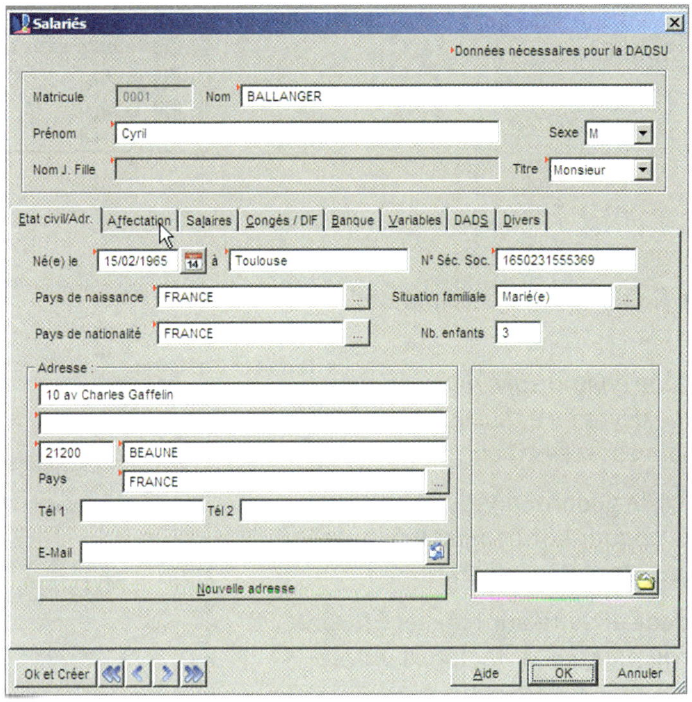

Cliquer sur l'onglet Banque
Saisir les informations puis cliquer sur OK.

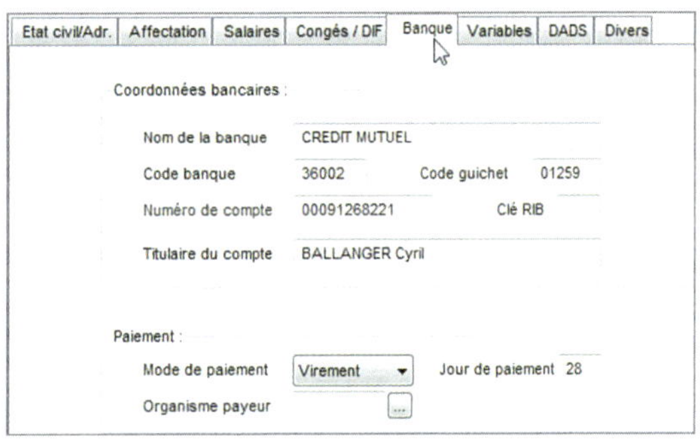

La fiche du salarié est créée

On va pouvoir maintenant saisir le salaire.
Double-cliquer sur le numéro du salarié.

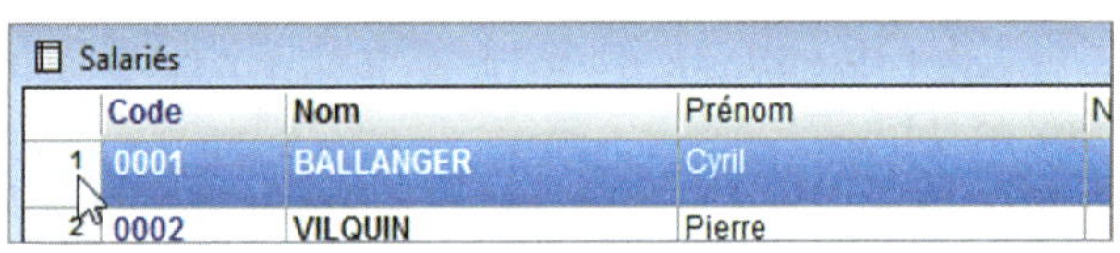

Cliquer sur l'onglet Variables. Faire défiler les différentes variables jusqu'à obtenir les variables SALBASE et HMOIS. Saisir les informations correspondantes.

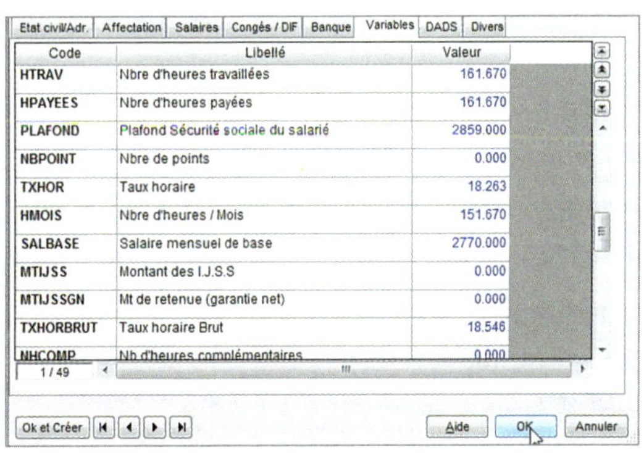

Cliquer sur OK.

Cliquer sur l'onglet Salaire.

Créer, éventuellement, la convention collective de l'entreprise.
Procéder de la même façon que pour l'emploi.

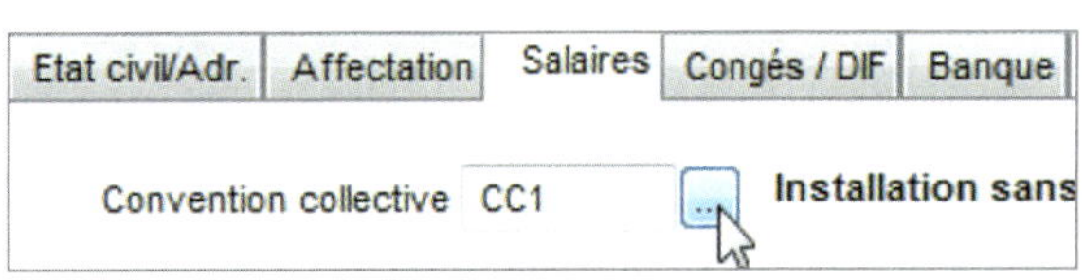

FICHE 1 Créer une fiche Salarié

Dans le menu de gauche, cliquer sur Salariés.

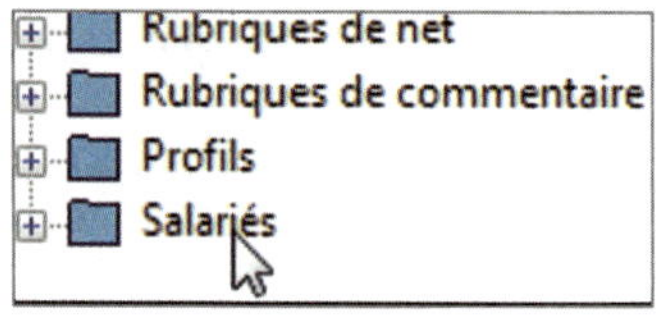

Une Fiche salarié, à compléter, s'ouvre.

Chaque champ suivi d'un astérisque rouge devra être renseigné, sinon la sauvegarde ne pourra se faire.

Saisir les coordonnées du salarié. Puis cliquer sur l'onglet Info paye pour compléter la fiche.

Cliquer ensuite sur l'onglet Entrée/Sortie pour saisir la date d'entrée dans l'entreprise.

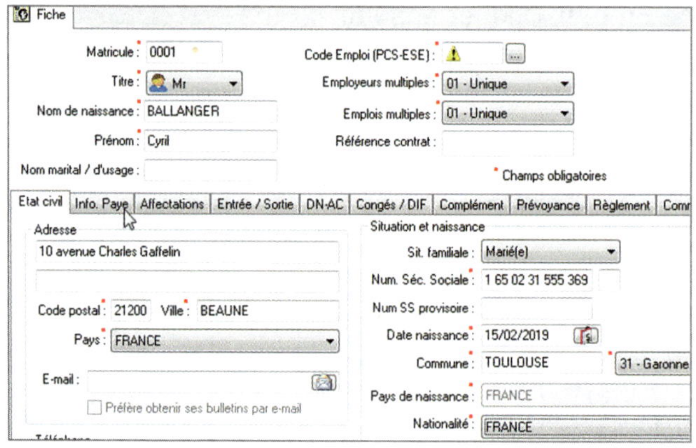

Cliquer dans l'onglet Affectations puis cliquer sur Caisses, puis sur Modifier. Selon le statut du salarié, il faut cliquer sur ARRCO ou/et AGRIC puis sur OK.

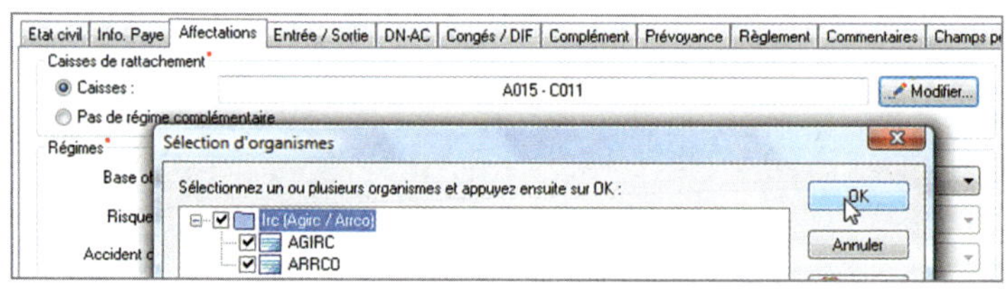

Cliquer sur l'onglet Règlement, saisir les informations.

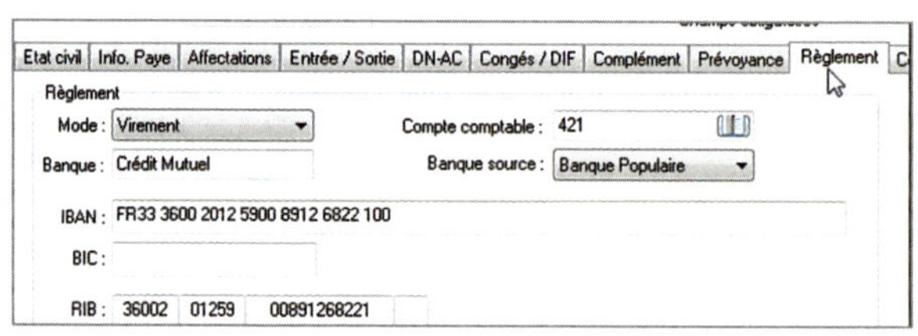

Dans la barre du menu, cliquer sur Fiche puis sur Enregistrer.

Pour créer une nouvelle fiche cliquer sur Nouvelle ou utiliser la touche de fonction F7.

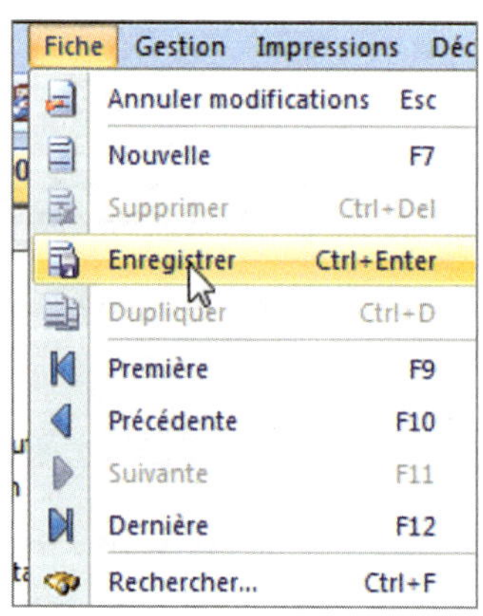

Saisir les variables de la paie

OBJECTIFS

- Mettre à jour une prime
- Créer les bulletins
- Saisir les variables de la paie
- Saisir les congés payés

Situation professionnelle
Vous effectuez votre période de formation au service du personnel de l'entreprise Clim'Bastide.
Mme Fougert vous charge de préparer la paie pour le mois de janvier de l'année N.

clim'BASTIDE
ZAC Maladière
21200 BEAUNE

MISSION 1 Mettre à jour une prime d'ancienneté

Mettez à jour la prime d'ancienneté à partir des informations fournies par votre responsable (DOCUMENT 1).

DOCUMENT 1 Mail de Mme Fougert

Cc :
Objet : Prime d'ancienneté

Voici le barème de la prime d'ancienneté au 27/01/N.
Celle-ci est appliquée tous les mois et se calcule sur le salaire de base.

De 0 à 3 ans	Taux 0 %
De 3 ans à 6 ans	Taux 2 %
De 6 ans à 9 ans	Taux 3 %
De 9 ans à 13 ans	Taux 4 %
De 13 ans à 18 ans	Taux 4,5 %
Au-delà de 18 ans	Taux 5 %

C. Fougert

Fiche 1
Mettre à jour une prime (sous Ciel ou EBP Paye)

MISSION 2 Créer les bulletins de paie

Votre responsable a laissé une nouvelle note sur votre bureau, suivez ses instructions (DOCUMENT 2).

DOCUMENT 2 Note du 27/01

Merci de créer les bulletins de paie des salariés

C. Fougert

Fiche 2
Créer les bulletins (sous Ciel ou EBP Paye)

MISSION 3 Saisir les variables de la paie

1. Renseignez les heures supplémentaires **(DOCUMENT 3)**.
2. Saisissez le chiffre d'affaires **(DOCUMENT 4)**.
3. Renseignez les heures d'absence et les congés payés **(DOCUMENT 5)**.

DOCUMENT 3 Courriel reçu le 27/01/N

Cc :
Objet : Relevé des heures sup

Voici le relevé des heures supplémentaires, rémunérées à 125 %, effectuées par les salariés :
Louison Thomas : 12 heures
Vilquin Pierre : 10 heures

Monsieur Ballanger s'est absenté 1 journée non rémunérée.

C. Fougert

Fiche 3
Saisir les variables de la paie (sous Ciel ou EBP Paye)

DOCUMENT 4 Chiffre d'affaires réalisé au 27/01/N

Monsieur Palavant a réalisé un chiffre d'affaires HT de 35 250 € pour le mois de janvier. Le barème de la prime sur le chiffre d'affaires est celui proposé par le logiciel de paie.

Fiche 3
Saisir les variables de la paie (sous Ciel ou EBP Paye)

DOCUMENT 5 Relevé des congés payés au 27/01/N

Pour mémoire :
Mme Massara a pris 3 jours de congés payés au cours du mois de janvier.

Fiche 4
Saisir les congés payés (sous Ciel ou EBP Paye)

FICHE 1 Mettre à jour une prime

Dans le menu Bases, cliquer sur Tables... puis double-cliquer sur le numéro de la ligne TPRIMAN.

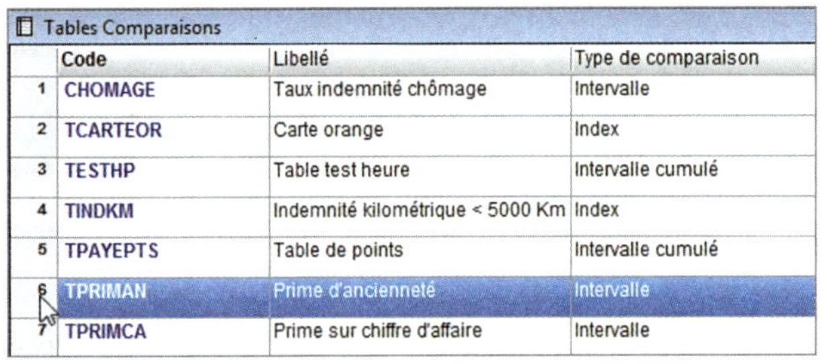

Double-cliquer sur Borne inférieure pour modifier le nombre d'années, puis faire de même sur Borne supérieure.
Double-cliquer sur la valeur de la ligne pour saisir le taux de la prime.

Pour la dernière tranche, saisir une borne supérieure de 99.

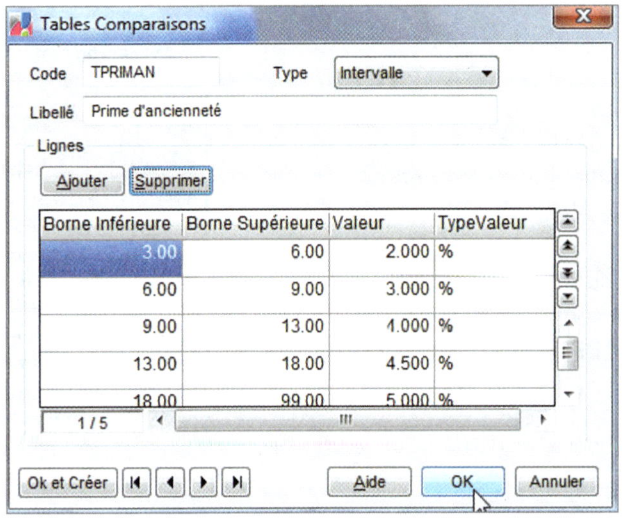

Pour supprimer une ligne, la sélectionner puis cliquer sur le bouton Supprimer. Cliquer sur Oui dans la fenêtre suivante.

Pour quitter, cliquer sur OK.
Fermer toutes les fenêtres.

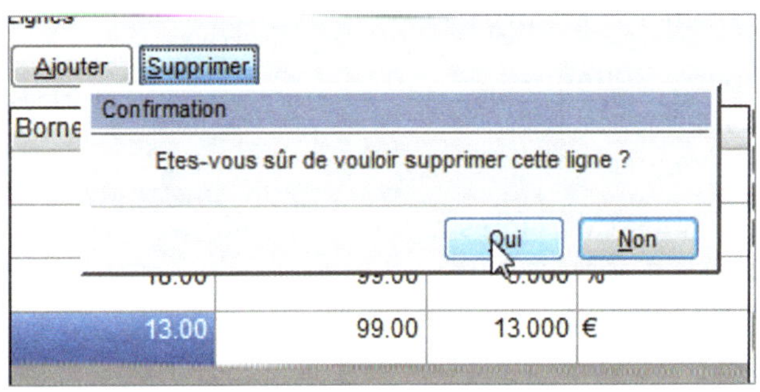

FICHE 2 Créer les bulletins

Dans le menu Gestion des bulletins, cliquer sur Bulletins de paie...

Dans la fenêtre, cliquer droit puis sur Créer.
Modifier le mois de paye.
Les dates se mettent à jour automatiquement.
Sélectionner, si nécessaire, Profil salarié.

Cliquer sur Tout marquer.
Un rectangle rouge apparaît sur chaque ligne, dans la première colonne.

Cliquer sur OK.

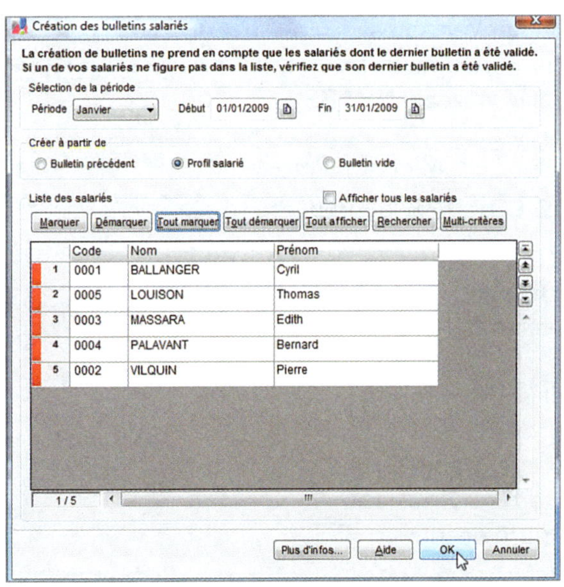

FICHE 3 Saisir les variables de la paie

Saisir les heures supplémentaires

Dans le menu Gestion des bulletins, cliquer sur Bulletins de paie...
Double-cliquer sur le numéro du salarié concerné.

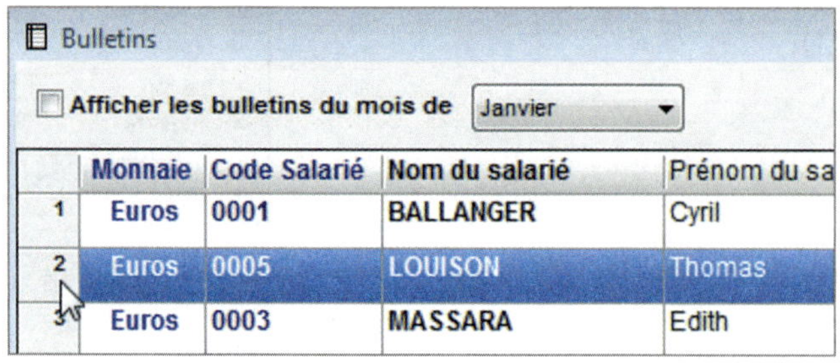

Cliquer sur l'onglet Variables puis faire défiler la liste des variables jusqu'à obtenir la variable NHSUP125E.
Saisir le nombre d'heures à 125 % dans la colonne valeur.
Faire de même avec la variable NHSUP150E dans le cas d'heures supplémentaires à 150 %.

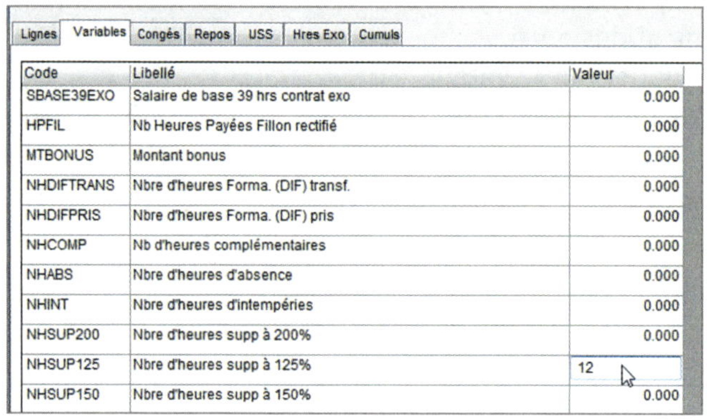

Saisir le chiffre d'affaires

Dans la fenêtre Bulletins, double-cliquer sur le numéro du salarié concerné.

Cliquer sur l'onglet Variables puis saisir le chiffre d'affaires dans la variable MCAREALI.

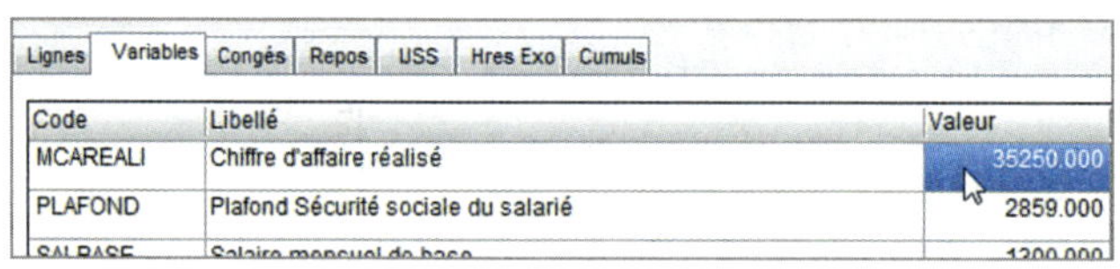

Saisir une absence

Dans la fenêtre Bulletins, double-cliquer sur le numéro du salarié concerné.

Cliquer sur l'onglet Variables puis saisir le nombre d'heures d'absence dans la variable NHABS.

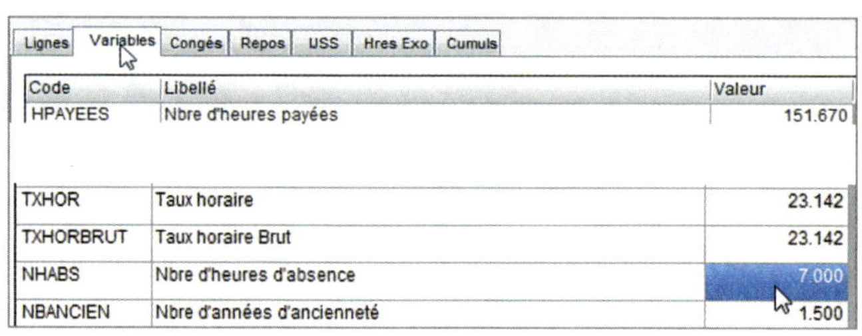

FICHE 4 Saisir les congés payés

Dans le menu Gestion des bulletins, cliquer sur Bulletins de paie...
Double-cliquer sur le numéro du salarié concerné.
Cliquer sur l'onglet Congés et saisir dans la zone Pris dans le mois, le nombre de jours de congés payés.

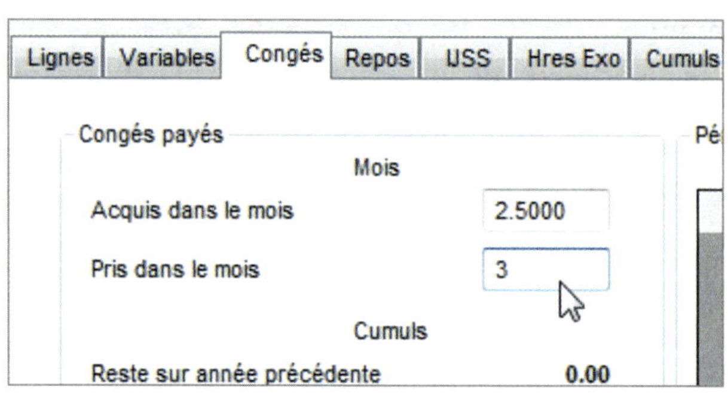

FICHE 1

Mettre à jour une prime

Dans le menu Édition, cliquer sur Tables de calcul puis cliquer sur ANCIEN : Ancienneté.

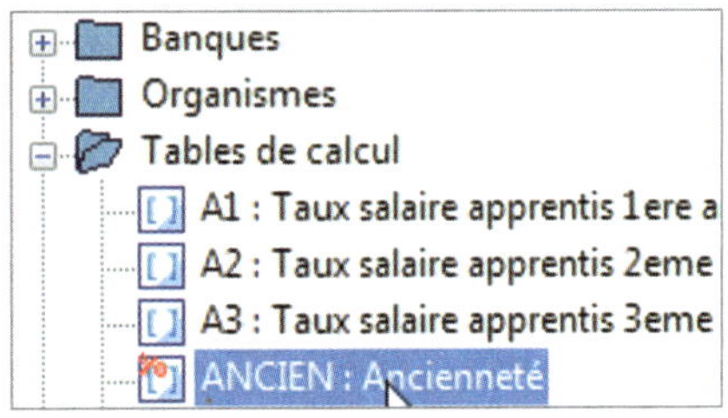

Cliquer sur la ligne à mettre à jour puis cliquer sur Modifier.

Dans la fenêtre, saisir les éléments à modifier, cliquer sur OK.

Répéter la procédure pour les lignes suivantes.

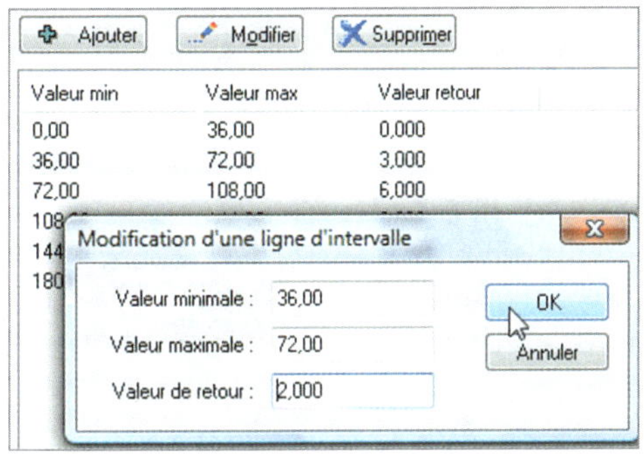

FICHE 2

Créer les bulletins

Dans le menu de gauche, cliquer sur Salariés, puis sur la fiche du salarié concerné.
Dans la partie droite, cliquer sur l'onglet Bulletins.
Vérifier le mois de la paye, puis cliquer sur le menu déroulant de la zone Profils et sélectionner le profil adéquat.

Toutes les lignes du bulletin apparaissent.

FICHE 3

Saisir les variables de la paie

Saisir les heures supplémentaires

Dans le bulletin, double-cliquer dans la colonne Nombre ou Base, sur la ligne des heures supplémentaires à 25 %.

Dans la fenêtre, saisir le nombre d'heures dans la variable HEUSU25EXO puis cliquer sur OK.

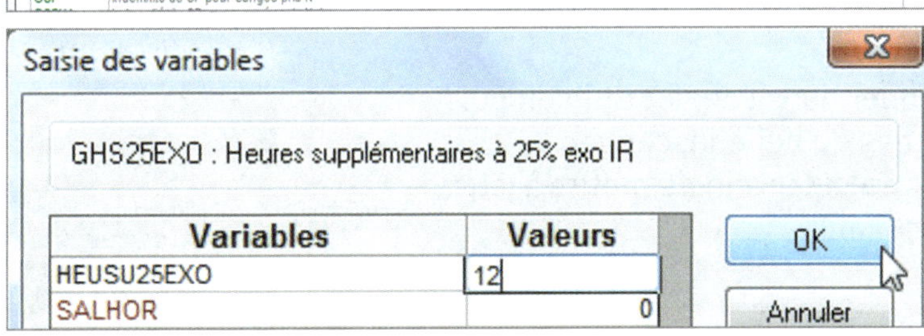

FICHE 3 Saisir les variables de la paie (suite)

Saisir une absence non rémunérée

Sélectionner le salarié puis cliquer, dans la partie droite de l'écran, sur l'onglet Bulletin.
Dans le bas du bulletin, cliquer sur +.

Dans la nouvelle fenêtre, développer Rubriques de salaire brut puis Retenue et cliquer sur la variable RABS. Cliquer sur OK. La variable apparaît dans les lignes du bulletin.

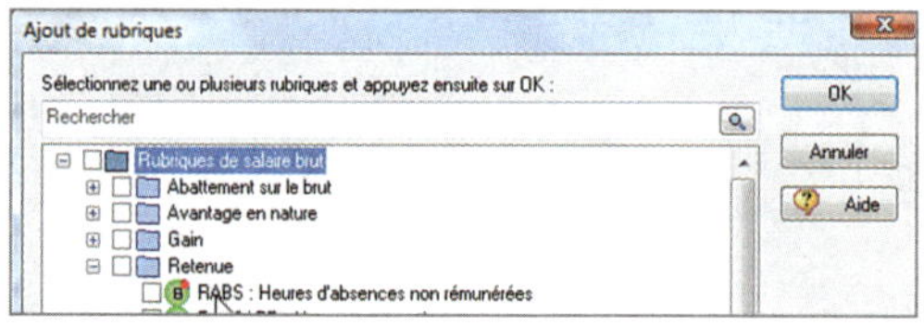

Double-cliquer dans la colonne Nombre ou Base, sur la ligne RABS. Dans la fenêtre, saisir le nombre d'heures d'absence dans la variable HEUABS puis cliquer sur OK.

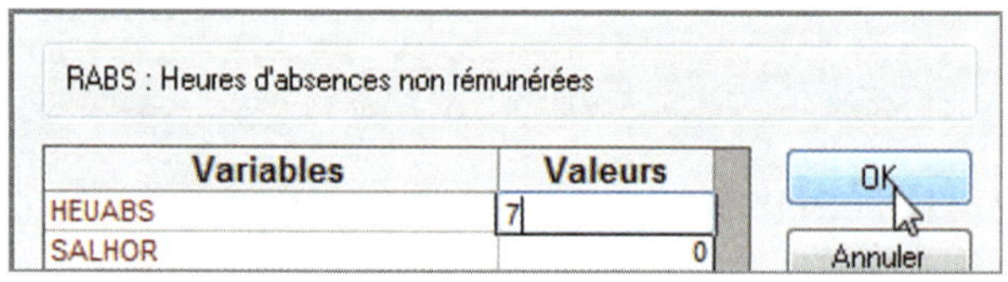

Saisir le chiffre d'affaires

Dans le bulletin, double-cliquer dans la colonne Nombre ou Base, sur la ligne de la prime sur le chiffre d'affaires.

Dans la fenêtre, saisir le montant du chiffre d'affaires dans la variable CHIFFRE puis cliquer sur OK.

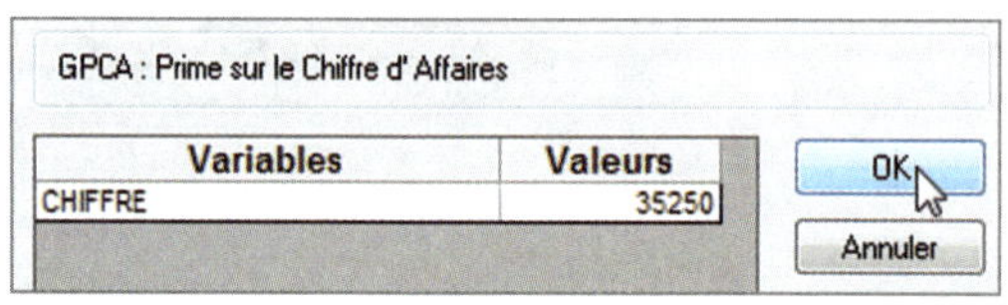

FICHE 4 Saisir les congés payés

Sélectionner le salarié puis cliquer, dans la partie droite de l'écran, sur l'onglet Congés/Heures.

Dans la zone Type de saisie, choisir Congés payés.
Saisir dans la zone CP pris période le nombre de jours de congés payés.

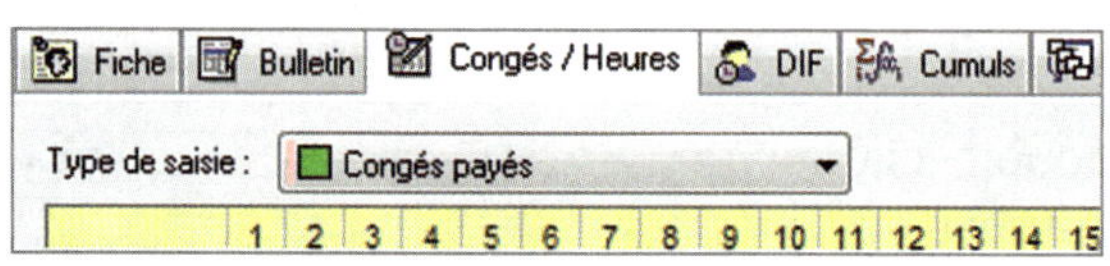

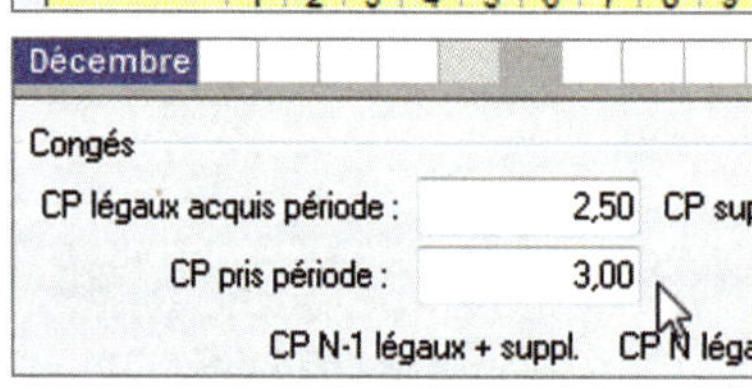

Cliquer dans l'onglet Bulletin puis en bas du bulletin, cliquer sur Calculer afin de mettre à jour le bulletin.

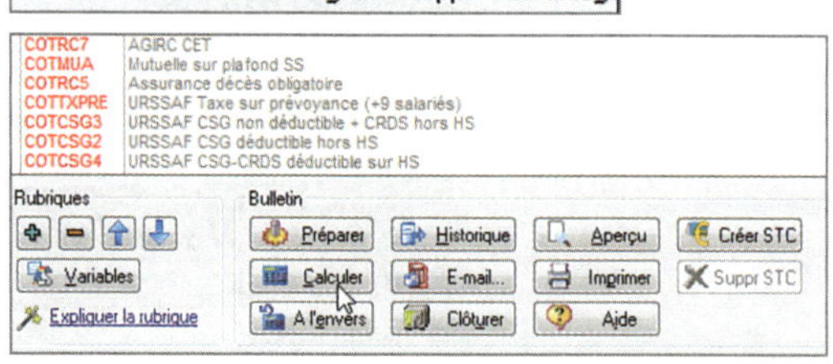

Imprimer des documents de paie, passer et transférer des écritures

OBJECTIFS

- Imprimer un bulletin
- Imprimer une fiche Salarié
- Imprimer le livre de paie
- Imprimer les déclarations sociales
- Exporter les écritures de paie

Situation professionnelle

Vous effectuez votre période de formation au service du personnel de l'entreprise Clim'Bastide.

Vous venez de terminer la paie pour le mois de janvier N. Il vous reste les travaux d'impression et les écritures comptables.

clim'BASTIDE
ZAC Maladière
21200 BEAUNE

MISSION 1 Imprimer les bulletins de paie

Imprimez les documents demandés (DOCUMENT 1).

DOCUMENT 1 Instruction de Mme Fougert au 28/01/N

Objet : Imprimer bulletins de paie

Pouvez-vous imprimer les bulletins de paie des salariés Palavant et Louison pour le mois de janvier ?

Merci
C. Fougert

Fiche 1
Imprimer un bulletin (sous Ciel ou EBP Paye)

MISSION 2 Imprimer la fiche Salarié et le livre de paie

Imprimez les documents demandés (DOCUMENT 2).

DOCUMENT 2 Note de Mme Fougert du 28/01/N

NOTE

Date : 28/01/N

Imprimez la fiche des salariés Ballanger et Vilquin.

Imprimez le livre de paie

Fiche 2
Imprimer une fiche Salarié (sous Ciel ou EBP Paye)

Fiche 3
Imprimer le livre de paie (sous Ciel ou EBP Paye)

MISSION 3 Imprimer la DUCS

Imprimez les documents demandés (DOCUMENT 3).

DOCUMENT 3 Préparation de la DUCS

NOTE

Date : 28/01/N

Malgré l'effectif de l'entreprise inférieur à 10 salariés, les déclarations URSSAF et Pôle emploi sont établies tous les mois. Faire le travail nécessaire.

Fiche 4
Imprimer les déclarations sociales (sous Ciel ou EBP Paye)

MISSION 4 Transférer les écritures de paie

1. Créez la société sur le logiciel de comptabilité.
2. Exportez les écritures de paie dans le logiciel de comptabilité (DOCUMENT 4).

DOCUMENT 4 Comptabilisation de la paie

NOTE

Date : 28/01/N

Les comptes pour l'écriture de paie sont les suivants :
6451000 cotisations sécurité sociale, 645400 Cotisations chômage, 645310 cotisations retraites ARRCO, 645320 cotisations retraite AGIRC, 431000 URSSAF, 437400 ASSEDIC, 437310 ARRCO et 437320 AGIRC.

Fiche 5
Exporter les écritures de paie (sous Ciel ou EBP Paye)

MISSION 5 Passer les écritures de règlement

Comptabilisez les règlements des salaires dans le logiciel de comptabilité (DOCUMENT 5).

DOCUMENT 5 Comptabilisation du règlement des paies

NOTE

Date : 28/01/N

Les salaires doivent être comptabilisés dans le logiciel de comptabilité. Il ne vous reste plus qu'à passer l'écriture de règlement des salaires en date du 28/01.

FICHE 1 Imprimer un bulletin

Avant l'impression des bulletins, il faut vérifier que ceux-ci soient calculés et validés.

Dans le menu Gestion des bulletins, cliquer sur Bulletins... Sélectionner l'ensemble des bulletins puis clic-droit, choisir Calculer.

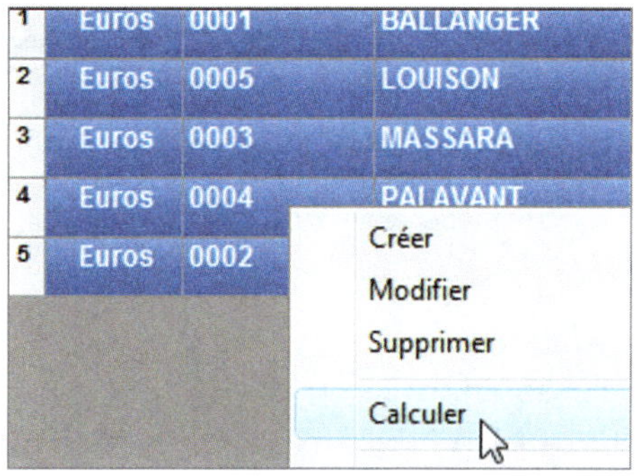

Refaire la même manipulation, clic-droit puis choisir Valider. Cliquer sur Oui pour confirmer la validation.

Dans la fenêtre Bulletins, sélectionner le bulletin à imprimer. Puis, dans la barre d'outils, cliquer sur la flèche de Aperçu et choisir le modèle Papier blanc EUR-FRF-RTT.

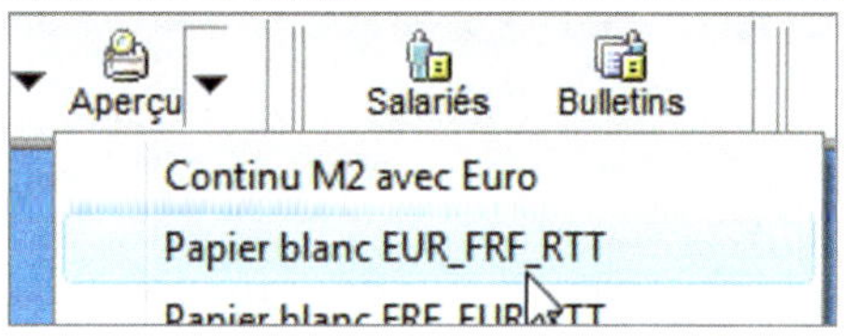

Le bulletin s'affiche à l'écran. Cliquer droit et choisir Imprimer.

FICHE 2 Imprimer une fiche Salarié

Dans la barre d'outils, cliquer sur Salariés... Sélectionner le salarié concerné, puis cliquer sur la flèche de l'icône Aperçu. Choisir Fiche salarié.

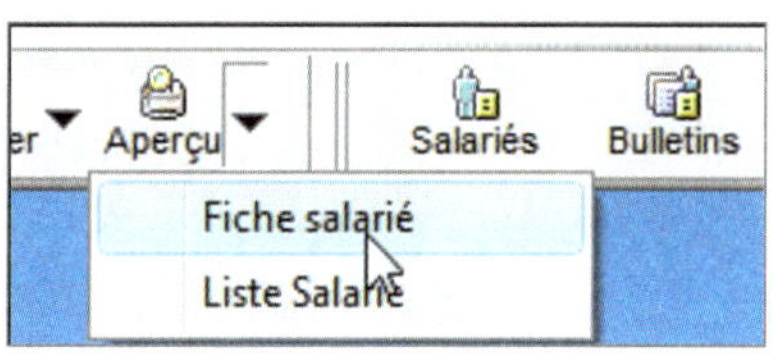

La fiche s'affiche à l'écran. Faire un clic droit et choisir Imprimer.

FICHE 3 Imprimer le livre de paie

Dans la barre du menu, cliquer sur État puis cliquer sur Livre de paie.
Dans la fenêtre Livre de paie, indiquer la période de paie et cliquer sur l'icône Aperçu.
Le livre de paie s'affiche à l'écran.
Faire un clic droit et choisir Imprimer.

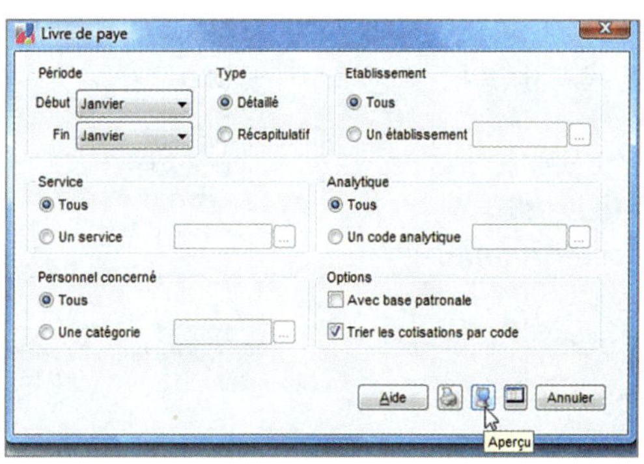

FICHE 4

Imprimer les déclarations sociales

Dans la barre du menu, cliquer sur **État** puis pointer **DUCS** puis cliquer sur **État préparatoire**.

Sélectionner la période. Dans la zone **Caisses**, cocher **Une liste de caisses** puis cliquer dessus. Dans la nouvelle fenêtre, sélectionner la ou les caisses en les marquant puis cliquer sur **OK**.

Cliquer sur **Aperçu** puis faire un clic droit et cliquer sur **Imprimer**.

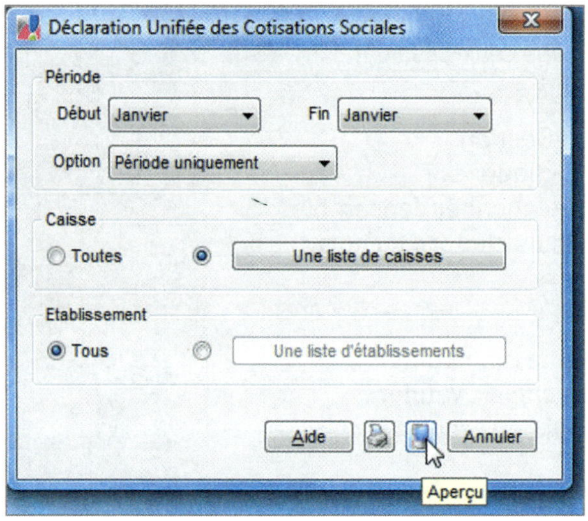

FICHE 5

Exporter les écritures de paie

Avant de procéder à l'exportation des écritures de paie, il faut créer la société sur le logiciel Ciel comptabilité.

Dans la barre du menu, cliquer sur **Traitement** puis sur **Journal comptable**.

Faire un clic droit dans la nouvelle fenêtre puis cliquer sur **Générer les écritures comptables**. Sélectionner la période de paie, la date de l'écriture. Décocher **Écritures de paiement**.

Cliquer sur **OK**.
Dans la fenêtre **Génération terminée**, cliquer à nouveau sur **OK**.

Dans la fenêtre suivante, cliquer droit et choisir **Transférer vers Ciel compta...**

Sélectionner la société créée sur le logiciel de comptabilité puis cliquer sur **OK** deux fois de suite.

Ouvrir la société sur le logiciel de comptabilité.
Une fenêtre signalant *Des écritures en attente ont été détectées. Voulez-vous les importer ?* apparaît. Cliquer sur **Oui**.
Une fenêtre signale que l'importation a réussi. Cliquer sur **Fermer**.

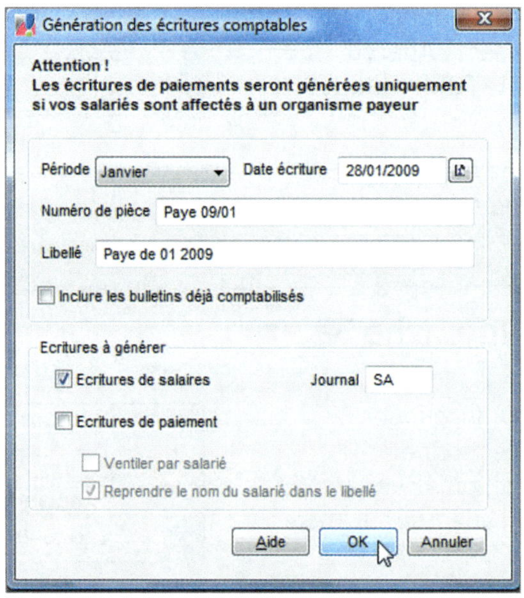

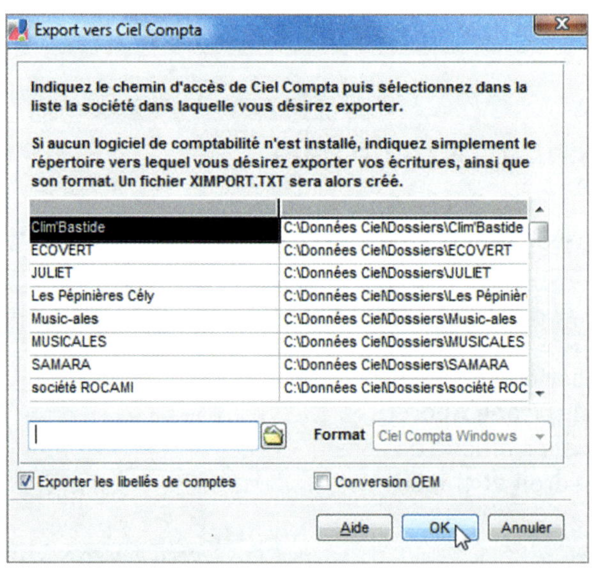

FICHE 1 Imprimer un bulletin

Dans le menu Impression, cliquer sur Bulletins.

Sélectionner les salariés dans les zones Du salarié : et Jusqu'au salarié :.
Choisir le type du bulletin dans la zone Modèle.
Cliquer sur Aperçu pour contrôler le résultat. Puis faire un clic droit pour choisir Imprimer.

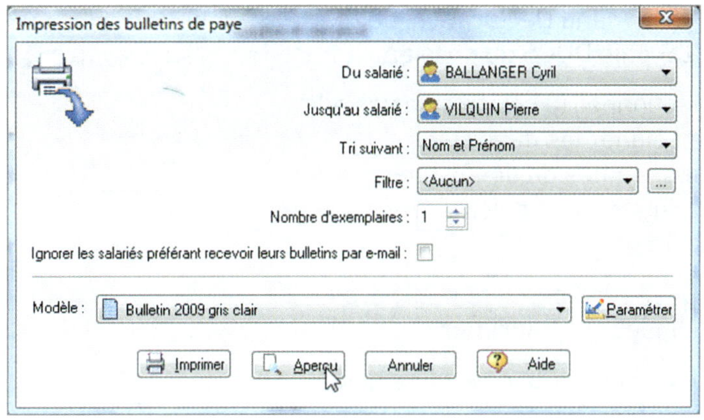

FICHE 2 Imprimer une fiche Salarié

Dans le menu Impression, pointer Salariés puis cliquer sur Fiche...

Sélectionner les salariés dans les zones Du salarié : et Jusqu'au salarié :.
Choisir le type de fiche dans la zone Modèle.
Cliquer sur Aperçu pour contrôler le résultat. Puis faire un clic droit pour choisir Imprimer.

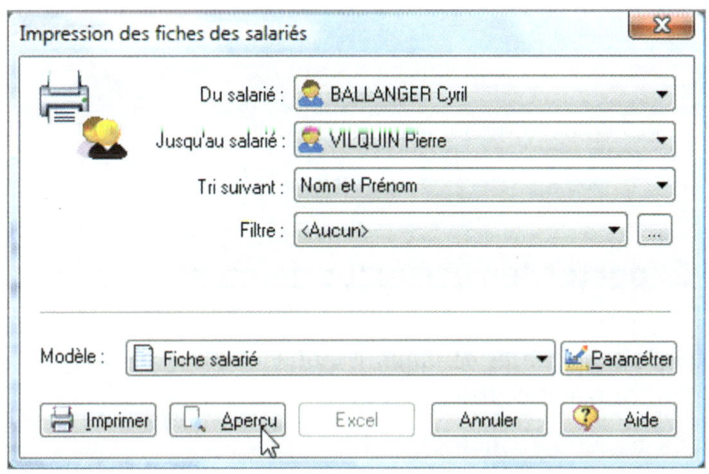

FICHE 3 Imprimer le livre de paie

Dans le menu Impression, pointer Livre de paie périodique puis cliquer sur Livre de paie du dossier.

Sélectionner les salariés dans les zones Du salarié : et Jusqu'au salarié :.
Choisir le type de livre dans la zone Modèle.
Cliquer sur Aperçu pour contrôler le résultat.

Le document se présente sur plusieurs pages. Pour visualiser ces pages, il faut cliquer sur les flèches dans la barre du menu. Puis faire un clic droit pour choisir Imprimer.

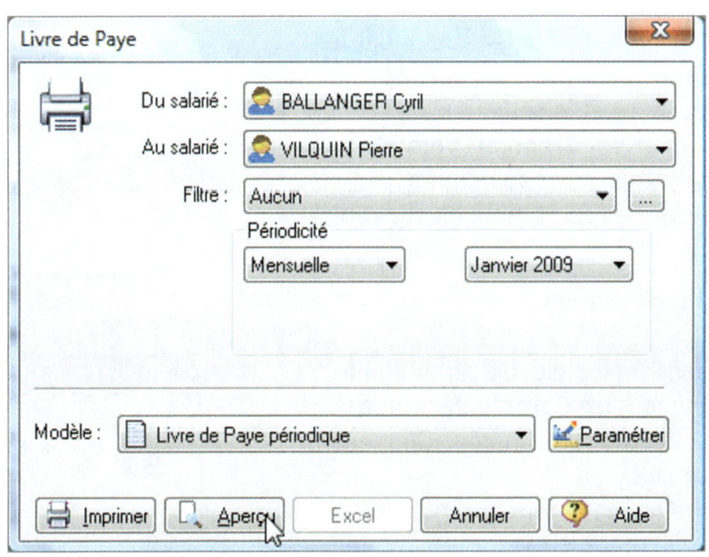

FICHE 4 Imprimer les déclarations sociales

Dans le menu **Déclaration**, pointer **DUCS** puis **DUCS du dossier**.

Sélectionner la caisse et la période. Renseigner les différentes dates (limites du dépôt, limite de règlement et paiement des salaires).

Cliquer sur **Aperçu** puis clic droit et cliquer sur **Imprimer**.

Recommencer la procédure pour les autres caisses.

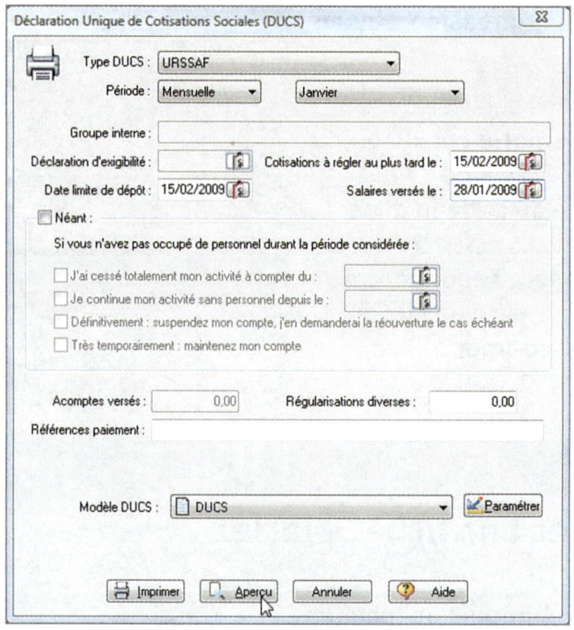

FICHE 5 Exporter les écritures de paie

Avant d'exporter les écritures, il faut clôturer le mois de paie.

Dans le menu **Gestion**, cliquer sur **Clôture le mois...**, puis cliquer sur **Oui**.

Dans le menu **Gestion**, pointer **Transfert en comptabilité** puis sur **EBP comptabilité**.

Dans la nouvelle fenêtre, indiquer le mois de la paie, la date de l'écriture et le code journal. Cliquer sur **Transfert vers EBP comptabilité** et sélectionner le dossier comptable en cliquant sur [...].

Cliquer sur **OK**.

Ouvrir le logiciel de comptabilité. Une fenêtre **Compta** demande d'effectuer le transfert. Cliquer sur **Oui**.
Une nouvelle fenêtre **Transfert au format EBP** apparaît. Cliquer sur **OK**. Cliquer sur **Oui** aux deux fenêtres suivantes.

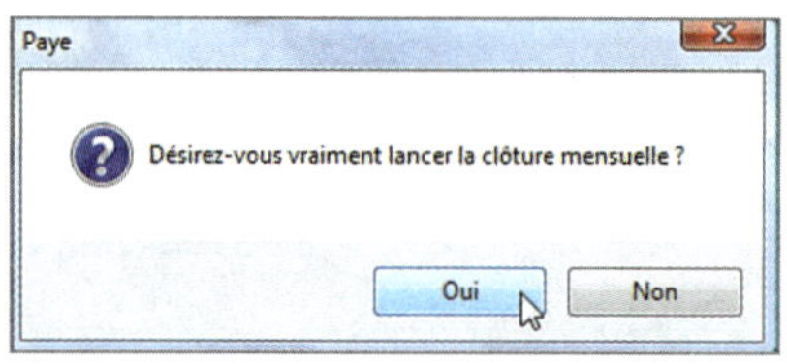

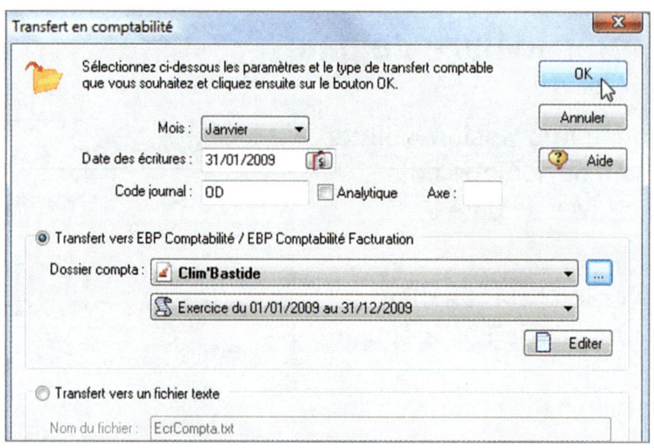

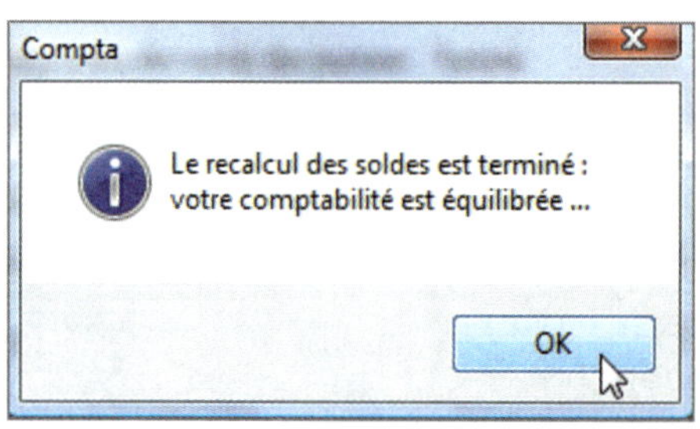

Entraînement

OBJECTIFS

- Créer l'entreprise
- Créer les salariés
- Établir la paie
- Exporter l'écriture de paye

Situation professionnelle

Vous effectuez votre période de formation dans le cabinet comptable Fiducom. Celui-ci est chargé de la tenue de la paie de l'entreprise Décoflor. Votre tuteur profite de votre présence pour vous confier la paie du mois de juin.

décoflor

Plantes et Fleurs

5 rue des Canettes
77170 Brie-Comte-Robert

MISSION 1 Créer l'entreprise

1. Créez la société (DOCUMENT 1).
2. Contrôlez et mettez à jour les paramètres de la paie (DOCUMENT 2).
3. Modifiez le barème de la prime d'ancienneté (DOCUMENT 3).
4. Insérez la prime d'ancienneté dans les profils cadre et non-cadre.

MISSION 2 Créer les fiches salariés

1. Créez les salariés (DOCUMENT 4).
2. Imprimez la fiche du salarié Founillon.

MISSION 3 Établir la paie

1. Saisissez les variables de la paie du mois (DOCUMENTS 5 ET 6).
2. Établissez les bulletins de paie. Imprimez les bulletins de Fontaine et Dujardin.

MISSION 4 Établir les déclarations sociales

1. Imprimez le livre de paie pour le mois de juin.
2. Imprimez la DUCS pour l'URSSAF et le Pôle emploi.

MISSION 5 Exporter les écritures de paie

1. Créez la société sur le logiciel de comptabilité (DOCUMENT 1).
2. Mettez à jour le plan de comptes de la société (DOCUMENT 2).
3. Exportez les écritures vers le logiciel de comptabilité.
4. Passez l'écriture relative à l'acompte versé le 12 juin.
5. Passez l'écriture de paiement des salaires.
6. Contrôlez votre travail.

Ciel Paye 2010

DOCUMENT 1 Fiche d'identité de la société

Raison sociale :	DÉCOFLOR
Activité :	Vente de plantes et de fleurs
Convention collective :	Convention collective nationale des fleuristes
Forme juridique :	SARL
Capital :	10 000 €
Effectif au 01/01/N :	4
Date de création :	01/03/N-2
Adresse :	5 rue des Canettes – 77170 Brie-Comte-Robert
N° téléphone :	01 64 24 43 51
N° SIREN : Code NAF :	355 962 062 4776Z
Banque : Code banque – Code guichet : N° compte :	Crédit agricole – avenue Victor Hugo 77170 Brie-Comte-Robert 18450 – 00110 20845832000
1er mois de paye :	1er juin

DOCUMENT 2 Paramètres de paie

Horaire légal : 35 heures par semaine (du mardi au samedi et dimanche matin)
Un salarié intervenant le dimanche matin ne travaille pas le mardi matin. Un roulement est établi le dimanche matin.
Plafond de la Sécurité sociale au 1er janvier N : 2 885 €
Taux accident du travail : 2,25 %
Cotisation AGS (FNGS) : 0,40 %

Extrait du plan de comptes :

645100 Cotisations à l'URSSAF
645400 Cotisations aux ASSEDIC
431000 URSSAF
437320 AGIRC
437800 Autres organismes sociaux
645300 Cotisations aux caisses de retraite
645800 Cotisations aux autres organismes
437310 ARRCO
437400 ASSEDIC

DOCUMENT 3 Mise à jour du barème de la prime d'ancienneté

Les tranches de la prime d'ancienneté sont augmentées de 0,5 %, à savoir :

Ancienneté	Taux
De 3 ans à 4 ans	3,5%
De 4 ans à 5 ans	4,5%
De 5 ans à 6 ans	5,5%
De 6 ans à 7 ans	6,5%
De 7 ans à 8 ans	7,5%
De 8 ans à 9 ans	8,5%
De 9 ans à 10 ans	9,5%
De 10 ans à 15 ans	10,5%
Au-delà de 15 ans	15,5%

DOCUMENT 4 Fiches des salariés

N° matricule	S001		
Nom	FONTAINE	**Prénom**	Pierre
Nom de jeune fille			
Date de naissance	10/05/1965	**Lieu de naissance**	Paris 15e
N° sécurité sociale	1650575115202	**Situation familiale**	marié, 2 enfants
Adresse	2 allée des Châtaigniers – 77170 Brie-Comte-Robert		
Téléphone	01 64 22 55 44	**Courriel**	pfontaine@orange.fr
Date d'entrée	01/03/N-4	**Emploi**	responsable magasin
Salaire de base	3 200 €	**Statut – Contrat**	cadre – CDI
Banque	Crédit agricole – 77170 Brie-Comte-Robert	**Code banque**	18450
Code guichet	00110	**N° compte**	12548769000

N° matricule	S002		
Nom	DUJARDIN	**Prénom**	Sophie
Nom de jeune fille	GALLOIS		
Date de naissance	22/07/1970	**Lieu de naissance**	Grenoble
N° sécurité sociale	2700738185102	**Situation familiale**	mariée, 1 enfant
Adresse	36 rue Pasteur – 77170 Brie-Comte-Robert		
Téléphone	01 64 32 55 88	**Courriel**	sdujardin@free.fr
Date d'entrée	01/03/N-4	**Emploi**	employée
Salaire de base	1 900 €	**Statut – Contrat**	non-cadre – CDI
Banque	BNP Paribas – 77170 Brie-Comte-Robert	**Code banque**	14963
Code guichet	02550	**N° compte**	00568721545

N° matricule	S003		
Nom	FOURNILLON	**Prénom**	Nicolas
Nom de jeune fille			
Date de naissance	02/08/1988	**Lieu de naissance**	Versailles
N° sécurité sociale	1880878646325	**Situation familiale**	marié, sans enfant
Adresse	47 rue des Bois – 77170 Servon		
Téléphone	01 64 05 22 33	**Courriel**	nfournillon@hotmail.fr
Date d'entrée	15/09/N-2	**Emploi**	employé
Salaire de base	1 785 €	**Statut – Contrat**	non-cadre – CDI
Banque	LCL – 77170 Brie-Comte-Robert	**Code banque**	10669
Code guichet	00125	**N° compte**	00142366589

DOCUMENT 4 Fiches des salariés (suite)

N° matricule	S004		
Nom	LUGARDEN	**Prénom**	Claire
Nom de jeune fille	LUGARDEN		
Date de naissance	29/01/1988	**Lieu de naissance**	Lille
N° sécurité sociale	1880159350119	**Situation familiale**	célibataire
Adresse	28 rue de Verdun – 77170 Brie-Comte-Robert		
Téléphone	01 64 05 99 77	**Courriel**	
Date d'entrée	01/12/N-1	**Emploi**	employée
Salaire de base	1 380 €	**Statut – Contrat**	non-cadre – CDI
Banque	Crédit du Nord – 77170 Brie-Comte-Robert	**Code banque**	21550
Code guichet	32887	**N° compte**	00095872801

DOCUMENT 5 Variables de la paie du mois de juin

Relevé d'heures supplémentaires pour le mois de juin

Salariés	Nombre d'heures à 125 %	Nombre d'heures à 150 %
Dujardin	12	2
Lugarden	4	

Absences :
Le salarié Fournillon a été absent 2 jours pour convenances personnelles.
Le salarié Lugarden a pris 4 jours ouvrables de congés payés.

Autres informations :
Un acompte de 250 € a été versé à Dujardin le 12 juin.
Une prime exceptionnelle de 110 € est versée aux salariés non-cadres.
Le salarié Dujardin a déposé une note de frais de 31,50 €. Ces frais correspondent à un déplacement en taxi pour une livraison urgente effectuée auprès d'un client. Ils sont totalement justifiés.

DOCUMENT 6 Mise à jour de la rubrique Frais de déplacement (EBP)

Les frais de déplacement sont saisis dans la rubrique GFRD. Il faut la modifier en commençant par créer une variable « à saisir » intitulée par exemple (REMBFRAIS). Ensuite il faut insérer cette variable dans la rubrique GFRD dans la zone BASE et cliquer dans la zone variable sur REMBFRAIS.

Cas de synthèse

LOGICIELS UTILISÉS

- EBP Gestion commerciale
- Ciel Gestion commerciale
- EBP comptabilité
- Ciel Comptabilité
- Excel
- Word

Situation professionnelle

Vous réalisez votre période de formation professionnelle dans le cabinet comptable Vallerey. Votre tuteur, M. Douchon, expert-comptable, vous remet deux dossiers clients : Cyberinfo et Dietplus. Vous devez réaliser des travaux de facturation pour l'entreprise Cyberinfo et des travaux sur tableur et texteur pour l'entreprise Dietplus.

VALLEREY
cabinet comptable

Avenue de Fronton
31000 Toulouse
Tél. 05 30 21 25 89
CCV@free.fr

Comptabilité et organisation
Gestion sociale de l'entreprise
Ingénierie financière et patrimoniale
Commissariat aux comptes

MISSION 1 Réaliser les travaux de facturation pour Cyberinfo

Suivez les instructions laissées par M. Douchon dans sa note (DOCUMENT 1) en vous aidant de la fiche d'identité de l'entreprise Cyberinfo (DOCUMENT 2) et des informations données par son dirigeant dans son courriel (DOCUMENT 3).

MISSION 2 Réaliser les travaux de facturation et de comptabilité pour Cyberinfo

Suivez les instructions laissées par M. Douchon (DOCUMENT 4) en vous aidant des informations données par M. Bellgrand dans son courriel (DOCUMENT 5).

MISSION 3 Réaliser les travaux de fin de mois pour Cyberinfo

1. Réalisez les travaux demandés par M. Douchon (DOCUMENT 6).
2. Ouvrez le fichier **Bordereau_saisie_semaine26.doc** et saisissez le bordereau de saisie dans le logiciel de comptabilité.

MISSION 4 Automatiser des fiches de stock pour Dietplus

1. Ouvrez le fichier **Stock_maquette.xls**.
2. Réalisez le travail demandé (DOCUMENT 7).
3. Testez le travail avec les données fournies (DOCUMENT 8).
4. Imprimez une fiche de stock, le tableau récapitulatif et le graphique.

MISSION 5 Mettre en page un document pour Dietplus

1. Ouvrez le fichier **Texte_vitamines.doc**.
2. Réalisez les travaux demandés (DOCUMENTS 9 ET 10).
3. Enregistrez le texte sous le nom ***Vitamines***.
4. Prévisualisez le document et imprimez-le.

Cas de synthèse

DOCUMENT 1 Note de M. Douchon

Le 18 juin N,

M. Bellgrand vient d'envoyer un courriel pour les opérations de la semaine 24.
Il vous demande de préparer la facturation, de vérifier les stocks et de prévoir le réapprovisionnement éventuel auprès des fournisseurs.
Vous disposez pour cela des fichiers suivants : organisation_cyberinfo.doc, fact_frs.doc et bordereau_saisie_semaine24.

Les travaux à effectuer sont :
- préparez la facturation de la semaine 24 ;
- transférez le devis du 7 juin en facture ;
- créez le nouvel article et le nouveau fournisseur ;
- procédez au réapprovisionnement des stocks et passez commande auprès des fournisseurs. Les quantités commandées doivent permettre d'atteindre le stock maximum ;
- imprimez les factures clients et fournisseurs (avec la traite si le logiciel le permet).

Saisissez aussi les règlements par traite ou par chèque des factures de vente et d'achat ;
- créez et transférez les journaux dans le logiciel de comptabilité ;
- contrôlez et corrigez, si nécessaire, les écritures obtenues en comptabilité ;
- saisissez les écritures du bordereau de la semaine 24.

M. Douchon

DOCUMENT 2 Fiche d'identité de l'entreprise Cyberinfo

Raison sociale : CYBERINFO
Adresse : 10 rue Michel-Ange – 31000 TOULOUSE
Tél : 0562211233
Activité : vente et réparation de matériel informatique
Clientèle : particuliers et entreprises

Organisation comptable :
M. Bellgrand, gérant, a peu de temps à consacrer à la gestion commerciale et comptable de son entreprise. Il établit les factures sur papier, gère les stocks à l'aide de fiches papier tenues en quantité seulement. Il remet au cabinet comptable Vallerey les pièces comptables (factures, remises chèques, relevés bancaires...) en fin de chaque mois.
Le cabinet lui a proposé de tenir sa facturation et ses stocks à l'aide d'un logiciel de gestion commerciale.

DOCUMENT 3 Courriel de M. Bellgrand pour la semaine du 14 au 18 juin

Objet : Facturation de la semaine 24

Bonjour,
Je vous envoie les informations nécessaires pour l'établissement des factures de cette semaine.

Client IST : 10 références CLE002 et 1 référence DVD002.
Client SORIAM : 5 références PAP001, 10 références PAP004 et 20 références DVD002.
Client Collège de Ramonville : 20 références PAP003 (règlement à réception de la facture, escompte de 2 %).
Particulier M. Klausbern (Toulouse) : 2 références CLE003.
Particulier M. Foulon (Toulouse) : intervention sur son ordinateur – 2 heures de main-d'œuvre + 1 ventilateur.

La maison médicale de Castanet a accepté le devis du 7 juin. Il me faut la facture à laquelle vous appliquerez une remise supplémentaire globale de 5 %.
Je viens de rentrer en stock un nouvel article : ordinateur de bureau Apple iMac 20" 1 Go – stock mini = 5, stock maxi = 10, facture fournisseur jointe.
J'aimerais aussi connaître l'état des stocks.
Est-ce possible de procéder au réapprovisionnement des stocks en date du 19 juin et de passer commande auprès de nos fournisseurs habituels ?

Cordialement,
M. Bellgrand

DOCUMENT 4 Note de M. Douchon

Le 25 juin N,

Nous avons reçu un nouveau courriel de M. Bellgrand.

- Préparez la facture pour le complément de livraison (voir semaine 24).
  Règlement au comptant par chèque sous déduction d'un escompte de 2%.
- Préparez la facturation de la semaine 25.
- Faites une seule facture pour les ventes en magasin. Ne saisissez pas le règlement.
- Créez et transférez les journaux dans le logiciel de comptabilité.

M. Douchon

DOCUMENT 5 Courriel de M. Bellgrand pour la semaine du 21 au 25 juin

Sujet : Facturation de la semaine 25

Bonjour,

Je vous envoie les factures des fournisseurs reçues cette semaine.

Voici les informations nécessaires pour l'établissement des factures de cette semaine :

Client INGESPACE - ZAC d'Andromède - rue des Pins - 31700 BEAUZELLE - Tél : 05 16 42 62 85 - N° 411301
3 ordinateurs APPLE (réf PCB005), 2 Imprimantes laser Brother (réf IMP003) et 3 cartons de papier blanc 80g A4 (réf PAP004)
Règlement à 30 jours - Remise 10% - appliquer les frais de port ou le paiement partiel si besoin.

Client FRICHEUR - Intervention sur le parc informatique- main-d'œuvre : 3 heures - Fournitures : 1 réf PIE002, 1 réf PIE006 et 3 réf SOU002
Règlement par chèque - escompte 2%

Plusieurs ventes ont eu lieu en magasin dont voici le détail : 2 CAR002, 1 CAR003, 1 CLA001, 1 DDE002, 3 DVD003, 2 IMP005.

Cordialement
M. Bellgrand

DOCUMENT 6 Note de M. Douchon

Le 30 juin N,

- Saisissez les écritures du bordereau de la semaine 26.
- Effectuez le lettrage des comptes clients et fournisseurs. Passez éventuellement des écritures de régularisation dans le journal des OD.
- Préparez la déclaration de TVA (CA3) pour le mois de juin. Vous passerez également l'écriture.
- Envoyez un courriel à M. Bellgrand pour lui indiquer la situation de son compte banque.

M. Douchon

DOCUMENT 7 Note de M. Henri sur la conception des fiches de stock

La fiche de stock est tenue selon la méthode du CMUP calculé après chaque entrée. Le coût de sortie doit être arrondi à 3 décimales.
Le classeur Stock_maquette comprend une feuille intitulée Menu, une feuille intitulée Vitam100 (cette feuille sert de matrice de départ pour les 3 autres produits) et une feuille intitulée Synthèse.

Feuille Vitam100 : vous devez placer les formules de calcul dans la fiche de stock (cellules colorées). La colonne Commentaire doit faire apparaître les messages suivants :

- stock d'alerte (si le nombre d'articles du stock final est compris entre 1 et 5) ;
- rupture de stock (si le nombre d'articles du stock final est égal à 0) ;
- stock négatif (Si le nombre d'articles du stock final est inférieur à 0) : cette situation est un contrôle en cas d'erreurs de saisie dans les quantités sorties.

Les formules sont recopiées sur l'ensemble de la fiche de stock. La feuille Vitam100 terminée, vous la recopiez sur trois autres feuilles que vous nommez du nom du produit « Vitam enfants », « Multivitamines » et « Antioxydant ».

Feuille Synthèse : le tableau représente le récapitulatif des sorties pour les quatre produits. Vous devez mettre les formules (cellules colorées). À partir de cette feuille, un graphique combiné est réalisé. Il doit représenter les ventes (quantités sorties) de chaque produit (histogramme) et le cumul des quantités vendues (courbes). Il faut un titre, le nom des abscisses et des ordonnées et une légende.

Feuille Menu : il faut créer une macro permettant d'accéder à la feuille Vitam 100. Cette macro est affectée à un bouton par souci de lisibilité. Vous répétez la procédure pour chaque fiche de stock et pour le tableau récapitulatif.
Il faut prévoir une macro sur chaque feuille de calcul permettant un retour à la feuille Menu.

DOCUMENT 8 Consignes de M. Paul

Produit : Vitam100

Date	Référence	Quantités entrées	Prix unitaire	Quantités sorties
01/06/N	Stock initial	50	8,00	
05/06/N	Sortie 215			24
12/06/N	Sortie 229			18
22/06/N	Entrée 320	50	8,10	
26/06/N	Sortie 239			20

Produit : Vitam enfants

Date	Référence	Quantités entrées	Prix unitaire	Quantités sorties
01/06/N	Stock initial	150	9,10	
04/06/N	Sortie 214			75
13/06/N	Sortie 230			50
23/06/N	Entrée 321	150	9,20	
27/06/N	Sortie 240			80

Produit : Multivitamines

Date	Référence	Quantités entrées	Prix unitaire	Quantités sorties
01/06/N	Stock initial	200	11,55	
07/06/N	Sortie 217			95
10/06/N	Sortie 227			90
23/06/N	Sortie 233			12
27/06/N	Entrée 325	200	11,80	

Produit : Antioxydant

Date	Référence	Quantités entrées	Prix unitaire	Quantités sorties
01/06/N	Stock initial	150	14,30	
07/06/N	Sortie 218			55
08/06/N	Sortie 219			43
09/06/N	Sortie 224			51
13/06/N	Entrée 318	150	14,45	
25/06/N	Sortie 238			100

DOCUMENT 9 Note de M. Henri

M. Lagrange, responsable de l'entreprise Dietplus, voudrait créer un prospectus sur les bienfaits des vitamines. Je vous confie cette tâche sachant que votre période de formation professionnelle se termine le 2 juillet. M. Lagrange a remis au cabinet un texte sous Word et vous demande d'en faire la présentation en respectant certains critères.

M. Henri

DOCUMENT 10 Consignes de présentation du texte sur les vitamines

- Modifiez l'orientation en mode paysage
- Présentez le texte sur 3 colonnes avec ligne séparatrice
- Ajoutez un titre au document
- Transformez le titre en WordArt
- Corrigez les fautes
- Faites des énumérations dans les parties 1 et 2
- Justifiez et coupez les mots
- Choisissez des polices différentes pour les sous-titres et les paragraphes
- Insérez un clipart pour illustrer le thème
- Rendez le texte agréable à lire, utilisez :
  - le gras
  - le souligné
  - l'italique
- Sans oublier la couleur (avec modération...)
- Présentez le document sur une page
- Modifiez les marges si nécessaire

2

Cas de synthèse

LOGICIELS UTILISÉS

- Access
- EBP Paye
- Ciel Paye
- Excel
- Word

Situation professionnelle

Vous réalisez votre période de formation professionnelle dans l'entreprise Kalifca. La première partie de votre stage se déroule au service comptabilité avec M. Alexis Marchand comme tuteur et la seconde au service commercial avec Mme Catherine Marcot. Tous les deux vous confient des travaux à réaliser.

KALIFCA

36 avenue Saint-Just
77000 Vaux-le-Penil
Tél. 01 64 65 65 89

Vente de vaisselle en gros
www.kalifca.fr

MISSION 1 Créer une requête et mettre à jour le registre du personnel

1. Ouvrez la base de données **Base_Kalifca.accdb** et créez un formulaire et une requête en suivant les indications données par M. Marchand dans sa note (DOCUMENT 1).

2. Saisissez le nouveau salarié dans la base de données (DOCUMENT 2).

3. Ouvrez le fichier **Registre_personnel.xlsx** et mettez à jour le registre en suivant les instructions laissées par M. Marchand dans sa note (DOCUMENT 3).

MISSION 2 Préparer la paie du mois de mars

1. Ouvrez le fichier de paie (**Kalifca.zip** pour EBP et **Backup** pour Ciel).

2. Créez le nouveau salarié (DOCUMENT 2).

3. Paramétrez la prime d'ancienneté et créez la nouvelle prime pour enfant mise en place à partir du 1er mars (DOCUMENT 4).

4. Vérifiez le plafond, le SMIC et les taux de cotisations. Afin de réaliser ce travail, consultez le site www.avis-droit-social.net, rubrique Barème. Mettez à jour, si nécessaire, les taux, le plafond et le SMIC.

5. Saisissez les variables de paie du mois de mars (DOCUMENTS 5 ET 6).

6. Établissez les bulletins de paie.

7. Imprimez les bulletins de Karine Cuvelier et Jacques Boiron.

MISSION 3 Préparer les déclarations sociales trimestrielles

1. Éditez le journal de paie du 1er trimestre.
2. Éditez les déclarations trimestrielles des caisses Urssaf, Pôle emploi et les caisses de retraites.

MISSION 4 Transférer les écritures de paye

1. Effectuez les travaux de transfert de la paye vers le logiciel de comptabilité.
2. Ouvrez le fichier comptable **Kalifca.zip** et contrôlez l'écriture de paye.

MISSION 5 Automatiser une prime de fin d'année

1. Réalisez le travail demandé par M. Marchand (DOCUMENTS 7 ET 8).
2. Sauvegardez votre travail.
3. Imprimez le tableau de répartition de la prime.
4. Imprimez les formules de calcul.

MISSION 6 Créer une lettre publicitaire

1. Saisissez et présentez le courrier (DOCUMENTS 9 ET 10).
2. Enregistrez le document comme document principal sous le nom ***Invitation***.

MISSION 7 Préparer le publipostage

1. Créez le fichier source de données et saisissez les informations (DOCUMENT 11).
2. Enregistrez la source de données sous le nom ***Clients***.
3. Réalisez la fusion.
4. Prévisualisez et imprimez les courriers personnalisés.
5. Fermez les lettres types sans les enregistrer.

DOCUMENT 1 Note de M. Marchand

Premier travail : création d'un formulaire
À partir de notre base de données (fichier **Base_Kalifca**), vous devez créer un formulaire permettant de saisir les informations d'un nouveau salarié. Créez une liste déroulante pour le champ Situation familiale.
Imprimer ensuite le formulaire.

Deuxième travail : création d'une requête
Je souhaite que vous mettiez à jour le registre du personnel créé sur le tableur (fichier **Registre_personnel**). Pour réaliser ce travail, vous devez créer une requête à partir de la base de données (fichier **Base_Kalifca**). Cette requête doit reprendre les informations du registre du personnel selon l'ordre des colonnes du document sur tableur.
Vous sauvegarderez la requête sous le nom **Registre_personnel** puis vous l'imprimerez.

DOCUMENT 2 Fiche du nouveau salarié

Salarié	Mlle Aline BINDOUX
Matricule	B08
Emploi	Assistante comptable
Adresse	
Téléphone	155203010
Situation de famille/nombre d'enfants	Célibataire/0
N° sécurité sociale	2 82 04 21 010 019 50
Date de naissance	05/04/1982
Lieu de naissance	DIJON (21000)
Nationalité	Française
Contrat	CDD – 3 mois
Salaire de base	1 470,00
Horaire	151,67
Horaire hebdomadaire	35
Date d'embauche	01/03/N
Mode de règlement	Virement compte BNP Paribas
R. I. B.	2103
	3711
	2564789
Bulletin modèle	Employé

DOCUMENT 3 Note de M. Marchand

À partir de votre base de données, exportez la requête vers le fichier **Registre_personnel**.
Copiez les informations dans la feuille Registre.

Vérifiez votre travail et imprimez en format **Paysage** le registre du personnel.
Sauvegardez votre travail.

DOCUMENT 4 Informations pour les deux primes

Prime d'ancienneté

Le barème est le suivant :

De 2 ans à 4 ans non compris	taux de 0,5 %
De 4 ans à 7 ans non compris	taux de 1,5 %
De 7 ans à 10 ans non compris	taux de 2,5 %
De 10 ans à 15 ans non compris	taux de 4 %
À partir de 15 ans	taux de 5 %

Prime pour enfant

Une prime pour enfant à charge est attribuée à tout le personnel. Voici les conditions d'attributions :

1 enfant : 15 €
2 enfants : 30 €
3 enfants et plus : 55 €

DOCUMENT 5 Informations pour la préparation des bulletins

Variables pour la paye de mars

➪ Saisie des heures supplémentaires pour le mois de mars N

Nom du salarié	Nombre d'heures à 125 %	Nombre d'heures à 150 %
JOLIETTE Séverine	21	1
BOIRON Jacques	17	2
JEANNOT Stéphane	7	
MARCHAND Alexis	10	

➪ Deux salariés ont demandé un acompte de 250 € chacun le 15/03 : Mme Joliette et Mme Syla.

➪ M. Boiron s'est absenté 3 jours pour le décès de son père. Consultez la documentation fournie pour le décompte de son absence.

➪ Mme Syla Jeanne a pris cinq jours de congés payés.

DOCUMENT 6 Extrait de l'article L.226-1 du Code du travail

« Tout salarié bénéficie sur justification et à l'occasion de certains événements familiaux, d'une autorisation exceptionnelle d'absence de :

- *4 jours pour le mariage du salarié ;*
- *1 jour pour le mariage d'un enfant ;*
- *1 jour pour le décès du père ou de la mère.*

Ces jours d'absence n'entraînent pas de réduction de rémunération. Ils sont assimilés à des jours de travail effectif pour la détermination du congé annuel.

DOCUMENT 7 Note de M. Marchand

L'entreprise Kalifca souhaite attribuer une prime annuelle à l'ensemble de ses salariés. Cette prime va dépendre de différents critères qui se trouvent dans le fichier Excel **Kalifca_Prime**, feuille Données.

Pour réaliser le travail vous devez suivre les instructions ci-dessous.
À partir de la base de données **Base_Kalifca**, exportez la table **Salariés** vers le tableur dans le fichier **Kalifca_Prime**.
Ouvrez le fichier **Kalifca_Prime** et modifiez la feuille de calcul intitulée **Salariés** selon le modèle joint (Document 8).
Complétez le tableau en conservant quelques lignes blanches en cas d'embauche de nouveaux salariés.

Feuille Prime :
Colonne Numéro : le numéro du salarié doit apparaître à l'aide d'une liste déroulante.
Colonnes Nom à Date d'entrée : à automatiser à l'aide de la fonction RECHERCHEV.
Colonne Ancienneté : faire la différence entre la date de fin d'année et la date d'ancienneté.
Colonnes Part/ancienneté et Part/enfant : tenir compte du tableau sur la feuille Données.
Colonne Bonification : le total des points est multiplié par 1,5 pour les salariés non cadres et un pour les autres salariés.

DOCUMENT 8 Modèle du fichier des salariés

Fichier des salariés									
N° salarié	Nom	Prénom	Date naissance	Emploi	Salaire brut	Date entrée	Catégorie	Situation familiale	nb enfants

Titre : taille 14, police : Calibri, centrer sur le tableau

DOCUMENT 9 Courrier d'invitation

J'ai prévu d'organiser une journée portes ouvertes au cours du mois de mai pour les magasins qui sont clients depuis 3 ans.
Merci de préparer une lettre qui sera envoyée aux principaux clients de notre entreprise pour leur annoncer l'événement.
Saisissez le courrier ci-dessous sur le papier à en-tête (fichier Entête_Kalifca). N'hésitez pas à modifier la présentation et ajoutez en filigrane estompé le clipart fourni dans le fichier Couverts.
Catherine Marcot

[Magasin]
[Adresse)
[Code] [Ville]

[Titre] [Nom] depuis [Ancienneté] ans, vous êtes fidèle à Kalifca. Pour vous remercier, nous vous invitons à une journée portes ouvertes le 16 mai 20XX de 9 h à 20 h pour découvrir nos nouvelles collections.
À chaque moment de la journée, vous pourrez utiliser notre vaisselle en « situation » :
- de 9 h à 11 h : petit déjeuner ;
- de 11 h à 15 h : apéritif et grignotage ;
- de 15 h à 18 h : goûter ;
- de 18 h à 20 h : apéritif et grignotage.

Pour que la fête soit plus belle, nous vous offrirons une remise exceptionnelle de 20 % sur toute commande passée au cours de cette journée !
Pour nous permettre de vous recevoir dans les meilleures conditions, nous vous demandons de bien vouloir nous retourner le coupon-réponse.
[Titre] [Nom] l'ensemble du personnel sera heureux de vous accueillir dans notre magasin.

Catherine Marcot
Service commercial

Merci d'insérer, en bas de la lettre, le coupon-réponse.

DOCUMENT 10 Coupon-réponse

✂---

Coupon-réponse à retourner à SARL Kalifca 36 avenue Saint-Just
77000 Vaux-le-Penil
Avant le 15 avril 20XX

Le représentant de
[Magasin] [Code] [Ville]
n'assistera pas ❒ assistera ❒ à la journée Portes ouvertes
et sera accompagné de : ...... personnes (3 maximum)
Votre arrivée est prévue entre : 9 h et 11 h ❒
11 h et 15 h ❒
15 h et 18 h ❒
18 h et 20 h ❒

DOCUMENT 11 Extrait du fichier clients

Magasin	Titre	Nom	Adresse	Code	Ville	Ancienneté
Porcelaine de France	Madame	Talbot	142 rue François Mitterrand	75014	Paris	2
Le Service de table	Monsieur	Routeau	64 rue Aristide Briand	77000	Melun	10
Le Grand Dépôt	Mademoiselle	Lebroc	653 avenue Michel de Montaigne	78540	Vernouillet	14
Le Vaisselier d'antan	Monsieur	Abernan	42 boulevard Pot de Fer	75005	Paris	1
Art et décoration de la table	Madame	Walter	91 rue Albert Camus	92700	Colombes	3
La Verrerie de cristal	Madame	Lafont	73 rue Charles de Gaulle	78000	Versailles	8
La Table est mise	Mademoiselle	Foudrain	115 rue Eugène Fournière	93200	Saint-Denis	12
Assiettes et couverts	Monsieur	Pralinun	87 rue Francis Carco	77500	Chelles	6
Faïence et porcelaine	Madame	Deugard	30 rue Georges Clemenceau	94800	Villejuif	2
Décor de la table	Madame	Jasmin	19 place du Maréchal Joffre	95150	Taverny	4

Cas de synthèse

LOGICIELS UTILISÉS

- Access
- PowerPoint
- Excel
- Word

Situation professionnelle

Vous réalisez votre période de formation professionnelle au terrain de camping Logishome. Une première partie de votre stage se déroule au service administratif avec Mme Jeanne Pradon comme tutrice et la deuxième partie à l'accueil avec M. Luc Poret. Tous les deux vous confient des travaux à réaliser.

SAS Logishome
80 boulevard de la Mer
Châtelaillon Plage 17340
Tél. 05 46 90 80 70
Camping
www.lelogishome.fr

MISSION 1 Prendre connaissance de la base de données

1. Ouvrez la base de données **logishome.accdb** et prenez connaissance de la note laissée par Mme Pradon (DOCUMENT 1).

MISSION 2 Créer un formulaire pour le fichier clients

1. Créez un formulaire pour faciliter la saisie des nouveaux clients (DOCUMENT 2).

MISSION 3 Créer une requête analyse croisée

1. Créez une requête analyse croisée permettant d'obtenir un planning des réservations (DOCUMENT 3).
2. Sauvegardez la requête sous le nom ***Planning_analyse_croisée***.
3. Imprimez la requête.

MISSION 4 Créer des formulaires et sous-formulaires

1. Créez un formulaire (DOCUMENT 3).
2. Sauvegardez le formulaire sous le nom ***Saisie_des_réservations_clients***.
3. Imprimez ce formulaire.
4. Saisissez les réservations (DOCUMENT 3).

MISSION 5 Créer des requêtes simples

1. Créez plusieurs requêtes simples répondant aux interrogations de Mme Pradon (DOCUMENT 4).
2. Sauvegardez les requêtes.
3. Imprimez le résultat des requêtes.

MISSION 6 Créer un état

1. Créez un état présentant les informations demandées par Mme Pradon (DOCUMENT 5).
2. Sauvegardez l'état sous le nom ***Facturation_du_séjour***.
3. Imprimez cet état.

MISSION 7 Créer une étiquette

1. Ouvrez le fichier **Etiquette_Logishome.xls**.
2. Complétez l'étiquette sur la feuille de calcul **Etiquette** (DOCUMENT 6).
3. Enregistrez le classeur.
4. Imprimez l'étiquette de M. Blanchard.

MISSION 8 Concevoir une affichette pour la soirée

1. Créez une affichette pour annoncer la soirée sur un format A4 (DOCUMENT 7).
2. Enregistrer le document sous ***Animation_soirée***.
3. Imprimez l'affichette.

MISSION 9 Présenter le camping en diaporama

1. Créez un diaporama en neuf pages (DOCUMENTS 8 ET 9).
2. Animez les diapositives (DOCUMENT 10).
3. Configurez le diaporama pour qu'il s'exécute en continu sur la borne.
4. Enregistrez-le sous le nom ***Camping_Logishome***.
5. Imprimez le diaporama sous la forme d'un document avec neuf diapositives par page, encadrées, avec un ordre de lecture horizontale.

DOCUMENT 1 Composition de la base de données

L'entreprise Logishome assure la gestion d'un camping composé d'une trentaine de mobile homes. Le camping est ouvert à partir de la mi-mai jusqu'à la mi-septembre. Les réservations se font du samedi au samedi.
Une base de données appelée logishome.accdb vient d'être créée.
Elle comprend 6 tables.
Table Catégories : il existe 4 types de mobile homes.
Table Clients : un fichier clients est tenu pour les réservations et la campagne publicitaire annuelle.
Table Emplacements : il existe 30 emplacements accueillant chacun un type de mobile home.
Table Semaines : la période d'ouverture du camping est répartie en semaines.
Un client réserve un mobile home pour une ou plusieurs semaines complètes.
Table Tarifs : le tarif dépend du type de mobile home et de la période de location.
Table Réservations : la réservation porte sur le client, le type de mobile home et la période de location (date d'arrivée et date de sortie).

Deux clients ayant chacun réservé un emplacement sont présents dans la base.
Vous allez devoir continuer la mise en place de cette base par la réalisation de formulaires, requêtes et états.

DOCUMENT 2 Liste des nouveaux clients

Voici les nouveaux clients à saisir dans le fichier à l'aide d'un formulaire que vous devez créer.

- N° 3 MARCHAND Paul – 36 quai de la Meuse – 55300 Sampigny
- N° 4 LOISEAU Pierre – 2 allée des Violettes – 02100 Saint-Quentin
- N° 5 ROTHMANNE Annick – 98 rue de Belfort – 25000 Besançon
- N° 6 FAILLERON Maxime – 45 avenue de Rochemaure – 26200 Montélimar
- N° 7 KLEBER Nicolas – 5 allée Albert-Camus – 12150 Séverac-le-Château
- N° 8 DUDURCHON Louis – 87 rue Fleury – 36000 Châteauroux
- N° 9 BOUTILLON Adrien – 8 bis rue Gabriel-Beaumarie – 45240 La Ferté-Saint-Aubin
- N° 10 NOUVELL Laurent – 63 rue Héroux – 91410 Dourdan

Cas de synthèse

DOCUMENT 3 Planning et formulaire

1er objectif : il faut créer un planning des réservations. Vous devez utiliser une requête analyse croisée à partir de la table Réservations.
Vous mettez en en-tête de lignes le numéro de l'emplacement, en en-tête de colonnes le numéro de la semaine et en valeur Premier le numéro du client.

2e objectif : créez un formulaire intitulé Saisie des réservations clients.
Il faut obtenir les coordonnées du client, les dates d'arrivée et de sortie, l'emplacement à réserver.
À l'aide de ce formulaire, procédez aux saisies des réservations pour les périodes de mai et juin :

Client 5 : emplacement 10	du 22 mai au 5 juin
Client 7 : emplacement 25	du 29 mai au 19 juin
Client 10 : emplacement 14	du 12 juin au 26 juin
Client 6 : emplacement 17	du 12 juin au 19 juin
Client 3 : emplacement 20	du 22 mai au 29 mai et du 26 juin au 3 juillet.

DOCUMENT 4 Critères des requêtes

Créez les requêtes simples suivantes :
- on souhaite connaître les périodes de réservations par les clients. Les informations à obtenir sont le nom du client, le numéro de l'emplacement réservé, les dates d'arrivée et de sortie ;
- il faut la liste des emplacements avec le type de mobile homes ;
- il faut aussi la liste des emplacements et types de mobile homes réservés par nos clients ;
- il faut déterminer le nombre total de semaines réservées par les clients.

DOCUMENT 5 Contenu de l'état

Pouvez-vous, pour finir, créer un état qui reprend les informations suivantes :
- coordonnées du client ;
- emplacement réservé ;
- périodes de réservation ;
- coût de l'emplacement ;
- coût total du séjour.

DOCUMENT 6 Étiquette

À partir des tables réalisées sous Access et exportées sous Excel, je souhaite que vous insériez les formules de calcul pour automatiser la création d'une étiquette qui sera collée sur l'enveloppe contenant la clé du mobile home.
Je vous donne quelques conseils ci-dessous :

SAS- Logishome
80 boulevard de la Mer
Châtelaillon Plage 17340
Tél. 05 46 90 80 70

Arrivée semaine [ ]
le [ ]

CODE CLIENT [ ]
Emplacement

Nom [ ]
Prénom [ ]
Rue [ ]
Code postal [ ]
Ville [ ]

- Créez une liste déroulante. (→ CODE CLIENT)
- Pour inscrire le numéro de l'emplacement, faites une recherche verticale à partir du code client et de la famille Réservations. (→ Emplacement)
- Pour remplir ces éléments, faites une recherche verticale à partir du code client et de la feuille Clients. (→ Nom, Prénom, Rue, Code postal, Ville)
- Pour inscrire la date d'arrivée, faites une recherche verticale à partir de la semaine d'arrivée et de la feuille Semaines. (→ le)
- Pour inscrire le numéro de l'emplacement, faites une recherche verticale à partir du code client et de la feuille Réservations. (→ Arrivée semaine)

Bon courage,
Luc

DOCUMENT 7 Présentation de la soirée

Chaque samedi, nous organisons une soirée à thème. Celui de la semaine 25 sera : la piraterie.
Il est conseillé aux participants de se déguiser en fonction du thème, un concours sera organisé au cours de la soirée (2 catégories : adultes et enfants).
Cette soirée comprend :
- repas complet : apéritif - buffet à volonté - barbecue - dessert (la boisson est en plus) ;
- animation par un DJ ;
- spectacle conçu et présenté par les animateurs (comédie musicale) ;
- concours de déguisements : filets garnis de produits locaux pour les adultes, jeux et jouets de plage pour les enfants ;
- animation par un DJ jusqu'à 1h du matin.

La participation est de 12 € pour les enfants de moins de 12 ans et de 25 € pour les adultes.
Inscriptions à l'accueil au plus tard le jeudi avant 19 h.

DOCUMENT 8 Présentation du centre

Pour faire patienter les nouveaux vacanciers arrivant aux heures d'affluence, je souhaite que vous réalisiez un diaporama qui sera diffusé en boucle à l'accueil. Je vous donne ci-dessous les éléments essentiels ainsi que quelques conseils pour la présentation, mais vous pouvez bien sûr prendre des initiatives. Luc

La piscine couverte et chauffée avec un bassin extérieur (toboggans – bains à remous, fosse à plongeon, pataugeoire et mini-bassin pour les enfants) est ouverte tous les jours de 10 h à 21 h et le samedi jusqu'à 23 h.

L'espace sauna et hammam (payant) est réservé aux adultes.

Le camping vous propose des activités diverses et variées pour tous :
– tennis (sur réservation)
– mini golf
– terrain de boules
– volley-ball
– football
– basket-ball
– ping-pong
– tir à l'arc
– aire de jeux pour enfants
– 3 salles de télévision
– animations :
  – gym d'entretien
  – différents tournois sportifs
  – aquagym
  – sorties pédestres (chemin des douaniers…)
  – visites de propriétés vinicoles

Les services :
- restaurant
- self
- bar
- épicerie
- boulangerie
- presse
- machine à laver
- sèche-linge
- salle de repassage
- téléphone
- fax
- Internet

DOCUMENT 9 Répartition des diapositives

Nom et adresse du camping avec un slogan. Insérez une photo en arrière-plan. 1	Présentez la piscine et les horaires avec 4 à 6 cliparts animés sur le thème de la piscine. 2	Présentez l'espace détente. Illustrez ! 3
Présentez des activités. 4	Présentez des activités. Illustrez ! 5	Présentez des animations. Sous la forme d'un objet SmartArt. 6
Présentez les services Illustrez ! 7	Présentez les services. Illustrez ! 8	Proposez une diapositive de conclusion. Illustrez ! 9

DOCUMENT 10 Animation du diaporama

Pour chaque diapositive :
- prévoyez des arrivées personnalisées des textes et des illustrations ;
- insérez une transition entre chaque diapositive ;
- programmez un minutage de 6 secondes.

Et n'oubliez pas de prévoir un visionnage en continu, celui-ci ne s'arrêtera qu'en appuyant sur la touche Echap ou Esc.
Luc

N° projet : 10176634 - JPM - Dépôt légal : juillet 2011
Achevé d'imprimer en Italie par L.E.G.O. S.p. A., Lavis (TN)

« Le papier de cet ouvrage est composé de fibres naturelles, renouvelables, recyclables et fabriquées à partir de bois provenant de forêts gérées de manière responsable et durable »